应用型本科院校"十三五"规划教材/经济管理类

The Basis of Financial Derivatives

金融衍生工具基础

(第2版)

主　编　于长福　黄　巍
副主编　张新建　王　葳

哈尔滨工业大学出版社
HARBIN INSTITUTE OF TECHNOLOGY PRESS

内 容 简 介

本教材全面、系统地介绍了金融衍生工具的理论及其应用。在详细勾勒金融衍生工具框架的基础上,介绍了金融衍生工具的品种及其应用,分析了金融衍生工具的风险与风险管理方面的内容,考察了金融衍生工具在中国的产生和发展。全书共分8章,各章配有引导案例、知识库、本章小结、自测题、阅读资料等内容,通过案例分析和阅读资料把金融衍生工具理论和实践有机结合起来,培养学生运用相关金融衍生工具管理各种金融风险的能力。

本教材适用于金融学、管理学、会计学与财务管理等经济管理类专业本科学生使用,也适用于金融从业人员在职培训和广大金融爱好者阅读和学习。

图书在版编目(CIP)数据

金融衍生工具基础/于长福,黄巍主编. —2版.—哈尔滨:哈尔滨工业大学出版社,2018.1(2019.8重印)

应用型本科院校"十三五"规划教材

ISBN 978 – 7 – 5603 – 6063 – 8

Ⅰ.①金… Ⅱ.①于…②黄… Ⅲ.①金融衍生工具 – 高等学校 – 教材 Ⅳ.①F830.9

中国版本图书馆CIP数据核字(2016)第130170号

策划编辑	赵文斌 杜 燕
责任编辑	李广鑫
出版发行	哈尔滨工业大学出版社
社　　址	哈尔滨市南岗区复华四道街10号 邮编150006
传　　真	0451 – 86414749
网　　址	http://hitpress.hit.edu.cn
印　　刷	哈尔滨市工大节能印刷厂
开　　本	787mm×960mm 1/16 印张20 字数430千字
版　　次	2012年2月第1版 2018年1月第2版 2019年8月第2次印刷
书　　号	ISBN 978 – 7 – 5603 – 6063 – 8
定　　价	39.80元

(如因印装质量问题影响阅读,我社负责调换)

《应用型本科院校"十三五"规划教材》编委会

主　任	修朋月	竺培国			
副主任	王玉文	吕其诚	线恒录	李敬来	
委　员	丁福庆	于长福	马志民	王庄严	王建华
	王德章	刘金祺	刘宝华	刘通学	刘福荣
	关晓冬	李云波	杨玉顺	吴知丰	张幸刚
	陈江波	林艳	林文华	周方圆	姜思政
	庹莉	韩毓洁	蔡柏岩	臧玉英	霍琳
	杜燕				

序

哈尔滨工业大学出版社策划的《应用型本科院校"十三五"规划教材》即将付梓,诚可贺也。

该系列教材卷帙浩繁,凡百余种,涉及众多学科门类,定位准确,内容新颖,体系完整,实用性强,突出实践能力培养。不仅便于教师教学和学生学习,而且满足就业市场对应用型人才的迫切需求。

应用型本科院校的人才培养目标是面对现代社会生产、建设、管理、服务等一线岗位,培养能直接从事实际工作、解决具体问题、维持工作有效运行的高等应用型人才。应用型本科与研究型本科和高职高专院校在人才培养上有着明显的区别,其培养的人才特征是:①就业导向与社会需求高度吻合;②扎实的理论基础和过硬的实践能力紧密结合;③具备良好的人文素质和科学技术素质;④富于面对职业应用的创新精神。因此,应用型本科院校只有着力培养"进入角色快、业务水平高、动手能力强、综合素质好"的人才,才能在激烈的就业市场竞争中站稳脚跟。

目前国内应用型本科院校所采用的教材往往只是对理论性较强的本科院校教材的简单删减,针对性、应用性不够突出,因材施教的目的难以达到。因此亟须既有一定的理论深度又注重实践能力培养的系列教材,以满足应用型本科院校教学目标、培养方向和办学特色的需要。

哈尔滨工业大学出版社出版的《应用型本科院校"十三五"规划教材》,在选题设计思路上认真贯彻教育部关于培养适应地方、区域经济和社会发展需要的"本科应用型高级专门人才"精神,根据前黑龙江省委书记吉炳轩同志提出的关于加强应用型本科院校建设的意见,在应用型本科试点院校成功经验总结的基础上,特邀请黑龙江省9所知名的应用型本科院校的专家、学者联合编写。

本系列教材突出与办学定位、教学目标的一致性和适应性,既严格遵照学科体系的知识构成和教材编写的一般规律，又针对应用型本科人才培养目标及与之相适应的教学特点，精心设计写作体例，科学安排知识内容，围绕应用讲授理论，做到"基础知识够用、实践技能实用、专业理论管用"。同时注意适当融入新理论、新技术、新工艺、新成果，并且制作了与本书配套的PPT多媒体教学课件，形成立体化教材，供教师参考使用。

《应用型本科院校"十三五"规划教材》的编辑出版，是适应"科教兴国"战略对复合型、应用型人才的需求，是推动相对滞后的应用型本科院校教材建设的一种有益尝试，在应用型创新人才培养方面是一件具有开创意义的工作，为应用型人才的培养提供了及时、可靠、坚实的保证。

希望本系列教材在使用过程中，通过编者、作者和读者的共同努力，厚积薄发、推陈出新、细上加细、精益求精，不断丰富、不断完善、不断创新，力争成为同类教材中的精品。

第2版前言

近40年来，金融衍生产品市场的快速崛起成为市场经济发展中最引人注目的事件之一。过去，通常把市场区分为商品(劳务)市场和金融市场，进而根据金融市场工具的期限特征把金融市场划分为货币市场和资本市场。衍生产品的普及改变了整个市场结构：它们连接起传统的商品市场和金融市场，并深刻地改变了金融市场与商品市场的截然划分；衍生产品的期限可以从几天扩展至数十年，已经很难将其简单地归入货币市场或资本市场；其杠杆交易特征撬动了巨大的交易量，它们无穷的派生能力使所有的现货交易都相形见绌；衍生工具最令人着迷的地方还在于其强大的构造特性，不但可以用衍生工具合成新的衍生产品，还可以复制出几乎所有的基础产品。它们所具有的这种不可思议的能力已经改变了"基础产品决定衍生工具"的传统思维模式，使基础产品与衍生产品之间的关系成为不折不扣的"鸡与蛋孰先孰后"的不解之谜。

2007年10月以来，起源于美国的信贷危机波及全球金融市场，进而将全球经济带入下滑轨道。美联储估计原本规模约1 000亿美元左右的美国次级贷款，何以最终波及大量金融机构，最终放大为一场"海啸"呢？很多人将其归咎于金融衍生产品的泛滥和难以估值、无法约束。早在2002年，巴菲特就在其致股东信中断言衍生产品是"魔鬼"、"定时炸弹"，甚至是"大规模杀伤武器"。要论衍生产品功过，还是要坚持一分为二的辩证立场。衍生产品所具有的灵活方便、设计精巧、高效率等特征的确是风险管理和金融投资的利器，不能因为引致金融"海啸"就彻底否定它，对它的研究和运用都还需要进一步深化；同时，也必须看到，对微观个体分散风险有利的衍生工具，并没有从根本上消除金融风险的源头，反而可能引起风险总量的净增长，在特定条件下，就可能酝酿出巨大的金融灾难。因此，强化对金融衍生产品的政府监管、信息披露以及市场参与者的自律将是必要之举。

金融衍生工具是金融学专业的核心课程之一，是经济学、管理学专业的主干课程。相对于经济学或金融学中其他学科，金融衍生工具还是一门处于发展中的学科，很多理论还不够成熟。国内目前金融衍生工具教材大多偏重于理论研究，联系我国实际情况方面还有所欠缺，不适合应用型本科院校的学生使用。因此，我们在借鉴其他学者研究成果的基础上，结合多年来教学成果，组织多位教师经过数次研究探索、切磋讨论和大胆尝试，编写了这本适合于应用型本科院校使用的《金融衍生工具基础》，期望有所创新。

根据应用型本科院校的教学特点，在策划和编写本书过程中，始终贯穿着实用的指导思

想,本书具有如下特点:

一、理论够用,知识实用

教材对于定价原理的相关内容尽量简化,没有做较大篇幅的论述,突出实用性。另外,每章都设有引导案例、知识库、自测题和阅读资料。通过具体案例的分析和讨论,有助于学生灵活地掌握各种金融衍生工具的具体操作方法和交易策略。

二、学科交叉性

教材注重了学科的交叉性。比如,在第七章金融衍生工具风险管理中介绍了金融衍生工具风险的识别与监管,是和会计学专业、财务管理专业、管理学专业交叉的知识。同时,兼顾了金融学、会计学、财务管理及管理学专业学生的需求。

三、浅显易懂,案例突出

在教材编写过程中,力求简单实用,更多地突出与实践的结合。紧密联系金融市场实际状况,通过大量的案例分析,帮助学生灵活地掌握各种金融衍生工具的操作方法和交易策略。

本教材由于长福、黄巍任主编,张新建、王葳任副主编。作者编写分工如下:第一、五章由黑龙江财经学院于长福编写,第二、六章由哈尔滨学院张新建编写,第三、四章由哈尔滨金融学院王葳编写,第七、八章由黑龙江财经学院黄巍编写。

在编写过程中,我们参考并引用了大量文献资料,在此向这些文献资料的作者深表谢意。

由于编者水平有限,书中难免有不足和疏漏之处,恳请各位专家、读者批评指正,以便我们作进一步的修改和完善。

编者

2017 年 9 月

目 录

第一章 金融衍生工具概论 ... 1
- 第一节 金融衍生工具的含义与特点 ... 2
- 第二节 金融衍生工具的种类 ... 4
- 第三节 金融衍生工具的功能 ... 8
- 第四节 金融衍生工具的沿革与发展前景 ... 11
- 本章小结 ... 27
- 自测题 ... 27
- 【阅读资料】 ... 28

第二章 金融远期合约交易 ... 32
- 第一节 金融远期合约交易概述 ... 32
- 第二节 外汇远期交易 ... 35
- 第三节 远期利率协议 ... 41
- 第四节 远期交易报价 ... 48
- 第五节 金融远期合约定价原理 ... 55
- 本章小结 ... 60
- 自测题 ... 60
- 【阅读资料】 ... 62

第三章 金融期货交易 ... 65
- 第一节 期货交易概述 ... 66
- 第二节 外汇期货交易 ... 76
- 第三节 利率期货交易 ... 84
- 第四节 股票指数期货交易 ... 90
- 第五节 金融期货工具的定价原理 ... 103
- 本章小结 ... 108
- 自测题 ... 109
- 【阅读资料】 ... 111

第四章 金融期权交易 ... 115
第一节 期权交易概述 ... 116
第二节 外汇期权交易 ... 123
第三节 利率期权交易 ... 129
第四节 股票期权交易 ... 132
第五节 股票指数期权交易 ... 136
第六节 金融期权工具的定价原理 ... 139
本章小结 ... 147
自测题 ... 148
【阅读资料】 ... 150

第五章 权证交易 ... 154
第一节 权证交易概述 ... 155
第二节 权证与其他金融衍生品的比较 ... 161
第三节 权证交易制度 ... 165
第四节 权证的创设与注销 ... 169
第五节 权证价值的构成 ... 172
第六节 权证的交易策略 ... 175
本章小结 ... 183
自测题 ... 184
【阅读资料】 ... 184

第六章 金融互换交易 ... 189
第一节 金融互换的产生 ... 189
第二节 金融互换的相关概念 ... 196
第三节 利率互换 ... 204
第四节 货币互换 ... 209
第五节 股票互换 ... 215
第六节 金融互换的定价原理 ... 218
本章小结 ... 224
自测题 ... 224
【阅读资料】 ... 226

第七章 金融衍生工具风险管理 ... 228
第一节 金融衍生工具风险管理概述 ... 229

第二节　金融衍生工具的风险成因 ································· 233
　　第三节　金融衍生工具的风险类型 ································· 236
　　第四节　金融衍生工具的风险识别 ································· 239
　　第五节　金融衍生工具的风险管理 ································· 243
　　第六节　场外金融衍生工具监管 ··································· 257
　　第七节　金融衍生工具的国际监管 ································· 260
　　本章小结 ··· 265
　　自测题 ··· 266
　　【阅读资料】 ··· 267

第八章　金融衍生工具在中国金融市场中的发展 ····················· 270
　　第一节　金融远期交易 ··· 271
　　第二节　金融期货交易 ··· 275
　　第三节　金融期权交易 ··· 285
　　第四节　金融互换交易 ··· 293
　　本章小结 ··· 301
　　自测题 ··· 302
　　【阅读资料】 ··· 302

参考文献 ··· 307

第一章 Chapter 1

金融衍生工具概论

【学习要求及目标】

本章系统地论述了金融衍生工具的含义、特征、分类及金融衍生工具市场产生发展的过程，使得学生对金融衍生工具市场有一个较全面的认识。通过本章学习，要求学生理解金融衍生工具的含义及其特点，掌握金融衍生工具的分类、功能，了解金融衍生工具的沿革和发展趋势。

【引导案例】

金融衍生工具产生的动力来自金融市场上的价格风险。20世纪70年代以后，金融环境发生了很大的变化，利率、汇率和通货膨胀呈现极不稳定和高度易变的状况，使金融市场的价格风险大增。

从汇率变动看，1973年布雷顿森林体系崩溃后，以美元为中心的固定汇率制完全解体，西方主要国家纷纷实行浮动汇率制，加之70年代国际资本流动频繁，特别是欧洲美元和石油的冲击，使得外汇市场的汇率变动无常，大起大落。

从利率变动看，20世纪60年代末开始，西方国家的利率开始上升，20世纪70年代的两次石油危机更是使国际金融市场的利率水平扶摇直上，把金融市场的投资者和借贷者暴露在高利率风险中。20世纪60年代，西方货币学派兴起，至20世纪70年代对西方国家的领导人产生影响，西方国家普遍以货币供应量取代利率作为货币政策的中介目标，从而放松对利率的管制，利率变动频繁。

汇率、利率以及相关股市价格的频繁变动，使企业、金融机构和个人时时刻刻生活在金融市场价格变动风险之中，迫切需要规避市场风险。因此，作为新兴风险管理手段的以期货、期权和互换为主体的金融衍生工具应运而生。进入20世纪80年代后，美、英、日等发达国家不断放松金融管制，实行金融自由化措施，创造更为宽松的金融竞争环境。这一方面使得利率、汇率等市场行情更加频繁地波动，规避风险的要求进一步扩大；另一方面为新市场的创立和新业务的开展提供了更多的机会和可能，从而促进了金融衍生工具的持续发展。

第一节　金融衍生工具的含义与特点

一、金融衍生工具的含义

金融衍生工具又称金融衍生产品、派生金融工具，它是在原生金融工具诸如即期交易的商品合约、债券、股票、外汇等基础上派生出来的。金融衍生产品是其价值依赖于基础资产价值变动的合约。这种合约可以是标准化的，也可以是非标准化的。标准化合约是指其标的物（基础资产）的交易价格、交易时间、资产特征、交易方式等都是事先标准化的，因此此类合约大多在交易所上市交易，如期货。非标准化合约是指以上各项由交易的双方自行约定，因此具有很强的灵活性，比如远期协议。

金融衍生产品的共同特征是保证金交易，即只要支付一定比例的保证金就可进行全额交易，不需实际上的本金转移，合约的了结一般也采用现金差价结算的方式进行，只有在到期日以实物交割方式履约的合约才需要买方交足款项。因此，金融衍生产品交易具有杠杆效应。保证金越低，杠杆效应越大，风险也就越大。

对金融衍生工具含义的理解包含以下四个方面：

（一）金融衍生工具是从基础金融工具派生出来的

金融衍生工具是由金融原生工具（如货币、外汇、债券、商业票据、存单以及股票等）衍生出来的各种金融合约及其各种组合形式。在金融原生工具的基础上，借助各种衍生技术，可以设计出品种繁多、特点各异的金融衍生工具。由于是在原生工具基础上派生出来的产品，因此金融衍生工具的价值主要受原生工具价值变动的影响，如股票指数的变动影响股票指数期货的价格，认股权证跟随股价波动等，这是金融衍生工具最为独特之处。

（二）金融衍生工具是对未来的交易

金融衍生工具是在现时对原生工具未来可能产生的结果进行交易。交易的盈亏要在未来时刻才能确定。这些原生工具在未来某种条件下处置的权利和义务以契约形式存在。金融衍生工具是交易双方通过对利率、汇率、股价等因素变动趋势的预测，约定在未来某一时间按照一定条件进行交易或选择是否交易的合约。无论是哪一种金融衍生工具，都会影响交易者在未来一段时间内或未来某时点上的现金流，跨期交易的特点十分突出。这就要求交易双方对利率、汇率、股价等价格因素的未来变动趋势做出判断，而判断的准确与否直接决定了交易者的交易盈亏。

（三）金融衍生工具构造的复杂性

人们对基本衍生工具如期货、期权和互换的理解和运用已经不易，而当今国际金融市场的"再衍生工具"更是把期货、期权和互换进行组合，使之结构更具复杂性。这种复杂多变的特性,导致金融产品的设计要求较复杂的数学方法,大量采用现代决策科学方法和计算机科学技术,仿真模拟金融市场运作。在开发、设计金融衍生工具时,采用人工智能和自动化技术,一方面使金融衍生工具更具充分的弹性,更能满足使用者的特定要求;另一方面也导致大量的金融衍生工具让一般投资者难以理解和掌握。

(四)金融衍生工具设计的灵活性

运用金融衍生工具易于形成所需要的资产组合,创造出大量的、特点各异的金融产品。交易者参与金融衍生工具的交易,有的是为了保值,有的是利用市场价格波动进行投机,牟取暴利,有的是利用市场供求关系的暂时不平衡套取无风险的额外利润。既然存在各种复杂的参与目的,就要有各种复杂的品种,以适应不同市场参与者的需要,所以,金融衍生工具的设计可根据各种参与者所要求的时间、杠杆比率、风险等级与价格参数的不同进行设计、组合和拆分。可见,金融衍生工具的设计具有较大的灵活性。

二、金融衍生工具的特点

金融衍生工具具有以下几个特点:

(一)虚拟性

虚拟性是指信用制度膨胀下,金融活动与实体经济偏离或完全独立的那一部分经济形态。它以金融系统为主要依托,其行为表现在虚拟资本(如有价证券、产权、物权、金融衍生工具、资本证券化等)的循环运动上。虚拟经济的运作需要以大量的衍生工具为媒介,人们交易的对象正是虚拟化了的产权、信用和风险,交易的目的在于赚取差价。而金融衍生工具独立于现实资本运动之外,却能给持有者带来收益,是一种收益获取权的凭证,其本身没有价值,具有虚拟性。

(二)零和博弈

零和博弈,即合约交易的双方盈亏完全负相关,并且净损益为零,因此称"零和"。

(三)跨期性

金融衍生工具是交易双方通过对利率、汇率、股价等因素变动的趋势的预测,约定在未来某一时间按一定的条件进行交易或选择是否交易的合约。无论是哪一种金融衍生工具,都会影响交易者在未来一段时间内或未来某时间上的现金流,跨期交易的特点十分突出。这就要求交易的双方对利率、汇率、股价等价格因素的未来变动趋势做出判断,而判断的准确与否直接决定了交易者的交易盈亏。

(四)联动性

这里指金融衍生工具的价值与基础产品或基础变量紧密联系,规则变动。通常,金融衍生工具与基础变量相联系的支付特征由衍生工具合约所规定,其联动关系既可以是简单的线性关系,也可以表达为非线性函数或者分段函数。

(五)高杠杆性

衍生产品的交易采用保证金制度,即交易所需的最低资金只需满足基础资产价值的某个百分比。保证金可以分为初始保证金、维持保证金,并且在交易所交易时采取盯市制度,如果交易过程中的保证金比例低于维持保证金比例,那么将收到追加保证金通知,如果投资者没有及时追加保证金,其将被强行平仓。金融衍生品交易可以用较少成本获取现货市场上需较多资金才能完成的结果,因此具有高杠杆性、高风险、高收益的特点。

(六)不确定性或高风险性

金融衍生工具的交易后果取决于交易者对基础工具未来价格的预测和判断的准确程度。基础工具价格的变幻莫测决定了金融衍生工具交易盈亏的不稳定性,这是金融衍生工具具有高风险的主要诱因。金融衍生品交易由于其杠杆性而具有高风险性和信用风险的相对集中性,衍生品的虚拟性和定价复杂性使得其交易策略远复杂于现货交易,如果不恰当使用或风险管理不当则将导致巨大的风险。

【知识库】

零和博弈

零和博弈是指一项游戏中,游戏者有输有赢,一方所赢正是另一方所输,游戏的总成绩永远为零,零和博弈原理之所以广受关注,主要是因为人们在社会的方方面面都能发现与零和博弈类似的局面,胜利者的光荣后面往往隐藏着失败者的辛酸和苦涩。21世纪,随着经济高速增长、科技进步与全球一体化,零和博弈观念正逐渐被双赢观念所取代。人们开始认识到利己不一定要建立在损人的基础上。通过有效合作皆大欢喜的结局是可能出现的。但从零和博弈走向双赢,要求各方面要有真诚合作的精神和勇气,在合作中不要小聪明,不要总想占别人的小便宜,要遵守游戏规则,否则双赢的局面就不可能出现,最终吃亏的还是合作者自己。

(资料来源:百度百科)

第二节 金融衍生工具的种类

随着金融创新的发展,金融衍生工具经过不断地衍生再衍生、组合再组合,品种不断增加。按照不同的分类标准,金融衍生工具有不同的分类。

一、按照其基础衍生工具的种类划分

按基础工具划分,金融衍生工具分为股权式衍生工具、货币衍生工具、利率衍生工具、信用衍生工具与其他衍生工具。

（一）股权式衍生工具

股权式衍生工具是指以股票或股票指数为基础工具的金融衍生工具，主要包括股票期货、股票期权、股票指数期货、股票指数期权以及上述合约的混合交易合约。

（二）货币衍生工具

货币衍生工具是指以各种货币作为基础工具的金融衍生工具，主要包括远期外汇合约、货币期货、货币期权、货币互换以及上述合约的混合交易合约。

（三）利率衍生工具

利率衍生工具是指以利率或利率的载体为基础工具的金融衍生工具，主要包括远期利率协议、利率期货、利率期权、利率互换以及上述合约的混合交易合约。

（四）信用衍生工具

信用衍生工具是指以基础产品所蕴含的信用风险或违约风险为基础变量的金融衍生工具，用于转移或防范信用风险，是20世纪90年代以来发展最为迅速的一类衍生产品，主要包括信用互换、信用联结票据等。

（五）其他衍生工具

除以上四类金融衍生工具以外，还有相当数量金融衍生工具是在非金融变量的基础上开发的，例如，用于管理气温变化风险的天气期货、管理政治风险的政治期货、管理巨灾风险的巨灾衍生产品等。

二、按照金融衍生工具自身交易方式特点划分

金融衍生工具可以从不同的角度进行分类，但按照交易方式和特点进行分类是金融衍生工具最基本和最普遍的分类方式，大多数对衍生工具的研究也是以此为基础展开的。按照交易方式和特点划分，金融衍生工具分为金融远期、金融期货、金融期权、金融互换和结构化金融衍生工具。

（一）金融远期

金融远期是指合约双方同意在未来日期按照固定价格买卖基础金融资产的合约。金融远期合约规定了将来交割的资产、交割的日期、交割的价格和数量，合约条款根据双方需求协商确定。金融远期合约主要包括远期利率协议、远期外汇合约和远期股票合约。

金融远期合约是最基础的金融衍生产品。它是交易双方在场外市场上通过协商，按约定价格（称为"远期价格"）在约定的未来日期（交割日）买卖某种标的金融资产的合约。由于采用了"一对一交易"的方式，交易事项可协商确定，较为灵活，金融机构或大型企业通常利用远期交易作为风险管理手段。远期合约中购买金融资产的一方称为多头，出售金融资产的一方称为空头。在合约到期时，交易双方必须进行交割，即空方付给多方合约规定数额的金融资

产,多方付给空方按约定价格计算的现金。

(二)金融期货

金融期货是指规定交易双方在未来某一期间按约定价格交割特定商品或金融工具的标准化合约,目前主要有利率期货、外汇期货、债券期货、股票价格指数期货等。金融期货合约与金融远期合约十分相似,它也是交易双方按约定价格在未来某一期间完成特定资产交易行为的一种方式。但金融期货合约的交易是在有组织的交易所内完成的,合约的内容,如相关资产的种类、数量、价格、交割时间、交割地点等,都是标准化的。金融期货的收益决定与金融远期合约一致。

(三)金融期权

所谓金融期权是指规定期权的买方有权在约定的时间或约定的时期内,按照约定价格买进或卖出一定数量的某种相关资产或金融工具的权利,也可以根据需要放弃行使这一权利的合约,目前主要有外汇期权、外汇期货期权、利率期权、利率期货期权、债券期权、股票期权、股票价格指数期权等。为了取得这样一种权利,期权合约的买方必须向卖方支付一定数额的费用,即期权费。期权分看涨期权和看跌期权两个基本类型。看涨期权的买方有权在某一确定的时间以确定的价格购买相关资产;看跌期权的买方则有权在某一确定时间以确定的价格出售相关资产。

(四)金融互换

金融互换也译作"金融掉期",是指交易双方约定在合约有效期内,以事先确定的名义本金额为依据,按约定的支付率(利率、股票指数收益率等)相互交换支付的合约,目前主要有外汇互换、利率互换、货币互换、债券互换、抵押贷款互换等。互换合约实质上可以分解为一系列远期合约组合。

这四类衍生工具中,金融远期合约是其他三种衍生工具的始祖,其他衍生工具均可以认为是金融远期合约的延伸或变形。

(五)结构化金融衍生工具

上述四种常见的金融衍生工具通常也被称为建构模块工具,是最简单和最基础的金融衍生工具。利用其结构化特性,通过相互结合或者与基础金融工具相结合,能够开发设计出更多具有复杂特性的金融衍生产品,通常被称为结构化金融衍生工具,或简称为结构化产品。例如,在股票交易所交易的各类结构化票据以及目前我国各家商业银行推广的外汇结构化理财产品等都是其典型代表。

三、按照金融衍生工具交易的性质、风险划分

按照交易的性质、风险划分,金融衍生工具分为远期类工具和选择权类工具。

(一)远期类工具

在这类交易中,交易双方均负有在将来某一日期按一定条件进行交易的权利与义务,双方的风险与收益是对称的。属于这一类的有远期合约(包括远期外汇合约、远期利率协议等)、期货合约(包括货币期货、利率期货、股票指数期货等)、互换合约(包括货币互换、利率互换等)。

(二)选择权类工具

在这类交易中,合约的买方有权根据市场情况选择是否履行合约,换句话说,合约的买方拥有不执行合约的权力,而合约的卖方则负有在买方履行合约时执行合约的义务。因此,双方的权利义务以及风险与收益是不对称的。属于这一类的有期权合约(包括货币期权、利率期权、股票期权、股票指数期权等),另有期权的其他形式,如认股权证(包括非抵押认股权证和备兑认股权证)、可转换债券、利率上限、利率下限、利率上下限等。

四、按照交易场所划分

根据交易场所划分,金融衍生工具可分为场内交易金融衍生工具和场外交易金融衍生工具。

(一)场内交易

场内交易又称交易所交易,指所有的供求方集中在交易所进行竞价交易的交易方式。这种交易方式具有交易所向交易参与者收取保证金,同时负责进行清算和承担履约担保责任的特点。此外,由于每个投资者都有不同的需求,交易所事先设计出标准化的金融合同,由投资者选择与自身需求最接近的合同和数量进行交易。所有的交易者集中在一个场所进行交易,这就增加了交易的密度,一般可以形成流动性较高的市场。期货交易和部分标准化期权合同交易都属于这种交易方式。

(二)场外交易

场外交易又称柜台交易,指交易双方直接成为交易对手的交易方式。这种交易方式有许多形态,可以根据每个使用者的不同需求设计出不同内容的产品。同时,为了满足客户的具体要求,出售衍生产品的金融机构需要有高超的金融技术和风险管理能力。场外交易不断产生金融创新。但是,由于每笔交易的清算是由交易双方相互负责进行的,交易参与者仅限于信用程度高的客户。掉期交易和远期交易是具有代表性的柜台交易的衍生产品。

值得一提的是,上述分类并不是一成不变的。随着金融衍生工具日新月异的发展,上述的分类界限正在模糊,由两种、三种甚至更多不同种类的衍生工具及其他金融工具,经过变化、组合以及合成这几种方式创造出来的再衍生工具和合成衍生工具正在出现,使衍生工具的传统分类模糊难辨。如由期货和期权合约组成的期货期权,由期权和互换合成的互换期权,由远期和互换合成的远期互换等。

到目前为止,国际金融领域中,流行的衍生产品有如下四种:互换、期货、期权和远期利率协议。采取这些衍生产品的最主要目的均为保值或投机。但是这些衍生产品能存在与发展都有其前提条件,那就是发达的远期市场。

根据国际清算银行的衍生品统计报告(BIS,2007),在金融衍生产品的持仓量中,按交易形态分类,远期交易的持仓量最大,占整体持仓量的42%,以下依次是互换(27%)、期货(18%)和期权(13%)。按交易对象分类,以利率互换、利率远期交易等为代表的有关利率的金融衍生产品交易占市场份额最大,为62%,以下依次是货币衍生产品(37%)和股票、商品衍生产品(1%),仅1989年到1995年的几年间,金融衍生产品市场规模扩大了5.7倍。各种交易形态和各种交易对象之间的差距并不大,整体上呈高速扩大的趋势。

【知识库】

信用联结票据

信用联结票据是普通的固定收益证券与信用违约期权相结合的信用衍生工具。正如普通票据一样,信用联结票据承诺定期支付利息,当票据到期时偿还本金。而加入到该债券中的信贷衍生成分,允许票据发行人在信贷违约事件发生后,减少对票据投资人的本金偿付额。这里所指的信贷违约事件指的是票据所依附资产的信用等级降低,或者发行者发行的票据市场价格大幅度降低等。

一个标准的信用联结票据就是一种证券,它通常是由具有投资等级的实体发行,其附息支付和固定到期日的结构类似于纯债券,不过,包含到期值的信用联结票据的业绩与特定目标资产或发行主体资产的业绩密切相关。信用联结票据可以按票面价值发行,也可以按照低于票面价值发行。它是借款人为了对冲信用风险所使用的一种融资工具,投资人购买信用联结票据则可以提高其持有资产的标准收益。因此信用联结票据的发行人是信用保护的买方(受益方),通过发行信用联结票据分散信用风险,得到信用保护。票据购买人是信用保护的卖方(投资者),通过购买信用联结票据获得较高的利息同时承担了风险。如果在信用联结票据存续期间不曾发生信用事件,那么在票据到期日票据的赎回价值将支付给投资人。如果发生信用事件,那么,在票据到期日支付给投资人的价值将会低于票面价值,投资人有可能损失本金。所以信用联结票据适合能承担个别公司风险并了解标的公司财务信用状况的投资人。投资人在做出投资决策之前亦应了解信用联结票据是否适合个人的投资策略和财务状况。

(资料来源:中国金融网)

第三节 金融衍生工具的功能

金融衍生工具是市场经济发展到相当程度的产物,实质是当今金融创新和市场组织变革的集中体现。它是市场经济体制框架中不可或缺的组成部分。衍生金融工具之所以在短短的时间内获得迅速发展,除了得益于客观经济环境的需要外,也是由它自身所特有的功能所决定的。具体来说,衍生金融工具有如下主要功能。

一、转移风险功能

现货市场的价格常常是短促多变的,处于不断地波动之中,这给生产者和投资者带来了价格波动的风险。传统的证券投资组合理论以分散非系统风险为目的,对于占市场风险50%以上的系统性风险却无能为力。金融衍生工具恰是一种系统性风险转移工具,主要通过套期保值业务发挥转移风险的功能。正是衍生工具市场具有转移价格风险的功能,才吸引了越来越多的投资者,也是其生命力旺盛之所在。

二、价格发现功能

由于衍生金融工具交易特别是场内交易集中了四面八方众多的交易者,所有的参与者集中到交易所,使寻找交易对象和决定价格的信息成本大大降低。交易者在信息收集和价格动向分析的基础上,通过公开竞价的方式达成买卖协议,协议价格能够充分反映出交易者对市场价格的预期,也能在相当程度上体现出未来的价格走势,这就是价格发现。同时,衍生金融工具的出现增加了不同金融工具市场和不同国家之间的联系,促进了各种形式的套利行为,从而有利于减弱市场的不完善性,加强市场的竞争,缩小金融工具的买卖差价,消除或修正某些市场或金融工具的不正确定价。被衍生市场发现的价格随时随地通过各种传播方式向各地发布,这就为相应的经济领域提供了信息的生产和传递功能,为广大的生产者和投资者提供了正确的价格信号,从而使生产者和投资者可以相应制订和调整其生产与经营计划,使经济社会每一个成员都能更快更好地从未来价格预测中获益,促进资源的合理配置。

三、营利功能

衍生金融工具交易的盈利包括交易本身的收入(投机收入、套利收入)和提供经纪人服务的收入。一方面,创立衍生金融工具的本意是为规避风险而提供一种避险的金融工具,但是衍生金融工具交易也为投机者创造了条件:金融衍生工具交易的杠杆作用可使投机者能以较小的资金获得较大的利润(当然也可能是较大的亏损)。套取无风险利润是另一种投资类型。所谓无风险利润,就是指不需要承担风险的利润。不同的市场之间有时会由于市场缺陷而出现一些暂时性的失衡,交易者利用这些失衡状态,在精确计算的基础上通过构造一系列交易,就可获得这种无风险的利润。例如,利用不同地点外汇市场上的汇差进行套汇交易,在外汇市场和货币市场间进行套利交易等。

另一方面,由于衍生金融工具的技术性极强,一般投资者很难把握。因此,商业银行、投资银行等凭借其高素质的专业人才、先进的技术设备,为投资者提供咨询、经纪服务,从中赚取手续费、佣金收入。衍生金融工具的交易由于不列入财务报表,潜亏潜盈都不影响财务指标,从而也避免了对交易者资信状况的影响。投资者可以不用增加资产总额就能增加收益,这种独特的营利功能是吸引众多投资者的一大原因。对于被严格约束了资本充足率的银行来说,这无疑是极为重要的。

四、投机套利功能

与避险保值正相反的是,投机的目的在于多承担一点风险去获得高额收益。投机者利用金融衍生工具市场中保值者的头寸并不恰好互相匹配对冲的机会,通过承担保值者转嫁出去的风险的方法,博取高额投机利润。还有一类主体是套利者,他们的目的与投机者差不多,但不同的是套利者寻找的是几乎无风险的获利机会。由于金融衍生市场交易机制和衍生工具本身的特征,尤其是杠杆性、虚拟性特征,使投机功能得以发挥。可是,如果投机活动过盛的话,也可能造成市场内不正常的价格震荡,但正是投机者的存在才使得对冲保值者意欲回避和分散的风险有了承担者,金融衍生工具市场才得以迅速完善和发展。

金融衍生品市场存在大量具有内在联系的金融产品,在通常情况下,一种产品总可以通过其他产品分解组合得到。因此,相关产品的价格应该存在确定的数量关系,如果某种产品的价格偏离这种数量关系,总可以低价买进某种产品,高价卖出相关产品,从而通过套利获取利润。

五、资源配置功能

金融衍生品市场的价格发现机制有利于全社会资源的合理配置:一方面,衍生品市场近似于完全竞争市场,其价格接近于供求均衡价格,这一价格用于配置资源的效果,优于用即期信号安排下期生产和消费。所以,衍生品市场形成的价格常常成为一个国家,甚至全世界范围内的价格。另一方面,金融衍生品市场的价格是基础市场价格的预期,能反映基础市场未来预期的收益率。当基础市场预期收益率高于社会资金平均收益率时,社会资金就会向高收益率的地方流动。

六、促进原生金融市场的发展

由于衍生金融工具具备以上功能,特别是避险功能,可以使投资者安全地参与原生工具市场的交易,增强了资本的流动性,对稳定、完善和发展原生金融工具市场具有重要作用。尽管新的资本一般并不来自于衍生金融工具市场,但衍生交易市场的风险转移机制明显促进了原生工具市场效率的提高。例如1977年,纽约股票交易所的股票日交易量不过2 200万股,而推出股票指数期货后,交易量迅速达到1987年的日平均交易量1.63亿股。正如美国银行监管组织的一份联合报告所说:没有对货币头寸进行管理的相关衍生市场,原生市场就不可能时刻正常运作,尽管某些衍生工具还存在着一些问题。

> 【知识库】
>
> **价格发现**
>
> 价格发现(price discovery)是指买卖双方在给定的时间和地方对一种商品的质量和数量达成交易价格的过程。它涉及市场结构、市场行为、市场信息、期货市场和风险管理。价格发现并不混同于一般意义上的价格决定(price determination)。价格发现是期货市场的一个重要的经济功能,也是期货市场存在和发展的基础。
>
> 期货市场上买卖双方通过公开竞价形成的成交价格具有较强的权威性和超前性,是不同交易者对目前市场供求关系的认识和对未来市场预期的综合反映。期货价格也具有较强的连续性。与反映若干间断时点的现货价格相比,期货价格能够动态地反映不断变化的市场供求关系。因为在期货市场上,标准化的合约买卖总是持续地进行,交易者可以不断地根据所获得的最新信息修正原先对市场的看法,形成新的成交价格。
>
> 期货市场的价格发现机制使期货价格在社会资源配置过程中能发挥比现货价格更为积极的作用,有助于资源的合理配置,使生产经营者、投资者和金融机构根据这一价格做出合理的生产经营决策和投资决策,保障经济的稳定发展。
>
> (资料来源:MBA智库百科)

第四节　金融衍生工具的沿革与发展前景

一、金融衍生工具的沿革

(一)历史渊源

衍生金融工具实际上并非新生事物。早在12世纪,欧洲的法兰德斯商人就开始使用远期合同;类似于现在的期货和期权交易的一些商业活动在十六七世纪的日本大阪和阿姆斯特丹的大米市场上也极为盛行;到了19世纪中叶,正式的商品期货交易所开始在芝加哥和纽约成立。实际上,从广义上讲,纸币也正是那些最早出现的衍生金融工具之一。因为在金本位制下,纸币的价值正是取决于其价格符号所代表的黄金的价值,即它的金额大小由原生工具——黄金的价格决定。

早期的衍生金融工具产生于商品市场,这是因为市场经济中的商品价格是由市场来决定的,而商品价格受供求关系等因素的影响而不断发生变化,因此商品市场中便充满了价格风险,而这种风险本身又不能被消灭;当市场经济发展到一定阶段时,就需要一种分散风险、转移风险的机制,这样衍生金融交易就应运而生了。对于衍生金融工具来说,人们感到新鲜的并不是它们的出现,而是近40年来其惊人的交易规模、不断增加的使用者以及使用目的的不断多样化、广泛化。

(二)产生背景

从20世纪60年代开始,特别是进入20世纪70年代以后,随着布雷顿森林体系的解体和世界性石油危机的发生,利率和汇率出现了剧烈波动。宏观经济环境的变化,使金融机构的原有经营模式和业务种类失去市场,同时又给它们创造了开发新业务的机会和巨大的发展空间。与此同时,计算机与通讯技术的长足发展及金融理论的突破促使金融机构的创新能力突飞猛进,而创新成本却日益降低。在强大的外部需求召唤下,在美好的盈利前景吸引下,金融机构通过大量的创新活动,冲破来自内外部的各种制约,导致全球金融领域发生了一场至今仍在继续的广泛而深刻的变革:形形色色的新业务、新市场、新机构风起云涌,不仅改变了金融总量和结构,而且还对金融体制发起了猛烈的冲击,对货币政策和宏观调控提出了严峻挑战,导致国际金融市场动荡不定,国际金融新秩序有待形成。

(1)金融衍生工具产生的最基本原因是避险。20世纪70年代以来,随着美元的不断贬值,布雷顿森林体系崩溃,国际货币制度由固定汇率制走向浮动汇率制。1973年和1978年两次石油危机使西方国家经济陷于滞胀,为对付通货膨胀,美国不得不运用利率工具,这又使金融市场的利率波动剧烈。利率的升降会引起证券价格的反方向变化,并直接影响投资者的收益。面对利市、汇市、债市、股市发生的前所未有的波动,市场风险急剧放大,迫使商业银行、投资机构、企业寻找可以规避市场风险、进行套期保值的金融工具,金融期货、期权等金融衍生工具便应运而生。

(2)20世纪80年代以来的金融自由化进一步推动了金融衍生工具的发展。所谓金融自由化,是指政府或有关监管当局对限制金融体系的现行法令、规则、条例及行政管制予以取消或放松,以形成一个较宽松、自由,更符合市场运行机制的新的金融体制。金融自由化的主要内容包括:

①取消对存款利率的最高限额,逐步实现利率自由化。如美国《1980年银行法》废除了Q条例,规定从1980年3月起分6年逐步取消对定期存款和储蓄存款的最高利率限制;

②打破金融机构经营范围的地域和业务种类限制,允许各金融机构业务交叉、互相自由渗透,鼓励银行综合化发展;

③放松外汇管制;

④开放各类金融市场,放宽对资本流动的限制。

其他还包括放松对本国居民和外国居民在投资方面的许多限制,减轻金融创新产品的税负以及促进金融创新等。

金融自由化一方面使利率、汇率、股价的波动更加频繁、剧烈,使得投资者迫切需要可以回避市场风险的工具;另一方面,金融自由化促进了金融竞争。由于允许各金融机构业务交叉、相互渗透,多元化的金融机构纷纷出现,直接或迂回地夺走了银行业很大一块阵地;再加上银行业本身业务向多功能、综合化方向发展,同业竞争激烈,存贷利差趋于缩小,使银行业不得不寻找新的收益来源,改变以存、贷款业务为主的传统经营方式,把金融衍生工具视作未来的新增长点。

（3）金融机构的利润驱动是金融衍生工具产生和迅速发展的又一重要原因。金融机构通过金融衍生工具的设计开发以及担任中介，显著地推进了金融衍生工具的发展。金融中介机构积极参与金融衍生工具的发展主要有以下两方面原因：一是在金融机构进行资产负债管理的背景下，金融衍生工具业务属于表外业务，以下既不影响资产负债表状况，又能带来手续费等收入。1988年国际清算银行（BIS）制定的《巴塞尔协议》规定：开展国际业务的银行必须将其资本与加权风险资产的比率维持在8%以上，其中核心资本至少为总资本的50%。这一要求促使各国银行大力拓展表外业务，相继开发了既能增进收益，又不扩大资产规模的金融衍生工具，如期权、互换、远期利率协议等。二是金融机构可以利用自身在金融衍生工具方面的优势，直接进行自营交易，扩大利润来源。为此，金融衍生工具市场吸引了为数众多的金融机构。不过，由于越来越多的金融机构尤其是商业银行介入了金融衍生工具交易，引起了监管机构的高度关注，目前新的《巴塞尔协议Ⅱ》对国际性商业银行从事衍生工具业务也规定了资本金要求。

（4）新技术革命为金融衍生工具的产生与发展提供了物质基础与手段。由于计算机和通信技术突飞猛进的发展，电脑网络、信息处理在国际金融市场的广泛应用，使得个人和机构从事金融衍生工具交易轻而易举。

衍生工具极强的派生能力和高度的杠杆性使其发展速度十分惊人。根据国际清算银行的衍生品统计报告（BIS，2009），截至2008年6月，全球商业银行持有的各类现货资产总数为390 878亿美元，而同期交易所交易的未平仓期货合约金额达到201 013亿美元（12月底数据），发行在外的期权合约金额达到396 960亿美元（12月数据）、OTC交易的衍生品名义金额达到6 837 250亿美元。后三类之和达到商业银行现货资产数额的19倍，衍生产品名义金额平均年增长20%。考虑到商业银行在整个金融行业内的显著地位，可以毫不夸张地说，目前基础金融产品与衍生工具之间已经形成了"倒金字塔"结构，单位基础产品所支撑的衍生工具数量越来越大。

面对如此规模庞大、变幻莫测的衍生品市场，有人为之欢欣鼓舞，认为衍生工具的发展充分分散了金融风险，增强了金融体系的健全性；也有人认为衍生工具不但未从根本上化解金融风险，还带来了额外的风险，最终将导致金融体系的崩溃。

可是，不论对待衍生工具的态度有怎样大的差异，有一点可以肯定，作为一种仍处于快速发展中的"存在"，人类恐怕只能和它们长期共处，既然如此，了解这个领域的知识对增进全社会的福利将是有益的。

（三）演进过程

西方国家以商品远期、商品期货为代表的衍生工具的自然演进过程经历了若干世纪的时间，但现代意义上的金融衍生工具却是在20世纪70年代产生的。

1. 第一代现代意义的金融衍生产品

1972年5月16日,美国芝加哥商业交易所(CME)货币市场分部在固定汇率制解体、国际外汇市场动荡不定的情况下,率先创办了国际货币市场(IMM),推出了英镑、加元、德国马克、日元、瑞士法郎、墨西哥比索等货币期货合约,标志着第一代金融衍生产品的诞生。1973年4月,芝加哥期权交易所正式推出股票期权。1975年,利率期货在芝加哥期货交易所(CBOT)问世。20世纪70年代中期产生的第一代金融衍生产品,在后布雷顿森林体系(即以汇率、利率频繁波动为特征的国际货币体系)时代得到了发展。这一时期的衍生产品主要是与货币、利率有关的金融期货、期权,它们在各自不同的期权与期货市场内进行交易。

2. 第二代现代意义的金融衍生产品

20世纪80年代,金融衍生产品市场获得了前所未有的发展。1980年,位于荷兰阿姆斯特丹的欧洲期权交易所首家推出荷兰盾债券期权。这是第一笔利率期权在有组织的市场中进行交易。1981年,美国所罗门兄弟公司成功地为美国商用机器公司(IBM)和世界银行进行了美元与西德马克和瑞士法郎之间的货币互换。1982年,股票指数期货也隆重登场。到20世纪80年代中期,已有美国、英国、德国、法国、荷兰、加拿大、澳大利亚、新西兰、日本、新加坡、巴西、中国香港等12个国家和地区的交易所进行了金融期货交易。20世纪80年代后期,期权和互换市场得到很大发展,期权交易与互换技术相结合衍生出的互换期权也得到广泛运用。此外,期权场外交易尤其活跃。1989年底,包括利率封顶、保底期权以及互换权等在内的期权场外交易名义本金总额达4 500亿美元。1990年,上述场外交易期权交易额几乎等于场内交易的利率期权总额,达5 600亿美元。20世纪90年代以来,金融衍生产品仍保持了强劲的发展势头,品种数目、市场深度和广度均有了迅猛提高。在金融自由化浪潮的推动下,更多的非金融部门纷纷参与金融活动,外国银行与证券商逐渐进入本国市场。金融部门之间、金融部门与非金融部门之间以及本国金融业与进入本国市场的外国银行、证券业之间的竞争日趋激烈,寻求新的金融衍生产品是保有并扩大市场份额、提高自身实力的有效手段。金融机构为强化竞争、创造利润,同时也为协助厂商及客户立足于瞬息万变的金融市场推出了避险的新兴金融产品。

据国际清算银行的估计,20世纪90年代以来金融衍生产品交易额呈逐年上升之势。1993年,全球金融衍生交易未清偿合约总值达19万亿美元,是世界贸易总额的3倍。1994年12月底,全球金融衍生交易未清偿合约总额为45万亿美元,较之1985年平均每年增长约40%以上。全球金融衍生产品交易额从1988年的4 820亿美元增加到1994年的1.4万亿美元。国际互换和衍生金融工具协会提供的数字表明,截至1995年底,未到期的互换交易和其他通过私下谈判达成的衍生金融工具交易额比6个月前增加了29.18%,未到期的利率互换、货币互换和利率期权合同总额1995年6月30日为139 200亿美元,1995年12月31日增加到179 900亿美元。在1994年年底,未清偿的可比较名义交易额为11 300亿美元。从固定利率的抵押到与指数联系的房屋互助协会的储蓄账户,日常使用的各种衍生工具的交易额都在日益增大。据统计,现在国际金融市场上,金融衍生工具品种已知的就超过2 000种。芝加哥交易所甚至还推出了灾难期货、思想期货等。目前,全世界共有50多个交易所可进行衍生产品交易。

第二代衍生产品与第一代传统的衍生产品不同,它是金融工具的衍生产品,既具有期货、期权交易的特点,同时又为那些不满足于期货、期权交易成交额的客户提供了大规模套期保值的手段。第二代衍生产品大部分是场外交易产品,由此促进了柜台市场(OTC)的形成和发展。近20年来,金融衍生产品的交易规模也一直迅猛增长,动荡不安的金融市场环境极大地刺激了有组织的衍生市场的发展,投资全球化、新交易所的开设、新产品的出现以及参与交易的市场主体的扩大,进一步加快了衍生金融市场的发展。

就衍生市场本身来讲,有两个对推动衍生市场发展具有革命性意义的创新:一是1973年布莱克和斯科尔思发表的关于股票欧式看涨期权定价理论,为期权定价提供了理论支撑,并由此促成了期权交易所的成立。这一理论及在此基础上发展起来的一系列理论的广泛应用,带来了金融衍生产品市场的迅速发展。二是1982年美国堪萨斯农产品交易所率先推出股指期货,将欧洲美元期货采用现金交割方式加以推广,解除了期货业最严重的羁绊,为金融衍生市场的发展提供了无限潜力。

20世纪70年代以来,金融衍生市场结构的变化表现在由最初交易所市场与柜台市场并驾齐驱,发展到柜台市场后来居上。如前所述,20世纪70年代中期出现的第一代衍生工具——期货、期权主要是在有组织的交易所交易,而20世纪80年代出现的第二代衍生工具则使柜台交易市场异军突起,与交易所交易并驾齐驱。例如1994年,在有组织的交易所交易的金融期货和期权合同的数目增长了45%,而同期柜台市场的互换及与互换有关的业务也快速发展,比1993年增长46%,达到创纪录的33 639亿美元。1995年柜台交易额比1994年增长57%。这表明,在20世纪90年代,柜台交易市场由于可以根据客户的特殊要求灵活提供各种期限和条件的合约及其具有交易成本低的优势,呈现出后来居上的趋势。20世纪90年代末期,这一趋势表现得越发明显,场外交易规模逐渐超过场内交易。2001年12月,衍生金融工具场外市场的未清偿合约价值为1 111 150亿美元,已远远超过交易所市场237 980亿美元的水平。面对柜台市场的挑战和威胁,衍生工具交易所形成了新的交易联盟,在充分发挥其提供流动性、合约标准化、价格信息公开和清算集中等特点吸引客户的基础上,不断进行革新,试图通过提供更灵活的产品和服务提高自身的竞争地位。同时,柜台市场也不断吸收交易所合约的优点,增强金融安全保证,交易所市场与柜台市场之间形成了互相竞争、互相补充、互相推动的发展格局。衍生金融工具在国际金融中的作用日益增强。

随着经济、金融全球化的发展,加上国际金融资本的加速流动和巨力推动,金融衍生产品市场将得到更加迅猛的发展,品种会更加多样化,使用范围也将更加广泛。

由于历史和经济发展的原因,北美是众多衍生工具的发源地,一直占有金融衍生工具交易的最大份额,美国金融衍生工具交易的中心芝加哥交易所一直处于衍生交易的霸主地位。

但近年来,随着欧洲和亚洲金融衍生市场的迅速发展,北美的霸主地位遭遇到最强劲的挑战。例如,1991~2002年,全球有组织的交易所交易的金融衍生工具的未清偿合约总额从35 212亿美元增加到238 805亿美元,增幅达578%;北美从21 530亿美元增加到136 876亿美元,增福达535%;欧洲从7 107亿美元增加到88 645亿美元,增长1147%。此外,芝加哥交易所(CBOT)一直在北美交易所中处于主导地位。伦敦国际金融期货与期权交易所(LIFFE)由于与欧洲利率趋同性相关业务的迅速发展,得以保持其领先地位。德国证券交易所(DTB)成为欧洲第二家最活跃的交易所。随着欧盟的形成和欧元的引进,为了保持欧洲金融中心的主导地位,伦敦国际金融期货与期权交易所作为最活跃和最多样化的欧洲交易所,与欧洲最大的电子化交易所德国证券交易所实现合并,以迎接欧洲货币和经济联盟带来的挑战。伦敦国际金融期货与期权交易所因能提供各种国内和国际合约而保持了其在欧洲的领先地位,并缩短了与美国主要交易所的差距。此外,亚洲作为新兴市场,金融衍生交易也有了较快发展。中国香港地区、新加坡、东京以其后发效应,大有后来居上之势头。目前世界上已有50多个交易所在进行高风险、高收益的衍生品交易。

二、金融衍生工具的现状

(一)金融衍生工具发展现状

金融衍生品市场可以分为交易所市场和场外交易(OTC)市场。自1980年代以来,两类市场的衍生品交易均取得了长足发展;1986~1991年间,交易所市场和OTC市场交易额的年均增长率分别高达36%和40%;1991年两市场的未清偿合约名义价值分别达3.5兆美元和6兆美元,其中利率合约在两市场均占据了主导地位;2001年末,交易所市场合约名义价值已增长至23.54兆美元,OTC市场增长到了111兆美元,并且全球OTC市场的市值达到了3.8兆美元。交易所金融衍生品交易的巨幅增长反映了机构投资者对流动性增强型(即增加现货市场流动性)金融创新的需求,OTC衍生品交易的增长迎合了机构投资者对风险转移型金融创新的需求。

欧美发达国家集中了世界上绝大部分的交易所金融衍生品交易,全球80%以上的交易分布在北美和欧洲,近年来这种集中趋势更加明显。1999年末的未清偿金融期货和期权合约名义价值中,全球有80.5%属于北美和欧洲,到2002年6月末,这一比例上升到了93.7%,北美地区的合约价值占到总价值的64.6%。

美国是全球交易所金融衍生品交易的主要市场,但其地位正在趋于下降,美国交易所成交的金融衍生品合约在1986、1988、1990、1992、1994年分别占全球交易量的91.4%、74.7%、65.1%、53.5%、44.7%;欧洲市场的增长最为显著,1994年的交易量是1986年的399%;其间日本的交易量大约增长了7倍。从交易额统计看,直至1986年,美国尚占有交易所市场交易额和未清偿合约价值的80%份额。1990年后,美国以外的市场日趋活跃,交易增长率开始超过美国,到1995年,美国以外市场的交易额已超出美国,而未清偿合约价值稍逊于美国。从交易量统计看,1990年后美国以外市场衍生品交易的活跃趋势更加明显。

与交易所市场类似,OTC金融衍生品市场也主要分布在欧美国家。英国一直保持着OTC市场的领先地位,而且市场份额不断上升,这之外的OTC交易主要分布在美国、德国、法国、日本等国家。伦敦是OTC金融衍生品市场最重要的中心,2001年日均交易额达6 280亿美元,较1998年增长6%。纽约日均交易额位居第二,为2 850亿美元,较1998年下降3%,法兰克福交易额名列第三,业已取代东京在OTC市场中的位置,法兰克福地位的上升明显得益于引入欧元和欧洲中央银行(ECB)的设立。

根据国际清算银行的金融衍产品统计报告(BIS,2011年3月),截至2010年9月,全球商业银行持有各类现货资产总数为34.906 2亿美元,而同期交易所交易的未平仓期货合约金额达到22.315 6亿美元(2010年12月底数据),发行在外的期权合约金额达到45.615 9亿美元(2010年12月底数据),OTC交易的金融衍生产品名义金额达到582.655 0亿美元。后三类之和达到商业银行现货资产数额的18.6倍,衍生产品名义金额平均年增长近20%。

随着衍生工具风险的不断加大,近年来,学术界在金融衍生工具的风险管理方面又提出了TRM模型,该模型在原有VaR模型只关注概率因素的基础上又加进了价格和偏好两个要素,它试图将客观风险与交易主体的偏好结合起来,以求达到对风险的全面度量,从而实现对风险的全面控制。

在风险监管方面,新的巴塞尔协议于2004年正式颁布,该协议在三大支柱的基础上,进一步吸收了新的风险管理理念与管理技术,在原有信用风险和市场风险概念的基础上,又将操作风险列入风险管理的范畴。在三大支柱中,第一支柱为最低资本要求,它鼓励银行建立自己的评级体系,以强化银行的内控机制和自我管理的灵活性;第二支柱为监管当局对银行的风险监管,属于外部监管的范畴;第三支柱为相关的市场约束和信息公开制度,其中更强化了对于风险资产的计量标准和信息披露制度。

我国在保持金融市场稳步发展的同时,也积极推动金融衍生工具市场的发展。2006年9月,中国金融期货交易所正式成立,标志着我国金融衍生产品的发展步入了一个新的阶段;2010年4月16日,沪深300指数股指期货合约正式上市交易,进一步推动了我国资本市场的发展,有利于我国对金融产品定价权的实现,同时对我国金融体制改革和建设也是有益的促进。

2013年8月6日,上海证券交易所通知券商将正式组织开展个股期权全真模拟交易。2013年9月6日,国债期货正式在中国金融期货交易所上市交易。2013年9月,郑州商品交易所开展白糖期货期权全真模拟交易。2015年又推出10年期国债期货交易,并开启上证50ETF期权交易,为经济转型升级提供方向性和波动性风险管理工具。

(二)金融衍生工具对经济的影响

金融衍生产品的出现,为活跃国际金融市场、提高投资者的投资效率等起到了明显的成效,但同时也带来了一些消极作用。

1. 积极作用

（1）它能极大地提高基础市场的运作效率,提高金融机构、经济实体乃至于个人在金融市场上的经营效益。比如,美欧规模较大的商业银行凭借金融创新工具能在经济衰退时期同样获取高额利润;同时,这些国家金融市场的国界日趋模糊,国内金融体制与国际金融体制相互渗透,为全球经济一体化起到了促进作用。

（2）弹性较大。市场可能要求固定利率产品,但金融机构却可以用浮动利率来提供资金。为了避免利率风险,金融机构可用准确性大、效率高、成本低的创新工具来调整、控制其风险率,即开展资产负债表外的派生业务,如金融期货或期权等。在没有金融衍生工具的情况下,必须采取改变资产负债的混合结构,这是一种费时、费钱、费力的对策。

（3）对资本的要求不高,因此,允许银行在不冻结资本的情况下,调整其利率敏感度。这对于那些努力保持一定资本水平以获得额外收益的金融机构显得特别重要。

（4）金融衍生工具还能比传统工具提供更强的清偿能力,有时还使银行减轻未能对资产负债给予足够的套购保值而应承担的法律责任。

2. 消极作用

与此同时,金融衍生工具的出现也会带来一定的消极作用。其主要特征表现在:

（1）增加了市场的潜在风险。作为国际经济结构变化、资产价格和利率、汇率以及金融市场反复易变性的产物,金融衍生工具反过来又进一步加剧资产价格和金融市场的易变性。先进技术应用和新工具效率的提高,国际资本流动性的加强,巨大的国际游资在交易成本日益降低的情况下对利率、汇率的变化越来越敏感,引起资产价格易变性加剧。金融衍生工具为单个市场主体提供了分散风险的条件,但从整个市场来看,风险依然存在,而且随着交易量的剧增,偶发的支付和信用风险的产生都可能导致一场巨大的危机,因而在这一方面增大了市场的潜在风险。

（2）增大了金融监管强度。大量新的金融衍生工具的出现,使资产的流动性增强,各种金融工具类别的区分越来越难,用来测量和监管货币层次的传统手段逐渐失效,货币总量与信贷总量的监控难度加大。

（3）削弱了央行对商业银行的部分限制与约束。金融衍生工具的创新模糊了各金融机构的界限,由于商业银行日益卷入投资银行的活动领域,资本流动大量地通过资本市场而不通过信贷途径,商业银行为逃避管制,增强竞争力,大量增加资产负债表以外的业务。而传统的银行监管范围集中在商业银行上,各国中央货币监管机构仅仅对商业银行做出种种限制与约束,诸如银行法定准备金、银行充足资本比例等,其有效性也受到怀疑。

（4）使各国货币政策部分失效。由于资本流动在各国扩展,国际资本证券降低了各国奉行独立货币政策的自由度,货币政策的实施必须更多地考虑对外经济部门。因为在国际资本高度流动的状况下,一国旨在提高或降低利率而采取的行为,很可能导致大笔的资本款项流进或流出,从而抵消货币政策的实施效果。

三、金融衍生工具发展前景

考察了当今金融衍生品市场的发展状况，展望未来，市场的发展将呈现以下几个主要趋势。

(1) 宏观经济因素的变化仍可能导致市场风险的进一步加大，从而增大市场对金融衍生工具的需求，金融衍生工具市场的交易规模和头寸暴露也将因此扩大。欧洲货币体系内在的不稳定因素，美国经济增长的脚步可能放缓，由中国经济增长和汇率制度改革所引发的人民币长期升值趋势，以及中东局势的不稳定性都有可能加剧汇率、利率的短期波动，从而加大市场上保值和投机两方面的需求，推动金融衍生工具市场的发展。

(2) 利率衍生工具的交易进入相对稳定的增长阶段，而信用衍生工具将呈现快速发展的势头。由于信用风险始终是困扰着金融机构特别是银行的主要问题，信贷需求的膨胀和金融机构对信用风险管理的要求决定了信用衍生工具市场具有很大的发展空间，而在新的巴塞尔协议中对信用风险的防范也有较为详尽的要求，同时又提出了对操作风险进行风险管理的概念，这在未来势必将给金融衍生工具市场的产品结构带来重大调整。

(3) 科学技术的飞速发展以及金融证券化的进程，都为金融衍生工具的创新和市场的持续扩张提供了动力。从微观上来讲，这种推动作用贯穿从产品创意到设计开发直至推广交易的整个过程；技术进步提供了金融创新活动在技术上的可行性，同时大大降低了金融交易的成本，提高了交易的效率，并使金融市场的参与者必须通过不断创新以顺应并利用这种技术进步。从宏观上讲，技术进步将全面突破交易所和OTC市场彼此之间的分割，跨越地理上的国家疆界，最终把全球金融衍生工具市场联为一体。

(4) 随着全球金融一体化的进程，新兴市场国家金融衍生工具市场在未来的发展潜力很大，这将在量上带动金融衍生市场规模扩张。随着越来越多的国家加入WTO，金融服务业的开放程度也随之扩大，这种全面开放必然会促进金融衍生工具市场的迅速发展，在国际金融资本的推动下，新兴市场国家的金融衍生工具市场最终必将融入全球金融衍生工具市场之中。

(5) 在金融衍生工具市场快速扩张、各种机构及个人广泛参与的大背景下，市场上的交易者在衍生工具的风险评估和管理上会存在一定程度的滞后。为此，金融机构还要针对衍生工具的风险特性和资产组合的风险管理需要，继续开发出更为灵活有效的风险管理模型。从内部人员管理角度上看，金融机构的激励约束机制还有很大的改进空间。

(6) 在金融机构监管方面，由于金融衍生工具交易的发展日新月异，金融衍生工具业务在银行的业务中越来越重要，对于银行业的监管将明显突出衍生工具的风险和风险监管；而又由于监管者与被监管的金融机构相比，处于明显的信息和经验劣势，监管者将改变其监管指导思想，力求加强外部监管和激励金融机构内部管理有机结合。在金融市场监管方面，高度自由化的OTC市场的迅速扩张曾一度对监管者提出了严峻的挑战；而现在，交易所之间的广泛联合，特别是交易所的跨国联合、跨交易门类联合，使得原本相对容易的交易所监管也遇到了监管权责划分的新难题。监管者必须直面这些挑战，重新建立灵活有效的监管体系。针对衍生工具交易给金融体系造成的系统风险增加，金融衍生工具的交易者和监管者都应该引起更高的重视和警惕，为此，必须加强对金融衍生工具市场的监管合作，一方面要加强国际及行业间的合作；另一方面要加强监管者和交易者之间的合作，重点强调市场参与者之间交易的透明度，并激励金融机构彼此之间进行监督。

四、金融衍生工具在中国的发展

1984年，中国人民银行独立行使中央银行职能，揭开了中国金融体制改革的序幕；20世纪90年代初，上海、深圳证券交易所相继成立，标志着中国股票市场的建立；稍后借助于股票市场先进的交易网络系统，全国统一的国债流通市场开始形成。从此股票、证券市场日益壮大，20世纪90年代成为中国金融市场发展最迅速的时期，这为衍生金融产品交易提供了一定的环境和条件。但是由于中国市场经济运行机制的不完善性，衍生金融工具在其发展历程中走过一段并不平坦的道路。1992年7月，我国开始试办外汇期货交易。上海外汇调剂中心成为我国第一个外汇期货交易市场，半年过后，全国各地也涌现出大量的外汇期货经纪公司，而且交易额很大。由于各方面的条件尚不具备，如对投机行为认识不清、市场缺乏规避外汇汇率风险的主体、法律制度不健全、管理经验不足、缺乏相应专门人才等原因，到1993年，上海外汇调剂中心被迫停止了外汇期货交易。开始于1993年的海南证交中心的深证指数期货交易，由于其不规范性和投机性，也在存续半年之后被取缔。国债期货和期权类衍生金融工具的发展时间稍长一些，但同样历经坎坷。中国国债期货最早起于1992年12月28日，刚开始时交易清淡，直到1994年底，市场逐步发展，交易规模才得到扩大。但由于缺乏经验，金融监管不力，法制不健全，导致部分机构投资者违规操作、过度投机，从而引发了"327"事件。事件过后，政府于5月17日关闭了国债期货。可转换债券作为一种转换期权，我国最早的案例是1992年底深圳宝安公司发行的"宝安转券"，但在其推出期间，正值股市低迷、高通货膨胀时期，使投资者蒙受了双重损失。还有一种在我国曾存在过的期权类衍生金融工具是认股权证，我国首家发行认股权证的是深圳宝安公司，于1992年11月5日至1993年11月2日在深交所挂牌交易，其后又有吉轻工等6家上市公司发行过认股权证。但也是由于过度投机、风险监管制度不健全等原因，认股权证市场同样问题频出。1996年6月，在深圳交易的6只长期权证被摘牌，宣告了认股权证交易的结束。总之，在20世纪90年代中后期，中国特殊的法制环境和金融氛围，以及来自其他方面的冲击，使衍生金融市场日益演变成为一个投机性和赌博性的场所，风波、事件接踵而起，迫使政府不得不暂停或关闭这类市场，金融衍生产品在中国的发展进入停滞时期。2006年9月，中国金融期货交易所正式成立，标志着我国金融衍生产品的发展步入了一个新的阶段；2010年4月16日，沪深300指数股指期货合约正式上市交易；进一步推动了我国资本市场的发展，有利于我国对金融产品定价权的实现，同时对我国金融体制改革和建设也是有益的促进。

2013年8月6日,上海证券交易所通知券商将正式组织开展个股期权全真模拟交易。2013年9月6日,国债期货正式在中国金融期货交易所上市交易。2013年9月,郑州商品交易所开展白糖期货期权全真模拟交易。2015年又推出10年期国债期货交易,并开启上证50ETF期权交易,为经济转型升级提供方向性和波动性风险管理工具。

（一）中国衍生金融工具发展的特点

综观衍生金融工具在我国发展的历史,基本具备以下一些特点:

(1)中国的衍生金融工具市场是在基础金融工具市场还不发达的条件下产生的。金融业最基本的功能是优化资本配置和提供金融中介服务,实现这两大功能需要一个能够提供全方位、多层次金融服务的金融市场体系。我国金融业经过20多年的发展与改革,已建立了银行、证券、保险、信托投资公司、财务公司、信用社等多种金融机构并存的多元化市场格局,但与发达国家的金融市场结构相比,我国金融市场结构仍相对落后,具体表现为:

①银行业相对发达,证券和保险业相对落后。成熟市场经济国家银行资产和非银行金融机构资产占金融资产总额的比重大致平衡,而我国商业银行资产在金融资产总额占绝对比重,而其中国有商业银行又占有绝对比重,包括财务公司、信托投资公司、证券公司、保险公司在内的其他金融机构资产占金融资产总额的比重非常小。我国金融资产的这一构成表明,银行特别是国有银行垄断金融市场的格局尚未打破,非银行金融机构尚处于不发达状态。

②各专业市场内部存在业务发展失衡问题。我国的银行业务集中在信贷等传统的零售业务领域,金融中介服务等业务严重不足。

③从市场的服务层次结构看,存在明显的服务链缺损问题。目前,我国各种金融机构和金融工具主要服务于国有企业或大中型企业,缺乏面向中小企业和民营企业的金融机构和金融市场组织,如金融机构贷款主要面向国有企业和大型企业,企业债券的发行基本由国有大型企业垄断;股票市场的服务对象绝大多数是国有企业,以扶持民营企业和高科技企业为主的二板市场规模有限和服务于证券市场退出的场外交易的缺乏规范等。金融市场不健全形成的金融抑制不仅制约了民营企业和中小企业的发展,也降低了整个社会的资源配置效率,损害了经济增长,也不利于衍生金融工具市场的健康发展。

(2)我国金融工具品种少、结构简单,金融手段创新不足。金融服务主要是通过金融工具实现的,而新的金融服务或金融工具的出现,通常是金融机构在市场竞争的压力下进行金融创新的结果。我国金融业在改革与发展的过程中,体制创新不断获得突破,产品结构也日益多样化,但由于金融体制改革相对滞后,金融业仍然存在诸多对金融创新的体制性约束;同时,由于金融垄断的格局始终没有打破,限制了金融业的适度竞争,导致金融机构创新动力不足,金融产品结构相对简单。在中国,传统的国有商业银行在改革中没有成为金融创新的主体,它们实力雄厚,却不是衍生金融工具市场的主要参与者;相反在金融体制改革中新涌现的众多信托投资公司、证券公司等非银行金融机构反倒成为衍生金融工具交易的主体,但它们无论是在自身实力还是在政策倾向上都远不如国有银行。

(3)衍生金融工具交易由于其潜在的巨大风险,一开始就被政府作为试点的交易形式而存在,交易严格限制在政府指定的场所进行,因此与国外相比,衍生交易在中国金融市场中所占的份额相当有限。

(二)衍生金融工具在发展中出现的问题

我国衍生金融工具试点虽然大多以失败而告终,但这些试点工作开创了我国衍生金融工具的先例,为我国衍生金融工具市场积累了许多宝贵的经验。因此,对我国衍生金融工具试点失败的原因加以分析,有利于我国衍生金融工具及衍生金融工具市场的健康发展和完善。具体来说,我国衍生金融工具在发展中出现的问题有:

(1)现货市场规模过小,供求矛盾突出。西方国家的衍生金融工具无一不是外汇现货、股票、债券等基本金融工具的产物。因此,期货市场的发展需要一个成熟完善的现货市场作保证。而成熟完善的现货市场的特点就是规模宏大,金融商品数目繁多,成交量大。只有这样,才可能产生对衍生金融工具的需求以及由市场机制决定的衍生金融产品的价格。我国的现货市场本身就不够发达,存量又小,投资者在市场上不能自如进退,规避风险,加上非市场机制价格(人为控制价格)的形成,势必造成整个金融市场的混乱。因此,当时我国的金融市场不具备开展衍生产品交易的条件。

(2)金融监管体系极不完善,违规事件频出且屡禁不止。我国在进行各类试点之初往往侧重发展,而忽略了监管的重要性。事实上,完善的金融监管不仅是衍生金融工具发展壮大的需要,也是我国经济稳健发展的需要。我国的金融监管体系滞后,监管力度软弱,且常出现监管宽容导致的道德风险。与此同时,对于金融监管我国也没有准确定位,政出多门,管理混乱,造成恶性竞争,难以保证衍生金融工具安全稳定的交易环境。

(3)相关法律、法规滞后使得衍生金融工具在发展之初就缺乏安全保障。我国《国债期货交易管理暂行规定》是在推出国债期货三年之后才发布的,政策、法规滞后于客观实际。该规定发布之时的实际情况是:国债期货信息披露不规范,出现了不公平竞争;投资者过度投机成了投机者;相应法律不健全,违规行为屡屡发生。显然,在衍生金融工具发展之初相应的法律、法规先行或并行,较之相应的法律、法规滞后推行更有利于衍生金融工具的发展。

(4)缺乏相应的专门人才,相关的金融知识普及率低。我国试点工作失败有一个重要的原因就是投资者对自己的投资行为认识不清,缺乏基本的金融知识。而专业人员素质也不高,无法给投资者以正确的指导。

(三)衍生金融工具在中国的发展战略

金融衍生市场在过去20年获得了爆炸性增长,其根本原因在于它满足了一种重要的商业需求:为公司、企业和金融机构提供了以较低成本管理金融自由化浪潮中金融风险的有效工具,在商品市场之外的资本市场中形成了一个具有风险转移和价格发现独特功能的另类市场,为世界金融业的发展做出了划时代的贡献。我国已经加入世界贸易组织,金融经济对外开放的程度将进一步加深加快。经济全球化和金融自由化进程的加快,使得金融市场的风险也相应加大。如何建立一个健全的金融风险管理机制是当前凸显在我们面前的重大课题。在这种背景下,研究发展衍生金融市场,适时推出衍生金融工具,为商业银行、其他金融机构的经营及投资活动以及外贸企业的国际化经营提供保值避险的机制是十分必要的。

纵观中国目前的经济及金融市场发展的历史与现状,我们认为,中国发展衍生金融工具应参考以下基本思路:

1. 总体发展战略

我国的市场经济体系尚处于初步建立时期,金融现货市场也处于初期发展阶段,这就决定了我国衍生金融工具的发展需遵循以下原则:

(1)在坚定不移发展的大方向下体现谨慎的、循序渐进的原则。我国金融衍生品市场的发展既要警惕"超前论",搞所谓的金融衍生品市场发展推动经济市场化进程;也要警惕"等待论",寄希望于条件全部成熟时,金融衍生品市场一步到位。纵观中国金融市场的发展历程,最大的问题之一就是忽视了金融市场发展的一般规律和内在顺序,在原生市场尚未得到充分发展之时提前推出衍生产品,在对较初级的衍生产品(如商品期货)的运作与管理尚未取得一定经验时又推出较复杂的品种,在市场主体尚未产生足够的风险管理需求之时就推出以保值为主要功能的衍生产品,这必然造成市场发育不健全、监管难度加大、投机气氛浓烈等一系列的问题。

发展衍生金融工具市场要遵循由初级形式向高级形式发展,由不成熟到成熟发展,以及市场环境是基础的原则。现货市场要成为竞争性的市场,排除各种行政命令和垄断因素的干扰,消除地区、部门之间的封锁与割据,生产要素可以自由流动。同时,价格特别是金融产品价格,能基本反映标的物的价值和供求关系,这一关系要在大规模的、公开的、活跃的市场上形成。在衍生金融工具的推出顺序上,也要坚持先简单后复杂,先初级后高级的原则。

(2)在加快衍生市场国际化的前提下,坚持衍生金融工具创新的原创性。中国的金融衍生产品的发展及金融创新刚刚处于起步阶段,其成熟、完善需要有一个较长的过程。中国加入世界贸易组织后,融入世界经济,迫使其以超常规的发展速度,以创新的理念,加快发展合乎中国经济社会要求的衍生产品,完善交易规则和监管体系,培育出成熟的衍生市场的参与主体。经过几年的运作,在中国金融市场的国际化达到一定程度时,允许外国经营主体参与中国金融衍生产品交易,同时,也放开对中国企业和机构参与国际金融衍生产品市场交易的限制。中国金融衍生产品市场与国际金融衍生产品市场接轨的过程,也就是中国金融衍生产品市场国际化的进程。无需赘言,这必将导致中国金融的全方位创新,并随之培育、成长一大批层次高、经验丰富的金融衍生产品的设计、开发、交易、管理等人才,以适应中国金融衍生产品市场国际化的趋势。在这个过程中,我们必须认识到,由于我国市场环境与发达国家相比,存在巨大差异,吸纳型创新有很大的局限性。如果单纯走吸纳型创新的道路,在外资拥有绝对技术优势的前提下,一旦允许外资机构涌入,我国金融机构将面临一场灾难。因此,中国金融创新必须从本国市场环境出发,必须坚持原创性。在我国搞金融创新,如果有吸纳,一定是吸纳人家的创新思想,而不是照搬照抄。

(3)坚持与实体经济发展相结合的原则。从本质上讲,金融市场是实体经济中用权利交易代替实物交易,以便降低实物交易成本的一系列规则、方法和场所的总和。金融经济与实体经济相结合是金融市场赖以生存和健康发展的基础,是金融创新得以展开的保证。衍生金融工具由于具有虚拟特征,很容易被人为操纵,从而脱离实体经济,出现我们常说的"泡沫"。因此,金融市场必须坚持走与实体经济发展相结合的健康道路,发展衍生金融工具必须注意新品种推出与实际保值需要之间的关系。一个衍生金融工具品种的成功由多种因素决定,但如果市场上没有因特定风险导致的与之相关的避险需求,它是绝不会被市场认可的。

2. 发展途径

我国发展衍生金融工具的可选择策略应该是:

首先加快发展和完善现货和已有衍生市场,科学地选择并推进衍生金融工具。虽然我国已建立起了外汇现货、股票、债券等基础性金融市场以及商品期货市场,推出了远期结售汇业务,但这些基础市场的广度和深度还不够,应有序地、规范化地将其向广度和深度扩展。在发展股票市场、商品期货市场的基础上,随着利率市场化改革的加快,应尽早推出新的利率衍生产品。随着利率市场化步伐的加快,中国国债规模越来越大,国债品种及其他债券的品种也将逐渐增多,推出国债期货的条件业已成熟,应尽快恢复国债期货交易。中国股市设立20多年来,发展非常迅速,但股市波动频繁,市场风险较大,这除了历史、政策、经济诸因素之外,缺乏风险转移机制也是重要的因素之一。股票期货、股票期权等衍生产品的推出已迫在眉睫。这类衍生产品可以为投资者提供规避风险、增加收益的渠道,也是活跃证券市场、刺激股市繁荣的不可或缺的条件。总之,通过发展期货市场,形成中国的金融产品价格发现和价格风险转移机制。

衍生金融工具种类繁多,不同的衍生金融工具所需要的发展基础和条件不尽相同,也不可能同时具备和成熟。因此,应科学地安排顺序,既要积极又要稳健;既要考虑衍生金融工具之间的自然逻辑顺序,也需结合我国的现实情况。在远期、期货、互换、期权等金融衍生产品交易中,可先发展远期、期货,再发展互换和期权。例如,在中国的外汇市场上,应尽早推出多币种的远期外汇交易,以满足进出口交易商防范汇率风险的需求,同时又为外汇掉期交易创造条件。中国的商品期货已运作多年,金融期货也有过试验和失败的教训,因此,适时推出相关的期货交易,条件和时机均相对成熟。互换和期权是衍生类产品中较为复杂的,尤其是期权交易更是如此。例如,香港在1986年推出了股指期货交易,经过近10年的发展,到1995年9月才推出股票期权。没有成熟的广泛的期货交易的基础,就难以发展期权市场。中国期权和互换类金融衍生产品的推出要从长计议。

其次在优先发展场内交易的情况下,适度发展场外交易。场内交易指所有的供求方集中在交易所进行竞价交易的交易方式。场外交易指交易双方直接进行交易的方式。我国的场内交易可以以国债市场、外汇集中交易市场和股市为基础。场外交易可以在银行及其他金融机构间拆借和外汇交易的基础上发展,先可进行远期交易,时机成熟后可发展互换业务。尽管从国际市场看,场外交易的发展速度比场内交易快,但由于场内交易较之于场外交易容易监管一些,先期的发展宜偏重于场内交易,这有利于监管和最大限度降低金融衍生品市场的负面效应。根据具体情况,我们可适时推出股指期货、国债期货、外汇期货等场内交易衍生金融产品,促进场内衍生产品市场的发展。与此同时,积极创造条件,推动场外市场的发展。金融衍生产品的场外交易的发展,其基础是金融信用的高度发展和泛化,中国目前情势下只宜适度发展。

再次设计科学合理的制度框架,坚持"制度先行,规范在后"。衍生金融市场的制度框架主要包括监管体系、交易系统、结算系统、品种合约等内容。完善的衍生金融市场监管体系由政府监管部门、自律性组织、审计、法律等中介组织共同构成。政府监管部门要保证其统一性、权威性和高效性,尽量避免多头管理。自律性监管组织主要是指行业协会和会员制的交易所。在我国目前金融市场的发展中,自律性监管组织的功能亟待健全和完善。审计、法律等中介组织则要尽力维护和体现市场的"三公"原则。我国衍生金融市场的交易系统,无论是场外交易还是场内交易,都应遵循少而精的原则。当前国际上正在掀起的证券交易所合并浪潮表明,证券交易市场的范围已越来越趋向国际化,在一国之内建立一家全国性的衍生金融工具的交易所,或者在原有的证券交易所或期货交易所内增加衍生金融品种交易,即可满足衍生金融市场发展的要求。在交易系统的建设中,要注意规范化,严格遵守和执行各项法律法规,遵循国际惯例,要力求技术手段现代化。为了防范风险和便于监管,我国的衍生金融市场的结算系统应尽可能独立化运作。衍生金融交易品种的选定和设计,要根据基础性金融市场的发展来统筹安排。从防范风险和规范行为的角度出发,在发展初期,我国衍生金融品种的设计应尽可能考虑遏制过度投机的因素,比如采取提高保证金比率、加大每日涨跌幅限制、严格单笔买卖金额限制和累计持仓限制等措施。

要吸取我国国债期货"先发展,再管理"的经验教训:第一,在发展衍生金融工具之初,结合我国市场的实际情况和借鉴国外先进技术尽快推出《期货法》《期权法》及其实施细则等,使衍生金融工具在一开始就在法制的保障下茁壮成长。通过制定相应的法律、法规,规范信息披露制度,杜绝过度投机,使所有的交易商能按同一竞争法则规避风险,赚取利润。第二,通过对国外金融监管的分析可知,国外对衍生金融工具监管的主要力量是自律性组织和审计、信用评估等中介机构。政府部门的监管也是不可忽视的,但在监管方面,政府监管要适当,并应限于宏观性、基础性、全局性方面。金融监管主要应通过发展壮大自律性组织和中介机构,强化这两者的作用,使得衍生金融工具的监管处于市场规律之下。同时,应在主要依靠经济手段管理衍生金融工具的基础上,逐步减少行政手段的监管。第三,由于衍生金融工具交易为全球性交易,一国金融管理机构的监管力量显然不够。因此,我国在发展衍生金融工具之初就应重视和国际性监管机构的合作。通过合作,了解国际金融监管的最新动态,有利于构建和完善我国的金融监管体系。

最后推进我国金融衍生市场的国际化。金融衍生市场本质上是国际化的竞争性市场,世界上的衍生市场都是对外开放的,一国衍生市场的对外开放通过两种方式实现:一是允许外国资本参与本国衍生产品交易;二是允许本国企业直接进入国际衍生市场,或通过经纪公司代理国外业务。对一个国家来讲,实现衍生市场交易的国际化是大势所趋。在过去十多年中,我国许多企业金融机构通过中间商进入国际金融衍生市场,促进了我国外贸、金融、信托投资和证券业的发展,也为我国衍生市场国际化积累了经验。从我国未来的衍生市场发展来看,实现国际化的目标,需要经过两个发展阶段:

(1)以开拓国内金融衍生市场为中心的国内经营阶段。这个阶段是国内衍生市场的起步阶段,重点发展合乎社会需要的衍生产品,完善交易规则和监管体系,培育衍生市场的交易主体。在这个阶段由于市场规模较小,管理规则不完善,加之交易主体缺乏实践经验,不应允许外国资本参与中国国内的衍生产品交易。

(2)金融衍生市场的国际化阶段。在这个阶段上,国内衍生市场已经有了较大发展,在市场运用以及国家对市场的监管方面已经积累了必要的经验,国内许多企业和金融机构能够熟练地运用衍生工具进行套期保值和风险防范。在这种条件下,中国衍生市场对外开放的条件趋于成熟,应当放开对企业和金融机构参与国际衍生市场的限制,同时允许外国资本在规定条件下参与中国衍生市场。为了实现中国衍生市场的国际化,使我国衍生市场与世界衍生市场接轨,我们一方面要加快金融创新,掌握金融工程技术,培养自己的金融工程师;另一方面,要不断完善和提高金融市场监管体系和监管水平,使之与金融衍生市场的发展水平相适应。

我们认为,那种只注重引进、不注意消化,只考虑速度、不专心质量的金融创新,应该被摒弃,代之以科学的创新。总的发展路径,应该是把市场主体的趋利冲动科学合理地引导到法制化的轨道上,既不压制市场主体的创新积极性,也不片面迁就,防止积累风险。

【知识库】

中国金融期货交易所简介

中国金融期货交易所(China Financial Futures Exchange,缩写 CFFE)于 2006 年 9 月 8 日在上海期货大厦内挂牌,成为继上海期货交易所、大连商品交易所、郑州商品交易所之后的中国内地的第四家期货交易所,也是中国内地成立的首家金融衍生品交易所。该交易所为股份有限公司,实行公司制,这也是我国内地首家采用公司制为组织形式的交易所。中国金融期货交易所股份有限公司注册资本金为 5 亿元人民币。出资股东分别为:上海期货交易所、上海证券交易所、深圳证券交易所、大连商品交易所、郑州商品交易所。5 家股东分别出资 1 亿元人民币,按照中国证监会前期任命,朱玉辰为中国金融期货交易所首任总经理。上市品种由沪深 300 指数期货首发登场。

中国金融期货交易所的成立,对于深化资本市场改革,完善资本市场体系,发挥资本市场功能,具有重要的战略意义。

(资料来源:中国金融期货交易所网站)

本章小结

1. 金融衍生工具是在原生金融工具诸如即期交易的商品合约、债券、股票、外汇等基础上派生出来的,是给予交易对手的一方在未来的某个时间点,对某种基础资产拥有一定债权和相应义务的合约。也可以理解为一种双边合约或付款交换协议,其价值取自于或派生于相关基础资产的价格及其变化。金融衍生工具具有虚拟性、零和博弈、跨期性、联动性、高杠杆性、不确定性或高风险性等特点。

2. 按照金融衍生工具自身交易方式、特点,可分为金融远期、金融期货、金融期权、金融互换四类;按照基础工具种类的不同,可分为股权式、利率式、货币式衍生工具三种;按照金融衍生工具交易性质、风险的不同,可分为远期类、选择权类两种。随着金融衍生工具日新月异的发展,经过变化、组合以及合成这几种方式创造出来的再衍生工具和合成衍生工具正在出现。

3. 金融衍生工具具有转移风险、价格发现、营利、投机套利、资源配置、促进原生金融市场的发展等功能。其中,转移风险功能是最基本的功能。

4. 金融衍生工具的产生和发展是在一系列因素推动下向前推进的,对经济增长既有积极的正面效应,也有消极的负面影响。在中国发展衍生金融工具不仅必要,而且可行。我国发展衍生金融工具的可选择策略应该是:加快发展和完善现货和已有衍生市场,科学地选择并推进衍生金融工具;在优先发展场内交易的情况下,适度发展场外交易;设计科学合理的制度框架,坚持"制度先行,规范在后";培育合格的市场人才;推进我国金融衍生市场的国际化。

自 测 题

一、选择题

1. 金融基础工具主要包括(　　)
   A. 货币　　　B. 外汇　　　C. 利率工具　　　D. 股票　　　E. 远期

2. 金融衍生工具按照自身交易方法可分为(　　)
   A. 金融远期　　B. 金融期权　　C. 金融期货　　D. 金融互换

3. 金融互换主要包括(　　)
   A. 股票互换　　B. 货币互换　　C. 利率互换　　D. 债券互换

4. 具有无固定场所、较少的交易约束规则,以及在某种程度上更为国际化特征的市场是指(　　)
   A. 公开叫价　　B. 场外交易　　C. 自动配对系统　　D. 自由交易

5. 金融衍生工具最主要,也是一切功能得以存在的基础功能是指(　　)
   A. 转化功能　　B. 定价功能　　C. 规避风险功能　　D. 赢利功能　　E. 资源配置功能

二、简述题

1. 金融衍生工具的含义、特点。
2. 金融衍生工具的分类。
3. 金融衍生工具的功能。
4. 金融衍生工具的演进过程。

【阅读资料】

金融衍生品在美国次级抵押贷款危机中扮演的角色

发迹于2007年的美国次贷危机已经愈演愈烈，先后三次大规模的金融风暴使倒下的金融机构规模和所引发的全球金融市场震荡程度持续升温。区区次级债，何以引起市场如此大的恐慌，不仅惊动了各国央行，而且舆论高度关注。本文将从次级债危机的根源、金融衍生品对于次级债的影响以及此次危机对中国金融市场的启示三个方面全面剖析美国次级抵押贷款危机。

一、美国次级抵押贷款危机的根源

（一）何为次级抵押贷款

所谓次级抵押贷款，是相对于优质抵押贷款而言的。美国房地产贷款市场分为三类：优质贷款市场、"ALT—A"贷款市场和次级贷款市场。其中次级市场是面向FICO信用积分低于620、收入证明缺失、负债较重的客户。因信用要求程度不高，其贷款利率通常比一般抵押贷款高出2%~3%。

申请次级贷款的购房者多属于低收入阶层，一般不能承受较高的首付，在贷款初期也难以承受较高的本息支付。于是银行等金融机构开发了多种新兴抵押贷款产品，其中最为常见的包括无本金贷款、可调整利率贷款和选择性可调整利率贷款等。

（二）住房抵押贷款证券化的由来

从商业银行角度观察，住房抵押贷款具有借短还长的特点，进而影响着其资产负债结构和久期的匹配。为了获取更好的流动性安排，商业银行通常愿意部分或全部出售其住房抵押贷款，而发达的资本市场则为这一出售提供了有利条件。住房抵押贷款证券化便应运而生。

所谓住房抵押贷款证券化是指商业银行将其住房抵押贷款的收益权打包出售给一个具有风险隔离功能的特定目标机构（SPV），并由这一机构公开发行以此为基础资产支持的偏债性的证券（MBS），其发行募集的资金用于支付购买抵押贷款的价款，而投资者相应获得主要由住房抵押贷款利息构成的收益权。

由于打包资产质量不一，收益水平不同，风险定价也不同。在通常情况下，那些标准住房抵押贷款因标准统一，信用风险较低而较易打包出售，构成了MBS的主体；而那些非标准的住房抵押贷款则因其信用等级低，风险较高，要打包出售，就需要提高其风险溢价水平。这种有别于MBS主体债的MBS成为今天人们熟知的次级债。

如同主体债,次级债也代表着住房抵押贷款的收益权,其收益直接体现在抵押贷款的还款现金流。风险状态也依存于抵押贷款为其基础资产的风险状况。而居民的还款能力又受制于收入、利率、房地产价格等市场变动情况,从而间接受制于失业水平、通货膨胀率和经济增长率等宏观经济的变化情况。

二、金融衍生品对于次级抵押贷款的影响

随着金融衍生品成为金融市场的主要产品,金融交易日益具有衍生化的特点。各种以此为业的金融机构,如对冲基金等,层出不穷。在这种情况下,次级债与金融衍生品挂上了钩,反过来又促使次级债发行规模加大,发行频率加快。

(一)债权担保凭证(CDO)的爆炸性成长

从金融衍生品市场观察,住房抵押贷款次级债的交易分为三层:一是初级证券化产品(MBS),即次级债本身的交易;二是将次级债作为过手证券(pass-through securities),化整为零后进行再包装、再组合的 CMOs 交易;三是在上述基础上进一步组合成新的包装,成了所谓的债权担保凭证,再于市场上销售,成了抵押证券的衍生性商品,犹如股票之于期货与选择权一样,而且通常大型银行设有证券部门,专门创造这类投资工具。

近几年,债权担保凭证呈现了爆炸性的成长,单单去年第四季,CDO 的发行金额便超过了 1 000 亿美元,主要客户为银行、投资机构与对冲基金。散户投资人也可通过购买欧洲大型银行所销售的资产抵押证券与基金,进行这类商品的投资。CDO 除了一些传统的品种以外,投资银行家还创造出一系列复杂的衍生品,例如合成 CDO 以及"CDO 平方"、"CDO 立方"以及"CDO 的 N 次方"等新产品。BIS 统计显示,2006 年第四季度新发行了 920 亿美元的合成 CDO,2007 年第一季度发行量为 1 210 亿美元,其中对冲基金占了 33% 的市场份额。

(二)财务杠杆的泛滥

毫无疑问,对冲基金成为认购 CDO 的生力军,而对冲基金的基本特点就是高风险和高杠杆。为了可以利用较少的资本博得丰厚的利润,他们利用财务杠杆来不断扩大对冲规模。据不完全统计,能力较强的对冲基金利用财务杠杆能力在 30 倍以上,而那些极端的对冲基金甚至可以利用到 40 倍。例如当年俄罗斯债券市场上垮台的美国长期资本管理公司,其对冲操作的财务杠杆一般在 40 倍左右。如此高的财务杠杆率,虽然在微观上加大了对冲基金的活力,在宏观上扩大了信用规模,然而一旦市场条件变化或对冲操作失误,风险即可显现。

(三)金融衍生品对于次级债的影响

众所周知,典型的衍生产品的价值依赖于原生资产价值的变化。但是,由于金融创新步伐加快,相当多的衍生品价值与真实资产价值的联动关系被削弱,容易诱发市场参与者误判买卖过程中的收益水平,交易决策越来越依据假想的收益率,而非真实收益率。所以,市场上常常见到的现象是,衍生品的价格以间接、曲折和大幅度夸张的形式,表现着其对外部经济变量的反应:当经济景气和信用扩张时,价格持续高涨,交易活跃,风险处于隐性状态;然而当经济萧条和信用收缩时,价格低迷,交易清淡,风险容易集中爆发。美国房地产金融机构以次级抵押贷款为支持衍生出一系列复杂的金融产品,极度繁琐和复杂的信用创造程序,导致潜在的金融危机。

由于次级抵押贷款对客户信用要求程度较低,其利率比一般的抵押贷款高出2%～3%,相应的次级抵押贷款债券的年收益率比相同期限较高等级债券的收益率要高出30%左右,这自然吸引了美国乃至世界上一些大的金融机构的关注。但是,这一带有假想性质的较高收益率的保持,依据的是美国贷款利率在低水平运行和房地产价格的持续上升。而实际情况是,美国自2004年6月变更了持续多年的利率政策,将方向转到缩小流动性上。此后17个月的连续加息致使房价出现下跌,高利率的次级抵押贷款用户因无法承受增长的利息而开始破产,成为此次次级债危机的根源。

由于违约率的上升和高杠杆的影响,对冲基金难以归还信用放款,进而引起了金融市场的连锁反应。一个最直观的表现就是金融市场上的流动性出现短缺。在利率升高的同时,各金融机构为了归还贷款或保住已有的收益而竞相出售有价证券,促使包括股票、债权、期货和金融衍生品在内的各种有价证券大幅下跌,使得流动性进一步紧缺,引发资本市场灾难并波及货币市场,造成金融危机,正可谓"千里之堤,溃于蚁穴"。

三、次级债危机对中国资本市场的启示

我国商业银行开办住房抵押贷款的历史不长,住房抵押贷款证券化的进程才刚刚开始。由于不存在类似的金融工具和市场,所以美国次级债券危机不会直接引发我国金融市场的动荡。但是金融管制的放松与金融产品的创新是金融发展的大趋势,正逐步融入世界经济体的中国,必须要对此次次级债危机保持清醒的头脑。反思此次风波,可以得到以下几点启示:

(一)衍生品市场的发展是一把"双刃剑",其相关产品虽然可以对冲风险,但不会消灭风险

衍生品是提供流动性和分散风险的重要工具。MBS出现之前银行放出按揭贷款的能力完全取决于接纳存款的多少,该产品的出现极大地增加了银行发放按揭贷款的能力;同时金融衍生品也给投资者提供了杠杆,放大了购买资产的能力。然而,衍生品也使得各类金融机构以流动性为链条,捆绑在一起。风险虽然可以对冲,但不会消失,特别是如果大量机构参与此类产品的投机,衍生品的风险将加倍放大。一旦链条某个环节出现问题,便会引起连锁反应。

此次次级债风波表明:借款人的抵押贷款被打包发售MBS,而MBS又和其他证券一起被打包出售,甚至CDO会被进一步打包出售更为复杂的衍生产品。复杂的数学模型和产品结构使得投资者与贷款人之间信息不对称,难以估计违约情况;而金融衍生品的高杠杆性使得实体经济的问题被加倍放大成为可能。加上很多金融衍生品缺乏公开、透明的交易市场,投资者需要自己评估价值,不同的估计方法得出的结果差异很大。例如,此次发生问题的次级债规模和损失较易确定,而与此相关的信用衍生品的规模和损失却难以统计,一旦发生问题,这类产品可能会有市无价,对冲基金将难以为继,引发相关机构的连锁反应。而且更为重要

的是,给各国准确地预计危机程度和采取相应措施带来很大困难。从这个意义上讲,除金融机构本身提高风险管理水平外,货币和监管当局也应加强对金融衍生品市场的管理。

(二)提高个人放贷资产质量,加强个人住房信贷监管,防止风险贷款产生

政府部门应完善相关法律法规,加强对失信、违约的惩处,从法律上保障银行开办消费信贷业务的利益。央行继续完善个人征信系统,重点加强与税务、国土局等政府部门的合作。个人住房按揭贷款业务的对象应该是信用状况良好、还款能力较强的人群。但由于信息不对称等因素的存在,商业银行不可能完全知道贷款申请人的全部信息,这就需要健全个人信用体系。

监管部门应加强个人住房按揭贷款业务创新品种的监管。明确个人住房按揭贷款业务创新的方向,对一些银行承担风险较大的创新品种应加强监督,及时做出相关的业务指引规范。

(三)不断提高政府金融危机处理能力

首先,政府应时刻监控住房抵押贷款市场的危机聚集情况,在危机爆发前向放款者和投资者发出警告,减少或停止新的危险住房抵押贷款。在市场危机爆发初期,政府应该挺身而出,坚定市场信心,防止市场过度反应,导致危机扩散到金融市场其他领域。其次,政府应该稳定借贷者信心,减少其被银行和抵押贷款公司收回房屋资产的速度,保障房价稳定,以保证社会稳定。再次,组织有实力的金融机构担负社会责任,购买风险资产,最好能够成立像美国联邦国民抵押贷款协会和联邦住房抵押贷款协会等类似的政府支持公司,长期存在于市场以平衡和分散风险。

(资料来源:法律教育网)

Chapter 2

金融远期合约交易

【学习要求及目标】

本章系统地介绍了金融远期合约的交易制度及金融远期合约的定价原理;通过本章的学习要求学生理解金融远期合约、外汇远期交易、远期利率协议的含义、特点和定价原理,熟练掌握远期利率协议、远期外汇合约的交易制度和具体运用。

【引导案例】

中国外汇交易中心(以下简称"交易中心")2016年5月3日在银行间外汇市场顺利推出标准化人民币外汇远期(以下简称"C-Forward")交易,并通过外汇交易系统的以双边授信为基础、自动匹配结合点击成交的 C-Trade 模块实现。C-Forward 上线首日运行良好。全天共有25家机构对3个固定期限品种和6个固定交割日品种进行报价,共有21家机构在3个固定期限品种和4个固定交割日品种上达成交易。

C-Forward 上线首日交易活跃,推动人民币外汇远期市场成交量大幅增长,C-Forward 各期限品种均有报价,会员机构共提交1 138笔订单。5月3日全天 C-Forward 共达成62笔交易,中国民生银行和汇丰银行(中国)9时30分达成首笔交易。全天共有21家会员机构达成交易,成交量排名前五位的会员机构依序为中国农业银行、汇丰银行(中国)、上海浦东发展银行、蒙特利尔银行(中国)和中国民生银行。交易量排名前三位的期限品种依序为1D、1W 和1 606。

第一节 金融远期合约交易概述

一、金融远期合约的含义及特点

(一)金融远期合约的含义

金融远期合约又称为金融远期、金融远期交易,是指交易双方分别承诺在将来某一特定时间购买和提供某种金融工具,并事先签订合约,确定价格,以便将来进行交割的一种金融衍生工具。

金融远期合约是20世纪80年代初兴起的一种保值工具,它是一种交易双方约定在未来的某一确定时间,以确定的价格买卖一定数量的某种金融资产的合约。合约双方同意在未来日期按照固定价格交换金融资产,合约中会指明买卖的商品或金融工具种类、价格及交割结算的日期。远期合约是必须履行的协议,不像可选择不行使权利(即放弃交割)的期权。远期合约亦与期货不同,其合约条件是为买卖双方量身订制的,通过场外交易(OTC)达成,而后者则是在交易所买卖的标准化合约。远期合约规定了将来交换的资产、交换的日期、交换的价格和数量,合约条款因合约双方的需要不同而不同。远期合约主要有远期利率协议、远期外汇合约、远期股票合约。

远期合约是场外交易,如同即期交易一样,交易双方都存在风险。

在远期合约签订之时,它没有价值,支付只在合约规定的未来某一日进行。如果即期价格低于远期价格,市场状况被描述为正向市场或溢价;如果即期价格高于远期价格,市场状况被描述为反向市场或差价。

(二)金融远期合约的特点

(1)灵活性较大。在签署远期合约之前,双方可以就交割地点、交割时间、交割价格、合约规模、标的物的品质等细节进行谈判,以便尽量满足双方的需要。

(2)非集中性。远期合约属于柜台交易,没有固定的、集中的交易所。不利于信息交流和传递,不利于形成统一的市场价格,市场效率较低。

(3)流动性较差。非标准化,每份远期合约千差万别,这就给远期合约的流通造成较大不便,故远期合约要终止是很难的。

(4)没有履约保证。当价格变动对一方有利时,对方有可能无力或无诚意履行合约,因此远期合约的违约风险较高。

二、金融远期合约的分类

根据基础资产划分,常见的金融远期合约包括四个大类:

(一)股权类资产的远期合约

股权类资产的远期合约包括单个股票的远期合约、一篮子股票的远期合约和股票价格指数的远期合约三个子类。

(二)债权类资产的远期合约

债券类资产的远期合约主要包括定期存款单、短期债券、长期债券、商业票据等固定收益证券的远期合约。

(三)远期利率协议

远期利率协议是指交易双方约定在未来某一日、交换协议期间内一定名义本金基础上分别以合同利率和参考利率计算的利息的金融合约。其中,远期利率协议的买方支付以合同利率计算的利息,卖方支付以参考利率计算的利息。

(四)远期汇率协议

远期汇率协议是指按照约定的名义本金,交易双方在约定的未来日期交换支付浮动利率和固定利率的远期协议。

三、金融远期合约的构成要素

标的资产(underlying asset):任何衍生工具都有标的资产,标的资产的价格直接影响衍生工具的价值,即由标的资产衍生。金融远期合约的标的资产主要包括外汇、利率工具、股票等。

交割日(delivery date):交割时间。

交割价格(delivery price):合约中规定的价格。

多头(long position)和空头(short position):合约中标的资产的买方和卖方。

还包括交割数量和买卖双方的权利义务的规定。

四、金融远期合约和期货合约的区别

期货合约与远期合约虽然都是在交易时约定在将来某一时间按约定的条件买卖一定数量的某种标的物的合约,但他们存在诸多区别,主要有:

(一)标准化程度不同

远期合约遵循契约自由原则,合约中的相关条件如标的物的质量、数量、交割地点和交割时间都是依据双方的需要确定的;期货合约则是标准化的,期货交易所为各种标的物的期货合约制定了标准化的数量、质量、交割地点、交割时间、交割方式、合约规模等条款。

(二)交易场所不同

远期合约没有固定的场所,交易双方各自寻找合适的对象;期货合约则在交易所内交易,一般不允许场外交易。

(三)违约风险不同

远期合约的履行仅以签约双方的信誉为担保,一旦一方无力或不愿履约时,另一方就得蒙受损失;期货合约的履行则由交易所或清算公司提供担保,违约风险小。

【知识库】

远期价格与远期价值

原则上,远期价格是基于现在的现货价格而计算出的理论上的价格。一般而言,计算远期价格是用交易时的即期价格加上持有成本,可以将远期价格简单表示为:远期价格 = 现货价格(标的资产价格) + 持有成本(利息成本、仓储成本等)。我们把使得远期合约价值为0的交割价格称为远期价格。在签订远期合约时,因为现货价格和远期价格相等,而此时持有成本还没有产生。持有成本会随着时间增加,但是期货价格已经包含了持有成本,因此只有现货价格的波动会给投资者带来损益。

远期价值则是指远期合约本身的价值,它是由远期实际价格与远期理论价格的差距决定的。一般而言,如果现货价格上涨,那么对于远期合约多头而言,因为签订的协议价格即远期价格是依据原来的现货价格,而现在的现货价格上涨,那么远期多头可以低于市场价格买入标的资产,再以市场价格将其卖出,中间的差价就是远期合约为其带来的收益,这个收益就是远期合约的价值。在合约签署时,若交割价格等于远期理论价格,在远期合约签订的时候远期价格就是现货价格,所以没有损益,远期合约的价值为0。但随着时间推移,远期理论价格有可能改变,而原有合约的交割价格则不可能改变,因此原有合约的价值就可能不再为零。当然如果现货价格在到期日没有发生变化,那么远期合约的价值仍然为0。

(资料来源:中国金融网)

第二节 外汇远期交易

在衍生金融工具的远期合约中,目前最常见的是远期外汇合约。

一、外汇远期交易的含义及特点

(一)远期外汇交易的含义

远期外汇交易(forward exchange transaction),也称期汇交易,指在外汇买卖成交时,双方先签订合同,规定交易的币种、数额、适用的汇率及日期、地点等,并于将来某个约定的时间进行交割的外汇业务活动。

期汇预约的时间按月计算,一般为 1 个月、2 个月、3 个月或 6 个月,也可以长达 12 个月,通常为 3 个月。当然,也有预约在规定期限以内办理交割的。期汇的交割,一般在买卖合同订立后按规定办理,如果顾客不能按时履约而要求延长交割期限时,则由银行在原期汇买卖合同到期日,代为买进或卖出同种类或同金额的现汇办理原合同的交割。但还得同时按新的期汇汇率卖出或买进以延长的日期为期限的远期外汇,重新签订期汇买卖合同。在这笔外汇买卖业务中,如发生盈亏就由该客户享有或负担。

任何外汇交易都以即期外汇交易为基础,所以远期交割日是即期交割日加上月数或星期数,若远期合约是以天数计算的,其天数以即期交割日后的日历日的天数为基准,而非营业日。(例如星期三做的远期交易,合约天数为3天,则即期交割日为星期五,远期交割日为星期一。)

若顺延之后,跨月到了下个月份,则必须提前至当月的最后一个营业日为交割日。

(二)远期外汇交易的特点

(1)双方签订合同后,无需立即支付外汇或本国货币,而是延至将来某个时间。

(2)买卖规模较大。

(3)买卖的目的,主要是为了保值,避免外汇汇率涨跌的风险。

(4)外汇银行与客户签订的合同须经外汇经纪人担保。此外,客户还应缴存一定数量的押金或抵押品。当汇率变化不大时,银行可把押金或抵押品抵补应负担的损失。当汇率变化使客户的损失超过押金或抵押品时,银行就应通知客户加存押金或抵押品,否则,合同就无效。客户所存的押金,银行视其为存款予以计息。

二、外汇远期交易的分类

远期外汇买卖根据交割日是否固定,分为两种类型:

(一)固定交割日的远期外汇买卖(fixed forward transaction)

固定交割日的远期外汇买卖即事先具体规定交割时间的远期买卖。其目的在于避免一段时间内汇价变动造成的风险。固定方式的交割期以星期和月份为单位,如1星期、2个月(60天)、6个月(180天)等,这是实际中较常用的远期外汇交易形式。

(二)选择交割日的远期外汇买卖(optional forward transaction)

选择交割日的远期外汇买卖称择期远期外汇买卖,指交易的一方可在成交日的第三天起至约定的期限内的任何一个营业日,要求交易的另一方,按照双方约定的远期汇率进行交割的交易。其特点是:

(1)交割日期随客观形势与主观判断而转移,并不固定,它意味着客户可以在择期的第一天,也可在最后一天履行交割手续。

(2)银行不给这类业务活动以优惠汇率。

确定择期远期交易的方法有两种:

(1)事先把交割期限固定在两个具体日期之间。如某一出口商在1999年9月25日成交一笔出口交易,预期3个月内收到货款。这样,该出口商马上在外汇市场上卖出一笔3个月的远期外汇,并约定择期日期为9月29日至12月29日。这就意味着该出口商在这段时间内,随时可以将收到的外汇卖给银行。

(2)事先把交割期限固定在不同月份之间。如上例中,出口商可视其需要,将交割期限规定为第一个月、第二个月、第三个月这3个月中的任意2个月,或择期3个月。

择期远期交易在外汇买卖当中发展迅速。这是因为:交割日期固定就缺乏灵活性和机动性,难以满足进出口商的需要。在实际贸易中,进出口商往往事先并不知道外汇收入或支出的准确时间。但他们仍然希望通过远期市场避免汇率变动风险。因此,他们便与银行签订一项合同,保证按双方约定的汇率,在将来规定的期限内进行外汇买卖。

三、外汇远期交易的交易制度

订立远期交易合约,必须首先备有一定比例的押金。

(一)定价基础

$$远期点数 = 即期汇率 \times (报价币利率 - 被报价币利率) \times 期间$$

$$远期汇率 = 即期汇率 \pm 远期点数$$

(二)交易惯例

被报价币与报价币:被报价币系用来衡量其他货币价格的货币,其计价单位为1,即1被报价币 = X(多少)报价币,换汇交易之交易金额系以被报价币金额为准。

(三)实例

【例2.1】 某一日本出口商向美国进口商出口价值100万美元的商品,共花成本9 500万日元,约定3个月后付款。双方签订买卖合同时的汇率为US1 = J￥96。按此汇率,出口该批商品可换得9 600万日元,扣除成本,出口商可获得100万日元。但3个月后,若美元汇价跌至US1 = J￥95.5,则出口商只可换得9 550万日元,比按原汇率计算少赚了50万日元;若美元汇价跌至US1 = J￥95以下,则出口商可就得亏本了。可见美元下跌或日元升值将对日本出口商造成压力。因此日本出口商在订立买卖合同时,就按US1 = J￥96的汇率,将3个月的100万美元期汇卖出,即把双方约定远期交割的100万美元外汇售给日本的银行,届时就可收取9 600万日元的货款,从而避免了汇率变动的风险。

四、外汇远期交易的应用

远期外汇买卖产生的主要原因在于企业、银行、投资者规避风险之所需,具体包括以下几个方面:

(一)进出口商预先买进或卖出期汇,以避免汇率变动风险

汇率变动是经常性的,在商品贸易往来中,时间越长,由汇率变动所带来的风险也就越大,而进出口商从签订买卖合同到交货、付款又往往需要相当长时间(通常达30~90天,有的更长),因此,有可能因汇率变动而遭受损失。进出口商为避免汇率波动所带来的风险,就想尽办法在收取或支付款项时,按成交时的汇率办理交割。

【例2.2】 某一日本出口商向美国进口商出口价值10万美元的商品,共花成本1 200万日元,约定3个月后付款。双方签订买卖合同时的汇率为US＄1 = J￥130。按此汇率,出口该批商品可换得1 300万日元,扣除成本,出口商可获得100万日元。但3个月后,若美元汇价跌至US＄1 = J￥128,则出口商只可换得1 280万日元,比按原汇率计算少赚了20万日元;

若美元汇价跌至 US＄1＝J￥1.20 以下,则出口商可就得亏本了。可见美元下跌或日元升值将对日本出口商造成压力。因此日本出口商在订立买卖合同时,就按 US＄1＝J￥130 的汇率,将 3 个月的 10 万美元期汇卖出,即把双方约定远期交割的 10 万美元外汇售给日本的银行,届时就可收取 1 300 万日元的货款,从而避免了汇率变动的风险。

【例 2.3】 某一香港进口商向美国买进价值 10 万美元的商品,约定 3 个月后交付款,如果买货时的汇率为 US＄1＝HK＄7.81,则该批货物买价为 78.1 万港元。但 3 个月后,美元升值,港元对美元的汇率为 US＄1＝HK＄7.88,那么这批商品价款就上升为 78.8 万港元,进口商得多付出 0.7 万港元。如果美元再猛涨,涨至 US＄l＝HK＄8.00 以上,香港进口商进口成本也猛增,甚至导致经营亏损。所以,香港的进口商为避免遭受美元汇率变动的损失,在订立买卖合约时就向美国的银行买进这 3 个月的美元期汇,以此避免美元汇率上升所承担的成本风险,因为届时只要付出 78.1 万港元就可以了。

由此亦可见,进出口商避免或转嫁风险的同时,事实上就是银行承担风险的开始。

(二)外汇银行为了平衡其远期外汇持有额而交易

远期外汇持有额就是外汇头寸(foreign exchange position)。进出口商为避免外汇风险而进行期汇交易,实质上就是把汇率变动的风险转嫁给外汇银行。外汇银行之所以有风险,是因为它在与客户进行了多种交易以后,会产生外汇"综合持有额"或总头寸(overall position),在这当中难免会出现期汇和现汇的超买或超卖现象。这样,外汇银行就处于汇率变动的风险之中。为此,外汇银行就设法把它的外汇头寸予以平衡,即要对不同期限不同货币头寸的余缺进行抛售或补进,由此求得期汇头寸的平衡。

【例 2.4】 香港某外汇银行发生超卖现象,表现为美元期汇头寸"缺"10 万美元,为此银行就设法补进。假定即期汇率为 US＄1＝HK＄7.70,3 个月远期汇率为 US＄l＝HK＄7.88,即美元 3 个月期汇率升水港币 0.18 元。3 个月后,该外汇银行要付给客户 10 万美元,收入港币 78.8 万元。该银行为了平衡这笔超卖的美元期汇,它必须到外汇市场上立即补进同期限(3 个月)、相等金额(10 万)的美元期汇。如果该外汇银行没有马上补进,而是延至当日收盘时才成交,这样就可能因汇率已发生变化而造成损失。假定当日收市时美元即期汇率已升至 US＄1＝HK＄7.90,3 个月期汇即美元 3 个月期汇仍为升水港币 0.18 元,这样,该外汇银行补进的美元期汇就按 US＄1＝HK＄8.08(7.90＋0.18)的汇率成交。10 万美元合 80.8 万港元,结果银行因补进时间不及时而损失 2 万(80.8 万－78.8 万)港元。

所以,银行在发现超卖情况时,就应立即买入同额的某种即期外汇。如本例,即期汇率为 US＄1＝HK＄7.70,10 万美元合 77 万港币。若这一天收盘时外汇银行就已补进了 3 个月期的美元外汇,这样,即期港元外汇已为多余,因此,又可把这笔即期港元外汇按 US＄1＝HK＄7.90 汇率卖出,因此可收入 79 万港元,该外汇银行可获利 2 万(79 万－77 万)港元。

由此可见:首先,在出现期汇头寸不平衡时,外汇银行应先买入或卖出同类同额现汇,再抛补这笔期汇。也就是说,用买卖同类同额的现汇来掩护这笔期汇头寸平衡前的外汇风险。其次,银行在平衡期汇头寸时,还必须着眼于即期汇率的变动和即期汇率与远期汇率差额的大小。

（三）短期投资者或定期债务投资者预约买卖期汇以规避风险

在没有外汇管制的情况下,如果一国的利率低于他国,该国的资金就会流往他国以谋求高息。假设在汇率不变的情况下纽约投资市场利率比伦敦高,两者分别为9.8%和7.2%,则英国的投资者为追求高息,就会用英镑现款购买美元现汇,然后将其投资于3个月期的美国国库券,待该国库券到期后将美元本利兑换成英镑汇回国内。这样,投资者可多获得2.6%的利息,但如果3个月后,美元汇率下跌,投资者就得花更多的美元去兑换英镑,因此就有可能换不回投资的英镑数量而遭到损失。为此,英国投资者可以在买进美元现汇的同时,卖出3个月的美元期汇,这样,只要美元远期汇率贴水不超过两地的利差(2.6%),投资者的汇率风险就可以消除。当然如果超过这个利差,投资者就无利可图而且还会遭到损失。这是就在国外投资而言的,如果在国外有定期外汇债务的人,则就要购进期汇以防债务到期时多付出本国货币。

【例2.5】 我国一投资者对美国有外汇债务1亿美元,为防止美元汇率波动造成的损失,就购买3个月期汇,当时汇率为 US \$1 = RMB￥8.172 1,现汇率变动为 US \$1 = RMB￥8.272 1,如果未买期汇,该投资者就得付出8.272 1亿人民币才能兑换1亿美元,但现已购买期汇,则只需花8.172 1亿人民币就够了。

（四）外汇投资者为攫取投机利润而进行期汇买卖

汇率的频繁、剧烈波动,会给外汇投机者进行外汇投机创造有利的条件,尤其在浮动汇率制下更是如此。所谓外汇投机是指利用外汇市场汇率涨落不一,纯粹以赚取利润为目的的外汇交易。

其特点是:

(1)投机者主动置身于汇率的风险之中,从汇率变动中牟利。

(2)投机活动并非基于对外汇的实际需求,而是想通过汇率涨落赚取差额利润。

(3)投资收益大小决定于本身预期的正确程度。

其方式是:当投机者预期某种外汇汇率将剧烈变动时,就通过买卖现汇与买卖期汇来获取投机利润。由于买卖即期外汇投机者必须持有外汇资金,交易规模大小就视这个资金多寡而定。故大部分投机者是通过买卖远期外汇来进行,因为期汇投机只需缴纳少量保证金,无需付现汇,到期轧抵,计算盈亏,因此不必持有巨额资金就可进行交易。也由于期汇买卖仅凭一份合同就可办理,因此,期汇投机较容易,成交额也较大,但风险也较高。

外汇投机有两种形式:

(1)先卖后买,即卖空(sellshort)或称"空头"(bear)。当投机者预期某种外币如美元将贬值或汇率将大幅度下跌时,就在外汇市场趁美元价格相对较高时先行预约卖出,到期如果美元汇率真的下跌,投机者就可按下跌的汇率买进美元现汇来交割美元远期,赚取差价利润。该投机方式的特点就是以预约的形式进行交易,卖出时自己手边实际并无外汇,也因为如此,称为"卖空"。

（2）先买后卖，即买空（buylong）或称"多头"（bull）。当投机者预期某种货币将升值，就在外汇市场上趁该币价格相对较低时先行预约买进该种货币的远期，到期该货币汇率真的上升，投机者就按上升的汇率卖出该货币现汇来交割远期，从中赚取投机利润。这种交易是预约交易。由于这种投机者不少仅仅是在到期日收付汇价涨落的差额，一般不具有实足的交割资金，故称为"买空"。

【例2.6】 有一德国外汇投机商预期英镑有可能贬值。当时，英镑3个月期汇汇率为£1 = DM3.344 8，他就在法兰克福外汇市场上卖出10万英镑的3个月期汇，即在交割日他应交付10万英镑现汇，收入33.448万德国马克。若3个月后，法兰克福外汇市场的英镑现汇价格果然像预期这样下跌，跌至£1 = DM3.240 8，这时他就以原先约定汇率所得的33.448万德国马克中的32.408万德国马克在市场上买进10万英镑现汇，来履行期汇合同。这样，该投机商通过卖空就赚取了1.04万（33.448万 − 32.408万）马克的差价利润。当然，如果汇率变动与投机者预期正好相反，则该投机商就可能遭受损失。

【例2.7】 有一美国外汇投机商预期德国马克可能会大幅度上升。若当时马克3个月期汇汇率为US＄1 = DM1.90，投机商就在纽约外汇市场上买入19万马克3个月期汇，即到交割日他须付出10万美元，收入19万德国马克。若3个月后，纽约外汇市场的马克汇率果然升至US＄1 = DM1.80，投机商就把按原先约定的汇率所得到的19万德国马克，拿出18万到纽约外汇市场上去卖，换回10万美元的现汇去履行合约。可见，投机商通过这种买空，赚取了1万马克，合5 556美元。

【知识库】

自由兑换货币

当一种货币的持有人能把该种货币兑换为任何其他国家货币而不受限制，则这种货币就被称为可自由兑换货币。根据《国际货币基金协定》的规定，所谓自由兑换，系指对国际经常往来的付款和资金转移不得施加限制。也就是说，这种货币在国际经常往来中，随时可以无条件地作为支付手段使用，对方亦应无条件接受并承认其法定价值，不实施行歧视性货币政策措施或多种货币汇率。在另一成员国要求下，随时有义务换回对方在经常性往来中所结存的本国货币，即参加该协定的成员国具有无条件承兑本币的义务。

目前，世界上有50多个国家接受了《国际货币基金协定》中关于货币自由兑换的规定，也就是说，这些国家的货币被认为是自由兑换的货币，其中主要有：美元（USD）、德国马克（DEM）、日元（JPY）、瑞士法郎（CHF）、法国法郎（FRF）、意大利里拉（ITL）、荷兰盾（NLG）、比利时法郎（BEU）、丹麦克朗（DKR）、瑞典克朗（SKR）、挪威克朗（NKR）、奥地利先令（ATS）、港币（HKD）、加拿大元（CAD）、澳大利亚元（AUD）、新西兰元（NZD）、新加坡元（SGD）。

（资料来源：百度百科）

第三节 远期利率协议

一、远期利率协议的含义及特点

（一）远期利率协议的含义

远期利率协议是一种远期合约，买卖双方（客户与银行或两个银行同业之间）商定将来一定时间点（指利息起算日）开始的一定期限的利率协议，并规定以何种利率为参照利率，在将来利息起算日，按规定的协议利率、期限和本金额，由当事人一方向另一方支付协议利率与参照利率利息差的贴现额。

在这种协议下，交易双方约定从将来某一确定的日期开始在某一特定的时期内借贷一笔利率固定、数额确定、以具体货币表示的名义本金。远期利率协议的买方就是名义借款人，如果市场利率上升的话，他按协议上确定的利率支付利息，就避免了利率风险；但若市场利率下跌的话，他仍然必须按协议利率支付利息，就会受到损失。远期利率协议的卖方就是名义贷款人，他按照协议确定的利率收取利息，显然，若市场利率下跌，他将受益；若市场利率上升，他则受损。

（二）远期利率协议的特点

(1) 具有极大的灵活性（场外交易工具）。

(2) 并不进行资金的实际借贷（表外金融工具），实际结算量可能很小。

(3) 在结算日前不必事先支付任何费用，只在结算日发生一次利息差额的支付。

(4) 参与者多为大银行，非金融机构客户通过银行操作。

(5) 币种主要有美元（90%以上）、英镑、日元等（此外还有欧元、瑞士法郎、港币、加拿大元、澳大利亚元、新加坡元、丹麦克朗、瑞典克朗、挪威克朗等）。

(6) 目的主要是规避利率风险。

(7) 远期利率协议的报价最长期限通常不超过两年，以一年以内的远期最为常见，也可根据客户的实际需要进行变通安排。

二、远期利率协议的功能

远期利率协议的推出，类似于利率期货的作用，可以有效地平抑市场利率的过度波动，使市场更有效地发现实际利率。因此，作为一种典型的利率衍生产品，远期利率协议业务的推出具有非常重要的意义，被称为"短期利率市场的利器"。

（一）增强投资者管理利率风险的能力

随着我国金融体制改革的深入，利率市场化的程度也在逐步加深，投资者开始面对更多的利率波动的风险。远期利率协议可以让投资者锁定从未来某一时刻开始的利率水平,从而有效地管理短期利率风险。

(二)促进市场稳定,提高市场效率

远期利率协议通过锁定未来的利率水平实现了风险的转移和分散,能够深化市场功能,提高市场稳定性,同时可以在客观上降低投资者的交易成本,提高市场效率。

(三)促进市场的价格发现,为中央银行的货币政策操作提供参考

远期利率协议所达成的利率水平集中体现了来自套期保值、套利、投机等各方面的需求,是各种市场信息和对未来预期的综合反映,有助于促进市场的价格发现,其价格水平的变动可以为中央银行的货币政策操作提供重要的参考。

(四)有利于整个金融衍生品市场的协调发展

我国金融衍生品市场发展时间不长,目前品种单一,远期利率协议的推出,不仅可以进一步丰富金融衍生品的种类,使投资者更灵活地选择适合自身需要的风险管理工具,还可以为现有的利率衍生品提供有效的对冲手段,从而促进整个金融衍生品市场的协调发展。

三、远期利率协议的交易制度

(一)远期利率协议的重要术语

(1)买方和卖方:担心或希望利率上涨的保值者或投机者应买入 FRA 协议(未来借款或银行贷款)称买方;担心或希望利率下跌的一方应该出售 FRA 协议(未来存款或银行的借款)称卖方。

(2)协议数额:名义上借贷本金额。

(3)协议货币:协议数额的面值货币。

(4)交易日:协议交易的执行日。

(5)交割日:名义贷款或存款开始日。

(6)基准日:决定参考利率的日子(交割日的前两天)。

(7)到期日:名义贷款或存款的到期日。

(8)协议期限:交割日和到期日之间的天数。

(9)协议利率:协议规定的固定利率。

(10)参考利率:市场决定的利率,在固定日计算交割额。

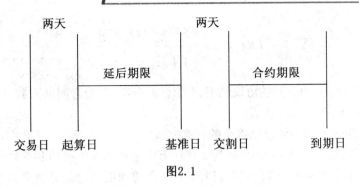

图 2.1

(二) 远期利率协议的标记方法

远期利率协议是一种由银行提供的场外交易金融产品,银行之间通过电话或网络在各自的交易室里进行交易。因此,要有一个交易标记方法来提高交易速度和质量,使得每一笔远期利率协议的交易只需一个电传、一个电话或一个其他交易指令即可成交。一般来说,远期利率协议的表示方法如下:

"3×9"表示 3 个月后开始的 6 月期的远期利率合约,在市场交易中把这笔交易叫做"3 月对 9 月的远期利率协议"。"3×6"表示 3 个月后开始的 3 月期的远期利率合约,在市场交易中把这笔交易叫做"3 月对 6 月的远期利率协议"。"1×4"表示 1 个月后开始的 3 月期的远期利率合约,在市场交易中把这笔交易叫做"1 月对 4 月的远期利率协议"。

(三) 远期利率协议结算金的计算

远期利率协议的利息必须根据合约中的名义本金计算,并且计算出的较长期限整段利息必须与两个分段的远期利率计算的利息之和相等。比如"6 个月对 9 个月"的远期利率协议中,按 9 个月计算的利息总额必须与远期利率协议前的 6 个月利息及 3 个月远期利率协议期间利息之和相等。在计算远期利率协议的利息时,按复利计算。

在远期利率协议下,如果参照利率超过合同的协议利率,那么卖方就要支付给买方一笔结算金,以补偿买方在实际借款中因利率上升而造成的损失;反之,则由买方支付给卖方一笔结算金。一般来说,实际借款利息是在贷款到期时支付,而结算金则是在结算日支付,因此,结算金通常并不等于因利率上升而给买方造成的额外利息支出,而是等于到期时的额外利息支出在结算日的贴现值。即在远期利率协议交易的结算日(即远期利率协议的交割日也是远期利率协议的起息日),首先计算远期利率协议中约定的利率与确定日所确定参照利率(一般用 LIBOR)之间的差额,然后将此利差乘以协议约定的名义本金额和期限,便计算出应支付的利息差额。再将该利息差额按合约期作贴现得到远期利率协议的结算金。

具体计算公式如下:

$$FRA_{结算金} = \frac{A \times (r_M - r_K) \times \frac{D}{B}}{1 + (r_M \times \frac{D}{B})} \quad (2.1)$$

式中：r_M 为参照利率；r_K 为合同的协议利率；A 为合同金额；D 为合同期天数；B 为天数计算惯例（如美元为 360 天，英镑为 365 天）。

下面举例说明远期利率协议结算金的计算方法。

【例 2.8】 某公司买入一份本金为 2 000 万美元的 6×9 远期利率协议，合约利率为 9.8%，结算日市场参考利率为 11.9%。请问：(1) 合约到期日的结算金是多少？(2) 合约结算日的结算金是多少？(3) 买方得到结算金还是付出结算金？

由上例给出的信息知道：参照利率 $r_M = 11.9\%$，合约利率 $r_K = 9.8\%$，合约金额 $A = 20\,000\,000$ 美元，合约期限 $D = 90$ 天，远期利率协议到期日的结算金、结算日的结算金如下。

(1) 到期日的结算金为

$$(11.9\% - 9.8\%) \times 20\,000\,000 \times \frac{90}{360} = 105\,000(美元)$$

(2) 结算日的结算金为

$$\frac{105\,000}{1 + 11.9\% \times \frac{90}{360}} = 101\,966.5(美元)$$

即这份远期利率协议到期日的结算金是 105 000 美元，结算日的结算金为 101 966.5 美元。由于结算金是正数，所以买方得到由卖方支付的结算金。

【例 2.9】 假设 A 公司在 6 个月之后需要一笔金额为 1 000 万美元的资金，为期 3 个月，其财务经理预测届时利率将上涨，因此，为锁定其资金成本，该公司与某银行签订了一份协议利率为 5.9%、名义本金额为 1 000 万美元的远期利率协议。

假设 6 个月后，市场利率果然上涨，3 个月期市场利率上涨为 6%，则远期利率协议结算日应交割的金额计算如下：

$$FRA = \frac{(6\% - 5.9\%) \times 10\,000\,000 \times \frac{90}{360}}{1 + 6\% \times \frac{90}{360}} = 2\,463.05(美元)$$

假设此时 A 公司为满足其资金的需求，不得不按此时的市场利率 6% 借入一笔金额为 1 000 万美元、期限为 3 个月的资金，则其借入资金的利息成本为

$$10\,000\,000 \times 6\% \times \frac{90}{360} = 150\,000(美元)$$

但由于 A 公司承做了上述 FRA 避险，可获远期利率协议的利息差价收入 2 463.05 美元，所以其实际的财务成本为

$$\frac{150\,000 - 246\,3.05}{10\,000\,000} \times \frac{360}{90} = 5.9\%$$

即原 FRA 设定的资金成本,也就是远期利率协议中的协议利率 5.9%。

签订 FRA 后,不管市场利率如何波动,协议双方将来收付资金的成本或收益总是固定在合同利率的水平上。而且,由于远期利率协议交易的本金不用交付,利息是按差额结算的,所以资金流动量较小。这就给银行提供了一种管理利率风险而无须改变其资产负债结构的有效工具,也在一定程度上降低了远期利率协议的信用风险。

四、远期利率协议的应用

远期利率协议应用的原则是:未来时间里持有大额负债的银行,在面临利率上升、负债成本增加的风险时,必须买进远期利率协议;未来时间里拥有大笔资产的银行,在面临利率下降、收益减少的风险时,必须卖出远期利率协议。

(一)远期利率协议保值应用

1. 远期利率协议做多保值

【例 2.10】 假设 ABC 银行根据其经营计划在 3 个月后要向大银行拆进一笔金额为 1 000 万美元、期限为 3 个月的资金,该银行预测在短期内利率可能在目前 7.5%(年利率)的基础上上升,从而将增加其利息支出,增大筹资成本。为了降低资金成本,ABC 银行决定通过远期利率协议交易将其未来的利息成本固定下来。

ABC 银行的操作是:按 3 个月期年利率 7.5% 的即期利率买进 1 000 万美元的远期利率协议,交易期限为 3 个月对 6 个月。3 个月后,果真同预测一样,LIBOR 上升为 8.5%,这时,ABC 银行采取了如下交易将利息成本固定了下来。

(1)轧平远期利率协议头寸。即按 3 个月后远期利率协议交割日当天的伦敦同业拆放利率,卖出 3 个月期 1 000 万美元的远期利率协议。由于利率上升,ABC 银行取得利差,由式(2.1)计算得

$$FRA = \frac{10\,000\,000 \times (8.5\% - 7.5\%) \times 0.25}{1 + 8.5\% \times 0.25} = 24\,479.8(美元)$$

(2)按交割日 LIBOR = 8.5% 的利率取得 3 个月期美元贷款 9 975 520.2 美元(即美元 10 000 00 − 24 479.8)。由于 ABC 银行已从远期利率协议中取得了 24 479.8 美元的收益,因而,它只需取得 9 975 520.2 美元的贷款,即可满足借款 1 000 万美元的需要。由此可以计算出 ABC 银行此笔借款的利息支出为

$$借款利息支出 = \frac{(10\,000\,000 - 24\,479.8) \times 8.5\% \times 90}{360} = 211\,979.8(美元)$$

远期利率协议所得:24 479.8 美元。

最终利息支出:187 500 美元(211 979.8 美元 − 24 479.8 美元)。

年利率 = 187 500 × 4 ÷ 9 975 520.2 = 7.5%

由此可以看出,ABC 银行通过远期利率协议交易,在 LIBOR 上升的情况下,仍将其利率固定到原来的水平,从而避免了因利率支出增多,增大筹资成本的风险。

2. 远期利率协议做空保值

【例 2.11】 假设 XYZ 银行 3 个月后会收回一笔 2 000 万美元的贷款,并计划将这笔贷款再作 3 个月的短期投资。但 XYZ 银行预测短期内利率将在目前 7.5% 的基础上下降,将使未来投资收益减少。为了减少损失,XYZ 银行决定通过远期利率协议交易将其未来的收益固定下来。

XYZ 银行的操作是:按 7.5% 的即期利率卖出 2 000 万美元的远期利率协议,交易期限为 3 个月对 6 个月。3 个月后,如同预测的那样,利率下降为 7%,由此 XYZ 银行做了以下交易来固定其收益。

(1)轧平远期利率协议头寸。即按 3 个月后远期利率协议交割日当天的 LIBOR 卖出 3 个月期的远期利率协议。由于利率水平下降,XYZ 银行可从远期利率协议交易中获取利差收益。其计算结果如下:

$$FRA = \frac{20\ 000\ 000 \times (7\% - 7.5\%) \times 0.25}{1 + 7\% \times 0.25} = -24\ 570(美元)$$

负号代表利差支付方向为买方支付给卖方。

(2)以远期利率协议交割日的 LIBOR 贷放 3 个月期 20 024 570 美元的贷款(即 20 000 000 + 24 570)。由于远期利率协议的利差收益在开始日已支付,因而可打入本金计算复利。XYZ 银行此笔放款的利息收益为

放款利息收入 = (20 000 000 + 24 570) × 7% × 90 ÷ 360 = 350 429.98(美元)

加上远期利率协议所得 24 570 美元,最终收益为 374 999.98 美元。

年利率 = 374 999.98 × 4 ÷ 20 024 570 = 7.49%

由此看出,XYZ 银行预测在短期内 LIBOR 利率下降的情况下,采取卖出远期利率协议的交易方式,将使未来的收益接近原有的 7.5% 水平上。

(二)远期利率协议投机套利应用

一般情况下,如果没有头寸需要规避风险,进行远期利率协议的多头或空头操作,就是远期利率协议的投机运用。如果预期远期利率要上升,则做远期利率协议多头,即买入远期利率协议。如果交割时预期与实际相符,则多头可以获得由空方支付市场利率与协议利率的利差收入。如果预期利率可能下跌,则做远期利率协议空头,即卖出远期利率协议。如果交割时预期与实际相符,则空头可获得由多头支付市场利率与协议利率的利差收入。

1. 远期利率协议多头投机

【例 2.12】 假设 Kaite 公司预测短期内利率将在目前 7.5% 的基础上上升,对此公司财务人员经过分析决定与 SUN 银行做远期交易,即买入 1 000 万美元协议利率为 7.55% 的

"3×6"远期利率协议。3个月后果真市场利率上升到8.2%。根据远期利率协议规则,应由 SUN 银行向 Kaite 公司支付利差。

$$FRA = \frac{10\,000\,000 \times (8.2\% - 7.55\%) \times 0.25}{1 + 7.55\% \times 0.25} = 15\,948.96(美元)$$

再假设 Kaite 公司预测失误,3个月后交割时市场利率非但没涨,反而下降至7.1%,此时远期利率协议的结算金为

$$FRA = \frac{10\,000\,000 \times (7.1\% - 7.55\%) \times 0.25}{1 + 7.1\% \times 0.25} = -11\,053.795(美元)$$

此时,则由 Kaite 公司向 SUN 银行支付 11 053.795 美元。

2. 远期利率协议做空投机

【例2.13】 假设 JEKY 公司预测短期内利率将在目前8%的基础上下跌,公司财务人员决定与 KK 银行做远期交易,即卖出 1 000 万美元协议利率为7.8%的"3×6"远期利率协议。3个月后果真市场利率下跌到7.25%。根据远期利率协议规则,应由 KK 银行向 JEKY 公司支付利差。

$$FRA = \frac{10\,000\,000 \times (7.25\% - 7.8\%) \times 0.25}{1 + 7.25\% \times 0.25} = -13\,505.218(美元)$$

再假设 JEKY 公司预测失误,3个月后交割时市场利率非但没跌,反而上涨至8.35%,此时远期利率协议的结算金为

$$FRA = \frac{10\,000\,000 \times (8.35\% - 7.8\%) \times 0.25}{1 + 8.35\% \times 0.25} = 13\,468.838(美元)$$

即 JEKY 公司要向 KK 银行支付现金 13 468.838 美元。

3. 远期利率协议套利应用

套利与投机不一样,投机仅仅是博价差变化;而套利是力图发现相关资产的价差规律,一旦这种价差规律发生偏移,则在承受较少风险的条件下套取利润。远期套利则是当远期市场利率与远期利率协议合约价格不一致时则存在套利机会。

【知识库】

LIBOR 利率简介

根据银监会对 LIBOR 的定义:LIBOR(london interbank offered rate),即伦敦同业拆借利率,是指伦敦的第一流银行之间短期资金借贷的利率,是国际金融市场中大多数浮动利率的基础利率。作为银行从市场上筹集资金进行转贷的融资成本,贷款协议中议定的 LIBOR 通常是由几家指定的参考银行,在规定的时间(一般是伦敦时间上午11:00)报价的平均利率。最经常使用的是3个月和6个月的 LIBOR。

我国对外筹资成本即是在 LIBOR 利率的基础上加一定百分点。从 LIBOR 变化出来的,还有新加坡同业拆放利率(SIBOR)、纽约同业拆放利率(NIBOR)、香港同业拆放利率(HIBOR)等。

(资料来源:中国资金管理网)

第四节 远期交易报价

一、远期利率交易报价

(一)远期利率合约价格决定公式

一般情况下,首先由公司、个人客户(或另一银行)向具有远期交易资质的某银行通过电话、电传或网络的方式提出远期交易请求,由于远期利率是隐含在即期利率之间的利率,因此该银行根据客户要求的交易币种、交易规模、交易期限等,考察市场即期利率水平,按照一定的计算公式计算出远期利率,并以此作为基础,向顾客做出远期利率报价。

假设 t 为现在时刻,r 为 T 时刻到期的即期利率,r^* 为 T^* 时刻($T^* > T$)到期的即期利率,$\hat{r}$ 为 t 时刻的 $T^* - T$ 期间的远期利率。图2.2 为远期利率的计算示意图。

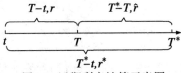

图2.2 远期利率计算示意图

如果以单利计息,则远期利率的计算公式为

$$\hat{r} = \frac{r^*(T^* - t) - r(T - t)}{[1 + r(T - t)](T^* - T)} \tag{2.2}$$

如果以复利计息,则远期利率的计算公式为

$$\hat{r} = \left[\frac{(1 + r^*)^{T^* - t}}{(1 + r)^{T - t}}\right]^{\frac{1}{T^* - T}} - 1 \tag{2.3}$$

如果计息次数无穷多,称之为连续复利计息,则远期利率的计算公式为

$$\hat{r} = \frac{r^*(T^* - t) - r(T - t)}{T^* - T} \tag{2.4}$$

在一般书籍中的远期报价分析大多采用连续复利计算方式。连续复利计算方式由于其数学上的指数特性,可以更便捷地得到更完美、更工整、更简洁的衍生产品定价的数学分析表达式。

远期利率报价主要是为远期实际需要贷款或借款的公司或企业提供服务的。由于远期实际要发生现金流,其远期利率交易的投机性大大下降,后来发展的远期利率协议的投机性就大大加强了。因为远期利率协议买方和卖方都是名义借款和名义贷款人,他们关心的是市场利率与协议利率的买卖差价。而远期利率协议中的协议利率正是用上述定价公式计算出来的远期利率,从这一点来看,远期利率报价又是为远期利率协议提供服务的。

【例2.14】 某公司预期在3个月后向银行借款1 000万美元,借款期限为6个月,也就是准备购买一份"3×9"远期利率协议。假设市场有关信息为:目前3个月期限的贷款利率为5.9%,9个月期限的银行贷款利率为6.229%。(1)计算确定"3×9"远期利率协议的价格。(2)如果3个月期的市场利率由5.9%上升到6.1%,9个月期的银行贷款利率从6.229%上升到6.6%,"3×9"远期利率协议的价格又是多少?

(1)由题意给出的数据信息(已知:$r^* = 6.229\%$,$T^* = 270$,$r = 5.9\%$,$T = 90$)代入式(2.4)即得远期利率协议的价格,有

$$\hat{r} = r_k = \frac{r^*(T^* - t) - r(T - t)}{[1 + r(T - t)](T^* - T)} = \frac{6.229\% \times 270 - 5.9\% \times 90}{(270 - 90)(1 + 5.9\% \times 90/360)} \approx 6.3\%$$

用连续复利计算得

$$\hat{r} = r_k = \frac{r^*(T^* - t) - r(T - t)}{(T^* - T)} = \frac{6.229\% \times 270 - 5.9\% \times 90}{(270 - 90)} \approx 6.39\%$$

即"3×9"远期利率协议的价格等于6.3%。

(2)将$r^* = 6.6\%$,$T^* = 270$,$r = 6.1\%$,$T = 90$代入公式即得当利率变化后"3×9"远期利率协议的价格r_k,有

$$\hat{r} = r_k = \frac{r^*(T^* - t) - r(T - t)}{[1 + r(T - t)](T^* - T)} = \frac{6.6\% \times 270 - 6.1\% \times 90}{(270 - 90)(1 + 6.1\% \times 90/360)} \approx 6.747\%$$

用连续复利计算得

$$\hat{r} = r_K = \frac{r^*(T^* - t) - r(T - t)}{(T^* - T)} = \frac{6.6\% \times 270 - 6.1\% \times 90}{(270 - 90)} \approx 6.85\%$$

由此可见,市场利率从5.9%上升到6.1%,9个月期的贷款利率从6.229%上升到6.6%后,银行确定的"3×9"远期利率协议的价格等于6.747%。

(二)银行远期利率协议买入价格和卖出价格的确定

在远期利率协议的交易过程中,银行扮演的是主持商角色,与主持商相对应的是远期利率协议的合约交易客户。客户在交易时不需要支付任何费用,银行的利润来源于远期利率协议买卖的价差收入。因此,银行在与客户进行远期利率协议的合约交易时,就需要同时报出远期利率协议的买入价格和卖出价格。例如,1990年7月13日"9×12"远期利率协议的合约利率为8.14%~8.20%,前者8.14%是银行买入远期利率合约的价格,后者8.20%是银行卖出远期利率合约的价格。在具体操作中,远期利率协议的买入价格和卖出价格是如何确定的呢?

我们知道,银行要在货币市场上拆借资金,货币市场上拆借资金的利息(拆入利率和拆放利率)对市场利率有着重要的影响,而市场利率的变化又会影响到远期利率协议的价格。因此,货币市场上拆入利率r_{in}和拆放利率r_{out}的变化对远期利率协议的价格有着重要的影响。在远期利率协议的实际操作中,通常把银行在到期日货币市场上的拆入利率r_{in}^*和结算日拆放利率r_{out}分别当做远期利率协议价格确定公式中的r^*和r,这样就可以得到远期利率协议"$T^* \times T$"的买入价格FRA_b。把银行在到期日货币市场上的拆放利率r_{out}^*和结算日拆入利率

r_{in}分别当做远期利率协议价格确定公式中的r^*和r,就可以得到"$T^* \times T$"远期利率协议的卖出价格FRA_s。

"$T^* \times T$"的远期利率协议买入价格和卖出价格的计算公式分别为

$$\hat{r}_b = \frac{r_{in}^*(T^*-t) - r_{out}(T-t)}{[1+r_{out}(T-t)](T^*-T)} \tag{2.5}$$

$$\hat{r}_s = \frac{r_{out}^*(T^*-t) - r_{in}(T-t)}{[1+r_{in}(T-t)](T^*-T)} \tag{2.6}$$

显然,这种价格组合所报出的远期利率买入价较低,而卖出价较高。

【例2.15】 假设已知某国的货币市场拆放利率如表2.2所示。

表2.2 某国的货币市场的拆放利率表

期 限	结 算 日 ①		到 期 日	
	拆入利率r_{in}	拆放利率r_{out}	拆入利率r_{in}^*	拆放利率r_{out}^*
3月期	5.8%	5.92% ②		
6月期			6.12%	6.3%

表2.2中"①"做买入价计算;"②"做卖出价计算。

请计算"3×6"远期利率协议的买入价格和卖出价格。

① $\hat{r}_b = \frac{r_{in}^*(T^*-t) - r_{out}(T-t)}{[1+r_{out}(T-t)](T^*-T)} = \frac{6.12\% \times 180 - 5.92\% \times 90}{(180-90)(1+5.92\% \times \frac{90}{360})} \approx 6.188\%$

② $\hat{r}_s = \frac{r_{out}^*(T^*-t) - r_{in}(T-t)}{[1+r_{in}(T-t)](T^*-T)} = \frac{6.3\% \times 180 - 5.8\% \times 90}{(180-90)(1+5.8\% \times \frac{90}{360})} \approx 6.703\%$

由以上计算可知,银行报出的买入价和卖出价分别为6.188%和6.703%,买卖差价为0.515%。

远期利率协议交易一般要求同时报出买入价和卖出价,买价与卖价的差额即为报价银行的收益。1985年初时银行的买卖差价是25个基本点(一万分之一为一个基本点),而到1985年底已降为12.8个基本点。以后由于市场竞争加剧,该差额降至5个基本点。这说明远期利率协议市场交易成本越来越低,市场效率越来越高。

(三)远期协议参照利率市场报价方式

上述给出了远期利率协议的定价计算公式。但市场上是如何报出参照利率的呢?远期利率协议结算额为参照利率与协议利率之差的贴现值。这里要谈一下参照利率的确定方式。

参照利率是在远期利率协议交易合约确定日确定的市场利率。由于远期利率协议的交易不是非常规范,因此交易商可以采取更多形式的参考利率。如英国银行家协会指定16家银行上午11点在英国伦敦同业拆放市场上所报的拆放利率,剔除4家最高报价和4家最低报价,计算出其余 8 家银行拆放利率的平均值(保留 5 位小数)作为远期利率协议结算时的参照利率。这种参照利率适用于英镑、马克和美元。其他币种的参照利率则取 8 家银行的报价剔除 2 家最高报价和 2 家最低报价,计算出其余 4 家银行报价的平均值作为远期利率协议结算时的参照利率。

参照利率可以是优惠利率,也可以是短期国债利率或其他难以人为操纵的利率,现在通用的是合约结算日的市场利率。例如 1990 年 7 月 13 日的美元远期利率协议的市场利率如表 2.3 所示。

表 2.3 中第 1 栏和第 3 栏表示远期利率协议的期限。如"9 × 12"表示"9 月对 12 月远期利率协议",协议的期限是从交易日后的第 9 个月开始计算利息,到交易日后的第 12 个月结束,整个期限为 3 个月。表 2.3 中第 2 栏和第 4 栏表示远期利率协议的市场利率,如"9 × 12"远期利率协议的合约利率为 8.14% ~ 8.20% 。

表 2.3 远期利率协议市场利率

期 限	市场利率	期 限	市场利率
3 × 6	8.08 ~ 8.14	2 × 8	8.16 ~ 8.22
6 × 9	8.03 ~ 8.09	3 × 9	8.15 ~ 8.21
9 × 12	8.14 ~ 8.20	4 × 10	8.15 ~ 8.21
12 × 18	8.52 ~ 8.58	5 × 11	8.15 ~ 8.21
18 × 24	8.83 ~ 8.39	6 × 12	8.17 ~ 8.24

二、远期外汇交易报价

直接的远期外汇交易是指直接在远期外汇市场做交易,而不在其他市场进行相应的交易。银行对于远期汇率的报价,通常并不采用全值报价,而是采用远期汇价和即期汇价之间的差额,也就是基点报价。远期汇率可能高于或低于即期汇率。

远期外汇协议(forward exchange contract)是指交易双方约定在将来某一时间(一般在成交日的三个营业日之后)按约定的远期汇率买卖一定金额的某种外汇的合约。在签订合同时,除了有时要交保证金外,不发生任何资金的转移。在交割时,名义本金并未交割,而只交割合同中规定的远期汇率与当时的即期汇率之间的差额。远期汇率的标价方法有以下三种。

(一)单纯远期汇率

单纯远期汇率是直接标出远期汇率的实际价格。如美元对人民币报价为 1∶6.78,即 1 美元可兑换人民币 6.78 元。

(二)远期汇水

即报出远期汇率与即期汇率的差额,即远期差价。升水(premium)是远期汇率高于即期汇率时的差额。例如,即期外汇交易市场上美元兑马克的比价为 1∶1.75,3 个月期的美元兑马克价是 1∶1.739 3。此时马克升水。贴水(discount)是远期汇率低于即期汇率时的差额。

例如,即期外汇交易市场上美元兑马克的比价为 1∶1.739 3,3 个月期的美元兑马克价是 1∶1.75,此时马克贴水。平价(par)则表示远期汇率等于即期汇率,这种情况非常少见。

(三) 套算汇率

两种非美元之间的汇率,称为套算汇率。它表示两种货币之间的价值关系,通常取决于各自兑换美元的汇率。如 1 英镑 = 2 美元,且 1.5 德国马克 = 1 美元,则 3 马克 = 1 英镑。同业银行之间报价正是以这种方式为主,而银行对一般商业客户报价多用单纯远期汇率。但事实上以即期汇价同远期汇价之间的差额——升水或贴水来报价,比报远期汇价更为直观,二者差额通常也比较稳定。因此,在外汇市场上,形成了用远期升水或贴水来给出远期报价的惯例。国外外汇市场较常见的远期汇率行情表如表 2.4 所示。

表 2.4 远期汇率行情表

	美元/马克		美元/里拉	
	买 价	卖 价	买 价	卖 价
即期	1.801 0	1.802 0	831.00	831.70
1 月期	100	95	1.80	3.30
2 月期	203	198	2.80	4.30
3 月期	292	287	7.50	8.00
4 月期	546	498	18.00	23.00

根据表 2.4,实际的远期汇价是将即期汇率加上升水或贴水得出的,但在表上无加号"+"和减号"-"。在外汇市场上,人们是根据简单的算式来判断的:当买价高于卖价时,即称为贴水;当卖价高于买价时,即称为升水。在上述行情表中可以看出,美元/马克是贴水,而美元/里拉是升水。例如 1 个月期美元对马克的远期汇率是 1.791 0/1.792 5,即 1.801 0 - 0.010 0 = 1.791 0;1.802 0 - 0.009 5 = 1.792 5。而 1 个月期美元对里拉的远期汇率为 832.80/835.00,即:831.00 + 1.80 = 832.80;831.70 + 3.30 = 835.00。

远期外汇协议同外汇期货交易一样,都是采取固定远期汇率方式来规避风险。由于货币远期市场存在于跨全球所有货币的广泛范围内,所以它们比外汇期货交易具有更广泛的应用。这里我们仍然只给出远期外汇汇率报价公式,公式推导原理可参考衍生产品定价原理有关章节。

一年期的远期外汇汇率报价公式为

$$F = S \times \frac{(1+r)}{(1+r_f)} \tag{2.7}$$

式中:F 为远期汇率;S 为即期汇率;r 为本国货币的年利率;r_f 为外国货币的年利率。

远期外汇报价的一般计算公式为

$$F = S \times \frac{\left(1 + r \times \dfrac{T-t}{360}\right)}{\left(1 + r_f \times \dfrac{T-t}{360}\right)} \tag{2.8}$$

式中：t 为现在时点，$T-t$ 为投资期限，以天数计算。

如果按连续复利计息方式，则远期汇率的定价为

$$F = Se^{(r-r_f)(T-t)} \qquad (2.9)$$

式中：F 为 T 时刻交割的直接远期汇率；S 为 t 时刻的即期汇率；r 为本国的无风险连续复利利率；r_f 为外国的无风险连续复利利率。式（2.11）就是国际金融领域著名的利率平价（interest rate parity，IRP）关系。

远期差价是指远期与即期汇价的差额，其计算公式为

$$W = F - S = S \times \left(\frac{r \times \frac{T-t}{360} - r_f \times \frac{T-t}{360}}{1 + r_f \times \frac{T-t}{360}} \right) \qquad (2.10)$$

如果按连续复利计息，则远期汇差计算公式为

$$W = F - S = S[e^{(r-r_f)(T-t)} - 1] \qquad (2.11)$$

式中：W 为远期差价。当 $r > r_f$ 时，远期升水；反之，远期贴水。

由上面的分析可以看出，在本国货币利率小于外国货币利率的情况下，如果投资者想把本国货币兑换成外国货币进行投资，必须在一开始就进行一项远期外汇交易，将远期汇率固定在式（2.9）或式（2.10）所确定的 F 水平上，才可以规避外汇市场汇率波动的风险。如果市场上外国货币的年利率上升，或者本国货币的年利率下降，或者外国货币的年利率上升幅度大于本国货币的年利率上升幅度，投资者就能得到额外收益；否则，投资者就要为追求额外收益付出一定的代价。

【例 2.16】 假定某时期英镑与德国马克的即期汇率为 1 英镑 = 2.8 德国马克。英镑的年利率为 5%，马克的年利率为 4%。某投资者准备用 100 万德国马克兑换成为英镑进行为期一年的投资，以获取更高的投资收益。此外，该投资者为了规避汇率变化产生的风险，同时还与银行签订一份远期外汇协议。

请问：(1) 投资者如何确定远期汇率才能规避投资风险？(2) 如果英镑的市场利率在后半年上升到 5.8%，马克的市场利率在后半年上升到 4.2%，该投资者获得多少额外的投资收益？

(1) 将上述已知的英镑、马克利率、汇率数据代入远期汇率计算公式，得

$$F = S \times \frac{(1+r)}{(1+r_f)} = 2.8 \times \frac{1+4\%}{1+5\%} = 2.773$$

由此可见，如果投资者与银行签订一份远期汇率为 2.773、期限为一年的远外汇交易合同，投资者就能规避汇率变动产生的风险。

(2) 计算投资者获得的额外投资收益。

① 德国马克存入货币市场一年的本金和利息为

    $1\ 000\ 000 \times (1 + 4\% \times 180/360) \times (1 + 4.2\% \times 180/360) \approx 1\ 041\ 420$（马克）

② 德国马克兑换成英镑后存入货币市场一年的本金和利息为

$$\frac{1\,000\,000}{2.8} \times (1 + 5\% \times \frac{180}{360}) \times (1 + 5.8\% \times \frac{180}{360}) \approx 376\,688(英镑)$$

③把英镑按合同约定的远期汇率兑换成马克,投资者一年后拥有马克的数额为

$$376\,688 \times 2.773 = 1\,044\,555.824(马克)$$

④投资者的额外收益为

$$1\,044\,555.824 - 1\,041\,420 = 3\,135.824(马克)$$

从上面的分析可以看出:投资者要完成整个投资过程,涉及两次外汇交易。第一次是即期外汇交易,投资者在即期交易市场把马克兑换成英镑;第二次是远期外汇交易,投资者在到期时把英镑兑换成马克。

根据远期汇率的定义与计算方法,我们知道远期汇差等于远期汇率减去即期汇率,也就是说远期汇率等于即期汇率加上(减去)远期汇差。于是远期汇率的报价可以用如下两种方法表示:

(1)方法一:以美元兑换意大利里拉(USD/ITL)为例,远期汇率报价表示如下:

即期汇率:1.535 – 1.536;

3月期远期汇差点数:20 – 23;

远期汇率:1.5370 – 1.5383。

(2)方法二:以英镑兑换美元(GBP/USD)为例,远期汇率报价表示如下:

即期汇率:1.523 5 – 1.524 5;

3月期远期汇差点数:30 – 25;

远期汇率:1.520 5 – 1.522 0。

在上面两种远期汇率的表示方法中,方法一是即期汇率加上远期汇差点数构成远期汇率;而方法二是即期汇率减去远期汇差点数构成远期汇率。远期汇率报价的两种表示方法有些不同,如果远期汇差点数的顺序是从小到大,那么即期汇率加上远期汇差点数就构成远期汇率;如果远期汇差点数的顺序是从大到小,那么即期汇率减去远期汇差点数就构成远期汇率。

【知识库】

远期外汇综合协议

远期外汇综合协议是指双方约定买方在结算日按照合同中规定的结算日直接远期汇率用第二货币向卖方买入一定名义金额的原货币,然后在到期日再按合同中规定的到期日直接远期汇率把一定名义金额的原货币出售给卖方的协议。即:从未来某个时点起算的远期外汇协议,是当前约定未来某个时点的远期汇率,其实质是远期的远期。

远期外汇综合协议实际上是名义上的远期对远期掉期交易,是对未来远期差价进行保值或投机而签订的远期协议。

(资料来源:中国金融网)

第五节　金融远期合约定价原理

一、即期价格、远期价格与期货价格

即期价格指的是合约标的资产在此时此刻的价格。远期价格指的是远期合约中标的资产未来交割的价格。期货价格指的是期货合约中标的资产的交割价格。三者之间的关系如下：

(一)远期价格与期货价格

无风险利率唯一确定时，远期价格必定等于期货价格；当利率与期货价格正相关时，期货合约的多头将比远期合约的多头更有利，期货价格大于远期价格；当利率与期货价格负相关时，远期合约的多头将比期货合约的多头更有利，此时远期价格大于期货价格。

(二)远期价格与即期价格

市场参与者都是风险中立者，远期价格与预期的未来即期价格相等。如果所有保值者的净部位为空头时，远期价格应低于预期未来即期价格，差额部分为对投机者承担风险的补偿。

(三)期货价格与即期价格

1. 期货价格和现在的即期价格的关系

期货价格和现在的即期价格的关系主要表现在两个方面：一是期货交易过程中期货价格与现货价格尽管变动幅度不会完全一致，但变动的趋势基本一致。二是现货价格与期货价格不仅变动的趋势相同，而且，到合约期满时，两者将大致相等或趋向一致。

期货价格和现在的即期价格之间的关系可以用基差来表示。基差是指某一特定商品在某一特定时间和地点的现货价格与该商品在期货市场的期货价格之差，即

$$基差 = 现货价格 - 期货价格$$

基差可以是正数也可以是负数，这主要取决于现货价格是高于还是低于期货价格。现货价格高于期货价格，则基差为正数，又称为远期贴水或现货升水；现货价格低于期货价格，则基差为负数，又称为远期升水或现货贴水。

基差包含着两个成分，即分隔现货与期货市场间的"时"与"空"两个因素。因此，基差包含着两个市场之间的运输成本和持有成本。运输成本反映着现货与期货市场间的空间因素，这也正是在同一时间里，两个不同地点的基差不同的基本原因，各地区的基差随运输费用而不同；持有成本反映着两个市场间的时间因素，即两个不同交割月份的持有成本，它又包括储藏费、利息、保险费和损耗费等，其中利率变动对持有成本的影响很大。

2. 期货价格和预期将来的即期价格的关系

著名的经济学家凯恩斯(John Maynard Keynes)和希克斯(John Hicks)早在20世纪30年

代对此进行了讨论。他们认为,在市场对未来现货价格的预期是一致的情况下,如果套期保值者倾向于做空头而投机者倾向于做多头,由于投机者承担的风险需要补偿,他们只有在预期期货价格将上涨的情况下才会买进期货,则此时期货价格将低于预期的未来的现货价格。与此相反,若套期保值者做多头而投机者做空头,则期货价格应高于预期的未来的现货价格。

现实生活中由于交易成本的存在,以及风险厌恶等因素的影响,往往期货价格并不等于预期的未来现货价格的无偏估计,而只是近似等于预期的未来现货价格,即 $F \approx E(\text{ST})$。当期货价格低于预期未来现货价格时,我们称之为现货溢价(normal backwardation);而当期货价格高于预期未来现货价格时,我们称之为期货溢价(contango)。

二、远期合约定价的一般原理

(一)金融衍生产品定价

金融衍生产品定价一般来讲就是在金融交易的合约中协议的价格。一般金融交易的主持方是银行或具有交易资质的金融机构。金融衍生产品定价就是主持方按照一定的法则对客户所报出的价格,这一报价即为合约中的协议价格,有时称为敲定价格。合约价格、协议价格、执行价格等都是同一个含义。例如在远期合约中即是远期交割的协议价格;在期货中即表现为标的的协议买入价格或卖出价格;在期权中为期权买入价格或卖出价格,即期权费,而不是期权合约中的期权标的买入或卖出的执行价格。在一般的教科书中还把衍生产品合约的协议价格称为理论价格或理论定价。

这里要特别注意的是,衍生产品定价是协议报价,它与市场的交易价格是不同的;或者确切地说,二者一致是偶然的,不一致则是经常的。因为金融衍生产品市场交易价格是受产品供求关系等其他诸多要素影响的。产品供大于求时,金融衍生产品价格下跌;反之,产品价格上升。这与商品市场的价格变化是类似的。一方面,合约一旦达成,其协议价格在合约有效期内一般是不变的;另一方面,产品的市场价格又是不确定的、经常变化的,或者高于协议价格,或者低于协议价格。而衍生产品的价值或者投机、投资机会正是在市场价格与协议价格的背离中凸显出来的。这也正是定价的深刻意义。即定价是为了发现产品价值,发现产品价值被市场误定而存在套利机会或投机机会的可能。另外,金融衍生产品定价也是金融交易主持方根据当前市场的即期金融价格,比如即期利率或汇率,遵循金融市场原理方法,经过符合逻辑的数理分析而推导出的远期价格,进行合理报价。所谓合理报价就是价格对交易双方都是可接受的,也就是对双方来讲市场按照这一理论定价在合约签订时是不存在套利机会的。

由以上分析我们可以得到一个结论:金融交易主持方为远期合约报价时,必须遵循的基本法则是当交易达成时,合约对多头和空头双方都不存在套利机会。否则不仅交易达不成,而且市场的参与者立即会利用这一机会实现充分套利。不存在套利机会也就是不存在风险,否则一方存在风险,另一方就可能受益。如果两方都存在风险,则两方都存在套利机会。所以当远期交易达成时,远期合约对多空双方均不存在套利机会,也就是不存在风险,此时即所谓金融市场的均衡。当然,随着时间的推移,市场价格可能或必然背离协议价格,此时或多头获利而空头损失,或空头获利而多头损失。

(二)金融远期合约定价的无套利原理

假设有两个投资项目 A 和 B。A 项目投资 1 000 万元,预期一年可获 400 万元利润,收益率为 40%;B 项目,预期每年可获 600 万元利润,收益率为 60%,问在有效率的市场条件下,B 项目的投资成本应为多少? 即要求为 B 项目投资现值定价。我们先来假设 B 项目投资现值也为 1 000 万元,看看市场会出现什么现象? 显然此时 A 项目和 B 项目的期初投资成本相同,而 B 项目预期收益 600 万元多于 A 项目的 400 万元利润。这时市场的投资者甲、乙、丙都会抓住机会抢先投资 B 项目,很快就把 B 项目的原材料成本推高,使得收益率下降,比如下降到 50%。即若一年后要获得相同的 600 万元利润,必须增加期初投资成本到 1 200 万元。这一现象将继续持续下去,直到 A 项目和 B 项目的收益率同为 40%,此时 B 项目的期初投资成本将增加到 1 500 万元。在一个高效率市场上,这一过程可能瞬间完成,即 A 项目定价为 1 000 万元投资成本,则 B 项目投资定价为 1 500 万元。此为无套利定价。

下面再举一例说明无套利定价技术的应用。

【例 2.17】 假设货币市场上美元利率为 20%,马克利率为 10%;在外汇市场上,即期美元对马克比价为 1:2;一年的远期汇率报价为 1:2。初步分析,美元利率远远高于马克利率,因此可能获利的操作是:借入马克,换成美元,投资拆放美元,再换回马克。能否套利还不能确定,不妨按以下操作试一试。

假设套利者按照上述思路在期初做了以下几件事情:

(1)借入 2 马克,利率为 10%,一年后须偿还 2.2 马克的本息;

(2)在即期市场上用 2 马克换取 1 美元,20% 利率,存款一年,到期获本息 1.2 美元;

(3)同时远期卖出 1.2 美元,换回马克。

在到期时,套利者将 1.2 美元的本息按远期汇率换成 2.4 马克,偿还 2.2 马克的本息后,获利 0.2 马克。这种套利活动的进行,势必会使马克的利率上升,美元的利率下降,美元即期汇率上升,美元远期汇率下跌。

以下分别就利率不变、汇率改变,汇率不变、利率改变以及利率、汇率同时改变三种情形分析无套利定价。

第一种情形为利率不变、汇率改变,那么,在外汇市场上,美元即期汇率与远期汇率之间的差价应贴水 8.35%,即美元对马克的远期汇率应为 1.833。因为 $1.2 \times 1.833 \approx 2.2$。这样,套利者利润为 0,即无套利利润。

第二种情形假定汇率不变,那么,当美元利率由 20% 下降到 10% 时,套利不存在。

第三种情形考虑美元利率与汇率同时发生变化,比如美元利率由 20% 下降到 15%,则当远期汇率由 1:2 变化为 1:1.913 时,市场不存在套利机会。因为借来的 2 马克到期本息偿还 2.2 马克。换成美元,再拆放出去到期收回 1.15 美元。如果一年后按 1.913 汇率套利为

2.199 95≈2马克,这个数字与借来的马克需要还本付息数基本相等,无利可套。

因此,在这三种情形下的无套利的汇率定价分别为1∶1.833、1∶2和1∶1.913,即金融交易的主持方在远期合约中应按上述三种情形对应的汇价进行报价,签订合约。

上述三种远期报价即为无套利的远期价格。如果市场上的远期价格与之不同(大于或小于1.833),就会产生套利机会,而套利的结果则必然使得远期价格等于该远期报价的无套利远期价格。

无套利分析法也称为套利分析法。因为如果求得无套利的价格也就意味着知道了套利价格,所有偏离无套利价格的价格,都是可以套利的价格。

(三)远期利率协议的定价

1. 远期利率协议(FRA)定价主要取决于远期利率

FRA的利息计算可按以下步骤进行:

计算FRA协议期限内利息差。该利息差就是根据当天参照利率(通常是在结算日前两个营业日使用LIBOR来决定结算日的参照利率)与协议利率结算利息差,其计算方法与货币市场计算利息的惯例相同,等于本金额×利率差×期限(年)。

其次,要注意的是,按惯例,FRA差额的支付是在协议期限的期初(即利息起算日),而不是协议利率到期日的最后一日,因此利息起算日所交付的差额要按参照利率贴现方式计算。

最后,计算的A有正有负,当$A>0$时,由FRA的卖方将利息差贴现值付给FRA的买方;当$A<0$时,则由FRA的买方将利息差贴现值付给FRA的卖方。

FRA是防范将来利率变动风险的一种金融工具,其特点是预先锁定将来的利率。在FRA市场中,FRA的买方是为了防止利率上升引起筹资成本上升的风险,希望在现在就锁定将来的筹资成本。用FRA防范将来利率变动的风险,实质上是用FRA市场的盈亏抵补现货资金市场的风险,因此FRA具有预先决定筹资成本或预先决定投资报酬率的功能。

2. 远期利率协议(FRA)的定价

确定FRA的价格,实际上就是如何确定合约利率。在金融市场有效的情况下,根据无套利均衡分析,我们有下列结论:FRA的合约利率与远期利率相等,否则市场就存在套利行为。

例如,已知即期利率:

  1年期年利率   10%
  2年期年利率   11%

假定合约金额为A,按远期利率的计算公式,可求得未来1年的远期利率为12.009%。
$$A(1+11\%)(1+11\%)=A(1+10\%)(1+r)$$

(1)如果一份12×24FRA的合约利率低于12.009%(比如为11.5%),合约持有者(买方,多头)可采用下列方式套利:

先借款1年(年利率10%)随即贷出2年(年利率11%),1年后,需还前期1年的借款,这时可按照FRA的合约利率(年利率11.5%)再借款1年。到期之后,合约买方所得与支付如下:

2年期贷款到期总收入:$A(1+11\%)(1+11\%)$;

第一个1年期借款到期后再借款金额：$A(1+10\%)$；

未来1年期借款到期归还总额：$A(1+10\%)(1+11.5\%)$；

可以证明，2年后，买方总收入超过总归还，即

$$A(1+11\%)(1+11\%) > A(1+10\%)(1+11.5\%)$$

当FRA的合约利率（本例11.5%）低于12.009%，上述不等式总是成立。因为，只有当合约利率等于12.009%时左右两端才相等。说明买方在没有任何自有资金的情况下，可以获得收入，称为套利，且2年后套利为

$$A(1+11\%)(1+11\%) - A(1+10\%)(1+11.5\%)$$

(2) 如果一份12×24FRA的合约利率高于12.009%（比如为12.3%），合约卖出者（卖方，空头）可采用下列方式套利：

先向银行借款2年（年利率11%），随即贷出1年（年利率10%），1年后，再贷出1年（年利率12.3%）。到期之后，合约卖方所得与支付如下：

2年期贷款到期总归还：$A(1+11\%)(1+11\%)$；

第一个1年贷出资金获得总收入：$A(1+10\%)$；

把第一个1年的总收入在贷出1年期后所得：$A(1+10\%)(1+12.3\%)$；

显然

$$A(1+10\%)(1+12.3\%) > A(1+11\%)(1+11\%)$$

当FRA合约利率（本例12.3%）高于12.009%时，上述不等式总是成立。因为，只有当合约利率等于12.009%时左右两端才相等。说明卖方在没有任何自有资金的情况下，可以套利，且2年后套利

$$A(1+10\%)(1+12.3\%) - A(1+11\%)(1+11\%)$$

当市场存在套利行为时，投机者的套利行为最终会使得FRA的合约利率趋向均衡，即12.009%。当市场有效时，市场不存在套利行为，因此，我们可以确定FRA的合约利率为12.009%。

【知识库】

远期利率

远期利率是指隐含在给定的即期利率之中，从未来的某一时点到另一时点的利率。如果我们已经确定了收益率曲线，那么所有的远期利率就可以根据收益率曲线上的即期利率求得。所以远期利率并不是一组独立的利率，而是和收益率曲线紧密相连的。在成熟市场中，一些远期利率也可以直接从市场上观察到，即根据利率远期或期货合约的市场价格推算出来。在现代金融分析中，远期利率有着非常广泛的应用。它们可以预示市场对未来利率走势的期望，一直是中央银行制定和执行货币政策的参考工具。更重要的是，在成熟市场中几乎所有利率衍生品的定价都依赖于远期利率。

(资料来源：百度百科)

本章小结

1. 金融远期合约又称为金融远期、金融远期交易,是指交易双方分别承诺在将来某一特定时间购买和提供某种金融工具,并事先签订合约,确定价格,以便将来进行交割的一种金融衍生工具。根据基础资产划分,常见的金融远期合约包括股权类资产的远期合约、债券类资产的远期合约、远期利率协议、远期汇率协议。

2. 在衍生金融工具的远期合约中,目前最常见的是远期外汇合约。远期外汇交易也称期汇交易,指在外汇买卖成交时,双方先签订合同,规定交易的币种、数额、适用的汇率及日期、地点等,并于将来某个约定的时间进行交割的外汇业务活动。远期外汇买卖根据交割日是否固定,分为两种类型。

3. 远期利率协议是一种远期合约,买卖双方(客户与银行或两个银行同业之间)商定将来一定时间点(指起息日)开始的一定期限的协议利率,并规定以何种利率为参照利率,在将来利息起算日,按规定的协议利率、期限和本金额,由当事人一方向另一方支付协议利率与参照利率利息差的贴现额。

4. 远期交易报价包括远期利率交易报价和远期外汇交易报价,远期利率协议的定价主要取决于远期利率。

自 测 题

一、选择题

1. 下列关于远期合约的表述错误的是(　　)
   A. 远期合约的交易商通常是大银行
   B. 远期合约可以被用于在外汇交易中进行投机活动
   C. 交易商通过预测远期合约标的资产价格的变动方向来盈利
   D. 远期合约的最终使用者是那些面对某项资产特定的风险暴露的企业或机构,通过远期合约来规避风险

2. 一位基金经理购买了名义价值为 40 万美元的股指远期合约,购买时的指数处于 995.6 的水平,合约到期那天,股指下跌到 969.2,则该经理需要支付的金额为(　　)
   A. 1.06 万美元　　　B. 38.94 万美元　　　C. 41.91 万美元　　　D. 1.09 万美元

3. 下列关于外汇远期合约的表述正确的是(　　)
   A. 外汇远期合约可以实物交割,也可以现金结算
   B. 外汇远期合约根据外汇未来的利率定价
   C. 如果本国货币升值,则对外币做多的一方遭受损失
   D. 到期日的结算金额是基于 LIBOR 来确定

4. USD/EUR 的现货汇率为 1.05(即 1 欧元可以买 1.05 美元),一家美国银行的一年美元存款利率

为 5.5%,一家德国银行的一年欧元存款利率为 2.5%,一年的 USD/EUR 远期汇率为( )
   A. 1.081 5   B. 1.020 1   C. 1.080 7   D. 1.05
5. 项目的现货汇率为 1 欧元兑 0.895 0 美元,一家美国银行的一年美元存款利率为 3.5%,一家欧洲银行的一年欧元存款利率为 2.75,如果利率平价理论正确,一年的 USD/EUR 无套利远期汇率为( )
   A. 0.901 5   B. 0.899 0   C. 0.897 5   D. 0.895 0
6. 某公司买入了一份外汇远期合约,约定在 90 天以后以 1.5USD/GBP 的汇率交换 80 万英镑,该合约的交割方式为现金结算,90 天以后,现货市场的汇率为 1.61USD/GBP,则该公司将( )
   A. 收到 8.8 万美元   B. 收到 5.5 万美元   C. 支付 8.8 万美元   D. 支付 5.5 万美元
7. 下列关于远期合约价值的表述正确的是( )
   A. 在合约建立时就已经确立
   B. 会在合约有效期内变化
   C. 等于均衡状态时的合约价值
   D. 等于合约建立时的市场价格

二、名词解释

金融远期　远期外汇合约　远期利率协议　远期利率

三、简述题

1. 金融远期合约特征、分类。
2. 金融远期合约的构成要素。
3. 外汇远期合约的交易制度。
4. 利率远期合约的功能。
5. 远期利率协议如何定价。

四、计算题

1. 一笔债务本金为 1 000 元,年利率为连续复利 8%,实际上利息每季支付一次,问实际每季付息多少?
2. 远期利率协议某交易日是 2007 年 4 月 16 日星期一,双方同意成交一份 1×4 金额 100 万美元,利率为 6.25% 的远期利率协议,确定日市场利率为 7%。请指出(1)1×4 的含义;(2)起算日;(3)确定日;(4)结算日;(5)到期日;(6)结算金。
3. 设香港某银行的即期汇率牌价 USD/HK$ 7.786 4 ~ 7.787 0,3 个月远期为 360 ~ 330。请问:
   (1) 3 个月远期实际汇率 USD/HK$ 是多少?
   (2) 假设某商人卖出 3 个月远期 USD10 000,可换回多少 3 个月远期 HK$?
   (3) 如按上述即期外汇牌价,我国某公司出口机床原报价每台 HK$30 000,现香港进口商要求改用美元向其报价，则该公司应报价多少？为什么？

4. 设某外汇市场上即期汇率为 1 英镑 = 1.5 美元，该市场的英镑利息率(年利)为 7.5%，美元利息率(年利)为 5%，试求一年期远期汇率为多少？（运用利率平价理论来求远期汇率）

【阅读资料】

《远期利率协议业务管理规定》

为规范远期利率协议业务，完善市场避险功能，促进利率市场化进程，中国人民银行制定了《远期利率协议业务管理规定》。规定共20条，自2007年11月1日起施行。

一、了解远期利率协议

远期利率协定经常被借款者在货币市场上使用，用以锁定他们所付的短期贷款的短期利率。在参考利率上升并超过议定合同利率时，卖方将支付现金给买方。借款者想防范未来借款成本提高的风险，就必须买进远期利率协议进行对冲。而在参考利率下降并低于合同议定利率时，远期利率协定的买方将支付现金给卖方。贷款者希望防范未来利率下降，就须卖出远期利率协定。

二、远期利率协议业务管理规定的主要内容

规定根据当前中国的金融衍生产品市场，对远期利率协议的诸多方面，都制订了相应的规定。主要从以下几方面进行概括：

(一)立法目的

规定言简意赅地阐述了制订该法规的目的在于，规范远期利率协议业务，完善市场避险功能，促进利率市场化进程。

(二)远期利率协议的概念

远期利率协议指缔约双方同意对未来某一期间，例如，未来3个月至6个月的3个月期间，就某一名义金额，定一个远期对远期固定利率，在合约到期时双方只收(付)约定的浮动市场利率与约定的远期对远期固定利率之间差额的契约。通常合约的买方是付固定利率、收浮动利率者，卖方则反之。到期时如果浮动利率高于固定利率，则买方获得两者差额的补偿，反之则是卖方获得差额补偿。

(三)参考利率

应为经中国人民银行授权的全国银行间同业拆借中心等机构发布的银行间市场具有基准性质的市场利率或中国人民银行公布的基准利率，具体由交易双方共同约定。

(四)市场参与者

(1)具有做市商或结算代理业务资格的金融机构。

(2)其他金融机构可以与所有金融机构进行远期利率协议交易。

(3)非金融机构只能与具有做市商或结算代理业务资格的金融机构进行以套期保值为目的的远期利率协议交易。

(五)交易原则

公平、诚信、风险自担原则,建立健全相应的内部操作规程和风险管理制度,有效防范远期利率协议交易可能带来的风险。

(六)交易保障

(1)市场参与者开展远期利率协议业务应签署《中国银行间市场金融衍生产品交易主协议》。

(2)金融机构在开展远期利率协议交易前,应将其远期利率协议的内部操作规程和风险管理制度送交易商协会和交易中心备案。

(3)具有做市商或结算代理业务资格的金融机构在与非金融机构进行远期利率协议交易时,应提示该交易可能存在的风险,但不得对其进行欺诈和误导。

(七)达成方式

(1)远期利率协议交易既可以通过交易中心的交易系统达成,也可以通过电话、传真等其他方式达成。

(2)未通过交易中心交易系统的,金融机构应于交易达成后的次一工作日将远期利率协议交易情况送交易中心备案。

(八)交易合同

(1)市场参与者进行远期利率协议交易时,应订立书面交易合同。

(2)交易双方认为必要时,可签订补充合同。

(九)违约责任

(1)对违约事实或违约责任存在争议的,交易双方可以按照合同的约定申请仲裁或者向人民法院提起诉讼。

(2)市场参与者、交易中心违反本规定的,由中国人民银行按照《中华人民共和国中国人民银行法》第四十六条的规定予以处罚。

(十)交易商协会

(1)充分发挥行业自律组织作用,制订相应的自律规则,引导市场参与者规范开展远期利率协议业务。

(2)依据本规定制订远期利率协议交易操作规程,报中国人民银行备案后实施。

(3)负责远期利率协议交易的日常监控工作,发现异常交易情况应及时向中国人民银行报告。

(4)应于每月后的10个工作日内将本月远期利率协议交易情况以书面形式向中国人民银行报告,同时抄送交易商协会。

(5)应按照中国人民银行的规定和授权,及时公布远期利率协议交易有关信息,但不得泄漏非公开信息或误导参与者。

(6)定期向中国人民银行上海总部、各分行、营业管理部、省会(首府)城市中心支行以及副省级城市中心支行提供其辖区内市场参与者的远期利率协议交易有关信息,同时抄送交易商协会。

三、远期利率协议业务管理规定的意义

远期利率协议的推出,类同于利率期货的作用,可以有效地平抑市场利率的过度波动,使市场更有效地发现实际利率。因此,作为一种典型的利率衍生产品,远期利率协议业务的推出具有非常重要的意义,被称为"短期利率市场的利器"。

(一)增强投资者管理利率风险的能力

随着我国金融体制改革的深入,利率市场化的程度也在逐步加深,投资者开始面对更多的利率波动的风险。远期利率协议可以让投资者锁定从未来某一时刻开始的利率水平,从而有效地管理短期利率风险。

(二)促进市场稳定,提高市场效率

远期利率协议通过锁定未来的利率水平实现了风险的转移和分散,能够深化市场功能,提高市场稳定性,同时可以在客观上降低投资者的交易成本,提高市场效率。

(三)促进市场的价格发现,为中央银行的货币政策操作提供参考

远期利率协议所达成的利率水平集中体现了来自套期保值、套利、投机等各方面的需求,是各种市场信息和对未来预期的综合反映,有助于促进市场的价格发现,其价格水平的变动可以为中央银行的货币政策操作提供重要的参考。

(四)整个金融衍生品市场的协调发展

我国金融衍生品市场发展时间不长,目前只有债券远期、利率互换两个品种。远期利率协议的推出,不仅可以进一步丰富金融衍生品种类,使投资者更灵活地选择适合自身需要的风险管理工具,还可以为现有的利率衍生产品提供有效的对冲手段,从而促进整个金融衍生品市场的协调发展。

在本法规颁布实施后,中国人民银行还将根据金融衍生产品市场的整体发展规划,加强金融衍生产品市场制度建设,本着创新力度、发展速度和市场承受程度有机统一的原则,继续推动产品创新,适时推出其他金融衍生产品,促进我国金融衍生产品市场的健康、快速、协调发展。

(资料来源:中国人民银行网站)

第三章
Chapter 3

金融期货交易

【学习要求及目标】

本章系统地介绍了金融期货交易的相关内容。通过本章的学习要求学生了解金融期货的产生、发展,理解金融期货的相关概念,掌握外汇期货、利率期货和股票指数期货的概念、特点、合约内容、交易策略,理解金融期货定价原理。

【引导案例】

中国证监会有关部门负责人2010年2月20日宣布,证监会已正式批复中国金融期货交易所沪深300股指期货合约和业务规则,至此股指期货市场的主要制度已全部发布。2010年2月22日9时起,正式接受投资者开户申请。公布沪深300股指期货合约自2010年4月16日起正式上市交易。

投资者参与股指期货必须满足三个硬性要求:首先,投资者开户的资金门槛为50万元。其次,拟参与股指期货交易的投资者需通过股指期货知识测试。据了解,该测试将由中金所提供考题,期货公司负责具体操作,合格分数线为80分。第三,投资者必须具有累计10个交易日、20笔以上的股指期货仿真交易成交记录,或者最近三年内具有10笔以上的商品期货交易成交记录。

金融期货交易产生于20世纪70年代的美国期货市场。1972年5月16日,芝加哥商业交易所(CME)的国际货币市场(IMM)推出了7种外汇期货合约交易,标志着金融期货这一新的期货类别的产生。

金融期货是指以金融工具或金融产品作为标的物的期货合约。其合约标的物不是实物商品,而是金融工具或金融产品,如外汇、债券、股票指数等。金融期货主要分为三大类:外汇期货、利率期货和股票指数期货(包括股票期货)。

第一节 期货交易概述

一、期货交易的相关概念

期货交易是市场经济发展到一定阶段的必然产物，是从现货交易中的远期合同交易发展而来的。在远期合同交易中，交易者集中到商品交易场所交流市场行情，寻找交易伙伴，通过拍卖或双方协商的方式来签订远期合同，等合同到期，交易双方以实物来交割。但交易者在大量的远期合同交易中发现：由于价格、利率或汇率波动，合同本身就具有价差或利益差，因此完全可以通过买卖合同来获利，而不必等到实物交割时再获利。为适应这种业务的发展，期货交易应运而生。

（一）现货交易与期货交易

期货交易与现货交易有相同的地方，如都是一种交易方式，都是真正意义上的买卖、涉及商品所有权的转移等。不同的地方有以下几点：

1. 买卖的直接对象不同

现货交易买卖的直接对象是商品本身，有样品、有实物，看货定价。而期货交易买卖的直接对象是期货合约，是买进或卖出多少手或多少张期货合约。

2. 交易的目的不同

现货交易是一手钱、一手货的交易，马上或一定时期内进行实物交收和货款结算。期货交易的目的不是到期获得实物，而是通过套期保值回避价格风险或投资获利。

3. 交易方式不同

现货交易一般是一对一谈判签订合同，具体内容由双方商定，签订合同之后不能兑现，就要诉诸法律。期货交易是以公开、公平竞争的方式进行交易。一对一谈判交易（或称私下对冲）被视为违法。

4. 交易场所不同

现货交易一般分散进行，如粮油、日用工业品、生产资料都是由一些贸易公司、生产厂商、消费厂家分散进行交易的，只有一些生鲜和个别农副产品是以批发市场的形式来进行集中交易。但期货交易必须在交易所内依照法规进行公开、集中交易，不能进行场外交易。

5. 保障制度不同

现货交易有《合同法》等法律保护，合同不兑现即违约时要用法律或仲裁的方式解决。期货交易除了国家的法律和行业、交易所规则之外，主要以保证金制度为保障，以保证到期兑现。

6. 交易商品范围不同

现货交易的品种是一切进入流通的商品，而期货交易品种是有限的，主要是农产品、石油、金属商品以及一些初级原材料和金融产品。

7. 结算方式不同

现货交易是货到款清,无论时间多长,都是一次或数次结清。期货交易由于实行保证金制度,必须每日结算盈亏,实行逐日盯日制度。结算价格是按照成交价为依据计算的。

(二)期货交易的相关概念

1. 期货交易

所谓期货交易,是指交易双方在期货交易所买卖期货合约的交易行为。期货交易是在现货交易基础上发展起来的、通过在期货交易所内成交标准化期货合约的一种新型交易方式。交易遵从"公开、公平、公正"的原则。买入期货称"买空"或称"多头",亦即多头交易,卖出期货称"卖空"或"空头",亦即空头交易。

期货交易的买卖又称在期货市场上建立交易部位,买空称作建立多头部位,卖空称作建立空头部位。开始买入或卖出期货合约的交易行为称为"开仓"或"建立交易部位",交易者手中持有合约称为"持仓",交易者了结手中的合约进行反向交易的行为称"平仓"或"对冲",如果到了交割月份,交易者手中的合约仍未对冲,那么,持空头合约者就要备好实货准备提出交割,持多头合约者就要备好资金准备接受实物。一般情况下,大多数合约都在到期前以对冲方式了结,只有极少数要进行实货交割。

2. 期货合约

所谓期货,一般指期货合约,就是指由期货交易所统一制订的、规定在将来某一特定的时间和地点交割一定数量标的物的标准化合约。

期货合约在已经批准的交易所的交易厅内达成,具有法律的约束力。相对于现货的远期合约来说,具有标准化格式;便于转手买卖;实货交割比例小。期货交易所为期货合同规定了标准化的数量、质量、交割地点、交割时间,至于期货价格则是随市场行情的变动而变动的。

表3.1 上海期货交易所阴极铜标准合约

交易品种	阴极铜
交易单位	5 吨/手
报价单位	元(人民币)/吨
最小变动价位	10 元/吨
每日价格最大波动限制	不超过上一交易日结算价 ±3%
合约交割月份	1~12 月
交易时间	上午 9:00~11:30　下午 1:30~3:00
最后交易日	合约交割月份的 15 日(遇法定假日顺延)
交割日期	合约交割月份的 16 日至 20 日(遇法定假日顺延)
交割品级	标准品:标准阴极铜,符合国标 GB/T467—1997 标准阴极铜规定,其中主成分铜加银含量不小于 99.95%。 替代品:1. 高纯阴极铜,符合国标 GB/T467—1997 高纯阴极铜规定;2. LME 注册阴极铜,符合 BSEN1978:1998 标准(阴极铜等级牌号 Cu-CATH-1)。

交割地点	交易所指定交割仓库
最低交易保证金	合约价值的5%
交易手续费	不高于成交金额的万分之二(含风险准备金)
交割方式	实物交割
交易代码	CU
上市交易所	上海期货交易所

3. 期货市场

进行期货交易的场所,是多种期货交易关系的总和。它是按照"公开、公平、公正"原则,在现货市场基础上发展起来的高度组织化和高度规范化的市场形式。期货市场既是现货市场的延伸,又是市场的又一个高级发展阶段。从组织结构上看,广义上的期货市场包括期货交易所、结算所或结算公司、经纪公司和期货交易员;狭义上的期货市场仅指期货交易所。

4. 期货交易所

买卖期货合约的场所,是期货市场的核心。它是一种非营利机构,但是它的非营利仅指交易所本身不进行交易活动,不以盈利为目的不等于不讲利益核算。在这个意义上,交易所还是一个财务独立的营利组织,它在为交易者提供一个公开、公平、公正的交易场所和有效监督服务基础上实现合理的经济利益,包括会员会费收入、交易手续费收入、信息服务收入及其他收入。它所制定的一套制度规则为整个期货市场提供了一种自我管理机制,使得期货交易的"公开、公平、公正"原则得以实现。

我国目前有四个期货交易所,即上海期货交易所、郑州商品交易所、大连商品交易所和中国金融期货交易所。大连、郑州、上海三个商品交易所交易品种如下:铜、铝、锌、黄金、天然橡胶、燃料油、黄大豆1号、黄大豆2号、豆粕、豆油、玉米、小麦、棉花、白糖、PTA、菜子油、塑料、棕榈油;中国金融期货交易所的首个交易品种为沪深300指数期货合约。目前中国金融期货交易所正在积极探索外汇期货、利率期货(国债期货)的发展,金融期货的推出,将使国内期货界迎来大发展。

5. 期货经纪商

指依法设立的以自己的名义代理客户进行期货交易并收取一定手续费的中介组织,一般称之为期货经纪公司。

6. 场内交易

又称交易所交易,指所有的供求方集中在交易所进行竞价交易的交易方式。这种交易方式具有交易所向交易参与者收取保证金,同时负责进行清算和承担履约担保责任的特点。

7. 场外交易

又称柜台交易,指交易双方直接成为交易对手的交易方式。这种交易方式有许多形态,可以根据每个使用者的不同需求设计出不同内容的产品。

8. 上市品种

指期货合约交易的标的物,如合约所代表的玉米、铜、石油等。并不是所有的商品都适合做期货交易,在众多的实物商品中,一般而言只有具备下列属性的商品才能作为期货合约的上市品种:一是价格波动大,二是供需量大,三是易于分级和标准化,四是易于储存运输。

根据交易品种,期货交易可分为两大类:商品期货和金融期货。以实物商品,如玉米、小麦、铜、铝等作为期货品种的属于商品期货。以金融产品,如汇率、利率、股票指数等作为期货品种的属于金融期货。金融期货品种一般不存在质量问题,交割也大都采用差价结算的现金交割方式。

(三)期货交易的特点

1. 以小博大

期货交易只需交纳5%~10%的履约保证金就能完成数倍乃至数十倍的合约交易。由于期货交易保证金制度的杠杆效应,使之具有"以小博大"的特点,交易者可以用少量的资金进行大宗的买卖,节省大量的流动资金,吸引了众多交易者参与。

2. 交易便利

期货市场中买卖的是标准化的合约,只有价格是可变因素。这种标准化的合约既可作为"抽象商品"代表实物商品,又作为一种交易单位,商品本身并不进入市场。合约的标准化提高了合约的互换性和流通性,合约采用对冲方式了结义务十分方便。因此交易者可以频繁地进行交易,创造了许多赢利机会。

3. 不必担心履约问题

所有期货交易都通过期货交易所进行结算,且交易所成为任何一个买者或卖者的交易对方,为每笔交易做担保。所以交易者不必担心交易的履约问题。

4. 市场透明

交易信息完全公开,且交易采取公开竞价方式进行,使交易者可在平等的条件下公开竞争。

5. 组织严密,效率高

期货交易是一种规范化的交易,有固定的交易程序和规则,一环扣一环,高效运作。一笔交易通常在几秒钟内即可完成。随着期货交易的国际化,交易者可以十分便捷地参与国际竞争。

二、期货交易的规则

期货市场作为发达的信用经济运行方式之一,必须具备一整套规范制度,这是期货交易正常运转的前提条件。

期货交易规则有广义和狭义之分,广义的期货交易规则包括期货市场管理的一切法律、法规、交易所章程及规则。狭义的期货交易规则,仅指期货交易所制定的经过国家监管部门审核批准的《期货交易规则》及以此为基础产生的各种细则、办法、规定。期货交易规则以交易所为中心明确全部交易规范,这实际上是交易所与其会员单位(经纪公司)以及经纪公司与客户之间签订的一种共同契约。

期货交易规则应包括开市、闭市、报价、成交、记录、停板、交易的结算和保证、交割、纠纷处理及违约处罚等内容。期货交易规则仍然是一种总的规定,根据业务管理的需要,交易所又制定了各种细则和管理办法,如交割细则、套期保值管理规定、定点仓库管理规定、仓单管理办法等,期货合约也是规则的组成部分。制定期货交易规则的目的是为了维持正常交易秩序,保护平等竞争,惩罚违约、垄断、操纵市场等不正当的交易行为。

三、期货交易的功能

（一）价格发现功能

价格发现也称价格导向,是指在一个公开、公平、公正的竞争市场中,通过无数交易者激烈的竞争形成某一成交价格,它具有真实性、连续性和权威性,基本上真实反映当时的市场供求状况,达到某种暂时的平衡。它对市场后期价格走势也形成一种预期,较准确地揭示出某种商品未来价格的趋势,对生产经营该种商品的人们提供价格指导,对未来现货价格做出预期。

期货价格不一定总比同品种的现货价格高,期货价格与现货价格之差被称之为基差,期货价格高于现货价格,基差为负值,又称远期升水;反之,基差为正值,也称远期贴水。从理论上讲,一般基差应为负值,反之,如供求失常,价格扭曲,投机盛行,基差也呈正值,而这正是投机者大显身手之时。

期货市场之所以具有发现价格功能,主要是因为期货价格的形成有以下特点:

(1)期货交易的透明度高。期货市场遵循"公开,公平、公正"原则。交易指令在高度组织化的期货交易所内撮合成交,所有期货合约的买卖都必须在期货交易所内公开竞价进行,不允许进行场外交易。交易所内自由报价,公开竞争,避免了一对一的现货交易中容易产生的欺诈和垄断。

(2)供求集中,市场流动性强。期货交易的参与者众多,如商品生产商、销售商、加工商、进出口商以及数量众多的投机者等。这些套期保值者和投机者通过经纪人聚集在一起竞争,期货合约的市场流动性大大增强,这就克服了现货交易缺乏市场流动性的局限,有助于价格的形成。

(3)信息质量高。期货价格的形成过程是收集信息、输入信息、产生价格的连续过程,信息的质量决定了期货价格的真实性。由于期货交易参与者大多熟悉某种商品行情,有丰富的经营知识和广泛的信息渠道及一套科学的分析、预测方法,他们把各自的信息、经验和方法带到市场上来,结合自己的生产成本预期利润,对商品供需和价格走势进行判断、分析、预测,报出自己的理想价格,与众多对手竞争。这样形成的期货价格实际上反映了大多数人的预测,具有权威性,能够比较真实地代表供求变动趋势。

(4)价格报告的公开性。期货交易所的价格报告制度规定所有在交易所达成的每一笔新交易的价格,都要向会员及其场内经纪人及时报告并公之于众。通过发达的传播媒介,交易者能够及时了解期货市场的交易情况和价格变化,及时对价格的走势做出判断,并进一步调整自己的交易行为。这种价格预期的不断调整,最后反映到期货价格中,进一步提高了期货价格的真实性。

(5)期货价格的预期性。期货合约是一种远期合约,期货合约包含的远期成本和远期因素必然会通过期货价格反映出来,期货价格反映出众多的买方和卖方对于未来价格的预期。

(6)期货价格的连续性。期货价格是不断地反映供求关系及其变化趋势的一种价格信号。期货合约的买卖转手相当频繁,这样连续形成的价格能够连续不断地反映市场的供求情况及变化。

(二)规避风险功能

20世纪70年代以来,汇率、利率的频繁大幅波动,全面加剧了金融商品的内在风险。投资者面对影响日益广泛的金融自由化浪潮,客观上要求规避利率风险、汇率风险及股价波动风险等一系列金融风险。金融期货市场正是顺应这种需求建立和发展起来的。因此,规避风险是金融期货市场的首要功能。

投资者通过购买相关的金融期货合约,在金融期货市场上建立与其现货市场相反的头寸,并根据市场的不同情况采取在期货合约到期前对冲平仓或到期履约交割的方式,实现其规避风险的目的。

从整个金融期货市场看,其规避风险功能之所以能够实现,主要有四个原因:

(1)期货市场的成交价格具有超前性和权威性,人们可以根据它的特性大大地降低未来经营活动中可能遇到的风险。金融商品的期货价格与现货价格一般呈同方向的变动关系,投资者在金融期货市场建立了与金融现货市场相反的头寸之后,金融商品的价格发生变动时,则必然在一个市场获利,而在另一个市场受损,其盈亏可全部或部分抵消,从而达到规避风险的目的。

(2)期货交易中更为重要的避险功能还在于各种生产者、消费者和中间商等可通过套期保值来达到回避价格风险的目的。

(3)利用期货交易中双向交易的特点,及时有利地减少或控制特殊情况下所造成的商品价格暴涨、暴跌的风险。众多的实物金融商品持有者面临着不同的风险,可以通过达成对各自有利的交易来控制市场的总体风险。例如,进口商担心外汇汇率上升,而出口商担心外汇汇率下跌,他们通过进行反向的外汇期货交易,即可实现风险的对冲。

(4)期货市场中所独具的保证金制度,使所有的交易者不可能因违约而遭受到利益损失的风险。金融期货市场通过规范化的场内交易,集中了众多愿意承担风险而获利的投机者。他们通过频繁、迅速的买卖对冲,转移了实物金融商品持有者的价格风险,从而使金融期货市场的规避风险功能得以实现。

四、期货交易的种类

根据期货交易内容不同,将期货交易分为商品期货交易和金融期货交易两类。商品期货是期货交易的起源品种,具体分为农产品期货、有色金属期货和能源期货三大类;金融期货则由外汇期货、利率期货和股票指数期货组成。

(一)商品期货

商品期货交易指只需支付定金,通过商品交易所买进或卖出期货合约,这种期货合约已是商品交易所规定的标准化契约,通常期货交易并不涉及实物所有权的转移,只是转嫁与这种所有权有关的由于商品价格变动带来的风险。

买卖双方在期货交易所内通过公开竞价方式,买卖标准数量的商品合约的交易;商品期货的种类包括金属期货、农产品期货、能源期货。

1. 农产品期货

农产品是最早构成期货交易的商品。它包括:

(1)粮食期货。主要有小麦期货、玉米期货、大豆期货、豆粕期货、红豆期货、大米期货、花生仁期货等。

(2)经济作物类期货。主要有原糖、咖啡、可可、橙汁、棕榈油和菜子期货。

(3)畜产品期货。主要分为肉类制品和皮毛制品两大类。

(4)林产品期货。主要有木材期货和天然橡胶期货。

目前美国各交易所,尤其是芝加哥期货交易所(CBOT)是农产品期货的主要集中地。

2. 有色金属期货

目前,在国际期货市场上上市交易的有色金属主要有10种,即铜、铝、铅、锌、锡、镍、钯、铂、金、银。其中金、银、铂、钯等期货因其价值高又称为贵金属期货。

有色金属是当今世界期货市场中比较成熟的期货品种之一。目前,世界上的有色金属期货交易主要集中在伦敦金属交易所、纽约商业交易所和东京工业品交易所。尤其是伦敦金属交易所期货合约的交易价格被世界各地公认为是有色金属交易的定价标准。

我国上海期货交易所的铜期货交易,近年来成长迅速。目前铜单品种成交量,已超过纽约商业交易所居全球第二位。

3. 能源期货

能源期货开始于1978年。作为一种新兴商品期货品种,其交易异常活跃,交易量一直呈快速增长之势。目前仅次于农产品期货和利率期货,超过了金属期货,是国际期货市场的重要组成部分。

原油是最重要的能源期货品种,目前世界上重要的原油期货合约有:纽约商业交易所的轻质低硫原油、伦敦国际石油交易所的布伦特原油期货合约等四种。

(二)金融期货

金融期货是以各类金融资产以及相关价格指数为标的物的期货,可以分为股票类、利率类、外汇类三大类产品。

1. 股指期货

股指期货是以股票指数为标的物的期货。双方交易的是一定期限后的股票指数价格水平,通过现金结算差价来进行交割。

2. 利率期货

利率期货是指以债券类证券为标的物的期货合约,它可以回避银行利率波动所引起的证券价格变动的风险。利率期货的种类繁多,分类方法也有多种。通常,按照合约标的的期限,利率期货可分为短期利率期货和长期利率期货两大类。

3. 外汇期货

外汇期货是指以汇率为标的物的期货合约,用来回避汇率风险。它是金融期货中最早出现的品种。目前,外汇期货交易的主要品种有:美元、英镑、德国马克、日元、瑞士法郎、加拿大元、澳大利亚元、法国法郎、荷兰盾等。从世界范围看,外汇期货的主要市场在美国。

五、期货交易的策略

(一)套期保值(hedge)

1. 套期保值的概念

套期保值就是买入(卖出)与现货市场数量相当,但交易方向相反的期货合约,以期在未来某一时间通过卖出(买入)期货合约来补偿现货市场价格变动所带来的实际价格风险。套期保值的类型最基本的可分为买入套期保值和卖出套期保值。

买入套期保值是指通过期货市场买入期货合约以防止因现货价格上涨而遭受损失的行为;卖出套期保值则指通过期货市场卖出期货合约以防止因现货价格下跌而造成损失的行为。

2. 套期保值原理

(1)期货价格与现货价格走势趋于一致,同一种特定商品的期货和现货的主要差异在于交货日期前后不一,而它们的价格,则受相同的经济因素和非经济因素影响和制约,一般情况下同一种商品的期货价格和现货价格走势趋于一致,只是涨跌幅度可能会有差异。

(2)期货价格到期时与现货价格趋于一致,期货合约到期必须进行实货交割的规定性,使现货价格与期货价格还具有趋合性,当期货合约临近到期日时,两者价格的差异接近于零,否则就有套利的机会。例如如果期货价格高于现货价格,套利者就会卖出期货,买入现货进行交割,赚取无风险利润。

3. 套期保值原则

(1) 数量相等原则,即期货合约代表的标的资产数量与需保值资产数量相等。

(2) 方向相反原则,即现货市场交易方向与期货市场交易方向相反,持有现货则卖出期货,卖出现货则买入期货。

(3) 品种相同原则,即期货合约的标的物与需保值的资产在品种、质量和规格等方面相同。

(4) 时间相同或相近的原则,即期货交易应与现货交易同步,在现货交易开始时建立期货部位,而在现货交易结束时,将期货部位平仓。

(二) 套利(spread)

1. 套利概念

套利指同时买进和卖出两种不同种类的期货合约。交易者买进自认为是"便宜的"合约,同时卖出那些"高价的"合约,从两合约价格间的变动关系中获利。在进行套利时,交易者注意的是合约之间的相对价格水平,而不是绝对价格水平。套利交易具有风险小、成本低的特点。套利一般可分为三类:跨期套利、跨市套利和跨商品套利。

(1) 跨期套利是在同一期货交易所同时买进和卖出同一品种、不同交割月份的期货合约。

(2) 跨市套利是在两个不同的期货交易所同时买进和卖出同一品种、同一交割月份的期货合约,比如 LME 和 SHFE 铜套利交易非常流行。

(3) 跨商品套利是在同一期货交易所同时买进和卖出同一交割月份、不同品种的期货合约。

2. 跨期套利的交易策略

跨期套利是套利交易的主要种类,其交易策略可分为牛市套利交易策略(买近卖远套利)、熊市套利交易策略(卖近买远)和蝶式套利策略。

(1) 牛市套利策略,指在期货市场中采用买近月合约,卖远月合约的交易模式。多头套利者希望近月合约的涨幅大于远月合约的涨幅,或近月合约的跌幅小于远月合约的跌幅。即希望在未来的行情中,近月合约的走势强于远月合约的走势。

(2) 熊市套利策略,指在期货市场中采用卖近月合约,买远月合约的交易模式。空头套利者希望近月合约的涨幅小于远月合约的涨幅,或近月合约的跌幅大于远月合约的跌幅。即希望在未来的行情中,近月合约的走势弱于远月合约的走势。

(3) 蝶式套利策略,指利用不同交割月份合约的价格差进行套期获利,由两个方向相反,共享居中交割月份合约价格的跨期套利组成。其原理是,套利者认为中间交割月份的期货合约价格与两旁月份合约价格之间的相关关系会出现差异。例如,买入 10 手 5 月份合约,同时卖出 20 手 7 月份合约,买入 10 手 9 月份合约。可见,蝶式套利是两个跨期套利的互补平衡的组合,可以说是"套利的套利"。

3. 套利交易的作用

（1）套利交易有助于价格发现。由于影响期货市场价格和现货市场价格的因素存在一定的差异，套利者就会时刻注意市场动向，发现不正常的价格关系，利用价格之间的变化，随时进行套利。他们的交易结果客观地使期货市场的各种价格关系趋于正常，促进市场公平价格的形成。

（2）套利可抑制过度投机。由于市场过度投机行为的存在，价格经常偏离正常价格水平，期货市场套利交易的力量，将使过度投机行为得到有效控制。

（3）套利交易增加市场流动性。套利者通过在不同合约上建立正反头寸，扩大交易量，增强市场的流动性。

4. 套利交易的特点

（1）风险较小。一般情况下，合约间价差的变化比单一合约的价格变化要小得多，且获利大小和风险大小都较易于估算。所以，它为期货市场上的交易者提供了一个较低风险的投资机会，故颇受投资基金和风格稳健的交易者青睐。

（2）成本较低。在国外期货交易所，套利交易的保证金水平和佣金水平都较低，按照国际惯例，套利的佣金支出比一个单向交易的佣金费用要高，但不及一个单向交易的两倍，而相应的投资报酬却较单向投资者稳定得多。

（三）投机（speculate）

1. 投机概念

投机交易指根据对市场的判断，把握机会，利用市场出现的价差进行买卖，从中获得利润的交易行为。投机者可以"买空"，也可以"卖空"。投机的目的很直接，就是获得价差利润，但投机是有风险的。

2. 投机的种类

根据持有期货合约时间的长短，投机可分为三类：

（1）长线投机。此类交易者在买入或卖出期货合约后，通常将合约持有几天、几周甚至几个月，待价格对其有利时才将合约对冲。

（2）短线交易。一般进行当日或某一交易节的期货合约买卖，其持仓不过夜。

（3）逐小利者，又称"抢帽子者"。他们的技巧是利用价格的微小变动进行交易来获取微利，一天之内他们可以做多个回合的买卖交易。

投机者是期货市场的重要组成部分，是期货市场必不可少的润滑剂。投机交易增强了市场的流动性，承担了套期保值交易转移的风险，是期货市场正常运营的保证。

【知识库】

期货交易的诞生及背景

现代意义上的期货交易在 19 世纪中期产生于美国芝加哥。

19 世纪三四十年代,随着美国中西部大规模的开发,芝加哥因毗邻中西部平原和密歇根湖,发展成为重要的粮食集散地。中西部的谷物汇集于此,再从这里运往东部消费区。由于粮食生产特有的季节性,谷物在短期内集中上市,供给量大大超过当地市场需求。价格一跌再跌,无人问津。来年春季,因粮食短缺,价格飞涨。在供求矛盾的反复冲击下,粮食商率先行动起来,他们在交通要道旁边设立仓库,收获季节从农场主手中收购粮食,来年发往外地,缓解了粮食供求的季节性矛盾。粮食商为了减少粮食价格波动产生的风险,他们在购入谷物后立即跋涉到芝加哥,与这里的粮食加工商、销售商签订第二年春季的供货合同,以事先确定销售价格,进而确保利润。在长期的经营活动中摸索出一套远期交易的方式。1848 年,芝加哥 82 位商人发起组建了芝加哥期货交易所(CBOT)。

远期交易方式在随后的交易中遇到了一系列困难,如商品质量、等级、价格、交货时间、交货地点等都是根据双方的具体情况达成的,当交易双方情况或市场价格发生变化,需要转让已签合同就非常困难。而且,远期交易最终能否履约主要依赖于对方的信誉,而对对方信誉状况作全面细致的调查,费时费力,成本较高,难以进行,使交易中的风险增大。针对上述情况,芝加哥期货交易所于 1865 年推出了标准化合约,同时实行了保证金制度,向签约双方收取不超过合约价格 10% 的保证金,作为履约保证。这个制度促成了真正意义上的期货交易的诞生。

(资料来源:百度百科)

第二节 外汇期货交易

外汇期货是 20 世纪 70 年代初浮动汇率制度取代固定汇率制度的产物。1972 年 5 月 16 日,芝加哥商业交易所(CME)成立国际货币市场分部,推出包括英镑、加拿大元、德国马克、日元、瑞士法郎、荷兰盾、墨西哥比索在内的 8 种外汇期货合约,开始了外汇期货交易。外汇期货适应了人们对变化不定的汇率进行套期保值的需要,因此被金融界和企业界所接受,发展成为三大主要金融期货之一。目前,外汇期货交易的主要品种有:美元、英镑、德国马克、日元、瑞士法郎、加拿大元、澳大利亚元、法国法郎、荷兰盾等。从世界范围看,外汇期货的主要市场在美国,其中又集中在芝加哥商业交易所的国际货币市场(IMM)、中美洲商品交易所(MCE)和费城期货交易所(PBOT)。

一、外汇期货的含义及特点

(一)外汇期货的含义

1. 外汇期货

外汇期货又称货币期货,它是以外汇为标的物的期货合约,用来回避汇率风险。它是金融期货中最早出现的品种。20世纪70年代初"布雷顿森林体系"的解体使固定汇率体制被浮动汇率体制所取代,主要西方国家的货币纷纷与美元脱钩,汇率波动频繁,市场风险加大。同时经济的全球化使得越来越多的企业面临汇率波动的风险,市场迫切需要规避这种风险的工具,货币期货就是在这种背景下产生的。

2. 外汇期货交易

外汇期货交易是金融期货交易的一种。它是在有形的交易市场,通过清算所(clearing house)的下属成员清算公司或经纪人,根据成交单位、交割时间标准化的原则,按固定价格购买与出卖远期外汇的一种业务。

外汇期货交易买卖双方在期货交易所以公开喊价方式成交后,承诺在未来某一特定日期,以当前所约定的价格交付某种特定标准数量的外币,即买卖双方以约定的数量、价格和交割日签订的一种合约。

外汇市场的交易有即期外汇交易、远期外汇交易和外汇期货交易。即期外汇交易是买卖双方在达成交易后,在第二个工作日交割的外汇交易。远期外汇交易又称为期汇交易。它是通过商业银行和投资银行办理的,买卖双方预约购买和出售外汇的业务。与即期外汇交易相比远期外汇交易兼有保值、避免汇率风险、资金计划和周转灵活等优点。

3. 远期外汇交易与外汇期货交易

外汇期货交易由远期外汇交易发展演变而来,故二者间存在着共性,如:都有相同的交易原理;都是规定在未来日期按既定汇率交割若干数量的外币;都可以作为避免外汇风险和进行外汇投机的手段等。但外汇期货交易与远期外汇交易不同,其区别主要表现在以下几方面:

(1)市场参与者有所不同。从事远期外汇交易虽无资格限制,但实际上远期外汇市场参与者大多为专业化的证券交易商或与银行有良好往来关系的大厂商,没有从银行取得信用额度的个人投资者与中、小企业,他们极难有参与机会;而在外汇期货市场上,任何投资人只要依规定缴存保证金,均可通过具有期货交易所清算会员资格的外汇经纪商来进行外汇期货交易,使外汇期货交易发展成为一个灵活而有效率的市场。

(2)交易场所与方式不同。传统的远期外汇交易,分为银行之间的交易及银行对客户的交易两种,两者均以电话、电报、电传等电讯网络来进行,远期汇率通常是由买卖双方的询价和报价来确定,价格的变动不受任何限制。外汇期货交易则是由场内经纪人、场内交易商在指定的交易栏旁通过公开喊价,竞争拍卖的方式进行,价格的波动有上下限。远期外汇交易是在场外进行,一般没有具体的交易场所;外汇期货交易只能在受政府管理的期货交易所里进行,具有严格的交易规则和程序。

(3)交易金额、交割期的规定不同。远期外汇交易的交易金额、交割期均由交易双方自由协商决定;而外汇期货交易对上述事项则有标准化的统一规定。要想在期货市场上进行套期保值或外汇投机,只能按合约标准化的数额或其倍数进行交易。例如在芝加哥国际货币市场上,每份英镑合同的交易额为2.5万英镑,每份德国马克合同金额为12.5万马克,日元合同金额为1 250万日元,法国法郎合同金额为25万法国法郎,瑞士法郎合同金额为12.5万瑞士法郎,加拿大元合同金额为10万加元,墨西哥比索合同金额为100万比索。另外外汇期货合约也有标准化的交割期限,一般以每年的3月、6月、9月和12月份为交割月,且到期日固定在交割月份中的第三个星期的星期三。

(4)交割方式与报价性质不同。只有很少的外汇期货合同在到期日进行实际交割,绝大多数期货合同都是在到期日之前以对冲方式了结;而大多数远期外汇交易在交割日以实际交割兑现。

(5)交易成本与信用风险情况不同。在远期外汇市场上,银行为客户办理远期外汇买卖时所发生的费用都包括在买入汇率与卖出汇率的差价中,通常不再另外收取佣金。而外汇期货交易的买卖双方不仅要交保证金而且要交佣金。因此,相比而言,外汇期货交易的交易成本较高。

(6)有无保证金的不同。远期外汇买卖一般不收取保证金。如果某外汇银行对于对方银行或商业客户的信用程度评价较低,可能要求对方缴纳一定的保证金或提供某种担保,如要求客户存入大约为远期合同金额5%~10%的资金作为其履约的保证。而外汇期货交易的买卖双方均需缴纳保证金,保证金的数量由期货交易所决定,根据外汇期货价格的波动情况进行调整,通常每张合同的保证金为900~2 800美元。

(7)受监管的方式不同。远期外汇市场在很大程度上是自行管理的,在这个市场上做的每笔交易仅受一般的合同法和税法的制约。外汇期货交易则受到政府较严格的管制。

(二)外汇期货的特点

1. 期货合约数量标准化

外汇期货合约的对象是标准化的外汇,一般是交易外汇的标准金额整数倍,比如每份英镑期货合约的标准数量是25 000,且外汇期货的交易品种必须是可自由兑换的币种,被各国交易商承认和储备,如美元、英镑、欧元、日元等。

2. 期货合约有固定的合约到期日

外汇期货合约的到期日是每年3月、6月、9月、12月第三个星期的星期三,只有在上述四天才能够进行外汇期货的实物交割,这也是与外汇期权的主要区别之一。此外,外汇期货合约买卖的最长期限为12个月,如某交易者2002年5月1日进行一笔外汇期货交易,那么他最远可以买进或者卖出2003年3月份第三个星期三到期的期货合约。

3. 外汇期货交易实行保证金制度

在期货市场上,买卖双方在开立账户进行交易时,都必须交纳一定数量的保证金。缴纳保证金的目的是为了确保买卖双方能履行义务。清算所为保证其会员有能力应付交易需要,要求会员开立保证金账户,储存一定数量的货币,同时会员也向他的客户收取一定数量的保证金。保证金分为初始保证金和维持保证金。初始保证金是订立合同时必须缴存的,一般为合同价值的3%~10%,根据交易币种汇率的易变程度来确定。维持保证金指开立合同后,如果发生亏损,致使保证金的数额下降,直到客户必须补进保证金时的最低保证金限额。一旦保证金账户余额降到维持水平线下,客户必须再交纳保证金,并将保证金恢复到初始水平。

4. 外汇期货交易实行每日清算制度

当每个营业日结束时,清算所要对每笔交易进行清算,即清算所根据清算价对每笔交易结清,盈利的一方可提取利润,亏损一方则需补足头寸。由于实行每日清算,客户的账面余额每天都会发生变化,每个交易者都十分清楚自己在市场中所处的地位。如果想退出市场,则可做相反方向的交易来对冲。

二、外汇期货交易的合约内容

外汇期货合约是一种交易所制定的标准化的法律契约。该合约规定交易双方各自支付一定的保证金和佣金,并按照交易币种、数量、交割月份与地点等买卖一定数量的外汇。在实践中,交易双方很少进行实际货币的交割,而是在到期前作反向操作使原有合约对冲掉。外汇期货合约主要包括以下几个方面的内容:

(一)交易单位

不同的外汇期货合约往往有着不同的合约规模,每一份外汇期货合约都由交易所规定标准交易单位。例如,德国马克期货合约的交易单位为每份125 000马克。交易单位所用的计价货币与外汇期货的报价货币也有所不同,前者通常用标的货币自身来计价,而后者则使用某种单一货币或一两种货币。

(二)交割月份

交易所对上市交易的外汇期货合约规定相同的合约到期月份的循环周期,合约月份的安排主要依据外汇交易者的实际用汇习惯和外汇收支结算特点等因素而定,最大限度方便交易者进行套期保值和风险投资活动。

国际货币市场所有外汇期货合约的交割月份都是一样的,为每年的3月、6月、9月和12月。交割月的第三个星期三为该月的交割日。

(三)合约代码

合约代码是指标的交易货币英文全称的首字母缩写,在具作操作中,交易所和期货佣金商以及期货行情表都是用代码来表示外汇期货。

八种主要货币的外汇期货的通用代号分别是英镑BP、加元CD、荷兰盾DG、德国马克DM、日元JY、墨西哥比索MP、瑞士法郎SF、法国法郎FR。

(四)最小变动价位

交易所一般还要对不同币种的外汇期货合约规定不同的最小变动价位。设置最小变动价位是为了保护交易者的利益,保障外汇期货交易的安全。最小变动价位是在期货交易所进行外汇期货交易时的最低报价单位,外汇期货报价必须是最小变动价位的整数倍。

八种主要外汇期货合约的最小波动价位如下:英镑0.000 5美元、加元0.000 1美元、荷兰盾 0.000 1 美元、德国马克 0.000 1 美元、日元 0.000 000 1 美元、墨西哥比索 0.000 01 美元、瑞士法郎 0.000 1 美元、法国法郎 0.000 05 美元。

(五) 每日波动限制

期货交易所对外汇期货价格的每日最大的允许波动幅度做出一定的规定和限制。每日波动限制是为了有效地保护外汇期货交易者免遭外汇汇率的突发性剧变带来的风险,并保证期货交易所和会员单位的财务安全。

八种外汇期货合约的涨跌停板额规定如下:马克 1 250 美元、日元 1 250 美元、瑞士法郎 1 875 美元、墨西哥比索 1 500 美元荷兰盾 1 250 美元、法国法郎 1 250 美元,一旦报价超过停板额,则成交无效。

(六) 最后交易日

外汇期货合约中的最后交易日是期货交易所允许该期货合约进行交易的最后期限,过了这一期限未平仓的外汇期货合约必须进行外汇现汇交割。

(七) 交割日期和交割地点

外汇期货合约中还规定了交割日期和交割地点。所有到期的不平仓外汇期货合约都必须在交割日期进行现汇交割;交割地点一般是票据交换所指定的货币发行国银行。

三、外汇期货的交易制度

(一) 保证金制度

期货交易所规定,期货交易的参与者在进行外汇期货交易时必须存入一定数额的履约保证金。期货交易所之所以能够为在交易所内达成的外汇期货合约提供担保,正是因为它要求所有进入市场交易的会员必须开立保证金账户,向交易所缴纳履约保证金。

外汇期货交易中的保证金分为初始保证金和追加保证金。

1. 初始保证金

初始保证金是指外汇期货交易开始时,即交易者下单时,按交易所规定的比例存入其保证金账户。

2. 追加保证金

追加保证金是指交易者在持仓期间因价格变动而发生亏损,使其保证金账户的余额减少到规定的维持保证金以下时所必须补交的保证金。

维持保证金是指期货交易所规定的交易者在其保证金账户中所必须保有的最低余额的保证金。

外汇期货交易的初始保证金和维持保证金的额度,一般只占外汇期货合约总值的很小的比例,通常不足 10%。保证金制度的这一特点决定了外汇期货合约交易是一种以小博大的投资形式,只要外汇期货市场价格出现微小波动,交易者就有可能获得较高的投资收益,也有可能遭受较大的资本损失。

(二)外汇期货合约的价格制度和报价方式

1. 价格制度

外汇期货合约交易的价格制度,主要是指公开喊价制度和价格报告制度。

(1)公开喊价制度。为了确保外汇期货合约交易的公开,确保期货市场的竞争性,期货交易所实行公开喊价制度。所谓公开喊价制度,是由交易双方在期货交易所内通过公开叫价的方式决定,这就保证了在场的交易者能够获得公平竞争的买卖机会,保证了外汇期货合约的价格是通过公平竞争形成的。

(2)价格报告制度。所谓价格报告制度,是指在期货交易所内达成的外汇期货合约的价格,必须向期货交易所的会员报告,并公之于众。同时,期货交易所也向其会员提供其他期货交易所最新达成的外汇期货合约的价格。

另外场内经纪人也有义务提醒期货交易所内的价格报告员及时准确地记录场内达成的外汇期货合约的交易及价格。

2. 报价方式

外汇期货合约的价格一般是用美元来表示,即用每一单位外币折合多少美元来报价(通常被称为美元标价法),并采取小数的形式,小数点后一般是四位数(日元例外,日元期货虽以四位数形式报价,实际上省略了两位数,如报价为 0.924 1,则实际价格为 0.009 241)。

(三)委托书制度

外汇期货合约交易实行交易委托书制度。外汇期货合约交易委托书,包括买入或卖出、期货交易所名称、交易标的物、合约数量、交易价格、交割月份及委托书的有效期限等项内容。客户欲买卖外汇期货合约,必须向期货交易所的会员(经纪公司)下达买进或卖出一定数量的外汇期货合约的委托书,也叫订单(order)。按照交易者所设定的价格,外汇期货合约的订单,主要有市价订单、限价订单、止损订单、到价转市价订单四种。

1. 市价订单(mark order)

市价订单指不限定成交价的订单。经纪人接到这种订单后,可按当时最有利的市场价格成交。此种订单的优点是一定能成交;缺点是成交价格不一定理想。因此,它只是在交易者急需买进时才被使用。

2. 限价订单(limit order)

限价订单指将成交价限定在交易者可以接受的或更好价格的订单。一般而言,交易者在下达此种买进订单时,其限定的价格应低于当时的市价;而在交易者下达这种卖出订单时,其限定的价格应高于当时的市价。这种订单的优点是交易者可将成交价格控制在自己可以接受的范围之内;缺点是很难成交,甚至根本无法成交。

3. 止损订单(stop loss order)

止损订单指交易者将可能发生的损失控制在一定价格水平之内,以免遭受进一步损失的订单。这种订单设有特定的价格,一旦价格下降到特定的价格水平时,该订单就立即自动转化为市价订单。一般而言,买入订单设定的价格略高于市价,卖出订单设定的价格则略低于市价。只要市价达到交易者这种止损订单设定的价格水平时,经纪人就会以当时的市价成交,以免客户遭受损失。

4. 到价转市价订单(mark of toucked order)

这种订单与止损订单相似,但二者所设定的价格正好相反。到价转市价订单,买入时所设定的价格水平低于国际金融市场当时的市价,卖出时所设定的价格水平则高于当时的市价。当市场价格上涨或下跌到所设定的价格时,就会自动地转化为市价订单。

四、外汇期货的交易

由于外汇汇率变动的风险的存在,为避免因此造成的损失,许多跨国公司、进出口公司以及外汇管理机构都以期货交易的方式进行套期保值,另外,许多投机者也看好外汇期货市场。

(一)外汇期货套期保值

【例3.1】 某跨国公司有两个分支机构,一个在美国,另一个在英国。假定某年7月在英国的分支机构有一笔富余资金可以闲置3个月,而在美国的分支机构却缺少维持经营必需的现金。因此,该公司的管理部门希望能把这笔资金从英国调到美国,这就涉及利率风险的问题。为了避免风险,公司决定运用多头套期保值策略,以1英镑=2美元的价格在现货市场卖掉62 500英镑的同时,在期货市场上以1英镑=2.05美元的价格买入10月份交割、价值62 500英镑的期货合约。

到9月份,该公司需要把资金从美国调回英国的分支机构,于是在现货市场上以1英镑=2.05美元买回62 500英镑,为了对冲期货合约,公司又在期货市场上卖出价值62 500英镑、10月份交割的期货合约,比价为1英镑=2.10美元。见表3.2。

表3.2 外汇期货套期保值策略应用

	现货市场	期货市场
7月1日	以1英镑=2美元的价格卖出62 500英镑	以1英镑=2.05美元的价格买入10月份交割、价值62 500英镑的期货合约
9月1日	以1英镑=2.05美元的价格买入62 500英镑	以1英镑=2.10美元的价格卖出10月份交割、价值62 500英镑的期货合约
	损失3 125美元	赢利3 125美元

因此,该公司在现货市场上损失3 125美元($62\ 500 \times (2.05-2.00)$),在期货市场上获利3 125美元($62\ 500 \times (2.10-2.05)$)。盈亏相抵,该公司没有因为完成了其经营目的而在外汇市场上亏损。

(二)外汇期货投机

【例3.2】 假设近期由于日本国内政局混乱,大批期货持有者担心价格不断下跌,因此纷纷抛售所持有的期货。某公司推测,本周末日本国内大选将结束,影响期货行情巨变的近期因素都将明朗化。因此期货行情经过这一个平稳阶段后转向上升趋势。依据该预测结果,该公司决定运用跨期套利策略,买入日元期货,待行情上升时再抛出。10月20日,该公司以0.007 030的价格购买了10个单位交割月份为12月的日元期货。

大选结束后,政局走向平稳,期货商纷纷买回抛售出的期货,行情正如该公司所预测的那样,经过平稳阶段后呈上升趋势。因此,该公司于11月1日以0.007 110的价格卖掉其在行情处于低谷时所购入的10个单位日元期货。投机收入为10 000美元。按现货市场上1∶141的汇率水平折合141万日元。见表3.3。

表3.3 外汇期货投机策略应用

10月20日	买入10单位12月日元期货合约
	成交价:7 030点,即0.007 030美元/日元
	价值:0.007 030 × 1 250 × 10 = 87.875(万美元)
11月1日	卖出10单位12月日元期货合约
	成交价:7 110点,即0.007 110美元/日元
	价值:0.007 110 × 1 250 × 10 = 88.875(万美元)
结果获利	88.875 - 87.875 = 1(万美元)
	或(7 110 - 7 030) × 1 250 × 10 = 1(万美元)

【知识库】

芝加哥商业交易所国际货币市场

芝加哥国际货币市场(international monetary market,IMM),是最早的有形货币期货市场,成立于1972年5月,它是芝加哥商业交易所的一个分支。IMM推出了七种外汇期货合约之后,揭开了期货市场创新发展的序幕。从1976年以来,外汇期货市场迅速发展,交易量激增了数十倍。1978年,纽约商品交易所也增加了外汇期货业务,1979年,纽约证券交易所亦宣布,设立一个新的交易所来专门从事外币和金融期货。1981年2月,芝加哥商业交易所首次开设了欧洲美元期货交易。随后,澳大利亚、加拿大、荷兰、新加坡等国家和地区也开设了外汇期货交易市场,从此,外汇期货市场便蓬勃发展起来。

伦敦国际金融期货期权交易所是另一家重要的货币交易所,其成立于1982年,主要交易品种有英镑、瑞士法郎、德国马克、日元、美元的期货合约及期权。此后,澳大利亚、加拿大、荷兰、新加坡等国又陆续成立了多家货币期货交易所开展货币期货交易,但仍以芝加哥、伦敦两家交易所的交易量最大。

(资料来源:MBA智库百科)

第三节 利率期货交易

1975年10月,芝加哥期货交易所推出了政府国民抵押贷款协会(GNMA)抵押凭证期货合约,标志着利率期货这一新兴金融期货的诞生。尽管由于交割对象比较单一,流动性不强,利率期货发展受到一定限制,但在当时已经是重大的创新,开创了利率期货的先河。在这之后不久,为了满足人们管理短期利率风险的需要,1976年1月,芝加哥商业交易所的国际货币市场推出了3个月期的美国短期国库券期货交易,并大获成功,在整个20世纪70年代后半期,它一直是交易最活跃的短期利率期货。

美国利率期货的成功开发,引起了其他国家的兴趣。20世纪70年代中期以来,为了治理国内经济和在汇率自由浮动后稳定汇率,西方各国纷纷推行金融自由化政策,以往的利率管制得以放松甚至取消,导致利率波动日益频繁而剧烈。面对日趋严重的利率风险,各类金融商品持有者,尤其是各类金融机构迫切需要一种既简便可行,又切实有效的管理利率风险的工具。1982年,伦敦国际金融期货交易所(the London international financial future and option exchange,LIFFE)首次引入利率期货,1985年东京证券交易所也开始利率期货的交易,随后,法国、澳大利亚、新加坡等国家也相继开展不同形式的利率期货合约交易。

目前,在期货交易比较发达的国家和地区,利率期货早已超过农产品期货而成为成交量最大的一个类别。在美国,利率期货的成交量甚至已占到整个期货交易总量的一半以上。

一、利率期货的含义及特点

(一)利率期货的含义

利率期货,是以利率为载体,以债券、票据、存单等为交易对象的标准化期货合约。作为衍生金融工具的一种,利率期货是现代国际期货市场上交易最活跃、交易量最大的一种期货。

由于各种债务凭证对利率极其敏感,利率的少许波动都会引起它们的价格大幅波动,给其持有者带来了巨大的风险。为了控制利率风险,减少利率波动的影响,人们创造出利率期货来实现这一目的。利率期货是指以债券类证券为标的物的期货合约,它可以回避银行利率波动所引起的证券价格变动的风险。

(二)远期利率协议与利率期货的关系

远期利率协议(forward rate agreements,FRA)是一种远期合约,买卖双方(客户与银行或两个银行同业之间)商定将来一定时间点(指利息起算日)开始的一定期限的协议利率,并规定以何种利率为参照利率,在将来利息起算日,按规定的协议利率、期限和本金额,由当事人一方向另一方支付协议利率与参照利率利息差的贴现额。

在这种协议下,交易双方约定从将来某一确定的日期开始在某一特定的时期内借贷一笔利率固定、数额确定,以具体货币表示的名义本金。远期利率协议的买方就是名义借款人,如果市场利率上升的话,他按协议上确定的利率支付利息,就避免了利率风险;但若市场利率下跌的话,他仍然必须按协议利率支付利息,就会受到损失。远期利率协议的卖方就是名义贷款人,他按照协议确定的利率收取利息,显然,若市场利率下跌,他将受益;若市场利率上升,他则受损。

远期利率协定是有约束力的合同,不经过协议双方同意不得撤销或转让给第三方。远期利率协议因没有本金交易,所以是不出现在资产负债表中的工具,信用风险很低,主要风险集中在价差上而不是在票面金额上。

从形式上看,FRA 具有利率期货类似的优点,即避免利率变动风险,但它们之间也有区别,归纳如表3.4 所示。

表 3.4　FRA 与利率期货的区别

工　具	FRA	利率期货
交易形态	场外交易市场成交,交易金额和交割日期都不受限制,灵活简便	交易所内交易,标准化契约交易
信用风险	双方均存在信用风险	极小
交割前的现金流	不发生现金流	每日保证金账户内有现金净流动
适用货币	一切可兑换货币	交易所规定的货币

(三)利率期货的特点

1. 利率期货价格表现形式独特

一般以整倍数的债券、票据、存单等交易时,买卖双方协商一致的期货价格为成交价格。交易双方敲定其成交价格时,都会考虑标的物交割期限、票券兑付期限、预计利率、付息方式和票券存续期间利率可能发生的变化等对期货收益的影响。

2. 利率期货价格随市场利率的变化呈反向波动

利率期货价格与实际利率呈反方向变动,即利率越高,债券期货价格越低;利率越低,债券期货价格越高。

3. 利率期货交割方法特殊

利率期货交割一般有实物交割和现金交割两种方式。利率期货实物交割情况发生很少,而且到期末作反向平仓的,也可不交割标的物,而采用现金交割,即按同品种期货合约交割时市价计算平仓盈亏交付或取得现金。

实物交割是指期货合约的买卖双方于合约到期时,根据交易所制订的规程,通过转移期货合约标的物的所有权,将到期未平仓合约进行了结的行为。实物交割目前也是利率期货中中国债期货交易一般采用的方式。

现金交割是指到期未平仓期货合约进行交割时,用结算价格来计算未平仓合约的盈亏,以现金支付的方式最终了结期货合约的交割方式。这种交割方式主要用于金融期货中期货标的物无法进行实物交割的期货合约,在利率期货中主要用于短期利率期货的交割。

二、利率期货交易的分类

利率期货的种类繁多,分类方法也有多种。通常,按照合约标的的期限,利率期货可分为短期利率期货、长期利率期货以及指数利率期货三大类。

(一)短期利率期货

短期利率期货是指期货合约标的的期限在一年以内的各种利率期货,即以货币市场的各类债务凭证为标的的利率期货均属短期利率期货,包括各种期限的商业票据期货、国库券期货及欧洲美元定期存款期货等。对于短期利率期货而言,其交易就是一份名义上的定期存款,买入一份期货合约相当于存入一笔存款,而售出一份期货合约则相当于吸收了一笔存款,或者说,相当于借款。

短期利率期货以短期利率债券为基础资产,一般以现金结算,价格用"100减去年利率水平"表示。利率期货的买方规避的是利率下跌的风险,如当前利率期货的价格为95,对应于当前的5%的利率水平。如果交易者预测3个月后利率将下跌至3%,对应于97的利率期货水平,此时,他卖出利率期货,获取97-95=2的收益。

最常见的短期利率期货包括短期国债期货,如欧洲美元(eurodollar)期货。在芝加哥商品交易所(Chicago mercantile exchange,CME)集团交易的欧洲美元期货是短期利率期货中交易最活跃的品种之一,其标的资产是自期货到期日起3个月期的欧洲美元定期存款。

所谓"欧洲美元存款",是指存放于美国境外的非美国银行或美国银行境外分支机构的美元存款,3个月期的欧洲美元存款利率主要基于3个月期的伦敦银行间同业拆放利率(London interbank offered rate,LIBOR)美元利率。

实际上,在欧洲美元期货合约中最易产生误解的是其报价以及结算机制。下面简要分析欧洲美元期货交易的保证金计算与每日盯市结算机制。

【例3.3】 2017年9月20日,投资者李强以95.2850的价位购买了一份将于2017年12月到期的欧洲美元期货合约。假设李强的保证金要求与CME规定相同,此时一份欧洲美元期货的初始保证金为743美元,维持保证金为550美元。

9月20日交易结束时,合约结算价为95.2650。这意味着多头李强在这一份合约上损失了$2 \times 25 = 50$美元(合约规定0.01代表25美元),则其保证金账户余额相应地减少50美元,减少至693美元。

9月21日,合约价格继续下跌,结算价为95.2600。此时的保证金账户再次被扣减12.5美元的损失,减少至680.5美元。

9月24日,合约结算价下跌至95.1500。李强的保证金账户被扣减$11 \times 25 = 275$美元,减至405.50美元。此时保证金账户的余额已低于交易所要求的维持保证金水平550美元,因此他将收到交易所的保证金追加通知,要求限时将保证金余额补足至743美元。

假设李强于9月25日早上即追加了337.5美元的保证金,使得他的保证金账户余额恢复至743美元。当天收盘后,由于合约结算价继续下跌至95.130 0,其保证金又被扣减50美元至693美元。

9月26日到9月28日,由于合约价格有所回升,李强的保证金账户余额超过了初始保证金要求的743美元。按照规定,李强可以提取超过743美元的金额或将其用于再次开立新的期货仓位。李强每日结算情况如表3.5所示。

表3.5　2017年9月欧洲美元期货交易的保证金与每日盯市结算情况

日期	期货价格	每日盈亏	累计盈亏	保证金账户余额	保证金追加
9.20	95.285 0				
9.20	95.265 0	−50.00	−50.00	693.00	
9.21	95.260 0	−12.50	−62.50	680.50	0
9.24	95.150 0	−275.00	−337.50	743.00	337.50
9.25	95.130 0	−50.00	−387.50	693.00	0
9.26	95.170 0	100.00	−287.50	793.00	0
9.27	95.195 0	62.50	−225.00	855.50	0
9.28	95.155 0	−100.00	−325.00	755.50	0
…	…	…	…	…	

3月期欧洲美元期货的报价及交割方式:

1. 报价方式

参照CME网站每日收市后公布的当日交易公告,按从左到右,各列分别为不同到期月品种、当日开盘价、当日最高价、当日最低价、当日收盘价、当日结算价(欧洲美元期货结算价与收盘价计算方式不同)、贴现率(Discount%)、与前一日结算价相比点数变动(PT CHGE##)、当日场内交易量(RTH volume)、当日全球电子交易量(globex volume)、未平仓合约数(open interest)、合约上市以来最高价和最低价。最后一行是当日BBA公布的3个月美元LIBOR利率。

2. 交割方式

3月期欧洲美元期货采用现金交割方式。最终结算价是根据合约最后交易日(合约月份第三个星期三往回数的第二个伦敦银行工作日)伦敦时间上午11:00的LIBOR抽样平均利率而计算的,将100减去这一抽样平均利率便得到最终结算指数。

(二)长期利率期货

长期利率期货则是指期货合约标的的期限在一年以上的各种利率期货,即以资本市场的各类债务凭证为标的的利率期货均属长期利率期货,包括各种期限的中长期国库券期货和市政公债指数期货等。

美国财政部的中期国库券偿还期限在1~10年之间,通常以5年期和10年期较为常见。中期国库券的付息方式是在债券期满之前,每半年付息一次,最后一笔利息在期满之日与本金一起偿付。长期国库券的期限为10年至30年之间,以其富有竞争力的利率、保证及时还本付息、市场流动性高等特点吸引了众多外国政府和公司的巨额投资,国内购买者主要是美国政府机构、联邦储备系统、商业银行、储蓄贷款协会、保险公司等。在各种国库券中,长期国库券价格对利率的变动最为敏感,正是20世纪70年代以来利率的频繁波动才促成了长期国库券二级市场的迅速扩张。

(三)指数利率期货

指数利率期货是利率期货中的新产品,目前主要包括国债指数期货合约,其标的指数往往可以用来衡量一系列政府债券的总收益。

三、利率期货的交易策略

利率期货也有两大基本用途:套期保值和套利。所谓利率期货的交易策略,也就是如何利用利率期货进行套期保值和套利。

(一)套期保值

套期保值是利率期货最基本的市场功能,对应的套期保值交易策略也是利率期货交易策略中最基本、最常用的策略之一。所谓套期保值策略,是指在现货市场持有多头(或者空头头寸)的避险者,把现货市场的交易和利率期货市场的反向交易结合起来,通过卖出(或者买入)相应数量和品种利率期货合约,可以避免市场利率的短期波动所带来的影响,从而达到锁定现有(或者即将建立)的投资组合市场价值的目的。

【例3.4】 假定在5月15日,某基金经理持有面值为100万元的10年期国债,并打算在6月15日售出。在此期间,该基金经理担心市场利率上升,债券价格下跌。为了避免利率提高的风险,该基金经理在期货市场上卖出10张面值为10万元并将在6月15日到期的10年期国债期货。一个月后,投资者在现货市场上卖出长期国债,并买入期货合约平仓。如果6月15日市场利率上升,投资者在现货交易中受到了损失。但是,由于利率提高,期货合约价格下跌,投资者买进合约所支付的价格,比他在卖出合约时所得到的价格低,因此,在结束期货交易时,他获得了一定的利润。这样,一个市场上的损失就可以由另一个市场的盈利来弥补,从而达到规避利率波动风险的目的。

(二)套利

在期货市场上,利用价格的波动来博取收益的行为,叫做套利。套利又有简单套利和复合套利之分。

就简单套利而言,由于利率期货价格的变动方向与利率的变动方向相反,当投资者预期利率将上升时,可以先卖出利率期货,再伺机买进;当投资者预期利率将下跌时,可以先买进利率期货,再伺机卖出。

就复合套利而言,在利率期货市场,同样可以进行跨期套利、跨品种套利和跨市场套利。

1. 利率期货跨期套利

利率期货跨期套利指人们在买进某一交割月份的利率期货的同时,卖出另一交割月份的同种利率期货的行为。它通常被投机者作为金融期货投机的手段。当投机者预期近期利率期货(如6月份利率期货合约)的价格上升幅度高于远期利率期货(如9月利率期货合约),或前者价格下降幅度小于后者,或前者价格上升而后者价格下降,他就会买入近期利率期货并卖出远期利率期货。只要他的预期是准确的,就可以在对两笔期货交易进行对冲时获得一笔投机利润。

如果投机者预期近期利率期货价格上升幅度低于远期利率期货,或前者下降幅度大于后者,或前者下降而后者上升,那么他便会卖出近期利率期货并买入远期利率期货。在一般情况下,不同期限的同种利率期货的价格运动方向往往一致,只是变动幅度不同,从而跨期套利的风险往往小于单向投机。交易所对跨期套利交易收取的保证金较少,也在客观上鼓励人们进行这种利率期货交易。

2. 利率期货跨品种套利

利率期货跨品种套利指人们在买进某种利率期货的同时,卖出另一种利率期货的行为。在同一时间内,两种利率期货价格走势一般是相同的,但是价格波动幅度会有所不同,从而给人们带来套利机会。

【例3.5】 某套利者估计市场利率可能上升且长期利率上升幅度高于短期利率,从而美国长期国库券期货价格下降幅度将大于欧洲美元存款期货价格下降幅度。针对这种预期的跨品种套利是买入欧洲美元存款期货(1张合约)并卖出美国长期国库券(10张合约,因为其面值是10万美元而不是100万美元)。如果他的预期是准确的,便可获得投机利润。交易者在利率期货跨品种套利中承担的风险一般小于单向利率期货投机。例如,当利率下降引起利率期货价格上升时,该套利者在卖出长期国库券期货交易中的亏损可在一定程度上由买入欧洲美元存款期货中的盈利所抵消。反之,在他预测不准确时,买入欧洲美元存款期货使他蒙受一些亏损,使其总盈利减少。

3. 利率期货跨市场套利

利率期货跨市场套利指人们在两个不同的交易所同时进行交易部位相反的相似(或相同)利率期货交易。例如,芝加哥期货交易所和伦敦国际金融期货交易所都开展美国长期国库券利率期货业务。如果在某一时刻两处交易所该利率期货价格明显不同,套利者可以在一处低价买入利率期货并同时在另一处高价卖出利率期货。待两处利率期货价格大致相同时该套利者进行对冲或平仓,便可获得相应利润。一般说来,一价定律在利率期货市场上能够成立,因此在典型的跨市场套利业务中不存在风险。套利者需要考虑的主要因素是交易成本,而它的存在又使不同交易所利率期货价格不会完全相同。

> 【知识库】
> **欧洲美元期货**
>   芝加哥商业交易所在1981年12月开发并推出欧洲美元期货。经过二十余年的发展,欧洲美元期货已经成为全球金融期货市场中最具有流动性、最受欢迎的合约之一。目前最活跃的欧洲美元期货是在CME上市交易的3个月欧洲美元期货。2004年仅此一个品种,全年成交量达到2.75亿张,未平仓合约数量达700万张,约合7万亿美元。如果以每年250个工作日计算,日平均成交110万张,日均成交金额超过1万亿美元。
>
> (资料来源:中国金融网)

第四节　股票指数期货交易

在股票投资中,有两类风险需要防范:其一是非系统风险,即由于某种原因导致个别股票价格的下跌。如果投资者购买的股票比较单一,非系统风险发生的概率就大,此时,他就可通过股票的期货交易来规避这种风险。另一个是系统风险,当股票投资中发生系统风险时,即由于某种原因而导致整个股票市场价格的下跌时,如果投资者持有的股票种类较多,要通过股票期货交易来达到套期保值的目的就比较麻烦和困难,这样就需要一种能转嫁股市系统风险的工具,因而就产生了股票指数期货交易。

一、股票指数期货交易的相关概念

(一)股票指数期货交易的含义

1. 股票指数

股票指数是衡量和反映所选择的一组股票的价格变动指标。或者说是象征,一般是用指数化的点数来计量,它本身并没有价格,不能直接进行买卖。计算方法有如下三种:算术平均法、加权平均法和几何平均法。世界各国的股票指数一般都是每3分钟计算一次,只有英国的金融时报100种股票指数是每分钟计算一次。

2. 股票指数期货交易

股票指数期货简称股指期货,就是以某种股票指数为基础资产的标准化的期货合约。买卖双方交易的是一定时期后的股票指数价格水平,在合约到期后,股指期货通过现金结算差价的方式来进行交割。

股票指数期货是一种特殊的期货交易方式,它的交易对象是股票指数,其交易采用保证金和标准合约形式。在股票指数期货交易中,其收益只与股票指数的涨跌相对额有关,而与具体的指数点位无关。要进行股指期货交易,首先就要规定股指的价格,如每一点100元。这样,股票指数每日的点数波动就表现为价格波动,对这个虚拟的商品也就可以进行期货交易了。

股票指数期货交易的实质,是投资者将其对整个股票市场价格指数的预期风险转移至期货市场的过程,通过对股票趋势持不同判断的投资者的买卖,来冲抵股票市场的风险。由于股票指数期货交易的对象是股票指数,以股票指数的变动为标准,以现金结算为唯一结算方式,交易双方都没有现实的股票,买卖的只是股票指数期货合约。

表3.6　标准·普尔500指数标准合约

交易单位	用250美元×S&P500股票价格指数
最小变动价位	0.05个指数点(每张合约25美元)
每日价格最大波动限制	与证券市场挂牌的相关股票的交易中止相协调
合约月份	3、6、9、12
交易时间	8:30～5:15(芝加哥时间)
最后交易日	最终结算价格确定日的前一个工作日
交割方式	按最终结算价格以现金结算,此最终结算价由合约月份的第三个星期五的S&P500股票价格指数构成股票市场开盘价所决定
交易场所	芝加哥商业交易所(CME)

作为世界上最著名的金融期货之一,S&P500指数期货在芝加哥商品交易所交易,标的资产为S&P500指数。由于指数无法直接交割,只能将其换算为货币单位进行结算。CME规定1点指数代表250美元,采用的方式是现金结算。以SPU7合约(2007年9月到期)为例,其在现金结算日2007年9月21日确定的结算价为1 533.38点(即该日S&P500指数的开盘价)。一个在2007年9月20日以收盘价1 519.70点买入一份SPU7的投资者第二天就获得现金收益 $250×(1\ 533.38-1\ 519.70)=3\ 420$ 美元。显然一个以1 519.70点卖出一份SPU7的投资者就损失现金3 420美元。

可以看到,每个交易日在CME上市交易的S&P500指数期货合约包括3月循环中的8个到期日合约,以2007年9月20日为例,该日交易的合约就从2007年9月开始,按3、6、9、12月循环,直至满8个到期月为止。从表中还可看出,到期月份越远,期货价格越高。

(二)股指期货与权证的主要区别

股指期货与权证的区别主要体现在以下七个方面:

1. 在标的资产方面

股指期货的标的资产是股票价格指数,股指期货价格变动主要受宏观经济及主要成分股等因素的影响。权证的标的资产是单个股票,其价格变动主要对应个股的资产价格、时间价值和波动率等因素的影响。

2. 在功能作用方面

股指期货的基本功能是规避股票市场的系统性风险,而权证则是锁定单只股票价格波动的风险。

3. 在交易机制方面

股指期货采用的是期货交易机制,权证采用的是现货交易机制。股指期货既可以买入做多,也可以卖出做空。权证的做空实际是买入认沽权证,权证交易仍然是先买入权证再卖出权证,只有在权证价格上涨时卖出权证才能获利,这与股票交易是一致的。

4. 在交割机制方面

股指期货到期时将进行现金交割,股指期货合约最后交易日收市后,交易所以计算出的交割结算价为基准,划付持仓双方的盈亏,了结所有未平仓合约。权证的行权价格在权证发行时已经确定,权证到期时如果投资者不行权,权证本身就没有任何价值。

5. 在涨跌停设置方面

股指期货一般采用与股票市场相同的涨跌幅比例。而权证价格的涨跌停板是以涨跌幅的价格而不是百分比来限制的,有时可能远远超过股票市场10%的涨跌幅度。

6. 在资金要求方面

股指期货比权证高很多。比如,按照股价指数3 000点估算,买卖一手股指期货合约大约需要准备50万元的资金。而权证的资金要求较低,只要资金账户存满可以买1手(100份)权证的资金就可以了。

7. 在市场规模方面

只要有交易对手方,市场具有足够的流动性,股指期货的持仓量理论上可以达到无限大。而权证交易中的流通量受发行数量限制。权证发行人发行权证往往有固定的发行数量,因而市场上可流通的权证数量也是固定的。

(三)股指期货与股票的区别

股指期货与股票相比,有几个非常鲜明的特点,对投资者来说尤为重要:

1. 期货合约有到期日,不能无限期持有

股票买入后可以一直持有,正常情况下股票数量不会减少。但股指期货都有固定的到期日,到期就要摘牌。因此交易股指期货不能像买卖股票一样,交易后就不管了,必须注意合约到期日,以决定是提前了结头寸,还是等待合约到期(好在股指期货是现金结算交割,不需要实际交割股票),或者将头寸转到下一个月。

2. 期货合约是保证金交易,必须每天结算

股指期货合约采用保证金交易,一般只要付出合约面值约10%~15%的资金就可以买卖一张合约,这一方面提高了盈利的空间,但另一方面也带来了风险,因此必须每日结算盈亏。买入股票后在卖出以前,账面盈亏都是不结算的。但股指期货不同,交易后每天要按照结算价对持有在手的合约进行结算,账面盈利可以提走,但账面亏损第二天开盘前必须补足(即追加保证金)。而且由于是保证金交易,亏损额甚至可能超过你的投资本金,这一点和股票交易不同。

3. 期货合约可以卖空

股指期货合约可以十分方便地卖空,等价格回落后再买回。股票融券交易也可以卖空,但难度相对较大。当然一旦卖空后价格不跌反涨,投资者会面临损失。

4. 市场的流动性较高

有研究表明,指数期货市场的流动性明显高于股票现货市场。如在1991年,FTSE-100指数期货交易量就已达850亿英镑。

5. 股指期货实行现金交割方式

期指市场虽然是建立在股票市场基础之上的衍生市场,但期指交割以现金形式进行,即在交割时只计算盈亏而不转移实物,在期指合约的交割期投资者完全不必购买或者抛出相应的股票来履行合约义务,这就避免了在交割期股票市场出现"挤市"的现象。

一般说来,股指期货市场是专注于根据宏观经济资料进行的买卖,而现货市场则专注于根据个别公司状况进行的买卖。

二、几种主要的股票指数期货

世界各地股票市场处于不同的环境,受不同国内因素影响,股市行情不同,其股价指数也不同。但其中有几种股价指数具有权威性,可以左右某一地区甚至世界的股票市场行情。以这些股价指数为合约标的物的股价指数期货,也是世界上重要的金融期货品种。这里对此作一简单介绍。

(一)道·琼斯股票指数

道·琼斯股票指数是世界上历史最为悠久的股票指数,它的全称为股票价格平均数。它是在1884年由道·琼斯公司的创始人查理斯·道开始编制的。其最初的股票价格平均指数是根据11种具有的代表性的铁路公司的股票,采用算术平均法进行计算编制而成的,发表在查理斯·道自己编辑出版的《每日通讯》上。其计算公式为

$$股票价格平均数 = 入选股票的价格之和 / 入选股票的数量$$

目前,道·琼斯工业平均股票指数共分四组:第一类是工业平均数,由30种具有代表性的大工业公司的股票组成;第二组是运输业20家铁路公司的股票价格指数;第三组是15家公用事业公司的股票指数;第四组为综合指数,是用前三组的65种股票加总计算得出的指数。人们常说的道·琼斯股票指数通常是指第一组,即道·琼斯工业平均数。

(二)标准·普尔股票价格指数

除了道·琼斯股票价格指数外,标准·普尔股票价格指数在美国也很有影响,它是由美国最大的证券研究机构——标准·普尔公司编制的股票价格指数。该公司于1923年开始编制发表股票价格指数,最初采选了230种股票,编制两种股票价格指数。

从1976年7月1日开始,改为40种工业股票,20种运输业股票,40种公用事业类股票和

40 种金融业股票。几十年来,虽然有股票更迭,但始终保持为 500 种。标准·普尔公司股票价格指数以 1941 年至 1993 年抽样股票的平均市价为基期,以上市股票数为权数,按基期进行加权计算。

与道·琼斯工业平均股票指数相比,标准·普尔 500 指数具有采样面广、代表性强、精确度高、连续性好等特点,被普遍认为是一种理想的股票指数期货合约的标的。

(三)英国金融时报股票指数

金融时报股票指数是由伦敦证券交易所编制,并在《金融时报》上发布的股票指数。根据样本股票的种数,金融时报股票指数分为 30 种股票指数、100 种股票指数和 500 种股票指数等三种指数。目前常用的是金融时报工业普通股票指数,其成分股由 30 种有代表性的工业公司的股票构成,最初以 1935 年 7 月 1 日为基期,后来调整为以 1962 年 4 月 10 日为基期,基期指数为 100,采用几何平均法计算。而作为股票指数期货合约标的的金融时报指数则是以市场上交易较频繁的 100 种股票为样本编制的指数,其基期为 1984 年 1 月 3 日,基期指数为 1 000。

(四)香港恒生指数

恒生指数是由香港恒生银行于 1969 年 11 月 24 日开始编制的用以反映香港股市行情的一种股票指数。该指数的成分股由在香港上市的较有代表性的 33 家公司的股票构成,其中金融业 4 种、公用事业 6 种、地产业 9 种、其他行业 14 种。恒生指数最初以 1964 年 7 月 31 日为基期,基期指数为 100,以成分股的发行股数为权数,采用加权平均法计算。后由于技术原因改为以 1984 年 1 月 13 日为基期,基期指数定为 975.47。恒生指数现已成为反映香港政治、经济和社会状况的主要风向标。

(五)日经股票平均指数

日经股票平均指数的编制始于 1949 年,它是由东京股票交易所第一组挂牌的 225 种股票的价格所组成。这个由日本经济新闻有限公司(NKS)计算和管理的指数,通过主要国际价格报道媒体加以传播,并且被各国广泛用来作为代表日本股市的参照物。

1986 年 9 月,新加坡国际金融交易所(SIMEX)推出日经 225 股票指数期货,成为一个重大的历史性发展里程碑。此后,日经 225 股票指数期货及期权的交易,也成为许多日本证券商投资策略的组成部分。

三、股票指数期货交易的特点

股指期货交易有五大特点:保证金制度;T+0 交易;双向交易;当日无负债结算制度;严格的时效性。

(一)保证金制度

即杠杆交易,可以进行以小博大的交易。买卖股票需要支付 100% 的资金。股指期货交易则不需要全额支付合约价值的资金,只需要支付一定比例的保证金就可以签订较大价值的合约。例如,假设股指期货交易的保证金为12%,投资者只需支付合约价值12%的资金就可以进行交易。这样,投资者就可以控制8倍于所投资金额的合约资产。当然,在收益可能数倍放大的同时,投资者可能承担的损失也是数倍放大的。

(二)T+0 交易

股指期货采用的是T+0的交易制度,即当日买入或卖出的头寸可以当日了结。目前国内股票的交易采用的是T+1的交易制度,当日买的股票当日不能卖出,要次日才能卖出。国内的权证交易和商品期货市场的交易则都是采取T+0交易。T+0交易使得投机性增强、投机机会增多,非常适合短线投机的操作方式。

(三)双向交易

双向交易,也就是通常所说的买空卖空。国内股票买卖只能先买后卖,不能先卖后买(俗称"卖空")。而在期货和股指期货交易中,交易者既可以先买入期货合约作为期货交易的开端,以后再卖出平仓了结该头寸;也可以先卖出期货交易合约作为交易的开端,之后再买入平仓了结该头寸。

(四)当日无负债结算制度

中金所股指期货实行当日无负债结算制度。当日交易结束后,客户的当日盈亏在当日结算时进行划转,盈利划入结算准备金,亏损从结算准备金中划出。

(五)严格的时效性

与股票不同,股指期货交易的对象是标准化的期货合约。股指期货归根到底,本质上是一份合同。期货合约有到期日,不能无限期持有。到期后合约将被摘牌,投资者持有的股指期货头寸则进行现金交割。因此股指期货具有严格的时效性。

四、股票指数期货的交易策略

(一)股指期货套期保值策略

根据参与期货交易的方向不同,可以把股指期货套期保值交易划分为两种基本类型:买入套期保值和卖出套期保值。

1. 买入套期保值

所谓买入套期保值,是指当期在股指期货市场上买入股指期货合约,以规避"在未来买入股票时,因股价可能上涨而导致建仓成本上升"风险的保值行为。在以下四种情形下,投资者可以采取买入套期保值策略:

(1)投资者预期未来一段时间内可收到一大笔资金,准备投入到股市,但又认为现在是最好的建仓机会,如果等到资金到账后再建仓,一旦股价上涨,势必会提高建仓成本。这时,就可以利用股指期货杠杆交易的特点,以较少的资金买入股指期货合约,来锁定未来股票建仓成本,对冲股价上涨的风险。

(2)机构投资者现在拥有大量资金,计划按照当前价格买进一组股票。由于需要买进的股票数额较大,短时期内完成建仓必然会推高价格,提升建仓成本,导致实际的买进价格远高于最初理想的买进价格;如果逐步分批买进建仓,又担心期间股票价格上涨。此时,采用买入套期保值策略是解决问题的好办法。具体做法是:先买进对应价值的股指期货合约,然后再分步逐批买进股票,同时,逐批将这些对应的股指期货合约卖出平仓。

(3)投资者进行融券做空交易时,由于融券都有确定的归还时间,融券者必须在预定日期之前将抛空的股票如数买回,再加上一定的费用归还给当初的出借者。显然,当融券者卖掉股票后,最担心的问题是价格上涨,而在将来归还股票时不得不以更高的价格买回来,此时,可以采取买入套期保值策略来规避上述风险。

(4)投资者在股票期权或者股指期权上卖出看涨期权时,一旦股票价格上涨,将面临较大的亏损,且股票价格上涨越多,亏损额也就越大。此时,采取买入套期保值策略能够在一定程度上发挥对冲风险的作用。

2. 卖出套期保值

所谓卖出套期保值,是指当期在股指期货市场上卖出股指期货合约,以规避"未来因股市可能下跌而导致股票投资组合市值缩水"风险的保值行为。在以下 5 种情形下,可以采取卖出套期保值策略:

(1)投资者手中持有大量股票,由于股票面临分红,或资金期限匹配等种种原因而准备或必须继续持有一段时间,但预期大盘将下跌,投资组合面临市值缩水的风险,此时可以采用卖出套期保值策略。

(2)投资者需要对规模较大的投资组合进行调整,或者某些股票已达到投资目标而需要大量卖出股票时,如果直接在股票市场上卖出,可能产生较高的冲击成本,也会造成市场较大的波动,此时可以采取卖出套期保值策略来规避风险。

(3)长期持股的大股东或战略投资者,尽管看空后市,但由于其不愿意因为卖出股票而失去股东地位或公司控制权,此时,这些股票持有者可以通过卖出股指期货合约对冲股价下跌的风险。

(4)投资银行与股票包销商的卖出套期保值操作。对于投资银行与股票包销商而言,能否将包销的股票按照预期的价格销售完毕,在很大程度上和股市的整体状况有关。如果后市不好,极有可能因为销不掉而留在自己手中,因此,股票包销需要承担一定的风险。为了避免这些情况的出现而给投资银行和股票包销商带来损失,可以采取卖出套期保值策略。

(5)投资者在股票期权或股指期权上卖出看跌期权。一旦股票价格下跌,将面临很大的亏损风险,且股票价格下跌越多,亏损额度也就越大。此时,采取卖出套期保值策略就可以在一定程度上实现对冲风险的目的。

【例3.6】 股票指数期货套期保值策略应用。

5月3日,某公司股票的市场价格为每股25美元。该公司决定一周后以这一价格增发20万股股票,以筹措500万美元的资本,用于扩充生产规模。然而,若一周后股市下跌,则该公司发行同样多的股票,却只能筹得较少的资本。因此,该公司决定用同年6月份到期的S&P500指数期货合约做空头套期保值。其基本步骤及结果如表3.7所示。

表3.7 股票指数期货套期保值策略应用

	现货市场	期货市场
5月3日	S&P500指数为456,该公司计划于一周后发行股票20万股,每股25美元,计划收入500万美元	卖出44张6月份到期的S&P500指数期货合约,价格为458,合约总值为503.8万美元
5月10日	S&P500指数跌至442,该公司发行股票20万股,每股24.25美元,实际筹得资本485万美元	买进44张6月份到期的S&P500指数期货合约,价格为443,合约总值为487.3万美元
结 果	亏损15万美元((24.25−25)×20)	赢利16.5万美元(458−443)×250×44)

套期保值结果得到1.5万美元的净收入。

(二)股票指数期货套利策略

套利策略是股指期货交易中最常见的交易策略之一,是指利用同一资产或相关资产在价差上的偏离,买入低估资产的同时卖出高估资产,待价差回归正常时平仓获取利润的交易策略。一般来说,套利是无风险或者是低风险的交易策略,主要包括期现套利、跨期套利以及到期日套利,它们在操作与成本上都有着很大差异。

1. 期现套利策略

利用期货市场与现货市场间期货合约与现货之间的差价进行套利。当价差偏离正常值时,投资者买入(卖出)某个月份的股指期货合约的同时,卖出(买入)一个现货股票组合,在价差回归正常时对两笔头寸同时进行平仓,这也是一种传统的套利策略。期现套利涉及股票现货组合,构成较为复杂,会产生现货追踪误差、流动性不足以及交易成本等问题,须引起投资者注意。

2. 跨期套利策略

利用期货合约之间出现的价差套利。当不同合约之间价差偏离正常价差时,投资者可以买入低估合约,同时卖出高估合约,在价差回归正常时对两笔头寸同时进行平仓。但是需要注意,跨期套利的关键在于通过判断各月份合约的合理价差,来推敲各月合约价差是否过大或过小,因此应注意是否存在着合约到期价差仍未回归产生的风险。

3. 到期日套利策略

股指期货合约交割日临近收盘时,交易价格有可能大幅偏离交割结算价,这样也会产生套利的机会,即所谓的到期日套利。如果到了交割的日子,股指期货合约价格远低于交割结算价时,投资者可以买进股指期货合约;反之,如果股指期货合约价格远高于交割结算价,则投资者可以卖出股指期货合约。然而,这种策略的成败取决于最后结算价,因此套利机会稍纵即逝,难以把握。

【例 3.7】 股票指数期货投机套利策略应用。

3月1日,假定某交易者预测,不久将出现多头股票市场,而且主要市场指数的上涨势头会大于纽约证券交易所综合股票指数的涨势,于是,他运用跨市套利策略,在 382.75 点水平上买进 2 张主要市场指数期货合约,并在 102.00 点水平上卖出 1 张纽约证券交易所综合股票指数期货合约,当时的价差为 280.75 点。经过 3 个月,价差扩大为 284.25 点。交易者在 388.25 点水平上卖出 2 张主要市场指数期货合约,而在 104.00 点水平上买进 1 张纽约证券交易所综合指数期货合约,进行合约对冲。见表 3.8。

表 3.8 股票指数期货投机套利策略应用

	主要市场指数期货	纽约证券交易所综合指数	价　差
3月1日	买进 2 张 12 月份主要市场指数期货合约,点数水平 382.75	卖出 1 张 12 月份纽约证券交易所综合指数期货合约,点数水平 102.00	280.75
6月1日	卖出 2 张 12 月份主要市场指数期货合约,点数水平 388.25	买进 1 张 12 月份纽约证券交易所综合指数期货合约,点数水平 104.00	284.25
结　果	获利 2 750 美元((388.25 - 382.75)×250×2)	亏损 1 000 美元((102.00 - 104.00)×500×1)	获利 1 750 美元(3.5×500)

结果是,由于主要指数期货合约在多头市场中上升 5.50 点,大于纽约证券交易所综合指数期货合约上升的 2.00 点,交易者因此获利 1 750 美元。

五、沪深 300 股指期货

2006 年 9 月 8 日,中国金融期货交易所正式挂牌成立,而作为中国金融期货的"开山之作",沪深 300 指数期货合约的设计工作也已经完成。2010 年 4 月 16 日,沪深 300 指数股指期货合约正式上市交易。股指期货的推出,适应我国经济和资本市场发展的需要,完善了金融期货等衍生产品市场,成为提升我国资本市场服务国民经济全局能力的内在要求。推出股指期货是我国资本市场改革发展和发育创新的必然结果。

(一)合约内容

中国金融期货交易所首个股指期货合约设计的总体原则是满足投资者的风险管理需求,具备较好的防操纵性及流动性。根据这一原则,中国金融期货交易所对标的指数进行了严格挑选,选择沪深 300 指数作为合约标的。为了方便对其推出的细则和合约条款的理解,中国金融期货交易所就部分主要条款的设计原理和研究思路做出说明,详细论证了合约主要条款,见表 3.9。

表 3.9　沪深 300 指数期货合约

合约标的	沪深 300 指数
合约乘数	每点 300 元
报价单位	指数点
最小变动价位	0.2 点
合约月份	当月、下月及随后两个季月
交易时间	9:15～11:30,13:00～15:15
最后交易日交易时间	9:15～11:30,13:00～15:00
每日价格最大波动限制	上一个交易日结算价的 ±10%
最低交易保证金	合约价值的 12%
最后交易日	合约到期月份的第三个周五(遇法定假日顺延)
交割日期	同最后交易日
交割方式	现金交割
交易代码	IF
上市交易所	中国金融期货交易所

1. 标的指数

中金所选择沪深 300 指数作为交易标的的主要考虑因素是:

(1)以沪深 300 指数为标的的合约能在未来我国股指期货产品系列中起到旗舰作用,具有占据市场主导地位的潜力。

沪深 300 指数是由沪深两证券交易所共同出资成立的中证指数有限公司编制与维护,成分股包括了 300 种股票。该指数借鉴了国际市场成熟编制理念,采用调整股本加权、分级靠档、样本调整缓冲区等先进技术。发布以来,该指数与上证综指的相关性在 97% 以上,具有较好的市场代表性。中金所首个股指期货合约以沪深 300 指数为交易标的,能在未来我国股指期货产品系列中起到旗舰作用,具有占据市场主导地位的潜力。在沪深 300 指数期货产品上市后,根据市场需求情况,交易所再逐步推出分市场、分行业的指数期货产品,形成满足不同层次的投资者需求的指数期货产品系列。

(2)沪深 300 指数市场覆盖率高,主要成分股权重比较分散,能有效防止市场可能出现的指数操纵行为。

据统计,截止 2009 年 12 月底,沪深 300 指数的总市值覆盖率和流通市值覆盖率约为 72%,前 10 大成分股累计权重约为 25%,前 20 大成分股累计权重约为 37%。高市场覆盖率与成分股权重分散的特点决定了该指数有比较好的抗操纵性。

(3)沪深 300 指数成分股行业分布相对均衡,抗行业周期性波动较强,以此为标的的指数期货有较好的套期保值效果,可以满足投资者的风险管理需求。

沪深 300 指数成分股涵盖能源、原材料、工业、金融等多个行业,各行业公司流通市值覆盖率相对均衡。这种特点使该指数能够抵抗行业的周期性波动,并且有较好的套期保值效果。

2. 合约乘数

沪深 300 指数期货的合约乘数为每点 300 元。按照 2010 年 12 月 31 日沪深 300 指数位于 3 128 左右的点位,合约面值约为 94 万元(3 128 点 × 300 元/点 = 938 400 元)。该合约面值在国际市场上属于中等水平,也比较符合我国当前的市场状况。

3. 最小变动价位

沪深 300 指数期货最小价位变动定为 0.2 也符合市场实际,并使得成交变得更容易。0.2 的最小价位变动减少了投资者套保及套利的跟踪偏差。最小波动价位与手续费关系到交易者的最小收益,二者的比例也与市场活跃度和深度息息相关。最小波动价位太小,投机者会因获利降低而不愿意提供即时的交易,投机兴趣降低,进而影响市场的流动性和深度;最小波动价位太大,市场不易形成平滑的供求曲线,不利于反映真实的价格走势。

4. 合约月份

沪深 300 指数期货合约月份为当月、下月及随后的两个季月,共四个月份合约同时交易。例如 2006 年 9 月 8 日,中金所可供交易的沪深 300 指数期货合约有 0609、0610、0612 与 0703 四个月份合约同时交易。"06"表示 2006 年,"09"表示 9 月,"0609"表示 2006 年 9 月份到期交割的合约。9 月份合约到期交割后,0610 就成为最近月份合约,同时 0611 合约挂牌。10 月份合约到期交割后,那么,0611、0612 就成为最近两个月份合约,同时 0706 合约挂牌。

在国际市场上,大多数股指期货合约以季月月份为主,考虑到我国股票市场投资者持仓期限的特点,我们采用近月与季月合约相结合的方式。这样在半年内有四个合约同时运作,具有长短兼济、相对集中的效果。

5. 交易时间

沪深 300 指数期货的交易时间为上午 9:15 ~ 11:30,下午 13:00 ~ 15:15,当月合约最后交易日交易时间为上午 9:15 ~ 11:30,下午为 13:00 ~ 15:00,与现货市场保持一致。

参考国外主要股指期货市场的交易时间,与现货市场相比,可分为下述三种类型:期货市场与现货市场开、收盘时间均相同;开盘时间相同,期货市场收盘时间延后;期货市场开盘时间提前,收盘时间延后。总体原则为股指期货在现货交易时间内均可交易,但大部分交易所延长股指期货的交易时间。

从国外实践来看,多数指数期货市场采取的是早开盘迟收盘的做法。

早开盘的好处在于:期货市场可以对上日收盘后到第二天开盘前的市场信息做出反应,有效地扮演价格发现的角色;帮助现货市场在未开盘前建立均衡价格;降低现货市场开盘时的波幅。

迟收盘的好处在于:降低现货市场收盘时的波幅;在现货市场收盘后,为投资者提供对冲工具;方便投资者根据现货股票资产及价格情况进行套期保值策略调整。

6. 价格限制

价格限制制度包括涨跌停板制度和熔断制度。

涨跌停板是指期货合约在一个交易日中的交易价格波动不得高于或者低于规定的涨跌幅度，超过该涨跌幅度的报价将视为无效。涨跌停板一般是以合约上一交易日的结算价为基准加减最大波动幅度确定的。通过制定涨跌停板制度，能够锁定会员和投资者每一交易日所持有合约的最大盈亏；能够有效地减缓、抑制一些突发性事件和过度投机行为对期货价格的冲击。

涨跌停板主要根据现货市场涨跌停板幅度与标的指数历史波动幅度而确定的。由于股票现货市场每日的涨跌幅度最大为10%，为了与现货市场保持一致，股指期货合约的涨跌停板为上一交易日结算价的10%。最后交易日不设涨跌停板，有利于期货价格和现货价格收敛。交易所可以根据市场情况调整各合约的涨跌停板幅度。

"熔断"制度是为了让投资者在价格波动剧烈时，有一段时间的冷静期，抑制市场非理性过度波动，同时在熔断期间以便交易所采取一定措施控制市场风险。沪深300指数期货合约的熔断幅度为上一交易日结算价的上下6%，在开盘之后，当某一合约申报价触及上一交易日结算价的上下6%时且持续一分钟，该合约启动熔断机制。启动熔断机制后的连续十分钟内，该合约买卖申报不得超过熔断价，但可继续撮合成交。启动熔断机制十分钟后，10%涨跌停板生效。每日收盘前30分钟内，不启动熔断机制，但如果有已经启动的熔断期，则继续执行至熔断期结束。每个交易日只启动一次熔断机制，最后交易日不设熔断机制。

7.合约交易保证金

根据对我国股票市场历史数据的分析及借鉴国际市场经验，沪深300指数期货合约交易保证金为12%。交易所有权根据市场风险情况进行调整。结算会员、非结算会员可根据市场情况，在交易所规定的保证金标准的基础上，对投资者加收一定数量的保证金。

8.最后交易日和最后结算日

沪深300指数期货合约最后交易日设在到期月份的第三个周五，如遇法定节假日顺延。将最后交易日设在第三个周五而不选在月末，主要是为了避免股票市场月末效应与股指期货到期效应的重叠，增加股票市场的波动性。最后结算日与最后交易日为同一天。

(二)合约交易

1.沪深300指数期货套期保值

【例3.8】 2017年3月1日，沪深300指数现货报价为3 324点，2017年9月到期(9月15日到期)的沪深300股指期货合约报价为3 400点，某投资者持有价值为1亿元人民币的市场组合，为防范在9月16日之前出现系统性风险，可卖出9月份沪深300指数期货进行保值。

如果该投资者做空100张9月到期合约(100 000 000/(3 324×300)≈100)，则到9月15日收盘时：

现货头寸价值=1亿元×9月15日现货收盘价/3月1日现货报价

期货头寸盈亏=300元×(3月1日期货报价−9月15日期货结算价)×做空合约张数

在不同指数点位下,头寸变化见表 3.10。

表 3.10　沪深 300 指数期货套期保值

9月15日沪深300指数	现货头寸价值/元	期货头寸盈亏/元	合计/元
3 000	90 252 707.58	9 720 000	99 972 707.58
3 100	93 261 131.17	6 720 000	99 981 131.17
3 200	96 269 554.75	3 720 000	99 989 554.75
3 300	99 277 978.34	720 000	99 997 978.34
3 400	102 286 401.9	-2 280 000	100 006 401.9
3 500	105 294 825.5	-5 280 000	100 014 825.5

由表 3.10 可知,经空头套期保值后,不论 2017 年 9 月沪深 300 指数如何变化,该投资者的账户总值基本维持不变。

2. 沪深 300 指数期货投机

【例 3.9】　2015 年 3 月 18 日,沪深 300 指数开盘报价为 2 335.42 点,9 月份仿真期货合约开盘价为 2 648 点,若期货投机者预期当日期货报价将上涨,开盘即多头开仓,并在当日最高价 2 748.6 点进行平仓,则

$$当日即实现盈利 = (2\ 748.6 - 2\ 648) \times 300 = 30\ 180(元)$$

若期货公司要求的初始保证金等于交易所规定的最低交易保证金 12%,则

$$投入资金 = 2\ 648 \times 300 \times 12\% = 95\ 328(元)$$

$$日收益率 = 30\ 180/95\ 328 \approx 31.66\%$$

【知识库】

股指期货开户条件

(1) 保证金账户可用余额不低于 50 万元。

(2) 具备股指期货基础知识,通过相关测试(评分不低于 80 分)。

(3) 具有至少 10 个交易日、20 笔以上的股指仿真交易记录,或者是最近三年内具有 10 笔以上商品期货交易成交记录(两者是或者关系,满足其一即可)。

(4) 综合评估表评分不低于 70 分。

(5) 不存在严重不良诚信记录;不存在法律、行政法规、规章和交易所业务规则禁止或者限制从事股指期货交易的情形。

按照相关规定,有下列情况之一的,不得成为期货经纪公司客户:

国家机关和事业单位;中国证监会及其派出机构、期货交易所、期货保证金安全存管监控机构和期货业协会的工作人员;证券、期货市场禁止进入者;未能提供开户证明文件的单位;中国证监会规定不得从事期货交易的其他单位和个人。

(资料来源:新浪财经)

第五节　金融期货工具的定价原理

期货作为一种特殊的商品,价格的形成与任何其他商品的价格一样,也是通过市场供求的力量来决定的,但这并不等于说期货的价格决定没有内在根据。恰恰相反,在市场供求力量的背后,存在着决定金融期货价格的客观因素。

一、期货定价的基本概念和原理

期货的价格对于所有期货市场上的交易者来说都是非常重要的,不论是投机者、套利者,还是套期保值者都十分关心期货价格的走势:如果实际的期货价格与其合理价格之间的差距太大,则投机者和套期保值者都需要改变他们的策略;差价对套利者更加重要,因为他们正是要从差价中获利。交易者的趋利性推动着期货价格的变化,交易者的趋利行为则受到决定期货价格的客观因素的制约,这些因素包括:与期货对应的现货资产的价值;距期货合约的交割期的时间;获取相应的现货资产的融资成本;现货资产的现金收入以及期货合约在交割期的特性等。

将上述因素联系起来以考虑期货价格的决定而形成的有关期货价格的决定理论被称之为持有成本理论。该理论通过净融资成本(融资成本减去现金收入)将现货市场与期货市场联系起来。例如,按照持有成本理论,期货与现货的价差应由融资成本与股息收入决定。因为投资者如持有期货则可节省从现在至期货到期这段时间的融资成本,如持有现货则可获得股息收入。所以,在期货价格中应将这部分融资成本包括在内,否则人们就会倾向于舍现货而购期货,从而将期货价格抬高,直到将这部分融资成本包括在内为止。同时,也应在期货价格中将持有现货可获得的股息减去,因为持有期货没有股息收入,如果不减去,人们就会倾向于舍期货而购现货,从而使期货价格下跌,直至将这部分股息收入消除为止。

可见,所谓持有成本理论,就是用持有现货所必须付出的净融资成本来解释期货价格形成的理论。或者说,就是将期货价格解释成相应的现货价格加净融资成本的理论。为了在现货价格的基础上说明期货价格的决定,我们有必要先讨论一下有关现货价格与期货价格的相互关系的几个概念。

(一)基差(basis)

所谓基差就是指特定证券的现货价格和用来为其保值的期货价格之差,若以 PC 表示现货价格,PF 表示期货价格,则基差就等于 $PC-PF$。而基差风险则是指随着时间的推移基差的变动性,也就是指现货价格与期货价格之间的相对价格变动,它反映了基差的变动程度。例如,某人以 PC 的价格买入现货国债,由于担心利率上升引起国债的价格下跌,因而按 PF 的价格卖出国债期货,基差就为 $PC-PF$。在期货未到期之前的这段时间,现货国债与期货国债的价格都随市场利率等因素的变动而变动,从而引起基差的变动。如果现货价格由 PC 降

为 PC'，期货价格由 PF 降为 PF'，但期货价格的下降幅度比现货价格的下降幅度小，也就是说 $PC'-PF'\neq PC-PF$，或者说，$PC'-PF'<PC-PF$，从而使利率上升所造成的现货方面的损失不能完全从期货价格的下跌中得到补偿。这种情况正是由基差的变动引起的。所以，人们就把基差变动称之为基差风险。很明显，基差风险越大，利用期货合约为现货证券进行套期保值的有效性就越低。

一般来说，用以进行套期保值的期货合约与现货证券在价格变动上的相关性越低，基差风险就越大。基差随着到期日的临近而缩小并最终等于零，这种现象叫做基差收敛。基差收敛的现象并不包括期货与现货在交易手续费、运费等等的差异，这些差异将始终存在，不会因为接近期货交割日而有所变化。但基差缩小的过程并不是均匀的。这是因为现货价格和期货价格都在变动，从而它们之间的差的变动率就不是一个常数，而是一个变数。这也是基差风险产生的根源之一。

借助于基差的概念，我们可以看出，所谓套期保值实际上是将现货证券总的价格风险降低为基差变动的风险（即基差风险）。或者说，套期保值是将现货资产绝对的价格风险换成了基差风险。基差可分为理论基差与价值基差两种。理论基差是指现货价格与期货的理论价格之差，这部分的差价源自于市场中的持有成本。价值基差是期货的理论价格与期货市价之差，这部分差价源自于期货价格高估或低估部分。

（二）持有成本（cost of carry）

我们在前面已经提到过，期货与其标的物的价格是循着单一价格法则变动，但并不意味着两者价格必定相等。相反，在正常情况下，在期货交割日前两者之间必然存在差价，这差价就来自于持有成本。持有成本是指融资购买标的物（即现货）所需支付的利息成本与拥有标的物期间所能获得的收益两者之间的差额，亦即投资现货一段期间内所需支付的净成本。若以数学公式表示期货与现货的关系，应为

$$期货的理论价格 = 现货价格 + 融资成本 - 持有收益$$

除了以附买回利率估计持有成本外，收益曲线也是一种估计持有成本的方法。正常情况下持有成本为正数，此时收益曲线是向上弯曲；如果收益曲线向下弯曲，则持有成本为负数。收益曲线向下弯曲，表示短期利率大于长期利率，因此融资购买国库券的成本超过持有国库券的收益，投资人舍现货而就期货，期货市场的价格应当高于现货市场。反之，收益曲线向上弯曲，表示长期利率高于短期利率，在持有国库券的收益高于融资购买国库券的成本的情况下，投资人宁可持有国库券而舍期货，此时期货价格应当低于现货价格。

在了解持有成本的概念后，应该知道如何决定期货与现货的相对价格关系。当持有成本为正数时，亦即持有金融产品的利率超过融资购买该金融产品的利息（通常以附买回利率计算），则期货价格低于现货价格；反之，当持有成本为负数时，期货价格高于现货。

二、外汇期货价格计算

外汇期货的价格决定不同于股票指数期货和各种利率期货。后两类期货的价格主要由持有相应的现货资产的融资成本决定,如果相应的现货资产还有股息和利息收入,则还应从融资成本中将这类收入减去以考虑净融资成本。外汇期货由于代表着在未来某个时间的两种货币之间的交换比率,因此影响汇率的利率必然也是货币期货价格的决定因素,或者说,货币期货的价格决定于有关的两种货币的利率及其相应的融资成本。

下面,我们用 $s(t)$ 表示在时间 t 时现货外汇的美元价格,即单位外汇所值的美元数;用 $F[t,t+T]$ 表示在时间 t 成交,在时间 $t+T$ 到期的外汇期货的美元价格;用 i 表示美元贷款的年利率;i^* 则为外汇存款的年利率。

这样,如果一个人在时间 t 时借 1 美元、持有期为 T,那么,到期他应归还的金额就为

$$1 + i(T/360) \tag{3.1}$$

如果这个人将其借得的 1 美元换成 $1/S(t)$ 单位的外汇,并存入银行,存期也为 T,那么,到期的本利和就为

$$(1/S(t))(1 + i^*(T/360)) \tag{3.2}$$

为保证货币转换不带来损失,这个人在将美元换成外汇时,即卖出外汇期货 $F[t,t+T]$,这样在时间 $t+T$ 时,他所得到的美元金额就应为

$$(1/S(t))(1 + i^*(T/360))F[t,t+T] \tag{3.3}$$

如果,公式(3.1)与(3.3)计算出来的结果相等,即

$$1 + i(T/360) = (1/S(t))(1 + i^*(T/360))F[t,t+T] \tag{3.4}$$

那么,由 $F[t,t+T]$ 所表示的货币期货的价格就是合理的。因为如果公式(3.3)的计算结果大于公式(3.1)的计算结果,人们就会乐于将美元换成外汇并卖出外汇期货而从中获利。反之,如果公式(3.3)的计算结果小于公式(3.1)的计算结果,人们就会将外汇换成美元并买入外汇期货。总之,只要公式(3.3)与公式(3.1)不等,则货币期货的价格就无法稳定。当公式(3.3)的计算结果较大时,则货币期货的价格偏高,反之,则偏低。所以,只有当公式(3.3)与公式(3.1)的计算结果相等时,相应的期货价格才是合理的。由公式(3.4)可直接得到合理的货币期货价格的计算公式为

$$F[t,t+T] = (S(t)(1 + i^*(T/360)))/(1 + i(T/360)) \tag{3.5}$$

三、利率期货价格计算

(一)短期利率期货价格计算

我们所说的短期利率期货主要是两种,即短期国债期货和欧洲美元期货。关于它们的合理价格的确定通常有三种方法,每种方法的基础都是持有成本模型。第一种方法是通过使用证券价格直接运用持有的成本方程;第二种方法是比较远期收益率与期货收益率;第三种方

法则是比较暗含的融资利率与实际的融资利率。至于在实际计算中究竟使用哪一种方法，这取决于获取资料的方便程度和其他实际情况。

前面讨论的持有成本方程可直接用于计算短期利率期货合约的合理价格而无需作任何调整。因为对于短期利率期货来说，相应的现货证券没有期中收入，这与股票不同，所以不用考虑净融资成本。欧洲美元期货与短期国债期货的交割只有两天时间，所得利息的确定取决于卖方选择哪一天来交割，这就排除了可交割证券的任何不确定性。当然，欧洲美元定期存款和短期国债在利息支付上存在差别，这也就决定了它们各自的期货价格的计算不可能完全相同。

对于短期国债期货的合理价格的计算来说，在公式 $P_{期} = P_{现}(1+i)t$ 中，i 代表融资的年利率，t 代表期货截止到期日的天数除以360。现货短期国债的利息来自于其买卖价的差额，所以，当前的短期国债的现货价格 $P_{现}$ 和它被用于交割期货合约时的价格之间的差额就等于持有现货短期国债所挣得的利息。这样，也就不需要对公式作任何特殊的调整去考虑利息问题。欧洲美元期货的定价稍微有点不同。因为欧洲美元定期存款是按货币市场的基础利率支付利息，所以，在价格计算中可直接使用求远期利率和暗含的融资利率的方法。一般而言，短期利率期货的价格计算使用求远期收益率和暗含的融资利率的方法较为普通，因为用现货价格进行计算的持有成本方程要求把利率标价转化为价格。

（二）国债期货价格计算

国债期货在交割时，允许卖方选择最有利的债券交割。因此，卖方总会寻求最便宜但符合规定的公债去交割。此一最有利于交割的现货称为最便宜的交割债券。虽然只要到期期限符合所交易期货规定的公债均可作为交割标的，但在现货市场上符合规定的公债，由于到期日或票面利率不尽相同，交易价格亦各不相同，为使期货价格能与诸多合格的可交割现货比较，因此利用所谓的"转换因子"，将不同期限、不同票面利率的债券作些调整，使之成为合格交割的债券，以方便交割。在这种条件下，可供选择的公债种类相当多，卖方要从中选择出最便宜可供交割的债券并不是一件容易的事。一般而言，有两点原则可供引用：①理论价格最高的债券是最便宜可交割债券；②报酬率或是隐含附买回协定利率最高的债券是最便宜可交割债券。

隐含附买回协定利率可依下面的公式求得，即

$$IRR = (F + C - S)/S \times T$$

式中，F 为期货买方应付债券总额；C 为债券附息收益；S 为现货价格；T 为距离交割日天数。

四、股指期货价格计算

在按照持有成本理论来考虑股票指数期货的合理价格之前，我们可以设想一个套利者，他用借来的钱购买现货资产，同时卖出相应的期货合约，保持现货资产直到期货合约到期，然

后用它来交割期货合约。很明显,要保证购买现货资产不吃亏,那么期货合约的价格应等于现货资产的价格加上为购买现货而融资的成本。如果期货合约的价格低于上述现货价格与融资成本之和,那么套利者对期货的争购就会推动期货价格上升,直到期货的价格等于现货价格与融资成本之和为止,即

$$P_{期} = P_{现}(1+i)^t \tag{3.6}$$

式中,$P_{期}$ 为期货合约的合理价格;$P_{现}$ 为现货资产的当前价格;i 为融资利率;t 为直到期货合约到期的时间。

(一)股票指数期货价格的计算公式

式(3.6)是持有成本理论的一般公式。具体到股票指数期货,该公式必须稍加变动才行。因为持有现货股票可以取得股息收入,而持有股票指数期货没有这种收入,所以股息收入应从期货价格的计算中减去,因为该收入可视为对融资成本的扣除。于是

$$P_{期} = P_{现}(1+i)^t = P_{现}(1+i)^t - D \tag{3.7}$$

式中,$P_{期}$ 为股票指数期货的合理价格(期货指数);$P_{现}$ 为相应的现货股票指数的当前价格(现货指数);i 为融资利率或预期的投资收益率;D 为用指数点表示的股息额(该股息来自指数中的股票,从现在算起直到期货合约到期);t 为截至期货合约到期的天数除以365。

不难看出,融资利息成本与股息收入之间的差额越大,则合理的期货价格与当前的现货价格的差额也就越大;此外,截止期货合约到期日的时间越长,合理的期货价格与当前的现货价格的差额同样越大。反之亦然。

在计算股票指数期货合约的价格时,还有一个经常被使用的公式,即连续时间公式。所谓连续时间公式,是指对净融资成本计算连续复利的股票指数期货的价格公式。运用该公式进行计算,只需要股息收益率,而不需要经常变动的总股息。该方程为

$$P_{期} = P_{现} e^{(i-d)t} \tag{3.8}$$

式中,$P_{期}$、$P_{现}$ 以及 i 和 t 的含义与公式(3.7)相同。e 为自然对数的底,是计算连续复利的基础。d 即为股息收益率,是按股票指数计算的。因此

$$D = dP_{现} ti$$

这样,我们就可以通过股息收益率 d 求出以指数点表示的股息 D,然后用公式(3.7)计算股票的指数期货的价格。当然,由于公式(3.8)对净融资成本计算了连续复利,而公式(3.7)的复利计算是非连续的,因此,用这两个公式计算出来的最终结果会稍有不同。这是造成差别的主要原因。交易者使用哪一个公式取决于交易者认为哪一个公式将现金收支的过程反映得最好,以及哪一个公式被市场上的其他交易者所使用。

(二)股息支付与价格决定

上面给出的计算股票指数期货的公式,特别是公式(3.8),是以总股息在整个时间均匀支付的假定为前提的。实际上,股息是按季度支付的,并且许多公司支付股息的时间差不多都

是相同的。例如,主要市场指数期货所涉及的全部股票的70%,其股息支付都是在每个季度的第二个月。标准·普尔500种股票指数期货所涉及的全部股票的75%,其股息支付都是在每个季度的最后7个星期。显然,股息的支付时间会影响股票的价格。如果股息按季度支付,并且支付的具体时间都是在一个季度的后半部分,那么融资成本与股息间的关系就不是不变的而是可变的。换句话说,在一个季度的前半部分,融资成本大于股息,而在一个季度的后半部分,股息则可能大于融资成本。

　　总的来说,融资成本和股息收入都随时间的推移而下降,但融资成本的下降是比较均匀的;股息则不然,在股息支付之前相对稳定,支付以后就迅速下降。正因为股息支付时间的这种影响,所以股票指数期货可能按低于其现货的价格售出。比如,当在期货合约到期之前的股息收益超过无风险的利率收益时,期货就只能折价出售。主要市场指数期货合约受股息支付的影响特别大,因为构成主要市场指数的股票都具有较高的股息收益。所以,与其他股票指数期货相比,主要市场指数期货合约的价格在不同月份之间的波动较大。

　　除了股息支付的时间影响股票指数期货的价格之外,还有一个影响股票指数期货价格的股息因素,即股息支付额的不确定性因素。因为股息支付一旦被董事会批准之后,就完全由公司负责执行,而公司则可以根据自己的需要,提高或降低股息支付率。这就是说,股东实际得到的股息在事前是不能确定的。这种对其他期货合约来说不存在的不确定性,不能不影响到股票指数期货的价格决定。

【知识库】

伦敦国际金融期货交易所

　　伦敦国际金融期货交易所(LIFFE)于1982年9月正式开业,是欧洲建立最早、交易最活跃的金融期货交易所。虽然该交易所的建立较美国最早的金融交易市场晚了十年之久,但对于维护伦敦这一传统金融中心的地位仍有着十分重要的意义。

　　目前,该交易所所交易的货币期货有以美元结算的英镑、瑞士法郎、德国马克和日元期货以及以德国马克结算的美元期货;利率期货包括英国的各种国库券期货、美国长期国库券期货、日本长期国库券期货、3个月期欧洲美元定期存款期货以及3个月期英镑利率期货等;股票指数期货有金融时报100种股票指数期货。此外,该交易所的结算与国际货币市场等不同,是依靠独立的结算公司——国际商品结算公司(ICCH)进行的。国际商品结算公司作为独立的专业性结算公司,与伦敦国际金融期货交易所没有行政隶属关系,仅负责该交易所的日常结算。

资料来源:百度百科

本章小结

　　1. 所谓期货交易,是指交易双方在期货交易所买卖期货合约的交易行为。期货交易是在现货交易基础上发展起来的,通过在期货交易所内成交标准化期货合约的一种新型交易方式。具有以小博大、交易便利、履约有保障、市场透明、效率高的特点。期货交易策略主要包括套期保值、套利和投机三种。

2. 外汇期货又称货币期货,它是以汇率为标的物的期货合约,用来回避汇率风险。它是金融期货中最早出现的品种。外汇期货具有以下特点:合约数量标准化、有固定的到期日、实行保证金制度、每日清算制度。外汇期货合约的内容包括:交易单位、交割月份、合约代码、最小变动价位、每日波动限制、最后交易日和交割日期及地点。外汇期货的交易制度包括:保证金制度、价格制度和报价方法及委托书制度。

3. 利率期货,是以利率为载体,以债券、票据、存单等为交易对象的标准化期货合约。作为衍生金融工具的一种,利率期货是现代国际期货市场上交易最活跃、交易量最大的一种期货。利率期货按期限不同可分为短期利率期货、长期利率期货和指数利率期货三种。利率期货交易策略主要包括套期保值和套利保值两种,其中复合套利又可分为跨期套利、跨品种套利和跨市场套利。

4. 股票指数期货简称股指期货,就是以某种股票指数为基础资产的标准化的期货合约。买卖双方交易的是一定时期后的股票指数价格水平,在合约到期后,股指期货通过现金结算差价的方式来进行交割。主要的股票指数期货包括:道·琼斯股票指数、标准·普尔股票指数、英国金融时报指数、香港恒生指数、日经股票平均指数。股指期货的交易策略包括套期保值和套利保值。

5. 持有成本理论通过净融资成本(融资成本减去现金收入)将现货市场与期货市场联系起来。按照持有成本理论,期货与现货的价差应由融资成本与股息收入决定。投资者如持有期货则可节省从现在至期货到期这段时间的融资成本,如持有现货则可获得股息收入。持有成本理论,就是用持有现货所必须付出的净融资成本来解释期货价格形成的理论。或者说,就是将期货价格解释成相应的现货价格加净融资成本的理论。

自 测 题

一、选择题

1. 做"多头"期货是指交易者预计价格将(　　)
   A. 上涨而进行贵买贱卖　　　　　　B. 下降而进行贱买贵卖
   C. 上涨而进行贱买贵卖　　　　　　D. 下降而进行贵买贱卖
2. 外币的期货交易一般都要做(　　)
   A. 实际的交割业务　　　　　　　　B. 不做实际的交割业务
   C. 进行对冲交易　　　　　　　　　D. 不进行对冲交易
3. 关于股票价格指数期货论述不正确的是(　　)
   A. 股票价格指数期货是以股票价格指数为基础变量的期货交易
   B. 股价指数期货的交易单位等于基础指数的数值与交易所规定的每点价值之乘积
   C. 股价指数是以实物结算方式来结束交易的

D. 股票价格指数期货是为适应人们控制股市风险,尤其是系统性风险的需要而产生的

4. 金融期货交易的对象是( )

　A. 金融期货合约　　　　　　　　　B. 股票
　C. 债券　　　　　　　　　　　　　D. 一定所有权或债权关系的其他金融工具

5. 下列有关金融期货叙述不正确的是( )

　A. 金融期货必须在有组织的交易所进行集中交易
　B. 在世界各国,金融期货交易至少要受到一家以上的监管机构监管
　C. 金融期货交易是非标准化交易
　D. 金融期货交易实行保证金制度和每日结算制度

二、名词解释

期货交易　外汇期货　利率期货　股票指数期货

三、简述题

1. 什么是金融期货合约？它主要有哪些类型？
2. 金融期货市场的主要功能有哪些？
3. 比较远期外汇交易与外汇期货交易。
4. 外汇期货的交易制度。
5. 利率期货的交易策略。
6. 股票指数期货交易的特点。

四、计算题

1. 1月2日,某人计划于6月份启程去瑞士进行为期6个月的旅行。他预计在这次旅行中将花费250 000瑞士法郎。为防止届时瑞士法郎升值而使他多支付美元的风险,他便在IMM购买了2份6月份交割的瑞士法郎期货合约,汇率为0.513 4(即1瑞士法郎合0.513 4美元)。到了6月6日准备启程之时,他在外汇市场以美元买进所需的瑞士法郎,汇率为0.521 1;同时将持仓期货合约平仓。

　要求:列表分析该交易过程并评价套期保值结果。

2. 1月15日,6月份NYSE综合指数期货的价格为98.25,12月份NYSE综合指数期货的价格为96.50,价差为1.75,某投资者预测股票价格会下跌,于是他预备做一笔套利交易,并预备在价差变为2.25时平仓。

　要求:为该投资者设计套利策略,并分析结果(所需平仓时的价格数据自拟)。

3. 7月1日,一家服装零售公司看好今年的秋冬季服装市场,向厂家发出大量订单,并准备在9月1日从银行申请贷款以支付1 000万美元货款。7月份利率为9.75%,该公司考虑若9月份利率上升,必然会增加借款成本。于是,该公司准备用9月份的90天期国库券期货做套期保值。

　要求:

(1) 设计套期保值方式,说明理由。
(2) 9月1日申请贷款1 000万美元,期限3个月,利率12%,计算利息成本。
(3) 7月1日,9月份的90天期国库券期货报价为90.25;9月1日,报价为88.00,计算期货交易损益。
(4) 计算该公司贷款实际利率。
4. 假设一年期的贴现债券价格为900元,3个月无风险利率为5%(连续复利),如果现在该债券期货市场价格为930元,请问是否存在套利机会? 若有该如何套利?

五、案例分析

国内进口商1月份进口500万欧元的货物,约定3个月后付款。进口商担心实际支付货款时,欧元上涨。进口商就采取在外汇期货市场上购入40份的3个月期交割欧元期货合约,总额为500万欧元。假定当时现货市场欧元与人民币比价为1欧元=9元人民币,在期货市场上成交汇率为1欧元=9.01元人民币;3个月后,现货市场欧元与人民币比价果然上升为1欧元=9.10元人民币,而在期货市场上成交汇率为1欧元=9.11元人民币,分析进口商的盈亏情况。

【阅读资料】

我国股指期货上市一年来的反思

对金融市场的开放一定要审慎,对QFII一定要加强监管,对国际投行的动作一定要密切关注,及时采取应对措施。股指期货作为成熟的金融衍生产品,走过了近30年历程,发展成为全球交易量最大的期货品种。我国的股指期货也从2010年4月份上市交易,一年来的市场发展有喜有忧,对其进行认真的反思,对于防范股指期货市场的风险,促其健康发展,十分必要。

股指期货是一把"双刃剑",如果运用得当,能够有效规避系统风险;但由于其高倍杠杆的特点,一旦运用或管理不当,也有可能造成巨大损失,甚至扰乱国家的金融秩序。因此严格监管,预防和打击过度投机,尤为重要。我国股指期货市场经过六年的准备工作和一年的正式运营,进行了有益的探索,取得了一定的经验,也为以后期货市场的健康发展奠定了基础。反思一年来的运营和探索,提出有针对性的政策建议无疑是大有裨益的。

几点反思:

反思一:做空机制可能放大股票现货市场的风险。

做空机制是指以股指期货和股票期货为主的期货交易,按照交易制度,投资者可以在实际未持有股票的情况下,先行卖出,而在未来约定期内买入,如果股价下跌,投资者可以获利。但由于做空机制具有高倍杠杆的特点,会放大市场风险,如有恶意操纵甚至会酿成股灾。

2010年5月10日在美国股指期货市场,由于期指空头疯狂做空,导致美国股市盘中暴跌千点,收盘时暴跌3.24%,引起了美政府高度重视。美国总统奥巴马下令调查,期指空头被怀疑为美股暴跌的祸首。美证监会开出了传票,即当投资者利益受损时,美国证监会立即动用法律手段予以保护。

我国股指期货2010年4月开始交易后一个月,也因期指空头大肆做空导致股市现货市场由3 181点暴跌至2 559点,跌了近20%,引起股市的急剧震荡。2010年上半年,全球股市平均跌幅8%,而中国则达26.8%,市值蒸发超过6.2万亿元,每天损失高达403.8亿元,这与股指期货大肆做空直接相关。但是我们的监管部门对此并未高度重视,对恶意做空的投资机构亦未做出严肃处理。这说明我们对股指期货给股票现货市场造成的巨大风险还缺乏应有的认识。

反思二:新华富时A50指数导致我国失去部分股指期货定价权。

新加坡交易所于1986年抢先日本推出了日经225指数。在2005年的日经225指数期货市场,日本有55.05%的份额,而新加坡有36.63%的份额,当年新加坡的日经225指数期货价格主导着日本本土的日经225指数价格。因为参与新加坡市场的交易者构成以国际机构投资者为主,与个人投资者相比,在交易中形成的价格显然更权威。

新加坡交易所同样抢先中国于2006年9月推出第一个A股指数期货——新华富时中国A50指数期货。由于中国当时也是经济长时间高速发展,国际投资者对我国股指衍生品有巨大需求,但是我国金融衍生品市场受到管制而发展缓慢,恰好为新加坡交易所发展中国的股指期货提供了巨大空间。新加坡掌握了部分对A股现货和期货市场的定价权,这将使中国的股指期货及现货市场的价格都会跟着新加坡走,在吸引资金、控制股市定价权、监管金融风险等方面都会给我国带来不利影响,甚至可能威胁我国金融安全,应引起我们的高度重视。

反思三:外资进入股指期货市场蕴含巨大风险。

国际投行掌握着全球资本市场的话语权,一向擅长"唱多做空",对A股市场的节奏也把握得很准。我国去年股市两次大跌,与高盛指导投资者做空谋求获利密切相关。2010年4月19日,A股推出股指期货后出现第一根大阴线,20日高盛报告称,"沪深300指数年底可达4 300点。"此后,大盘却一路震荡下跌至2 319点。在2010年11月初国际投行唱多A股市场时,QFII又悄然减仓。高盛在11月12日发出了卖出所有获利的中国股票的指令,其客户的抛盘以及跟风盘抛压,导致股票市场跌幅迅速扩大。同样,2010年大部分国际投行都大肆唱多香港股市,但却暗中又悄悄抛售香港股票,导致港股大跌16.31%。由于我国股市的权重股大都是A+H,因此H股的变化也必然影响着A股市场的变化。

2011年1月25日发布了《QFII参与股指期货交易指引》(征求意见稿),虽然QFII只参与套期保值交易,不得利用股指期货在境外发行衍生品。但是QFII拥有巨额资金与巨大资源,通过各种渠道进入股指期货市场,这将对我国股市产生重大影响。首先,QFII参与股指期货后,就可以直接利用资金进行布局。其次,国际资本在高度国际化的香港股市,渗透非常深入,而A股和港股联动紧密,国际投行如果通过操纵香港来影响内地股指期货市场,再与境外资金相互配合,联手做多与做空,就可能操纵A股市场的走势,从目前来看这种可能性正在增大。由于我国监管机制不完善,操纵股市的行为随时都会发生。

反思四:日本的教训对我国是一个启示。

20世纪80年代,东京股市三年内暴涨了300%,日经指数冲到38 915点。巨大的日本金融泡沫开始暴露。高盛看准时机和日本人对赌日经指数走向,买其暴跌,然后再把从日本保险业买到的"股指期权"转卖给丹麦,丹麦又转卖给美国"日经指数认沽权证"的购买者,并承诺如日经指数下跌会支付收益,该权证立刻在美国热卖,大量美国投行纷纷效仿。全球对日本股市转而看空。日经指数2003年4月跌到7 607点,跌幅63.24%。

国际金融资本狙击日本股市用了三个手段:一是用融资融券打压股价。1987年10月,日本实施了一连串的金融自由化措施,其中包括融资融券制度。基金可以向券商借股票来卖,例如,借出一张股票,100元卖掉,60元再买回还给券商,赚40元价差。如果国际投行都这么做,股价就会应声而落。二是利用股指期货/期权来做空市场。日本1988年开始实施股指期货和股指期权后,摩根和高盛则利用日经指数大涨的时机,反向做空。1990年1月推出日经指数看跌期权,日经指数随之下跌了20%,9月份芝加哥商品交易所推出日经指数期货及期权,日经指数又下跌了40%,导致日本股市崩盘,而这些投行则赚得盆满钵满。三是外资券商成为交易所会员后,就有了操作融资融券的资格,具备了打压股市的必要条件。

日本的教训对我国无疑是个重要的启示,提供了前车之鉴。因此我们对金融市场的开放一定要审慎,对QFII一定要加强监管,对国际投行的动作一定要密切关注,及时采取应对措施。

几点建议:

鉴于我国股指期货存在的问题,加强风险防范,促其健康发展,现提出以下建议:

建议一:股指期货要成为稳定证券市场的工具。

股指期货市场要保证每个投资者有公平的投资机会。发挥其套期保值的功能,使资源得到有效分配;保证套利机制正常运行,抑制价格的过度波动。只有充分发挥股指期货平稳股市波动的作用,才能有效规避股票现货市场的系统性风险。通过股指期货交易集成各种信息,让国民经济的未来变化反映在不同到期日的股指期货合约价格上,使证券市场真正成为"经济晴雨表"。

建议二:防范和打击市场操纵行为,切实发挥股指期货的价格发现功能。

市场操纵主要通过资金优势推动市场价格,或者通过虚假信息影响市场情绪。因此可从资金账户监管和信息披露制度建设入手,严格监控券商账户资金异动情况,严格执行持仓限额制度和大户持仓报告制度,对重仓持有沪深300指数中排名靠前样本股的账户,对那些有市场影响力和市场操控风险较大的账户,实施重点检查。因市场操纵者往往需要利用各种信息渠道激起市场的非理性操作,以实现其目的,所以要加强对这些信息发布机构的期货和现货账户的监控,券商信息必须公开透明,及时披露。

建议三:掌握股指期货的定价权。

树立股票指数的信息主权意识。因为A股指数期货的境外波动很容易传导到我国的现货市场,要防止境外市场操纵的负面影响,要密切关注那些指数交易量较大或者与我国经济联系紧密的地区或国家推出的以A股为标的股指期货市场。证券监管部门要密切关注国际投行的动向,监控QFII和国际游资调动巨资对A股市场的冲击和操纵。稳定A50可以起到稳定A300,进而稳定整个A股市场的作用。因此对新加坡推出的新华富时A50的50只成分股要重点监控,鼓励国内券商长线持有A50股票,使中国的大盘蓝筹股流通筹码更多地控制在国内券商手中,避免被国际游资控制,威胁我国金融安全。

建议四:借鉴日本教训,对国际投行严加监管。

鉴于国际投行操纵日本股指期货市场,击垮日本股市的惨痛教训,我国对国际金融资本进入A股市场要建立严格的市场准入和市场监管制度,严防被国际金融资本操控。国际金融资本可能会通过QFII或者"地下渠道"进入中国资本市场操纵股市、唱衰市。因此,政府应当对市场的异常波动情况进行实时监测,必要时进行适当干预,防止国际炒家冲击和操控股票市场。在这方面,我国政府可以借鉴1998年香港金融保卫战中对股指期货干预的经验,采取政策指导、修改法规、入市交易和出资救市等措施。

我们还要提醒和教育国内投资者,在遇到国外知名投行关于我国A股市场的报告时,应该持一种客观谨慎的态度,不要盲从迷信。要深入思考它们抛出这些观点的真实目的,要思考谁能从中获利,习惯以逆向思维来推演大盘以及各种可能出现的真实走势,达到规避国际化金融风险的目的。

建议五:调整杠杆倍数应对突然的市场异动。

股指期货交易只需要支付一定比例的保证金,就可以签订较大价值的合约。鉴于我国股指期货市场刚刚起步,风险管控机制尚不健全,可以考虑提高保证金水平,由现有的12%提高到20%或25%。并对每半小时交易量规定新的限制。股指期货的杠杆性决定了它比股票市场的风险性更高,收益可能成倍放大,损失也会成倍放大,调整杠杆保持低额度,可以减小风险。

建议六:对内资和外资券商要实行同一制度,统一监管。

实行黑名单制度,凡严重违反监管规定者,第一次警告并罚以重金,第二次就取消其券商资格,并罚没1~5倍的收入。对国内和国外券商一视同仁,统一监管,执行同一制度,同一待遇。对股指期货合约规则、风险控制、市场监管等进行有针对性的制度安排,确保风险可测、可控、可承受。

我国股指期货市场发育还比较稚嫩,与发达国家有较大差距,要全面认识其功能,加强监管,防止市场操纵,防止恶意做空。处理好创新与监管的关系,坚持发展速度与监管能力相适应,守住不发生系统性风险的底线,切实维护公平、公开、公正的市场秩序。

(资料来源:证券时报)

第四章
Chapter 4

金融期权交易

【学习要求及目标】

本章主要介绍了金融期权交易的相关内容。通过本章的学习,要求学生理解期权的概念、分类;熟悉影响期权价格的因素、期权的交易制度;掌握外汇期权、股票期权、股票指数期权、利率期权的交易策略;理解金融期权工具的定价原理。

【引导案例】

2011年2月20日国家外汇管理局(下称"外汇局")宣布,批准中国外汇交易中心在银行间外汇市场组织开展人民币对外汇期权交易。外汇期权交易的推出,无疑是国内探索外汇定价体制改革而在金融衍生品市场上迈出的一大步,虽然这第一步发生在柜台交易(OTC)占主导的中国外汇交易中心。外汇局明确,此次推出的期权产品类型为普通欧式期权,是指买入期权的一方只能在期权到期日当天才能执行的标准期权。市场发展初期将产品类型限于此种期权,是因为该类期权结构较为简单,对银行定价和风险控制的要求相对容易,便于客户理解和风险控制。事实上,期权(options)与远期(forward)、掉期(互换,swap)、期货(futures)是最基础的四种衍生产品。而在国际衍生品市场上,前三类的交易主要发生于投行可为大客户量身订制相关产品的OTC市场上,期货则是高度标准化且由第三方机构负责集中撮合交易和统一清算。不过,随着个股期权、股指期权等场内交易期权的发展,发展迅猛的期权交易占集中性交易衍生品市场的成交比重正在赶超传统的期货交易。以美国期货业协会(FIA)最新公布的2010年前三季度全球主要衍生品市场的成交统计为例,期权占164亿手总成交量中的81亿手,且其中外汇期货、期权的成交总量虽只有18亿手,但相比2009年同期已增长166%。

金融期权,作为一种赋予其购买者在规定期限内按双方约定的价格(简称协议价格striking price)或者执行价格(exercise price)购买或出售一定数量某种金融资产(称为标的金融资产underlying financial assets)的权利的合约,它能够帮助企业降低风险,锁定收益。

第一节 期权交易概述

一、期权的相关定义

(一)期权

戴维·皮尔斯主编的《现代经济学辞典》中对期权的定义是:"期权,一种契约,允许另一当事人,在给定的时期内按照约定的价格,购买或销售商品或有价证券的契约。它相当于一种类型的投机,如果价格显著地变动,买进很可能按照充分低于当前交易价格的约定价格购买,如果差价大于期权的成本,他就将受益。销售契约是出售期权,购买契约是购买期权,而买或卖的契约是双重期权。这些通常简称为限价卖出和限价买进。"

期权又称选择权,是一种权利的交易。期权是一种有效的风险管理工具,以期货合约为标的,可以说是衍生品的衍生品。在期权交易中,期权买方在支付了一笔费用(权利金)之后,获得了期权合约赋予的、在合约规定时间,按事先确定的价格(执行价格)向期权卖方买进或卖出一定数量期货合约的权利。

期权卖方在收取期权买方所支付的权利金之后,在合约规定时间,只要期权买方要求行使其权利,期权卖方必须无条件地履行期权合约规定的义务。

1934年,美国证券交易委员会(SEC)在证券法实施之后将期权交易正式纳入管理范围。在这之前,期权一度被认为是具有很高的赌博性而遭到一些市场人士的抵制。

期权也是一种合同,期权合约对期限、协定价格、交易数量、种类等做出约定,合同中的条款是已经规范化了的。

(二)期权买方

买进期权合约的一方称期权买方。买进期权未平仓者称为期权多头。在期权交易中,期权买方在支付一笔较小的费用(期权费)之后,获得期权合约所赋予的在合约规定的特定时间内,按照事先确定的执行价格向期权卖方买进或卖出一定数量相关期货合约的权利。期权买方只有权利,没有义务。

(三)期权卖方

卖出期权合约的一方称期权卖方。卖出期权未平仓者称为期权空头。在期权交易中,期权卖方在收取期权买方的期权金之后,负有在期权合约规定的特定时间内,只要期权买方要求执行期权,期权卖方必须按照事先确定的执行价格向期权买方买进或卖出一定数量相关期货合约的义务。期权卖方只有义务,没有权利。

可以看出,期权交易中,买卖双方的权利、义务是不对等的。买方支付权利金后,获得买进或卖出的权利,而不负有必须买进或卖出的义务。卖方收取权利金后,负有应买方要求必须买进或卖出的义务,而没有不买或不卖的权利。

(四)期权费

指买方向卖方支付的购买权利的费用,也称保险费。期权费有着重要的意义:一是期权买方可能遭受的最大损失控制在期权费之内,二是期权卖方出售一项期权可立即得到一笔期权费收入。买方的损失或卖方的盈利均以期权费为准,不会超过期权费。

影响期权费高低的因素包括执行价格、期货市价、到期日的长短、期货价格波动率、无风险利率及市场供需力量等。

期权费可以分为两个部分:一是内涵价值,即期权立即执行的盈利额,只有实值期权才有内涵价值,所以又称为实值额;二是时间价值,为期权费大于内涵价值的部分。

(五)执行价格

期权合约规定好的价格,不论将来期货价格涨得多高、跌得多低,买方都有权利以执行价格买入或卖出。

以小麦期权为例,买进执行价格为1 600元/吨的看涨期权,如果小麦期货上涨,不管涨到多少,买方都可以行权,获得1 600元/吨的期货多头持仓。如果小麦涨至1 650元/吨,行权后即可获利50元/吨(未扣除权利金成本)。如果期货价格跌破1 600元/吨,买方可以放弃权利。

执行价格直接决定着期权内涵价值的高低。对于看涨期权而言,执行价格越低,权利金越高;对于看跌期权而言,执行价格越高,权利金越高。国际期权交易中,交易活跃的一般为平值及附近的执行价格。

(六)通知日

指期权买方要求履行商品合同的交货或提运时,必须在预先确定的交货日或提运日前的某一天通知卖方,这一天即为"通知日"或"声明日"。

(七)到期日

指预先确定的交货日或提运日,它是期权合同有效期的终点,这一天也称"履行日"。

对于欧式期权是买方唯一可以行使权利的一天;对于美式期权,则是买方可以行使权利的最后一日。

到期日决定的期权的存续时间长短,影响着期权的时间价值。无论是看涨期权还是看跌期权,到期日越长,期权的价值就越高。因为时间越久,期货价格上涨或下跌的机会相对愈大。

(八)历史波动率

以标的期货的历史价格数据为基础计算的收益率年度化的标准差,是对历史价格波动情况的反映。期货价格波动率越大,期货价格突破执行价格进入实值状态的可能性就越大。因此,期权费也就越高。相反,期货价格波动率越小,期货价格使执行期权具有收益的可能性就越小,期权费也就越低。

（九）期权与权证的关系

权证是指发行人所发行的,持有人有权利在特定期间以特定价格买进或卖出特定数量标的证券的凭证。从定义上看,权证类似于期权,但权证与期权并不是同一种产品。期权是一种在交易所交易的标准化合约,只要能成交就会产生一份期权合约,理论上供给量是无限的。期权合约条款是由交易所制定的,在标的物的选择上比较有限。权证是由上市公司或券商等金融机构发行的,可以在交易所交易也可以在场外交易,供给量是有限的。

就相同点说,权证中基本要素如履约条款等与期权中的选择权概念十分相似。权证的分类方式很多,主要包括:

1. 按照发行主体不同分类

权证可分为股本权证和备兑权证两种。股本权证是由权证标的资产发行人（一般为上市公司）发行的一种认股权证,持有人有权在约定时间按照约定价格向上市公司认购股票,上市公司必须向股本权证持有人发行股票。备兑权证是由权证标的资产发行人之外的机构发行的一种认股权证,持有人有权在约定的时间内按照约定的价格购入发行人持有的股票。备兑权证是以已经存在的股票为标的,所认购的股票不是新发行的股票,而是已经在市场上流通的股票。

2. 按照履约时间的不同分类

权证可分为欧式权证、美式权证和百慕大式权证。欧式权证指权证持有人必须在权证到期日才可以提出买进或卖出标的资产的要求。美式权证指权证持有人有权在权证到期日前的任何一个营业日行使买进或卖出标的资产的权利。百慕大式权证也称修正的美式权证,其可以在权证到期日之前一系列规定的日期内执行买进或卖出标的资产的权利。过了到期日后,欧式权证、美式权证和百慕大式权证持有人都会丧失要求执行的权利。

3. 按照权利内容的不同分类

权证可分为认购权证和认沽权证。认购权证是一种买进权利,权证持有人有权于约定的时间以约定的价格买进约定数量的标的资产。认沽权证则是一种卖出权利,权证持有人有权于约定时间以约定价格卖出约定数量的标的资产。

4. 按照执行价格不同分类

权证可分为价内权证、价外权证和价平权证三种。标的资产价格高（低）于履约价格的认购（沽）权证为价内权证。标的资产价格低（高）于履约价格的认购（沽）权证为价外权证。标的资产价格等于履约价格的认购（沽）权证为价平权证。

5. 根据执行价格是否设上下限分类

可将权证分为价差型权证和非价差型权证。价差型权证设有执行价格上下限,这又分为上限型权证和下限型权证,一旦标的资产价格达到执行价格上下限,视同权证到期,以现金交割履约。非价差型权证则指未设有执行价格上下限的权证。

6. 按结算方式不同分类

权证可分为现金结算权证和实物交割权证。现金结算权证是指在权证持有人行权时,发行人仅对标的证券的市场价格与行权价格的差额部分进行现金结算。实物交割权证是指在权证持有人行权时,标的证券会发生实际的转移,发行人要按约定的价格购入或售出约定数量的标的证券。

二、期权的分类

(一)按期权合约的买进和卖出性质划分

按期权合约的买进和卖出性质划分,期权可以划分为看涨期权、看跌期权和双向期权。

1. 看涨期权

指期权买入方按照一定的价格,在规定的期限内享有向期权卖方购入某种商品或期货合约的权利,但不负担必须买进的义务。看涨期权又称"多头期权"、"延买权"、"买权"。投资者一般看好价格上升时购入其看涨期权,而卖出者预期价格会下跌。

2. 看跌期权

指期权买方按照一定的价格,在规定的期限内享有向期权卖方出售商品或期货的权利,但不负担必须卖出的义务。看跌期权又称"空头期权"、"卖权"和"延卖权"。在看跌期权买卖中,买入看跌的投资者是看好价格将会下降,所以买入看跌期权;而卖出看跌期权方则预计价格会上升或不会下跌。

3. 双向期权

双向期权又称"双重期权"。指期权购买方在向期权卖方支付一定的权利金后,获得在未来一定期限内根据合同约定的价格买进或卖出商品、期货的权利。投资者在同一时期内既买了看涨期权,又买了看跌期权,这种情况是在对未来价格确定不准时,而采取的一种投资策略。对于买入双向期权者来说,只要价格有波动,就可以从中行使权利获利。但一般而言,这种期权的卖出者坚信价格变化不会很大,所以才愿意卖出这种权利,获得一定的权利金收益。

(二)按期权买方执行期权的时限划分

按期权买方执行期权的时限划分,期权可分为欧式期权和美式期权。

1. 欧式期权

欧式期权是指期权合约买方在合约到期日才能决定其是否执行权利的一种期权。

2. 美式期权

美式期权是指期权合约的买方,在期权合约的有效期内的任何一个交易日,均可决定是否执行权利的一种期权。

美式期权比欧式期权更灵活,赋予买方更多的选择,而卖方则时刻面临着履约的风险。

因此，美式期权的权利金相对较高。

(三)按期权合约的标的资产划分

按期权合约的标的资产划分，期权有股票期权、股指期权、利率期权、商品期权以及外汇期权等种类。

1. 商品期权

商品期权是当前资本市场最具活力的风险管理工具之一。商品期权指标的物为实物的期权，如农产品中的小麦大豆、金属中的铜等，商品期权是一种很好的商品风险规避和管理的金融工具。

2. 股票期权

股票的期权交易是20世纪70年代才发展起来的一种新的股票交易方式，在美国的普遍使用是在20世纪90年代初期。股票期权一般是指经理股票期权(employee stock owner, ESO)，即企业在与经理人签订合同时，授予经理人未来以签订合同时约定的价格购买一定数量公司普通股的选择权，经理人有权在一定时期后出售这些股票，获得股票市价和行权价之间的差价，但在合同期内，期权不可转让，也不能得到股息。在这种情况下，经理人的个人利益就同公司股价表现紧密地联系起来。

股票期权制度是上市公司的股东以股票期权方式来激励公司经理人员实现预定经营目标的一套制度。

3. 股指期权

股票指数期权是在股票指数期货合约的基础上产生的。

期权购买者付给期权的出售方一笔期权费，以取得在未来某个时间或该时间之前，以某种价格水平，即股指水平买进或卖出某种股票指数合约的选择权。第一份普通股指期权合约于1983年3月在芝加哥期权交易所出现。该期权的标的物是标准·普尔100种股票指数。随后，美国证券交易所和纽约证券交易所迅速引进了指数期权交易。指数期权以普通股股价指数作为标的，其价值决定于作为标的的股价指数的价值及其变化。

4. 利率期权

利率期权是一项关于利率变化的权利，买方支付一定金额的期权费后，就可以获得这项权利，即在到期日按预先约定利率，在一定的期限借入或贷出一定金额的货币。这样当市场利率向不利方向变化时，买方可固定其利率水平；当市场利率向有利方向变化时，买方可获得利率变化的好处。利率期权的卖方向买方收取期权费，同时承担相应的责任。因此，利率期权是一项规避短期利率风险的有效工具。

5. 外汇期权

外汇期权买卖的是外汇，即期权买方在向期权卖方支付相应期权费后获得一项权利，即期权买方在支付一定数额的期权费后，有权在约定的到期日按照双方事先约定的协定汇率和金额同期权卖方买卖约定的货币，同时权利的买方也有权不执行上述买卖合约。

（四）按其是否在交易所交易划分

按其是否在交易所交易划分,期权分为场内期权和场外期权。

1. 场内期权

场内期权是指在交易所内以固定的程序和方式进行的期权交易,又称上市期权。

2. 场外期权

场外期权是指不能在交易所上市交易的期权,又称零售期权。

场内期权与场外期权的区别主要表现在期权合约是否标准化。

（五）按执行价格与标的物市价的关系划分

按执行价格与标的物市价的关系划分,期权分为平价期权、有利期权和不利期权三种。

1. 平价期权

平价期权即期权的协定价与市场价相等,又称等价期权。

2. 有利期权

有利期权即期权买权的协定价低于市场价,卖权的协定价高于市场价,由于协定价对买方有利,所以称为有利期权。

3. 不利期权

不利期权是指买权的协定价高于市场价,卖权的协定价低于市场价,由于协定价对买方不利,所以称为不利期权。

三、期权的交易制度

（一）期权合约的标准化

所谓标准化合约就是说,除了期权的价格是在市场上公开竞价形成的,合约的其他条款都是事先规定好的,具有普遍性和统一性。期权合约的内容包括:合约名称、交易单位、报价单位、最小变动价位、每日价格最大波动限制、执行价格、执行价格间距、合约月份、交易时间、最后交易日、合约到期日、交易手续费、交易代码、上市交易所。

（二）交易单位

交易单位由各交易所分别加以规定,即使是标的物相同的期权合约,在不同的交易所上市,其交易单位也是不相同的。

（三）协定价格

协定价格是指期权合约被执行时,交易双方实际买卖标的物的价格。

（四）保证金制度

期权交易实行保证金制度。期权交易的买方支付权利金,不交纳保证金;期权交易的卖方收取权利金,必须交纳保证金。当标的期货合约因持仓量发生变化而采取不同交易保证金比例时,期权交易保证金随之相应变化。

(五)期权清算制度

在期权交易中,期权合约的买卖双方并不是直接地一对一地完成交易过程,而是通过期权清算公司机制实现的。当期权的买方支付期权权利金,期权卖方交纳保证金或相应证券之后,清算公司便处于买方和卖方之间的位置,即对于买方面而言,它是卖方;对于卖方而言,它是买方。期权清算所保证对所有交易者履行合约。

期权清算公司与期权交易所之间的组织关系各国有所不同。在美国期货和期权交易所一般都有自己的结算所,以会员公司的形式加入商品交易所,从而隶属于商品交易所或期权交易所。在西欧及英联邦国家,多数的商品交易所则是通过国际的结算所在当地所设立的交易结算所来承办结算工作。日本则是由商品交易所内部的会计室负责结算,不设专门的清算所。

(六)最后交易日与履约日

最后交易日指某一期权合约能够进行交易的最后一日。履约日指期权买方能够行使权利的最后一日。

(七)做市商制度

期权是基于期货合约的产品创新,做市商制度作为一种交易制度创新,对期权产品的成功起到了至关重要的作用。做市商制度弥补了竞价交易机制的不足,为期权交易提供了市场流动性,并提高了期权价格的稳定性。

做市商制度是竞价交易的辅助制度,其核心内容在于交易所依据一定的市场准入条件指定少数市场参与者充当做市商,赋予其相关的责任,来为市场提供连续双边报价,保证市场具有较为充分的流动性。做市商的做市行为是有成本的,因此交易所也将相应地给予做市商必要的权利。

四、期权的功能

期权具有三大现实作用:套期保值功能、投机功能和杠杆作用。

(一)套期保值功能

期权的套期保值功能是指通过设立一个与现货数量相等、方向相反的期权头寸,买进现货时,同时持有卖权(看跌期权);卖出现货时同时持有买权(看涨期权)。这样对冲组合的总价值将会保持不变。

投资者通过买进或卖出看涨期权或卖出看跌期权,不仅可以达到商品或期货合约保值的目的,而且还可以获得由于商品或期货合约价格升降而带来的盈利机会。不过在运用期权进行套期保值的时候,只是把不利风险转移出去而把有利的风险留给自己。同时期权还可以作为一种投机手段为投资者谋取更高的收益。

（二）投机功能

在期货交易中，只有当价格发生方向性变化时，市场才有投资的机会。如果价格波动较小，市场中就缺乏投资的机会。但在期权交易中，不管期货价格是处于牛市、熊市还是盘整期，都可以为投资者提供投资的机会。而且期权的交易策略可以基于期货价格的变动方向，也可以基于期货价格波动率而进行交易，策略相对要多。一旦投资者看多波动率，就可以买入跨式、宽跨式等交易组合；相反，如果投资者看空波动率，则可以进行相反操作。

（三）杠杆作用

与期货保证金相比，用较少的权利金就可以控制同样数量的合约。也就是说，期权可以为投资者提供更大的杠杆作用，尤其是到期日较短的虚值期权。

期权的杠杆作用往往能成为投资者用来赚钱的工具，它可以帮助投资者用有限的资金获取更多的收益。但万一市场出现不利变化，投资者可能损失更多的权利金。

在期货交易中，只有当价格发生方向性变化时，市场才有投资的机会。如果价格波动较小，市场中就缺乏投资的机会。但在期权交易中，不管期货价格是处于牛市、熊市还是盘整期，都可以为投资者提供投资的机会。

【知识库】

保证金交易

保证金交易又称虚盘交易、按金交易，就是投资者用自有资金作为担保，从银行或经纪商处提供的融资放大来进行外汇交易，也就是放大投资者的交易资金。融资的比例大小，一般由银行或者经纪商决定，融资的比例越大，客户需要付出的资金就越少。国际上的融资倍数也叫杠杆。例如：市场的标准合约为每手10万元，如果经纪商提供的杠杆比例为20倍，则买卖一手需要5 000元的保证金；如果杠杆比例为100倍，则买卖一手需要1 000元保证金。银行或经纪商之所以敢提供较大的融资比例，是因为市场每天的平均波幅很小，仅在1%左右，并且市场是连续交易，加上完善的技术手段，银行或经纪商完全可以用投资者较少的保证金来抵挡市场波动，而无需他们自己承担风险。

（资料来源：财经在线）

第二节 外汇期权交易

一、外汇期权的定义及特点

（一）外汇期权的定义

外汇期权又称外币期权，是一种选择权契约，指期权买方以一定权利金为代价，获得是否在一定时间按照协定汇率买进或卖出一定数量的外汇资产的选择权。当行市有利时，他有权买进或卖出该种外汇资产,如果行市不利,他也可不行使期权,放弃买卖该种外汇资产。而期权卖方则有义务在买方要求履约时卖出或买进期权买方买进或卖出的该种外汇资产。

1982年12月,外汇期权交易在美国费城股票交易所首先进行,其后芝加哥商品交易所、阿姆斯特丹欧洲期权交易所和加拿大的蒙特利尔交易所、伦敦国际金融期货交易所等都先后开办了外汇期权交易。目前,美国费城股票交易所和芝加哥期权交易所是世界上具有代表性的外汇期权市场,经营的外汇期权种类包括英镑、瑞士法郎、德国马克、加拿大元、法国法郎等。

(二) 外汇期权的特点

从根本上说,外汇期权交易有两个最显著的特点:一是期权向其购买者提供的是按协定价格购买或出售规定数量外汇的权利而不是义务;二是期权交易的收益与风险具有明显的非对称性。对期权购买者而言,他所承受的最大风险是事先就明确的权利金,而他所可能获得的收益却是无限制的;对于期权出售者而言,他能实现的收益是事先确定的、有限的,但他承担的风险却是无限制的。

1. 外汇期权合约的标的物多于外汇期货合约

外汇期货合约是以外汇(外汇、货币)作为交易的标的物,而外汇期权合约除了以外汇(外币、货币)作为交易的标的物外,还以外汇期货合约为交易的标的物。

2. 在外汇期权交易中,买卖双方的权利与义务不对称

在外汇期货交易中,交易双方的权利与义务是对称的。也就是说,对外汇期货交易的任何一方,都既有要求对方履约的权利,又有自己对对方履约的义务;但是外汇期权交易中,期权买方只有权利而没有义务,期权卖方却只有义务而没有权利,交易双方的权利与义务存在着明显的不对称。

3. 在外汇期权交易中,只要求期权卖方缴纳履约保证金

在外汇期货交易中,交易双方都必须开立保证金账户,并按规定缴纳履约保证金;而在外汇期权交易中,只有期权的卖方(主要是指无担保期权的卖者)需要开立保证金账户,并按规定缴纳保证金,以保证其履行期权合约所规定的义务。而期权的买方由于享有履行期权合约的权利,没有履行期权合约的义务,所以他就不需要开立保证金账户,也就不需要缴纳保证金。

4. 在外汇期权交易中,买卖双方的盈亏不对称

在外汇期货交易中,买卖双方都无权违约,在期货合约到期前或平仓前,买方的盈亏与卖方的盈亏是随市场行情变化的,因此,交易双方潜在的亏损和盈利都是无限的。而在外汇期权交易中,由于买卖双方的权利与义务的不对称,因而他们在交易中的盈亏也不对称。从理论上讲,期权的买方盈利无限,而亏损有限(仅限于他所支付的期权费);期权的卖方则盈利有限(仅限于他所收取的期权费,而亏损无限)。

外汇期权本身是一种零和游戏(Zero-sum Game),即买方的盈利是卖方的亏损;而卖方的盈利则是买方的亏损。

二、外汇期权的分类

(一)按照期权有效期内履行的灵活性分类

按照行使期权的时间是否具有灵活性,将外汇期权分为美式期权(American option)和欧式期权(European option)。欧式期权是指期权的买方只能在期权到期日前的第二个工作日,方能行使是否按约定的汇率买卖某种货币的权力;而美式期权的灵活性较大,可在到期日的任何一天行使合约,因而费用价格也高一些。

(二)按照期权方向不同分类

按照期权方向不同,外汇期权分为买方期权(call option)和卖方期权(put option)。

1. 买方期权

买方期权又可称为看涨期权或购买选择权,其购买者(call buyer)支付期权费并取得以某预定汇率购买特定数量外汇的权利,其发售者(call seller 或 writer)取得期权费并有义务应购买者的要求交投外汇。

2. 卖方期权

卖方期权又称看跌期权,其购买者(put buyer)支付期权费并取得以既定汇率出售特定数量外汇的权利,其出售者(put seller 或 writer)取得期权费并有义务应购买者的要求购买其出售的外汇。

(三)根据交易的基础资产不同分类

根据交易的基础资产不同分类,可分为外汇现汇期权、外汇期货期权、期货式期权和复合式外汇期权。

1. 外汇现汇期权

外汇现汇期权,是指期权购买者有权在到期日或到期日之前,以执行价格买入或卖出一定数量的某种外汇现货。

2. 外汇期货期权

外汇期货期权,是指期权购买者有权在到期日或到期日之前,以执行价格买入或卖出一定数量的某种外汇期货。期货合约的到期通常紧随该期权的到期之后。外汇期货期权都是美式期权。当外汇期货看涨期权的买方行使权利时,其可从期权出售方获得标的期货合约的多头,再加上期货价格超过执行价格的超额现金;当看跌期权的买方行使权利时,其可以从期权出售方获得标的期货合约的空头再加执行价格超过期货价格的超额现货。

3. 期货式期权

期货式期权又称期权期货,与一般的期货合同类似,交易双方均须交纳保证金,每天都按期权收市价格相对于期权合同执行价格的变动额进行盈亏结算。当人们预计期权行市上涨,就会买入看涨期权的期货,如果期权行市果然上涨,买入者获利,出售者亏损;反之,则买入者亏损,出售者获利。该期权的主要作用是针对由于汇率波动频繁导致外汇期权的期权费具有的较大的不确定性,规避此种不确定性所带来的风险。

4. 复合式外汇期权

复合期权是基于期权的期权。期权的买方在支付期权费以后获得一项按预先确定的期权费买入或卖出某种标准期权的权利金进行交易,即以前一期权的权利金与后一期权。履约时以执行价格买入或卖出前一期权。复合期权可用来规避可能发生的不确定的汇率风险。

(四)根据交易方式分类

根据交易方式分类,可以分为有组织的交易所交易期权和场外交易期权。

在外汇期权中,场外交易市场(也可称为柜台交易)交易的期权可以适合各种客户的需要,不像交易所交易期权那样标准化,而且可以根据客户的需要对期权进行特制。

在交易所内交易的期权都是合约化的,到期日、名义本金、交割地点、交割代理人、协定代理人、协定价格、保证金指定、合约金制度、合约各方、头寸限制、交易时间以及行使规定都是交易所事先确定的,外汇期权交易者需要做的只是确定合约的价格和数量。在交易所交易的标准化期权可以进入二级市场买卖,具有很大的流动性。交易所期权可以是一定数量的即期货币交易,也可以是一个相似的货币期货合约交易。

三、外汇期权的交易策略

(一)外汇期权交易的套期保值策略

外汇期权交易的套期保值策略与外汇期货交易的套期保值策略都是通过避免或减少风险而使最终结果更加确定。两者的主要区别在于如果投资者错误地预测了市场价格的走势,当市场价格波动的幅度较大时,外汇期货套期保值者有可能面临较大的亏损,而外汇期权套期保值者则把亏损限制在不超过他购买期权所支付的期权费的范围之内,期权费就能规避汇率行情不利的风险。

外汇期权交易的套期保值策略有买进外汇看涨期权套期保值、买进外汇看跌期权套期保值、卖出外汇看涨期权套期保值和卖出外汇看跌期权套期保值四种具体操作策略。

1. 买进外汇看涨期权套期保值

当外汇期权的购买者预期标的外汇资产的市场汇价将上涨时,就可以买进该标的外汇资产的看涨期权。如果该标的外汇资产的市场汇价果然上涨了,涨到了外汇期权合约的协定价格之上时,则该投资者就可执行期权,从中获利。反之,要是该标的外汇资产的市场汇价不涨反跌,跌到该标的外汇资产的协定价格之下,该购买者将放弃行使期权,其损失不会超过他购买期权时所支付的期权费。

2. 买进外汇看跌期权套期保值

当外汇期权的购买者预期标的外汇资产的市场汇价将下跌时,他就可以买进该标的外汇资产的看跌期权。日后,如果该标的外汇资产的市场汇价真的下跌了,跌到了协定汇价之下,则该购买者将行使期权,他会以较高的协定汇价卖出他所持有的该种外汇期权,这样,他就避免了市场汇价下跌的损失。要是该投资者并不持有标的外汇资产,则在标的外汇资产市场价格下跌时,他可以以较低的市场价格买入标的外汇资产,以较高的协定价格卖出标的外汇资产,从中获利。反之,要是标的外汇资产的市场汇价不跌反涨,则该投资者就不会执行期权,即使如此,该投资者所蒙受的损失也是有限的,其最大损失也不会超过其买进外汇看跌期权时所支付的期权费。

3. 卖出外汇看涨期权套期保值

当外汇期权的出卖者预期标的外汇资产的市场汇价将下跌时,他就卖出外汇看涨期权收取期权费。如果标的外汇资产的汇价果真下跌了,且下跌到标的外汇资产的协定价格之下,这时外汇看涨期权的购买者将放弃执行期权;即使标的外汇资产的市场汇价高于协定价格,从而外汇期权购买者决定执行期权,只要标的外汇资产的市场价格低于协定价格加期权费之和,则外汇期权的出卖者,仍然有利可图(小于他所收取的期权费)。可见,对外汇看涨期权的出售者来说,其最大利润就是他出售期权时所收取的期权费,其最大损失则要看标的外汇资产的市场汇价的上涨幅度而定。从理论上讲,这种损失是无限的。一般情况下,外汇看涨期权的出卖者发生大量损失的概率较小,而获得小幅度的利润的概率往往较大。

4. 卖出外汇看跌期权套期保值

当外汇期权的出卖者预期市场汇价看涨,他就出卖外汇看跌期权。卖出外汇看跌期权与卖出外汇看涨期权一样,其最大利润是所收取的期权费。如果标的外汇资产的市场汇价,果然如卖方所预期的那样是上涨了,外汇期权的购买者将放弃期权,于是外汇期权的出卖者将获利。反之,如果标的外汇资产的市场汇价不涨反跌,跌到外汇期权的协定价格以下,这时外汇期权的购买者将执行期权,该期权的卖方将蒙受损失,市场价格越低,其损失越大。

【例 4.1】 美国某企业从法国进口一套设备,需在 3 个月后向法国出口商支付 120 万欧元,该企业拟向美国银行申请美元贷款以支付这笔进口货款,若按当时 1USD = 1.2 €的汇率计算,该企业需申请 100 万 $ 贷款,为固定进口成本和避免汇率变动的风险,该企业向银行支付 10 000 $ 的期权费购买一笔期权,规定期权价为 1USD = 1.2 €。假设三个月后,根据汇率变化分别出现下列三种情况:1USD = 1.15 €,1USD = 1.25 €,1USD = 1.2 €,则企业应如何操作?

(1)假设三个月后美元对欧元汇率由 1USD = 1.2 €下跌至 1USD = 1.15 €,此时该进口企业行使期权,按合约汇率 1USD = 1.2 €进行交割,支付 100 万 $ 购进 120 万€,加上 1 万 $ 期权费,共支付 101 万 $。但若该进口商没有购买期权,按当时即期汇率购买 120 万€,则需支付 120 万 ÷ 1.15 = 104.34 万 $ 才能买进 120 万€。通过利用期权交易,尽管进口商支付了 1 万 $ 期权费,但有效避免了 3.34 万美元(104.34 万 - 101 万)的外汇风险损失。

(2)假设三个月后美元对欧元汇率由 1USD = 1.2 € 上升至 1USD = 1.25 €,此时该进口商应放弃行使期权,在市场上按 1USD = 1.25 € 汇率直接购买 120 万€,且只需支付 120 万 ÷ 1.25 = 96 万 $,加上期权费 1 万 $,共支出 97 万 $。而执行期权则要支出 101 万 $(100 万加 1 万期权费),所以放弃期权。

(3)假设三个月后美元对欧元汇率三个月后仍为 1USD = 1.2 €,此时该进口商执行期权与否的结果是一样的,虽付出了 1 万 $ 期权费。但固定了成本,这也是期权买方的最大损失。即付出 101 万 $(100 万加 1 万期权费)购买 120 万欧元。

(二)外汇期权交易中的价差套利策略

外汇期权交易的价差套利策略,是指套利者在外汇期权市场买入一个外汇期权的同时,卖出一个标的物和到期日都相同,但协定价格不同的外汇期权,利用两个期权不同的协定价格,赚取价差收益的一种外汇期权交易策略。它可分为两类:

1.利用价格波动差异套利

利用价格波动差异套利即利用价格价差套利,又称垂直价差套利,是指套利者在买进一个外汇期权的同时,卖出另一个外汇期权,这两个期权同属一个垂直系列,具有相同的标的物、相同的到期日,但却有着不同的协定价格。其盈亏来自于这两个期权的内在价值不同和期权费不同。这种垂直价差套利策略有牛市看涨期权价差套利、熊市看涨期权价差套利、牛市看跌期权价差套利、熊市看跌期权价差套利之分。

2.利用外汇期权合约的不同到期日套利

利用外汇期权合约的不同到期日套利即时间价差套利,又称水平价差套利,是指套利者买进离到期日较远的外汇期权合约(即远期外汇期权),同时卖出数量相同、协定价格相同但离到期日较近的外汇期权合约(即近期外汇期权),以获取利润的外汇期权交易策略。这种水平价差交易策略之所以获利,主要是因为外汇远期期权与外汇近期期权有不同的时间价值的衰减速度。一般情况下,外汇近期期权的时间价值衰减的速度更快。因为外汇期权的时间价值是外汇期权合约的剩余期限的非线性函数。随着外汇期权合约履约日期越来越临近,外汇期权的时间价值将以越来越快的速度衰减。所以,外汇期权的套利者通常是在卖出近期外汇期权合约的同时,买进远期外汇期权合约。

(三)外汇期权交易的对敲策略

对敲也是外汇期权交易的操作策略之一。在外汇期权交易中,对敲策略是指投资者同时买进或卖出外汇看涨期权和外汇看跌期权。同时买进,称为买进对敲;同时卖出,叫卖出对敲。根据投资者所买进或卖出的外汇看涨期权与外汇看跌期的协定价格是不是相同来分,对敲策略有同价对敲和异价对敲之分。

(四)外汇期权交易的合成策略

外汇期权交易的合成策略,是一种将外汇期货和外汇期权组合起来而形成的外汇期权交易的策略。它有合成期货和合成期权之分。

> 【知识库】
>
> **美国费城股票交易所**
>
> 费城股票交易所成立于1790年，作为美国第一家股票交易所，在美国金融发展史上具有极其重要的地位，它的发展历程见证了美国股票交易所演变的历史。
>
> 费城股票交易所的诞生要追溯到1754年，当时有200多名费城商人投资348英镑建立了一家"伦敦咖啡屋"，不久这里便成为费城的商业中心。后来，费城被英国占据期间，另一家"城市酒馆"取代了"伦敦咖啡屋"成为费城的社会和商业中心，随后更名为"商人咖啡屋"，这就是费城股票交易所的雏形。1790年，证券经纪人从汇集的其他商人中独立出来成立了"费城经纪商协会"，同年费城股票交易所正式成立。在费城股票交易所成立后的10年内，费城一直都是美国的首都，是美国最重要的商业和政治中心，是许多美国金融机构的诞生地。
>
> 交易所成立最初的日子里，交易的还不是公司股票，而是政府或半政府有价证券。1791年美国第一银行在费城交易所公开发行股票，随后宾夕法尼亚银行、费城银行、农机银行等也都纷纷发行股票。1812年第二次英美战争进一步刺激了银行和保险业，那段时间美国共批准成立了120多家新银行。
>
> 1792年4月9日，立法机关通过了一项法案，允许政府成立公司建造从费城到兰开斯特的一段公路，费城股票交易所便发行了美国第一家收费公路的股票，上市后大涨并为政府公共事业的融资提供了新思路。
>
> 美国证券报价已知的最早记录也出现在费城股票交易所，这是印在3×6英寸的纸张上的"股票当前价格"，日期是1792年4月10日。
>
> 1812年战争后，费城股票交易所仍然是国内主要的资本市场。纽约交易所的章程还是1817年派人来到费城学习借鉴，然后起草，基本就是费城交易所章程的翻版。
>
> 1846年电报发明之前，股票信号的传递是由经纪人信号站的工作人员通过望远镜观察信号灯，了解股票价格等重要信息，然后将信息从一个信号站传到另一个信号站，信息从费城传到纽约只需10分钟，远比马车快。
>
> (资料来源：百度百科)

第三节 利率期权交易

一、利率期权的定义及特点

(一)利率期权的定义

利率期权是指买方在支付了期权费后即取得在合约有效期内或到期时以一定的利率(价格)买入或卖出一定面额的利率工具的权利。利率期权合约通常以政府短期、中期、长期债券、欧洲美元债券、大面额可转让存单等利率工具为标的物。

利率期权是一种与利率变化挂钩的期权，到期时以现金或者与利率相关的合约（如利率期货、利率远期或者政府债券）进行结算。最早在场外市场交易的利率期权是1985年推出的利率上限期权，当时银行向市场发行浮动利率票据，需要金融工具来规避利率风险。利率期权是指买方在支付了期权费后即取得在合约有效期内或到期时以一定的利率（价格）买入或卖出一定面额的利率工具的权利。

利率期权和其他金融衍生产品一样具有价格发现、投资获利和风险转移的功能，但是由于利率期权的交易原理、杠杆交易程度以及交易损失水平和其他金融衍生产品有所不同，利率期权还具有以下三个方面的作用：

1. 从利率波动中获利

通过看涨看跌利率期权和其他利率衍生品的组合，交易者可以安排其利率敏感性收益随着利率的波动幅度变化，而不是随着利率的变动方向变化。没有利率期权，这种交易是不可能实现的。典型的例子就是跨期交易（straddle trade），交易者在购买一个看涨期权的同时出售相同到期日和相同协定价格的看跌期权，无论利率朝哪个方向变动，只要利率变动幅度足够大，购买者都可以获利。

2. 风险管理

利率期权在风险管理方面的应用主要有两个方面：第一，吸收浮动利率存款、发放固定利率抵押贷款的银行和房屋互助协会，如果吸收存款所支付的浮动利率超过了发放抵押贷款所获得的固定利率，他们将遭受损失，通过购买利率上限期权，银行和房屋互助协会将规避这种风险；第二，可赎回债券的发行人和可回售债券的投资人可以利用利率互换期权，为债券提前赎回所造成的现金流变化进行套期保值。

3. 增加收益

交易者出售期权所获得的收入可以提高投资收益，降低融资成本。例如，拥有一个债券投资组合的基金管理者可以出售一个债券看涨期权，期权的执行价格设定为基金管理者认为债券不可能上涨到的水平。如果期权到期日债券价格仍然低于执行价格，该期权将不会被执行，基金管理者就获得了期权费，从而提高了债券投资组合的收益。

（二）利率期权的特点

1. 关于利率变化的权利

买方支付一定金额的期权费后，就可以获得这项权利：在到期日按预先约定的利率，按一定的期限借入或贷出一定金额的货币。这样当市场利率向不利方向变化时，买方可固定其利率水平；当市场利率向有利方向变化时，买方可获得利率变化的好处。利率期权的卖方向买方收取期权费，同时承担相应的责任。

2. 短期利率风险的避险工具

借款人通过买入一项利率期权，可以在利率水平向不利方向变化时得到保护，而在利率水平向有利方向变化时得益。

二、利率期权的分类

几种常见的利率期权有利率封顶、利率封底以及利率两头封期权。

(一)利率封顶期权

利率封顶期权又称为"利率上限期权",通常与利率掉期组合。规定利率上限的方法来限制浮动利率贷款或其他负债形式成本的增加,一般在国际银行同业间市场成交。客户同银行达成一项协议,指定某一种市场参考利率,同时确定一个利率上限水平。利率封顶的卖出方向买入方承诺:在规定的期限内,通过在未来特定时间内限定带有可变动利率或浮动利率的最高限额,从而确定利息成本的上限。如果市场参考利率高于协定的利率上限水平,卖方向买方支付市场利率高于利率上限的差额部分;如果市场参考利率低于或等于协定的利率上限水平,卖方无任何支付义务。买方由于获得了上述权利,必须向卖方支付一定数额的期权费。因为约定的最高利率与现行市场利率之间差价较大,所以平价利率上限期权出售者所收到的期权费比溢价期权出售者要求得高。

利率封顶期权的期限一般为 2～5 年,比较适合于中长期贷款。借款人买入利率上限期权,可以取得利率上升时的保障,同时又能保留利率下降时的利益,可以在市场利率高于上限时享受固定利率,在市场利率低于上限时仍享受浮动利率。因而,利率上限期权是一种灵活的保值工具。

【例4.2】 某公司持有金额为美元 1 000 万,期限 6 个月,以 LIBOR 计息的浮动债务,公司既希望在市场利率降低时能享有低利率的好处,又想避免市场利率上涨时利息成本增加的风险。这时,公司支付一定的期权费,向银行买入 6 个月、协定利率为5%的利率封顶。6 个月后,如果 LIBOR 上升为6%(利率大于等于5%),公司选择行使该期权,即银行向公司支付市场利率和协议利率的差价(6% -5% =1%),公司有效地固定了其债务利息;如果 LIBOR 利率低于5%,公司可选择不实施该权利,而以较低的市场利率支付债务利息。这样,对于买方,有效地控制了利率上升的风险,而卖方则收取一笔期权费。

利率封顶的期权费与利率上限水平和协议期限有关。相对而言,利率上限水平越高,期权费率越低;期限越短,期权费率越低。

(二)利率封底期权

利率封底又称"利率下限期权",与利率封顶相反,利率封底是客户与银行达成一项协议,指定某一种市场参考利率,同时确定一个利率下限水平。在此基础之上,利率封底的卖出方向买入方承诺:在规定的期限内,如果市场参考利率低于协定的利率下限水平,卖方向买方支付市场利率低于利率下限的差额部分;如果市场参考利率高于或等于协定的利率下限水平,则卖方无任何支付义务。买方由于获得了上述权利,必须向卖方支付一定数额的期权手续费。

利率"封底"使浮动利率贷款的债务人利用对市场的预测的准确性,收取保费,降低贷款成本,但是一旦利率下降到"封底"水平之下,债务人将承担一定损失。

(三)利率两头封期权

利率两头封(interest rate collar)又称"利率上下限",是将利率封顶和利率封底两种金融工具合成的产品。上述两种利率期权方式都是将浮动利率上、下敞口各封一半,以此来防范利率上升所带来的风险,或减少借贷成本,但这两种方法各有利弊。"两头封"期权业务就综合这两者的长处,将上、下浮息敞口全封起来,形成一个有限的防范范围,具体地说,购买一项利率两头封,就是在买进一项利率封顶的同时,卖出一项利率封底,以收入的期权费来部分抵消需要支出的期权费,达到既规避利率风险又降低费用成本的目的。卖出一项利率两头封,则是指在卖出一项利率封顶的同时,买入一项利率封底。当借款人预计市场利率会上涨时,可以考虑购买一项利率两头封。

三、利率期权的交易策略

(1)当预期某种利率标的资产将下跌时买入看跌的利率期权。
(2)当预期某种利率标的资产将下跌时卖出看涨的利率期权。
(3)当预期某种利率标的资产将上升时买入看涨的利率期权。
(4)当预期某种利率标的资产将上升时卖出看跌的利率期权。

总之,买入看跌利率期权和买入看涨利率期权适用于预期市场价值将有较大幅度波动情况,卖出看跌利率期权和卖出看涨利率期权适用于预期市场价值将有较小幅度波动的情况。具体采用何种策略,取决于投资者对未来价格变动的预期能力、风险承受能力以及期权交易的操作能力等。

> 【知识库】
>
> **利率期权**
>
> 利率期权(interest rate options)由 CBOE 在 1989 年率先推出,是欧式期权,且以现金方式交割,以美国政府短、中、长期公债的利率为标的,分为最近标售的十三周国库券短期利率(代码:IRX)、五年期国库券(代码:FVX)、十年期国库券(代码:TNX)及三十年期政府公债(代码:TYX)。
>
> (资料来源:MBA 智库百科)

第四节 股票期权交易

股票期权是当今国际上最流行的激励类型,其特点是高风险高回报,适合处于成长初期或扩张期的企业,如网络、高科技等风险较高的公司。成长期或扩张期,企业资金需求量大,采用股票期权模式,是以股票的升值收益作为激励成本,有利于减轻企业的现金压力。股票期权制度曾经被认为是成熟市场经济国家经济增长、技术创新和股市繁荣的重要推动机制,并作为美国企业管理的成功经验而流行于世界各地。

股票期权交易在美国历史较长,20世纪20年代的纽约就有小规模进行。但规范成熟的期权交易则在20世纪70年代,1973年4月26日芝加哥期权交易所建立,为开展股票期权交易创造了条件。该交易所开始只做看涨期权,1977年6月1日加做看跌期权,1978年伦敦证券交易所也开办股票期权交易。

一、股票期权的定义及特点

(一)股票期权的定义

所谓股票期权是指由企业赋予经营者一种权利,经营者在规定的年限内可以以某个固定价格购买一定数量的企业股票。经营者在规定年限内的任何时间,按事先规定的价格买进企业股票,并在他们认为合适的价位上抛出。从企业方面讲,省却了向员工支付高薪,而员工可通过行权获得丰厚收益,还可享受以期权支付薪水的减税好处。股票期权的最大作用是按企业发展成果对经营者进行激励,具有长期性,使经营者的个人利益与企业的长期发展更紧密地结合在一起,促使经营者的经营行为长期化,是一种用来激励公司高层领导及其他核心人员的制度安排。

可见,股票期权是公司给予高级管理人员的一种权利,持有这种权利的高级管理人员可以在规定时期内以股票期权的行权价格(exercise price)购买本公司股票,这个购买的过程称为行权(exercise)。在行权以前,股票期权持有人没有任何的现金收益;行权过后,个人收益为行权价与行权日市场价之间的差价。股票期权到期日的价值为:$V = \max(S - X, 0)$,其中S为期权到期日的股票市场价格,X为购买期权时的股票协议价格。买方以成本E购买期权,只有权力而无义务,其潜在的盈利是将无限的亏损有限化,亏损最大不超过期权费E。

(二)股票期权的特点

1. 股票期权是一种权利

股票期权作为一种长期激励制度,摆脱了过去以会计利润等指标为业绩评价标准的做法,通过与企业股票增值挂钩的方式,使代理人能够分享股票增值的好处,进而得以分享剩余索取权。股票价值是公司未来收益,股票价格是股票内在价值的外现,二者的长期变动趋势是一致的。但在行权之前,期权受益人是不享有股票分红权以及股权表决权的。股票期权是公司所有者赋予经理人员的一种特权,而无义务的成分。在期权有效期内是否行权,经理人具有完全的选择权利。

2. 股票期权是一种未来概念

股票期权作为金融衍生工具,本质上看是一种以股票为标的的看涨期权。就公司而言,公司负有向符合条件的雇员发行股票的义务。公司所承担的风险是无限的,股价上涨越多,公司的潜在损失可能越大;公司享有的收益是有限的,仅为雇员提供的劳动。对雇员而言,他没有一定要提供劳务的义务,他可以选择是否提供劳务,而不必受合约限制。如股价未能上涨或是下跌,他损失的仅是所提供的服务;他享有的收益是无限的,股价上涨越多收益就越大。雇员所能得到的期权价值的大小,取决于企业未来的发展和业绩的大小。未来企业的市场价值越高,雇员从中受益越多。

3. 股票期权包含着约束

公司人员如不努力工作,公司业绩就会下降并引起股价下跌,股票期权价值随之丧失。这就在无形中起到了约束经理人的作用。

4. 股票期权期限较长

认股权证的期限一般较短,短则几天,长不过几个月;作为衍生金融工具的股票期权的期限可能稍长,一般不超过一年。股票期权的期限则较长,短的几年,长的可达十年以上。

二、股票期权的分类

股票期权交易可分为看涨期权、看跌期权和双重期权等三种基本形式。

(一)看涨期权

股票看涨期权,也叫购买选择权或买进选择权,其拥有者可在合同规定的有效期限内按事先约定的价格和数量行使买入某种股票的权利。购买看涨期权是因为投资者看好后市,当所选定的股票价格上涨以后,购买这种期权的投资者就可以获利,这也是它称为看涨期权的原因。即购买者可以在规定期内按协定价格购买若干单位的股票(芝加哥期权交易所规定一个合同为100股,伦敦证券交易所规定为1 000股)。当股票价格上涨时,可按合约规定的低价买进,再以市场高价卖出,从而获利;反之,若股票价格下跌,低于合约价格,就要承担损失。由于买方盈利大小视涨价程度高低而定,故称看涨期权。

【例4.3】 某投资者想购买A公司的股票,其市价为每股100元。若投资者看好该公司的发展前景,预料其股票价格会升至115元以上,他就以每股10元的价格购买了200股,期限3个月、协议价格为每股105元的看涨期权。当购买期权后,可能的结果如下:

(1)约定的期限内,股票的价格果真如投资者所预测的那样升至不低于115元,其期权的价格也随之涨到每股不低于10元,此时投资者可行使期权,按每股105元的价格买进股票,再将股票以市场价卖出,或者干脆就将期权卖出,其结果是保证不亏或有盈利。

(2)在限定的3个月期限内,股票的行情并未像投资者预测的那样涨至115元以上,而一直在其期望值下徘徊或干脆就掉头向下,此时投资者只有以每股低于10元的价格将期权出售,或到期后放弃行使期权的权利,这时投资者就会发生亏损。

在买入看涨期权时,最关键的是投资者对后市的预测是否能够证实,如股票的市价在协议期限内能涨到股票的协议购买价与期权价格之和之上,则投资者购买期权就有利可图;若投资者的预测不现实,购买看涨期权的投资者就会亏损,但这种亏损是有限的,因为投资者有不行使期权的权利,所以其损失仅限于购买期权的费用,特别是股市发生暴跌时,看涨股票期权的风险远远要小于股票的风险。

(二)看跌期权

股票看跌期权,又称卖出选择权,是指期权购买者在规定的有效期限内,拥有以协定价格和数量出售某种股票的权利。投资者购买这种期权,主要是对后市看空,购买这种期权就相当于买入了一个卖空的权利。

【例4.4】 期权买方与卖方签订了一份6个月期的合约,协定价格每份股票14元,出售股数100股,期权费每股1.5美元共150美元,股票面值每股15美元。买方在这个交易中有两种选择:

(1)执行期权。如果在规定期内股价果然下降,降为每股12美元,这时买方就执行期权,即按协定价格卖给卖方100股,收进1 400美元,然后在交易所按市场价买入100股,支付1 200美元,获利200美元,扣除期权费150美元,净利50美元。

(2)出卖期权。当股价下跌,同时看跌期权费也升高,如涨至每股3.5美元,则买方就出售期权,收进350美元,净利200美元。反之,如果股价走势与预测相反,买方则会遭受损失,损失程度即为其所付的期权费。

(三)双重期权

它是指期权买方既有权买也有权卖,买卖看价格走势而定。由于这种买卖都会获利,因此期权费会高于看涨或看跌期权。

三、股票期权的交易策略

股票期权的交易策略包括买入认购期权、卖出认购期权、买入认沽期权、卖出认沽期权。

(一)买入认购期权

买入认购期权即买入看涨期权,又称持有认购长仓,如果预测股票后市上涨,可以买入认购期权。当股价超过行使价,结算时就可以行使价购入较高股价的股票,如立刻售出股票,则可赚取股价与行使价的差价,再扣除付出的期权金。

(二)卖出认购期权

如果投资者已经持有某只股票,预计短期股价将向下调整,但由于长期看好该股走势,不准备马上卖出股票的情况下,为不错失高位出货的机会,投资者可选择沽出认购期权的方法。

(三)买入认沽期权

买入认沽期权即买入看跌期权,又称持有认沽长仓。这种期权策略预期股价下跌,假如股价确实下跌,拥有的认沽期权可以约定的高行权价卖出股票,这意味着认沽期权的价格会上升。可以直接抛掉认沽期权获利,也可以行权,清算时相当于以高价卖出股票同时又以低价买回,所获得的差价再减买进认沽期权的费用就是利润。假如股价上升超过认沽期权的行权价,则拥有的认沽期权价值将回零,但不会有更大的损失,所以最坏的情况是期权费没有了,而不会像卖空股票那样风险是无穷的。

(四)卖出认沽期权

如果交易者认为相关股票价格将会上涨,看跌期权价格将下跌,这时,可以以较高价格卖出看跌期权,待权利金下跌后,买进看跌期权平仓即可以获得价差收益。即使相关股票价格有小幅度下跌,买方执行看跌期权会造成卖方履约损失,但只要损失低于收取的权利金,该头寸都是有收益的。

如果股票价格下跌趋势明显,看跌期权价格上涨趋势一定,可以及时将看跌期权持仓对冲,减少损失扩大。

【知识库】

ESO 在国有股减持中引发的新思路

在国内互联网公司高级经理的年收入中,来源于行使 ESO(经理股票期权)的收入所占的比重也越来越高。在中关村,这诱人的"金手铐"每月都要造就 60 个新的百万富翁。股票期权正以其无法抵挡的魅力让经理人们着迷。

我国企业制度的缺陷和弊端,一在产权,二在激励。二者密切相关,就激励机制而论,我国的问题不仅是激励严重不足,而且是激励机制存在很大的扭曲,激励不足也与激励机制扭曲高度相关。主要表现是轻重不分,本末倒置,激励与贡献和绩效不相关,特别是重一般职工激励,而轻经营者激励;重短期激励,而轻长期激励。这主要是由于我们在理论认识和政策指导上,仍然把职工当做国家和企业的主人,而把经营者看做是政府官员;不是依靠制度的力量,而是依靠政治觉悟和道德说教。中国绝大多数上市公司的职工持股仅仅是公司股权结构中有别于其他股份形式的普通股,而不是真正意义上的职工持股制度,就充分说明了这一点。然而,实行股票期权制度必须有股票来源,这是这一制度得以建立和实施的根本条件和前提。按照国际上通行的做法,实行股票期权的股票来源有两个:一是公司相机发行新股票;二是通过留存股票账户回购股票。

有鉴于此,在减持方式的创新中,如果能够把国有股减持与企业激励机制的改革结合起来,既可以解除一系列思想顾虑,又可以解决很多实际困难,也许是比单纯为社会保障筹集资金更为有效的选择。

(资料来源:中国金融网)

第五节 股票指数期权交易

目前,股指期权已成为规模最大的金融衍生品。2009 年,全球股指期权的成交规模近 40 亿手。从品种来看,成交最为活跃的主要有韩国的 Kospi200 期权、印度 S&P CNX Nifty 期权、欧洲的 Euro Stoxx50 期权、美国的 S&P 500 期权以及中国台湾的 TAIFEX 期权。从地域分布来看,股指期权主要分布在亚洲、北美洲及欧洲。

一、股票指数期权的定义及特点

股票指数期权是建立在市场指数基础上的一种派生证券,是在股票指数期货合约的基础上产生的。期权购买者付给期权的出售方一笔期权费,以取得在未来某个时间或该时间之前以某种价格水平,即股指水平买进或卖出某种股票指数合约的选择权。

第一份普通股指期权合约于1983年3月在芝加哥期权交易所出现。该期权的标的物是标准·普尔100种股票指数。随后,美国证券交易所和纽约证券交易所迅速引进了指数期权交易,指数期权以普通股股价指数作为标的,其价值决定于作为标的的股价指数的价值及其变化。股指期权必须用现金交割,清算的现金额度等于指数现值与敲定价格之差与该期权的乘数之积。

股票指数期权赋予持有人在特定日(欧式期权)或在特定日之前(美式期权),以指定价格买入或卖出特定股票指数的权利,但这并非一项责任。股票指数期权买家需为此项权利缴付期权金,股票指数期权卖家则可收取期权金,但有责任在期权买家行使权利时,履行买入或者卖出特定股票指数的义务。

二、股票指数期权的分类

有两种股票指数期权,一种是现货指数期权,是以股票现货指数作为合约标的,现货指数期权是欧式期权(不可提前行权)。另外一种是指数期货期权,是以股指期货的季月合约作为合约标的,指数期货期权是美式期权(允许提前行权)。

三、股票指数期权的交易策略

(一)买入看涨期权

投资者对未来市场走势看涨时,买入看涨期权。买入看涨期权不需要缴纳保证金,风险有效,当股指下跌时,判断失误,最大的损失就是权利金。但收益可能是无限的,合约到期时,指数涨得越多,收益就越大。

(二)买入看跌期权

当预期股票市场将要大跌时,买入看跌期权。买入看跌期权的风险有限,最大损失是权利金,收益却可能是无限的。指数跌得越多,收益越大。

(三)卖出看涨期权

如果看跌市场,但又认为在到期日前跌幅不会太大,可以卖出看涨期权。在此策略下,最大的收益就是收到的权利金,最大的损失则可能是无限的。若到期指数大涨,超过了履约价格,卖出看涨期权的投资者必须履约。

(四)卖出看跌期权

如果看好市场,认为在期权到期前指数的涨幅不会太大,则卖出看跌期权。在此策略下,最大的收益是权利金,风险是非常大的。如果指数大跌,超过了履约价格,卖出看跌期权的投资者必须履约。

(五)垂直买权组合

1. 买入垂直买权组合

买入垂直买权组合策略是买入一张较低履行价格的买权同时卖出一张到期日相同但履约价格较高的买权。该策略的目的在于赚取两个不同履约价格的差价,且风险有效。一般在看涨市场但认为短期内市场不会大涨的情况下买入垂直买权组合。

2. 卖出垂直买权组合

卖出一张较高履约价格的买权同时买入一张到期日相同但履约价格较低的买权。卖出垂直买权的最大收益发生在标的指数跌破较低履约价格时,这时两个买权都失去履约价格值,最大利润为收取的卖出权利金。最大损失发生在指数标的不跌反涨时。一般认为在市场行情在到期前处于小跌或持平状态时卖出垂直买权组合。

(六)垂直卖权组合

1. 买入垂直卖权组合

买入一张较低履约价格的卖权同时卖出一张相同的到期日但履约价格较高的卖权。这个策略的最大收益为卖出卖权收取的权利金扣除买入买权支付的权利金。只要在履约日前标的指数涨幅超过较高的履约价格,就会获得利润。如果标的指数不涨反跌,最大的损失是两个履约价格的差价乘以合约乘数,再减去收取的权利金金额。最大收益及风险都有限。一般在到期之前市场处于小涨格局的情形下买入垂直卖权组合。

2. 卖出垂直卖权组合

卖出垂直卖权组合策略是买入一张较高履约价格卖权的同时卖出一张相同到期日但履约价格较低的卖权。采用这种策略的最大收益为履约价格之差乘以合约乘数扣除支付权利金与收取权利金的差额。一般是在预期到期之前市场处于小跌格局的情况下卖出垂直卖权组合。

(七)水平组合

1. 买入水平组合

买入较长期限的卖权(或卖权),同时卖出执行价格相同的较短期限的买权(或卖权),并在较短期限期权到期时,将买入的较长期限的期权平仓。如果标的指数的价格稳定,短期权的时间价值流失速度很快,长期期权的时间价值流失速度很慢,投资者可以赚取不同到期期限期权间的时间价差。这个策略的最大收益发生在近期期权到期时,没有履约价格值,赚取卖出期权的权利金。一般在预期市场进入大盘调整格局时买入水平组合。

2. 卖出水平组合

买入较短期限的买权(或卖权),卖出执行价格相同的较长期限的买权(或卖权)。这种策略的最大收益是较长期限期权的权利金扣除较短期限期权的权利金,最大损失为在近期期权到期时,没有履约价格值,损失卖出期权的权利金。一般在预期标的指数发生波动,且波动比较小的情况下卖出水平组合。

【知识库】

股票指数期权

股票指数期权是在股票指数期货合约的基础上产生的。期权购买者付给期权的出售方一笔权利费,以取得在未来某个时间或该时间之前,以某种价格水平,即股指水平买进或卖出某种股票指数合约的选择权。第一份普通股指期权合约于1983年3月在芝加哥期权交易所出现。该期权的标的物是标准•普尔100种股票指数。随后,美国证券交易所和纽约证券交易所迅速引进了指数期权交易。指数期权以普通股股价指数作为标的,其价值决定于作为标的的股价指数的价值及其变化。

(资料来源:百度百科)

第六节 金融期权工具的定价原理

金融衍生物的价值依附于其标的物,其价格却受制于并反作用于标的物的价格。期权并不直接代表其期权定价理论及其运用标的物,所以其定价和估值不能直接依据其标的物的价格和价值。

一、金融期权工具的定价基础

(一)期权的内在价值和时间价值

期权价格主要由两部分组成,即内在价值和时间价值。

1. 期权的内在价值

具体来看,期权的内在价值(intrinsic value)是指期权按协定价格被执行时期权所具有的价值。一般为正数(大于零)。

看涨期权内在价值 = 标的资产市场价格 - 期权执行价格(现值)

看跌期权内在价值 = 期权执行价格(现值) - 标的资产市场价格

表4.1 各种期权的内在价值

期权种类	标的资产无收益	标的资产有现金收益(现值为D)	结 论
欧式看涨期权	$S - Xe^{-r(T-t)}$	$S - D - Xe^{-r(T-t)}$	多方只能在到期日执行期权,因此其内在价值为$ST - X$的现值

续表 4.1

期权种类	标的资产无收益	标的资产有现金收益（现值为D）	结　论
欧式看跌期权	$Xe^{-r(T-t)} - S$	$Xe^{-r(T-t)} + D - S$	多方只能在到期日执行期权，因此其内在价值为 $X - ST$ 的现值
美式看涨期权	$S - Xe^{-r(T-t)}$	$S - D - Xe^{-r(T-t)}$	一般而言，提前执行美式看涨期权是不明智的（尤其对于无收益资产美式期权来说），因此其内在价值与欧式看涨期权一样
美式看跌期权	$X - S$	$X + D - S$	提前执行美式看跌期权有可能是合理的

实际上，无论是看涨期权还是看跌期权，也无论期权基础资产的市场价格处于什么水平，期权的内在价值都必然大于零或等于零，而不可能为一负值。这是因为期权合约赋予买方执行期权与否的选择权，而没有规定相应的义务，当期权的内在价值为负时，买方可以选择放弃期权。欧式看涨期权的内在价值为 $(ST - X)$ 的现值。无收益资产欧式看涨期权的内在价值等于 $S - Xe^{-r(T-t)}$，而有收益资产欧式看涨期权的内在价值等于 $S - D - Xe^{-r(T-t)}$。无收益资产美式看涨期权价格等于欧式看涨期权价格，其内在价值也就等于 $S - Xe^{-r(T-t)}$。有收益资产美式看涨期权的内在价值也等于 $S - D - Xe^{-r(T-t)}$。无收益资产欧式看跌期权的内在价值为 $Xe^{-r(T-t)} - S$，有收益资产欧式看跌期权的内在价值为 $Xe^{-r(T-t)} + D - S$。无收益资产美式期权的内在价值等于 $X - S$，有收益资产美式期权的内在价值等于 $X + D - S$。当然，当标的资产市价低于协议价格时，期权多方是不会行使期权的，因此期权的内在价值应大于等于零。

2. 期权的时间价值

期权时间价值也称为期权外涵价值（extrinsic value），又称外在价值，指在期权有效期内标的资产价格波动为期权持有者带来收益的可能性所隐含的价值。期权购买者之所以愿意支付时间价值，是因为他预期随着时间的推移和市价的变动，期权的内在价值会增加。此外，期权的时间价值还受期权内在价值的影响。以无收益资产看涨期权为例，当 $S = Xe^{-r(T-t)}$ 时，期权的时间价值最大。当 $S - Xe^{-r(T-t)}$ 的绝对值增大时，期权的时间价值是递减的。

期权的大部分时间价值其实是一种波动性价值，只要持有者不执行期权，其收益就不可能小于零，虽然看涨期权现时处于虚值，但仍有正的价格，因为一旦标的资产价格上涨，就有潜在的无限获利机会，而在标的资产价格下跌时，至多是期权以零值失效损失期权费，而不会遭受更多的损失。期权在标的资产价格下跌时提供了保险作用。

随着标的资产价格的大幅上涨，美式看涨期权越来越可能在到期日前被执行。在几乎肯定要执行的情况下，期权的价格波动性价值达到最小值。随着标的资产价格的进一步升高，期权价值接近经调整的内在价值，即标的资产价格减去执行价格的现值，这也是看涨期权的净价值。

期权距到期日时间越长,大幅度价格变动的可能性越大,期权买方执行期权获利的机会也越大。与较短期的期权相比,期权买方对较长时间的期权应付出更高的权利金。期权的时间价值随着到期日的临近而减少,期权到期日的时间价值为零。期权的时间价值反映了期权交易期间时间风险和价格波动风险,当合约0%或100%履约时,期权的时间价值为零。值得注意的是,权利金与到期时间的关系是一种非线性的关系,不是简单的倍数关系。

$$期权的时间价值 = 期权价格 - 内涵价值$$

(二)实值期权、虚值期权以及两平期权

按照有无内在价值,期权可分为实值期权、虚值期权、两平期权。

1. 实值期权

当看涨期权的执行价格低于当时的期货合约价格或看跌期权的价格高于当时的期货合约价格时,该期权为实值期权。

2. 虚值期权

当看涨期权的执行价格高于当时的期货合约价格或看跌期权的价格低于当时的期货合约价格时,该期权为虚值期权。

3. 两平期权

当看涨期权或是看跌期权的执行价格等于当时的期货合约价格时,该期权为两平期权。虚值期权和两平期权的内在价值为零。

(三)影响期权价格的因素

期权价格由内在价值和时间价值构成,因而凡是影响内在价值和时间价值的因素,就是影响期权价格的因素。

1. 协定价格与市场价格

协定价格与市场价格是影响期权价格的最主要因素。这两种价格的关系,不仅决定了期权有无内在价值及内在价值的大小,还决定了有无时间价值和时间价值的大小。一般而言,协定价格与市场价格间的差距越大,时间价值越小;反之,则时间价值越大。这是因为时间价值是市场参与者因预期基础资产市场价格变动引起其内在价值变动而愿意付出的代价。

当一种期权处于极度实值或极度虚值时,市场价格变动的空间已很小。只有在协定价格与市场价格非常接近或为平价期权时,市场价格的变动才有可能增加期权的内在价值,从而使时间价值随之增大。

2. 权利期间

权利期间是指期权剩余的有效时间,即期权成交日至期权到期日的时间。在其他条件不变的情况下,期权期间越长,期权价格越高;反之,期权价格越低。这主要是因为权利期间越长,期权的时间价值越大;随着权利期间缩短,时间价值也逐渐减少;在期权的到期日,权利期间为零,时间价值也为零。通常权利期间与时间价值存在同方向但非线性的影响。

3. 利率

利率尤其是短期利率的变动会影响期权的价格。利率变动对期权价格的影响是复杂的：一方面，利率变化会引起期权基础资产的市场价格变化，从而引起期权内在价值的变化；另一方面，利率变化会使期权价格的机会成本变化。同时，利率变化还会引起对期权交易的供求关系变化，因而从不同角度对期权价格产生影响。例如，利率提高，期权基础资产如股票、债券的市场价格将下降，从而使看涨期权的内在价值下降，看跌期权的内在价值提高；利率提高，又会使期权价格的机会成本提高，有可能使资金从期权市场流向价格已下降的股票、债券等现货市场，减少对期权交易的需求，进而又会使期权价格下降。总之，利率对期权价格的影响是复杂的，应根据具体情况作具体分析。

4. 基础资产价格的波动性

通常，基础资产价格的波动性越大，期权价格越高；波动性越小，期权价格越低。这是因为，基础资产价格波动性越大，则在期权到期时，基础资产市场价格涨至协定价格之上或跌至协定价格之下的可能性越大。因此，期权的时间价值，乃至期权价格，都将随基础资产价格波动的增大而提高，随基础资产价格波动的缩小而降低。

5. 基础资产的收益

基础资产的收益将影响基础资产的价格。在协定价格一定时，基础资产的价格又必然影响期权的内在价值，从而影响期权的价格。由于基础资产分红付息等将使基础资产的价格下降，而协定价格并不进行相应调整，因此，在期权有效期内，基础资产产生收益将使看涨期权价格下降，使看跌期权价格上升。

二、金融期权工具的定价原理

自从期权交易产生以来，人们一直致力于对期权定价问题的探讨。1973年，美国芝加哥大学教授Fisher Black和Myron Scholes提出第一个期权定价模型——布莱克—斯科尔斯定价模型，在金融衍生工具的定价上取得重大突破，在学术界和实务界引起强烈反响。1979年，J. Cox、S. Ross和M. Rubinstein又提出二叉树期权定价模型，以一种更为浅显易懂的方式导出期权定价模型，并使之更具有可操作性。

（一）布莱克—斯科尔斯定价模型

1973年，费雪·布莱克和梅隆·斯科尔斯教授发表了期权定价模型，之后绝大多数的期权定价模型都是在这一模型的基础上逐渐演化而成的。

期权定价模型基于对冲证券组合的思想。投资者可建立期权与其标的股票的组合来保证确定报酬。在均衡时，此确定报酬必须得到无风险利率。期权的这一定价思想与无套利定价的思想是一致的。所谓无套利定价就是说任何零投入的投资只能得到零回报，任何非零投入的投资，只能得到与该项投资的风险所对应的平均回报，而不能获得超额回报（超过与风险相当的报酬的利润）。欧式期权定价的经典布莱克—斯科尔斯公式，基于由几个方程组成的一个市场模型。其中,关于无风险债券价格的方程,只和利率 r 有关;而关于原生股票价格的方程,则除了与平均回报率 b 有关以外,还含有一个系数为 σ 的标准布朗运动的"微分"。当 r,b,σ 均为常数时,欧式买入期权(europeancalloption)的价格 C 就可以用精确的公式写出来,这就是著名的布莱克—斯科尔斯公式。

1. 期望值和理论价值

布莱克和斯科尔斯证明了任何金融资产的公平合理的价格就是其本身的期望价值。如有一枚骰子,如果投出 1 点我们可以获得 1 元,2 点可以获得 2 元,以此类推投 6 点可以获得 6 元,如果可以投掷无限多次,则每投掷一次平均可以得到 $(1+2+3+4+5+6)/6 = 21/6 = 3.5$ 元。如果投掷骰子需收费,收费为 3.5 元以下,就长期而言,一定是赢家;但是如果费用高于 3.5 元,则长期而言一定是输家;如果费用为 3.5 元,则不输不赢。3.5 元就是投掷骰子的期望价值。

评估某基础资产的理论价值,只考虑其期望价值还是不够的,还需将持有成本等因素考虑进去。通过布莱克—斯科尔斯模型,可以估算出期权的理论价值,然后交易者将理论价值和市场价格比较,判断期权价值是否高估或低估,并评估如果交易胜算有多大。

2. 布莱克-斯科尔斯模型的基本假设

布莱克—斯科尔斯模型的基本假设:基础金融资产价格的变化类似于对数正态分布;期权为欧式期权;没有税收、交易成本和保证金要求;借款和贷款均可以同样的无风险利率进行,而且连续复利;基础资产可以自由地买入或卖出,而且可以收取非整数单位在期权到期之前,对基础资产不支付红利、股息或进行其他形式的分配;基础资产价格在考察期内是连续的,不存在跳跃性或非连续性;基础资产价格和利率的波动性(或称易变性)为常数。

与其他理论模型一样,以上假设在现实中是不存在的,所以严格说来,期权定价模型只是反映现实而并不是现实。但是期权交易者可以通过理论模型,来了解期权的定价机制。由于布莱克-斯科尔斯模型所具有的可靠性、连续性和完整性,其成为多数实务工作者的参考依据。在国际市场上,有许多交易者就是利用模型的理论价格和实际价格的差异,设计出交易系统来进行套利交易。

布莱克—斯科尔斯模型中有 5 个自变量,所以计算期权的理论价值至少需要知道下列 5 个数据:期权的执行价格,期权的剩余到期时间,期权合约的目前价值,期权剩余期间的无风险利率,基础合约的价格波动率。如果知道这 5 项自变量的数值,将它们输入期权的定价模型中,即可取得理论价值。

(1) 执行价格。执行价格很容易取得,因为它是合约的一部分,在合约有效期内不变。

(2) 到期时间。跟执行价格一样,到期日也是固定不变的,是合约的一部分。需要注意的是,布莱克—斯科尔斯模型中的输入值都是取年度化的。如合约的剩余期间为 91 天,则应该输入 0.25 年。

(3) 基础合约的价格。在任意时刻,基础合约的价格都有买进和卖出的价格。一般情况下,如果买入看涨期权或者卖出看跌期权,则输入模型的价格为当时的买进价格;相反,如果买入看跌期权或者卖出看涨期权,则输入模型的价格为当时的卖出价格。

(4)利率。计算是以期权合约的剩余期间为基准的。在期权的理论价值中,利率即可以影响基础合约的远期价格,也可能会影响期权的持有成本。定价模型通常采用无风险利率(如美国国债利率)。

(5)价格波动率。在所有的输入变量中,价格波动率最重要,也最不好理解。在期权交易中,交易者不但要考虑行情的发展方向,还需考虑行情发展的速度。即使对行情方向判断正确,如果行情发展的速度不够快,期权时间价值的下降会消耗掉期权的总体价值,可能会出现行情判断正确却仍然亏损的现象。价格波动率就是用来衡量行情的波动速度的。

经济学家假设金融市场的波动呈随即漫步状态,即一定时间后基础合约价格的分布呈正态分布,且为对数正态分布。而基础合约一年之后的一个标准差就是其价格波动率,一般以百分率表示。

3. 布莱克—斯科尔斯定价公式

$$C = SN(d_1) - Ee^{-rT}N(d_2)$$

$$d_1 = \frac{\ln\frac{S}{E} + (r + \frac{\sigma^2}{2})T}{\sigma\sqrt{T}}$$

$$d_2 = d_1 - \sigma\sqrt{T}$$

式中:C 为期权初始合理价格;E 为期权交割价格;S 为所交易金融资产现价;T 为期权有效期;r 为连续复利计无风险利率;σ^2 为年度化方差;$N(\ )$ 为正态分布变量的累积概率分布函数。

对于欧式看涨期权,其边界条件为

$$f = \max(S - X, 0)$$

对于欧式看跌其权,其边界条件为

$$f = \max(X - S, 0)$$

例如对于买方期权,其价格具有如下特点:在这些变量中,其中一个变化而其余保持不变,则买方期权的价格变化将呈现如下情况:①基础商品价格越高,买方期权价格越高;②剩余有效期限越长,买方期权价格越高;③无风险收益率越大,买方期权价格越高;④协定价格越高,买方期权价格越低;⑤基础商品价格离散度越大,买方期权价格越大。买方期权价格与投资者的风险偏好以及对股票价格的预期等因素没有关系。只要能得到上述五个基本变量,就可以得到相应的买方期权的价格。

4. 布莱克—斯科尔斯定价公式的缺陷

一些学者从理论分析入手,提出了模型中存在的缺陷,主要针对模型假设前提合理性的讨论上。不少学者认为,该模型的假设前提过严,影响了其可靠性,具体表现在以下几方面:

(1) 对股价分布的假设。模型的一个核心假设就是股票价格波动满足几何维纳过程,从而股价的分布是对数正态分布,这意味着股价是连续的。股价的变动不仅包括对数正态分布的情况,也包括由于重大事件而引起的跳起情形,忽略后一种情况是不全面的。他们用二项分布取代对数正态分布,构建了相应的期权定价模型。

(2) 关于连续交易的假设。从理论上讲,投资者可以连续地调整期权与股票间的头寸状况,得到一个无风险的资产组合。但实践中这种调整必然受多方面因素的制约。因此,现实中常出现非连续交易的情况,此时,投资者的风险偏好必然影响到期权的价格,而模型并未考虑到这一点。

(3) 假定股票价格的离散度不变也与实际情况不符。布莱克本人后来的研究表明,随着股票价格的上升,其方差一般会下降,而并非独立于股价水平。

(4) 不考虑交易成本及保证金等的存在,也与现实不符。而假设期权的基础股票不派发股息更限制了模型的广泛运用。股息派发的时间与数额均会对期权价格产生实质性的影响,不能不加以考察。

(二)二叉树期权定价模型

Cox、Ross 和 Rubinstein 提出了期权定价的另一种常用方法——二叉树(binomial tree)模型,它假设标的资产在下一个时间点的价格只有上升和下降两种可能结果,然后通过分叉的树枝来形象描述标的资产和期权价格的演进历程。二叉树模型实际上是在用大量离散的小幅度二值运动来模拟连续的资产价格运动。

1. 二项式模型的假设

(1) 不支付股票红利。
(2) 交易成本与税收为零。
(3) 投资者可以以无风险利率拆入或拆出资金。
(4) 市场无风险利率为常数。
(5) 股票的波动率为常数。

假设在任何一个给定时间,金融资产的价格以事先规定的比例上升或下降。如果资产价格在时间 t 的价格为 S,它可能在时间 $t+\triangle t$ 上升至 uS 或下降至 dS。假定对应资产价格上升至 uS,期权价格也上升至 Cu,如果对应资产价格下降至 dS,期权价格也降至 Cd。当金融资产只可能达到这两种价格时,这一顺序称为二项程序。

2. 二叉树期权定价模型的建立

在固定参数下,n 期的二叉树期权定价公式一般表述为

$$C = \frac{1}{r^n} \sum_{k=0}^{n} \frac{n!}{k!(n-k)!} p^k (1-p)^{n-k} \max[0, u^k d^{n-k} S - E] \tag{4.1}$$

式中:C 为期权价格;E 为期权执行价格;S 为股票当前价格;n 为期权到期的阶段数;d 为股票

价格下降的比例 $+1$；u 为股票价格上升的比例 $+1$；r 为无风险利率 $+1$；$p = \dfrac{r-d}{u-d}$。在模型中假设 $u > r > d$，因此 $0 < p < 1$。

在式(4.1)中关于二项分布的参数 u 和 d 是事先就知道的固定参数。因为 u 和 d 分别代表了股票上涨和下降的幅度，如果 u 和 d 在整个 n 个时期中都不变，就是说股票的波动性是保持不变的。也就是说，在二叉树期权定价公式中股票波动性是固定不变的。

为了将股票收益率的波动性是变化的这一情况反映在公式中，下面将 u 和 d 考虑为随机变量。在式(4.1)中，二叉树期权定价公式可以看作是在给定确定的 u 和 d 情况下的期权价格，即 $C(S,E,n|u,d)$。也就是说，如果将 u 和 d 视作随机变量，且其联合发布的密度函数为 $f(x,y)$，那么期权价格为

$$C(S,E,n) = \int\int C(S,E,n|x,y) f(x,y) \mathrm{d}x\mathrm{d}y$$

由于 $\dfrac{d}{r}$ 和 $\dfrac{r}{u}$ 位于 0 到 1 之间，而且是非对称的连续变量，符合 Beta 分布的特征，而且 Beta 分布具有很好的数学性质，因此，为了进行进一步的分析，假设：

(1) r 是固定的，而 u 和 d 是随机变量。

(2) $\dfrac{d}{r}$ 和 $\dfrac{r}{u}$ 是独立随机变量

$$x \equiv \frac{d}{r} \sim \mathrm{Beta}(.\,;\beta_1,\beta_2), 0 < x < 1$$

$$y \equiv \frac{r}{u} \sim \mathrm{Beta}(.\,;\alpha_1,\alpha_2), 0 < y < 1$$

Beta 分布中的参数空间：

$$\Omega_x = \{(\beta_1,\beta_2); \beta_1 > 0, \beta_2 > 0\}$$

$$\Omega_y = \{(\alpha_1,\alpha_2); \alpha_1 > 0, \alpha_2 > 0\}$$

(3) 二叉树模型中的其他假设保持不变。

由于 $u > r > d$，因此 $\dfrac{d}{r}$ 和 $\dfrac{r}{u}$ 都是介于 0 和 1 之间的随机变量。

$$p = \frac{r-d}{u-d} = \frac{1-\dfrac{d}{r}}{\dfrac{u}{r}-\dfrac{d}{r}} = \frac{1-x}{\dfrac{1}{y}-x} = \frac{y(1-x)}{1-xy}$$

以及

$$1 - p = 1 - \frac{y(1-x)}{1-xy} = \frac{1-y}{1-xy}$$

因此，二叉树期权定价公式(1)可以重新写为

$$C = S \sum_{k=0}^{n} \frac{n!}{k!\,(n-k)!} \frac{y^k(1-y)^{n-k}(1-x)^k}{(1-xy)^n} \max\left[0, \frac{x^{n-k}}{y^k} - C^*\right] \quad (4.2)$$

(其中 $x = \dfrac{d}{r}, y = \dfrac{r}{u}, C^* \equiv \dfrac{E}{r^n S}$)

这样式(4.2)的期权定价就是 x 和 y 的函数。根据模型对于 x,y 的假设,x,y 服从相互独立的 Beta 分布,因此的联合密度函数是

$$f(x,y) = \frac{1}{B(\alpha_1,\alpha_2)B(\beta_1,\beta_2)} x^{\beta_1-1}(1-x)^{\beta_2-1} y^{\alpha_1-1}(1-y)^{\alpha_2-1} \tag{4.3}$$

(其中 $B(\ )$ 是 Beta 函数)

根据式(4.2),期权价格为

$$C = C(S,E,n) = \iint C(S,E,n|x,y) f(x,y) \mathrm{d}x \mathrm{d}y$$

经过计算,新的期权定价公式可以写为

$$C = \frac{S}{B(\alpha_1,\alpha_2)B(\beta_1,\beta_2)} \sum_{k=0}^{n} \frac{n!}{k!(n-k)!} (A(k) - C^* B(k)) \tag{4.4}$$

式(4.4)就是我们得到的在随机参数下的期权二叉树定价公式。

【知识库】

布莱克—斯克尔斯期权定价模型

1997 年 10 月 10 日,第二十九届诺贝尔经济学奖授予了两位美国学者,哈佛商学院教授罗伯特·默顿(RoBert Merton)和斯坦福大学教授迈伦·斯克尔斯(Myron Scholes)。他们创立和发展的布莱克-斯克尔斯期权定价模型(Black Scholes option pricing model)为包括股票、债券、货币、商品在内的新兴衍生金融市场的各种以市价格变动定价的衍生金融工具的合理定价奠定了基础。

斯克尔斯与他的同事、已故数学家费雪·布莱克(Fischer Black)在 20 世纪 70 年代初合作研究出了一个期权定价的复杂公式。与此同时,默顿也发现了同样的公式及许多其他有关期权的有用结论。结果,两篇论文几乎同时在不同刊物上发表。所以,布莱克-斯克尔斯定价模型亦可称为布莱克—斯克尔斯—默顿定价模型。默顿扩展了原模型的内涵,使之同样运用于许多其他形式的金融交易。瑞士皇家科学协会(the royal swedish academyof sciencese)赞誉他们在期权定价方面的研究成果是今后 25 年经济科学中的最杰出贡献。

(资料来源:百度百科)

本章小结

1.期权又称选择权,是一种权利的交易。在期权交易中,期权买方在支付了一笔费用(权利金)之后,获得了期权合约赋予的、在合约规定时间,按事先确定的价格(执行价格)向期权卖方买进或卖出一定数量期货合约的权利。期权具有三大现实作用:套期保值、投机功能和杠杆作用。

2.外汇期权又称外币期权,是一种选择权契约,指期权买方买入以一定保险金为代价,获得是否在一定时间按照协定汇率买进或卖出一定数量的外汇资产的选择权。外汇期权交易

的套期保值策略、价差套利策略、对敲策略和合成策略。

3. 利率期权是指买方在支付了期权费后即取得在合约有效期内或到期时以一定的利率(价格)买入或卖出一定面额的利率工具的权利。特点:一项关于利率变化的权利,一项短期利率风险的避险工具。常见的利率期权有利率封顶、利率封底以及利率两头封期权。

4. 所谓股票期权是由企业赋予经营者一种权利,经营者在规定的年限内可以以某个固定价格购买一定数量的企业股票。股票期权交易也分看涨期权、看跌期权和双重期权等三种基本形式。股票期权的交易策略包括买入认购期权、卖出认购期权、买入认沽期权、卖出认沽期权。

5. 股票指数期权是建立在市场指数基础上的一种派生证券,是在股票指数期货合约的基础上产生。期权购买者付给期权的出售方一笔期权费,以取得在未来某个时间或该时间之前以某种价格水平,即股指水平买进或卖出某种股票指数合约的选择权。有两种股票指数期权,一种是现货指数期权,另外一种是指数期货期权。

6. 期权价格主要由两部分组成,即内在价值和时间价值。期权的内在价值(intrinsic value)是指期权按协定价格被执行时,期权所具有的价值。一般为正数(大于零)。期权时间价值也称为期权外涵价值(extrinsic value)又称外在价值,指在期权有效期内标的资产价格波动为期权持有者带来收益的可能性所隐含的价值。

自 测 题

一、单选题

1. 看涨期权的买方具有在约定期限内按(　　)买入一定数量金融资产的权利。
    A. 市场价格　　　　B. 买入价格　　　　C. 卖出价格　　　　D. 约定价格
2. 看跌期权的买方对标的金融资产具有(　　)的权利。
    A. 买入　　　　　　B. 卖出　　　　　　C. 持有　　　　　　D. 以上都是
3. 可在期权到期日或到期日之前的任一个营业日执行的期权是(　　)
    A. 美式期权　　　　B. 欧式期权　　　　C. 看涨期权　　　　D. 看跌期权
4. 认股权的认购期限一般为(　　)
    A. 2~10年　　　　　B. 3~10年　　　　　C. 两周到30天　　　D. 3个月到1年
5. 下列有关期权投资策略表述不正确的是(　　)
    A. 预计期权标的物价格将上升时,买进认购期权
    B. 预计期权标的物价格将下降时,买进认售期权
    C. 买进认售期权同时买入期权标的物
    D. 买进认购期权同时买入期权标的物
6. 某股票的看涨期权买者承受的最大损失等于(　　)

A. 执行价格减去股票市价　　　　　B. 股票市价减去期权价格
C. 期权价格　　　　　　　　　　　D. 股票价格

二、名词解释
期权　外汇期权　利率期权　股票期权　股票指数期权　期权的内在价值　期权时间价值

三、简答题
1. 期权与权证的关系。
2. 期权的交易制度。
3. 外汇期权的特点。
4. 外汇期权的交易策略。
5. 利率期权的分类。
6. 股票期权的特点。
7. 股票指数期权的交易策略。
8. 影响期权价格的因素。

四、计算题
设某股票当前市场价格为每股100美元,投资人预测未来3个月内,该股的波动价格在95美元至105美元之间。期权市场上出售1个3月期执行价格为95美元、105美元的卖方期权的期权费均为5美元。如果3个月后,该股的价格发生下列情况的波动:(1)该股价格跌到80美元;(2)该股价格涨到120美元。问:投资人应构造一个什么样的期权组合,才能稳赚期权的价格。

五、案例分析
2017年9月1日,A公司签订了一份进口协议,在3个月后支付USD 1 000 000的货款。签订协议的时候人民币兑美元的汇率为6.832,A公司认为人民币相对于美元的升值已经达到一定的饱和,因此A公司认为美元在未来的几个月相对于人民币会出现一定反弹。同时由于当前手头资金紧张,A公司不愿意在合约签订之日立即兑换美元。为了规避美元上涨的风险,A公司买入了美元汇率的看涨期权。

按照银行的期权报价,到期日为12月1日,执行价格在6.839的人民币/美元看涨期权合约报价RMB 5 000。A公司购买了这份期权合约之后使其有权在12月1日以6.839的汇率将人民币兑换成美元。

如果在12月1日到期日,人民币兑美元的汇率如A公司所预期出现上涨6.865,分析A公司该如何操作。

如果在12月1日到期日,人民币兑美元汇率维持在6.839的水平甚至低于6.839,那么A公司又该如何操作。

【阅读资料】

谈从股指期货到股指期权发展的海外之借鉴

1973年4月,芝加哥期货交易所(CBOT)成立了一个新的交易所——芝加哥期权交易所(CBOE),特别用来交易股票期权,4月26日开始就16只股票做看涨期权交易,1977年引入看跌期权。1983年3月11日,CBOE推出了其第一个股指期权合约——CBOE-100指数期权,后来改名为S&P100指数期权(OEX),紧接着在美国股票交易所产生了以该所编制的指数为标的物的主要市场指数(MMI)期权合约。与此同时,全球各大证券、期货期权交易所也陆续推出了以形形色色的指数为标的的股票指数期权。

经过二十几年的发展,今天的股指期权市场已力压群雄,无论从品种、交易量还是在地域上都获得了长足的发展,成为全球金融衍生品市场中最激动人心的部分。截止到2004年底,全球已有235个股指期权的品种,交易量为297 584万手,占当年全球期货、期权交易量(886 471万手)的33.57%。

股指期权作为一种在海外发达金融衍生品市场里头成长迅速的投资避险工具,其对整个衍生品市场的促进、规范作用有目共睹。应对全球金融衍生品市场的发展趋势和提升我国国际金融地位的需要,完善我国的金融衍生品市场体系将是我们今后金融改革的主要目标,而金融衍生产品的创新则是这一目标的重中之重。

从股指期货到股指期权从海外交易所交易金融衍生品的顺序来看,在推出产品时,基本上都遵循了从股指期货到股指期权的顺序原则。下面是一些交易所推出股指期货、股指期权的时间表:在股指期货、期权比较发达的市场里,其大致都经历了"股指期货—股指期权—小型股指期货—小型股指期权"的发展顺序,而且之间的时间间隔短的只要几个月,长的要几年。以HKEX的恒生指数为例,早在1985年5月,HKEX就推出了恒生指数期货合约,之后又在1993年3月5日推出恒生指数期权,这两个合约为机构投资者提供了有效的投资与避险工具,在本地投资者与国际投资者的积极参与下,恒生指数期货与期权的受欢迎程度不断提高,而后为迎合个人投资者的买卖与对冲需要,HKEX分别于2000年10月及2002年11月推出小型恒生指数期货与期权合约。小型恒生指数期货与期权合约的价值为恒生指数期货与期权合约的五分之一。

其实先推股指期货还是先发展股指期权,在逻辑上、时间上、理论上都没有一个必然的规定,视每个国家、交易所的情况而定。但是,很多成功的金融衍生品市场都采取了从股指期货到股指期权的产品推出顺序,其内在价值和背后逻辑值得探寻:

(1)在股指期货交易中所产生的期货风险是无法转移、规避的,开展股指期权交易,利用交易双方风险收益机制的不对称和权责的不平等,既能锁定损失又不放弃赢利机会,在期权市场上规避股指期货风险、锁定期权风险。因为在期权交易中,股指期权的买方的亏损是被锁定的,最大的亏损额莫过于购买股指期权时的权利金。从市场稳定性看,期货的定价仍然是绝对定价,时间期越长,就会有更多的不确定性,期货交易本质上是交易者对未来价格的不同判断而形成的,期货交易有可能助长投机;相反,期权定价是一种比较成熟的相对定价,它本质上是一种保险,由期权和标的成分股及构成的完备市场能够分散和抵消风险,更有利于市场稳定。还有,与股指期货相比,股指期权在性质上表现出杠杆效应更强、操作手法和交易策略更多、运作方式繁简相宜、灵活多变,更能满足不同需求的投资者。因此,作为股指期货的配套合约的股指期权是股指期货发展到一定阶段的必然产物。

(2)构建完整的金融衍生品市场体系,增加市场流动性的需要。一般来说,在一个证券市场与期货市场共存的金融环境下,既要有基础性产品,如股票、债券,又要有结构性产品,如LOFs、ETFs等,还要有衍生品市场,如商品期货、商品期权、股指期货、股指期权等。而一个金融发达的国家,更需要完整的金融衍生品市场体系,它既可以促进资本市场向集融资、投资、风险管理、优化组合等多项混合功能于一身的功能实体转变,又可以迎合不同投资者的需求,利于培养长期、稳定的投资群体。由于股指期货期权都拥有做多、做空的双向机制,市场交易者无论在牛市或熊市都可能进行投资获利交易,因此它们可以有效地解决机构投资者规避系统性风险的需要,极大地推动了证券期货投资基金、保险基金、社会养老基金和QFII等机构投资者进入证券、期货市场,促进证券、期货市场形成理性、规范的交易主体。显然,股指期货是重要的金融衍生品,是整个金融市场功能发挥的必要因子,而股指期权则是在这个基础上的升级,进一步完善金融衍生品市场体系,促进市场功能发挥的不可或缺因子。所以,一个国家在推出某一标的指数的股指期货之后,会尽快推出相应指数的股指期权。

(3)应对国际竞争与争夺国际定价权的必然选择。近几年,随着经济全球化,借助先进的电子交易平台,全球的金融期货期权市场发展极其迅速,竞争异常激烈。每个交易所不断进行产品创新,机制创新,并纷纷通过各种手段来壮大自己的规模,一切的一切都是为了在激烈的国际竞争下,建设国际金融中心,争夺国际定价权。而以股指期货、股指期权为主的金融衍生品市场自然是很好的突破口,尤其是以股指期货为铺垫来发展股指期权,成效更加明显、快速。

(4)股指期货本身就是以小博大,股指期权更是在股指期货的基础上以小博大,操作起来将比股指期货更复杂,因此投资者必须在对股指期货有一定了解和操作经验的基础上才能尝试股指期权。而在股指期货、股指期权推出初期,由于投资者对新品种不是很熟悉,投资可能会不够理性,风险控制能力较弱,尤其是个人投资者,所以为了更好地防范风险,增加市场的稳定性,初期的产品设计一般主要面向机构投资者,适当提高交易门槛,待投资者对此产品有了更深的认识和了解之后,才会注重市场的流动性和交易的活跃性,这个过程可能只需要几个月,也可能需要几年的时间。然后针对中小散户投资者,适时推出小型的股指期货期权合约。

股指期权与股指期货的联系:

1987年美国股灾使得股指期货、股指期权成为众矢之的。时常批评者措辞严厉地指出,股指期货、期权是直接引发股灾的原因,因为在股票价格下跌时,它们的交易导致了股票价格决定机制的紊乱。很明显,1987年10月的股市崩盘未能消灭股指期货和期权,事后的研究调查发现宏观经济基本面表现欠佳以及股票市场本身存在缺陷才是股灾发生的主要原因。进一步,市场机制总统特别小组于1988年1月发布的报告中做出了市场的相互依存的结论:"从经济学的观点来看,传统上被认为是三个独立市场的股票市场、股指期货市场以及股指期权市场事实上是一个市场。"

从股票市场到股指期货再到股指期权,经历了从简单到复杂、从初级到高级的过程,这就是其衍生性。且股指期权、股指期货的收益都取决于其标的金融资产价格的变化,因此股指期权与股指期货间的相互关系是与生俱来,无法分割的。而在股指类衍生品中,股指期权独占鳌头,成为交易所交易金融衍生产品中的主流产品。2000年之后,股指期权的成交量、增长速度已逐步超过个股期权、股指期货、个股期货等其他金融衍生产品。从2004年全球股指期货与股指期权交易量前10名的交易所,可以清楚地看出股指期权的龙头地位。位于首位的是处于亚洲的韩国交易所,其股指期权的交易量在股指期货与股指期权交易量中所占的比例达到了97.86%,而在这10名交易所中,这一比例超过50%的有6家,随后的位于第七和第八名的欧洲期货交易所(eurex)和OMX交易所也分别达到了42.11%和34.47%,近两年,随着股指期权的快速增长,这些数字还在攀升。

股指期权迅猛发展的原因:

(1)股指期权的资金运营成本比股指期货要低很多,参与股指期权交易只须缴纳权利金,一般而言权利金相当于股指期货保证金的1/10左右,这样的杠杆机制也就大大提高了资金的利用率。另外,相比股指期货,股指期权的风险已被锁定,但是又不丧失赢利机会,所以更容易受到投资者的青睐。

(2)与其他金融衍生品相比,股指期权在性质上表现出杠杆效应更强、操作手法和交易策略更多、运作方式繁简相宜、灵活多变,更能满足不同需求的投资者。所以,能吸引广大的投资者参与进行投机、套保和套利交易。

(3)股指期货为股指期权的快速健康发展创建了良好的平台。一般的股指期权都是在股指期货的交易机制、投资群体和监管体系等方面都比较成熟的基础上推出的配套合约,所以其在合约设计、交易机制、投资者结构和风控机制等方面都有很多相似之处,有股指期货做铺垫,再加上股指期权本身的独特优势,能很快被投资者所接受。如在2004年的全球股指期权交易量的TOP10排名中排名第二的DJ Euro-STOXX50指数期权,其相关的股指期货合约DJ Euro-STOXXSM50指数期货在其推出之前就是一个很成熟的股指期货品种,在2004年全球股指期货交易量排名中名列第二。

(4)股指期权产品本身的成功设计。如连续几年在全球金融衍生品交易量中排名第一的KOSPI200指数期权,首先它的标的选得很好,其标的为KOSPI200,这一指数价格波动率较大。KOSPI200的波动率在2000年为50.3%,仅低于NASDAQ-100的波动率(57.6%),2001年也仅低于 NASDAQ-100 的波动率,为36.8%,加上投资者本身崇尚短线交易,投机气氛浓厚,在衍生产品交易中,套期保值的比例仅占0.1%,套利占2%,而投机比例高达97.9%,这样使得流动性很高,交易合约数增长快。其次,合约规模适中,不但满足很多机构投资者的投资需要,还吸引了个人投资者的广泛参与。还有其在推出时机上把握得比较好,虽然韩国的期权市场起步比较晚,但它在亚洲金融危机后大力发展KOSPI200股指期权,正好迎合了韩国证券市场机构投资者、中小投资者对金融衍生产品风险管理的迫切需求,加上产品宣传、人才培训等方面付出的努力使其获得了巨大的成功。

股指期权发展的成功经验以股指期权为代表的金融衍生品在一些发达国家的金融市场以及世界范围内的新兴市场上得到了迅速的发展,而且在规避市场系统性风险、保护广大投资者的利益、丰富投资工具、培育机构投资者以及增加市场流动性等方面都做出了积极的贡献。

总结海外发展股指期权的经验,应具备的条件主要包括如下几方面:

(1)拥有一个发达的现货市场,为开展股指期权交易提供强大的现货基础,金融衍生品市场与其基础市场之间存在着极强的互动机制。如股票市场达到一定的规模,流动性强且结构合理,股票价格的市场化程度高且波动性大等。

(2)合理的投资者结构保障了期权交易的流动性和活跃性。股指期货市场的发展趋势,国外股指期权市场的发展过程,都表明一个真正健全的、完善的、有发展潜力的市场不仅需要大的机构投资者,还需要中小投资者、个人投资者的共同参与。

(3)政府对衍生品市场的大力支持;市场监管体系、清算体系和法律法规的完善;市场交易与风险控制制度的成熟;先进的电子化交易平台和拥有一批高素质的从业人员。

(4)有步骤、分阶段积极稳妥地推出衍生品。产品的推出一般都遵循了相似的路径选择:发展股指期权的过程一般选择了循序渐进的道路——首先推出有良好基础现货市场支持的股指期货,经过试点为市场积累经验,再推出股指期权,再可能就是迷你的股指期货和迷你的股指期权,使股指类衍生品市场逐步深化。

(5)大力宣传新产品,积极开展人才培训,普及股指期权的相关知识,提高投资者的认识水平和投资技巧,倡导理性投资,是推行股指期权的必经之路。

(6)股指期权合约的设计富有针对性,迎合不同投资者的需要。结合产品开发的目的和国家宏观调控的旨意,审时度势,合理推出新产品。表现在标的指数的选取、合约规模的设计、合约的推出时机等。

(7)不断进行创新与实践,扩大市场交易平台,通过增强技术、扩充渠道和丰富优化产品结构来引导投资者对其产品的利用,从而提升产品的核心竞争力和交易所的国际影响力,同时加强和国际上其他交易所的联系与合作。

(资料来源:证券市场周刊)

第五章 Chapter 5

权证交易

【学习要求及目标】

本章系统地介绍了权证交易的相关内容。通过对本章的学习,要求学生了解权证产生、权证内涵、权证分类、权证价值构成,加深对权证创设与注销的认识,掌握权证投资的各种策略。

【引导案例】

2005年是中国股票市场发展的关键年,4月29日经国务院批准,中国证监会发布《关于上市公司股权分置改革试点有关问题的通知》,批准紫江企业、金牛能源、清华同方、三一重工等企业进行分置试点。在试点过程中,为了取得流通股东的赞同,一些企业推出送配方案,并且配以期权-权证方式。从此以后二级市场出现了一种新的衍生金融交易工具,如宝钢权证、长电权证、五粮液权证、钾肥权证、南航权证、中集权证等。权证的出现虽然丰富了交易品种,但它们绝不是投资品种而是投机品种,一些投资者在没有弄清权证与股票的区别时,擅自将权证当成股票进行买卖,结果造成巨额亏损。

2007年5月30日,监管层调整证券印花税,市场出现剧烈震荡,而包括钾肥JTP1、中集ZYP1、五粮液YGP1、华菱JTP1在内的四只认沽权证则群起躁动。从5月30日至6月15日短短的13个交易日,这四只权证涨幅巨大,丝毫不亚于此前蓝筹股的优异表现。其中,钾肥JTP1、中集ZYP1、五粮液YGP1、华菱JTP1的涨幅分别超过7倍、6.5倍、5倍、5倍。尽管如此,在此期间参与这四只权证炒作的投资者也并非个个满载而归。统计资料显示,参与交易的96.94万个账户中,亏损比例仍高达36%,亏损金额达20.75亿元,每户平均亏损了近6 000元,其中亏损最多的一个账户损失了840万元。而在其后的下跌行情中,投资者的亏损更加严重。除了钾肥JTP1于6月22日到期外,6月18日至7月20日中集ZYP1、五粮液YGP1、华菱JTP1三只权证平均下跌62.09%,这段期间参与交易的93.21万个账户,有70%亏损,亏损金额达72.71亿元,每户平均亏损1.11万元,其中亏损最多的1个账户损失了1 246万元。

第一节 权证交易概述

一、权证的内涵及特性

（一）权证的内涵

权证又称"认股证"，或"认股权证"，或"衍生权证"，其英文名称为 warrant（香港译"涡轮"）。在证券市场上，warrant 是指一种具有到期日、行权价等其他行权条件的金融衍生工具。而根据美交所的定义，warrant 是指一种以约定的价格和时间购买或者卖出标的的证券的期权。我国深、沪证券交易所公布的《权证管理暂行办法》定义是：权证是指标的证券发行人或其以外的第三人（简称发行人）发行的，约定持有人在规定期间内或特定到期日，有权按约定价格向发行人购买或出售标的证券，或以现金结算方式收取结算差价的有价证券。我国先后发行了宝钢 JTB1、万科 HRP1、邯钢 JTB1、武钢 JTB1、万华 HXB1、五粮 YGP1、钾肥 JTP1、青啤 CWB1、中远 CWB1、日照 CWBI、中兴 ZXC1、国安 GAC1、深发 SFC2、南航 JTP1、云化 CWB1、马钢 CWB1 等四十几只权证。

（二）权证的特性

1. 高杠杆性

权证属于金融衍生产品之一，买卖时仅需要支付少数权利金。具有高杠杆作用，高杠杆比率越大表示杠杆效果越大，其获利与损失的风险也越大；反之，杠杆比率越小表示杠杆效果越小，其获利与损失的风险亦越小。

【例5.1】 某权证发行人发行 A 股票权证，其发行价格是 A 股票收盘价 100 元的 20%（溢价比），履约价格为 100 元。

$$发行价格 = 收盘价 \times 溢价比 \times 行使比例 = 100 \times 20\% = 20$$

$$杠杆比率 = 收盘价 \div 发行价格 = 100 \div 20 = 5$$

投资者需支付权利金 20 元才能以履约价格 100 元认购 1 股 A 股票。

假如第二天 A 股票涨停，其收盘价为 110 元（权证价格上涨为 30 元），那么投资 A 股票的报酬为

$$(110 - 100) \div 100 = 10\%$$

投资权证的报酬为

$$(30 - 20) \div 20 = 50\%$$

$$杠杆比率 = 50\% \div 10\% = 5$$

投资者购买权证的权利金比直接投资 A 股票的价格更低，可以较少的金额，同时享有 A 股票上涨的利润。当股票上涨时，权证的报酬率比股票高。然而报酬率越高，相对的风险也

越大。

2. 时效性

投资者买卖权证不像股票那样能够长期持有,权证具有存续期间,海外通行惯例为两年以下,权证到期后即失去其效力。权证在到期之前,其市价包括内含价值和时间价值两部分,其中所谓时间价值即权证将来进入价内状态的可能价值,不论其标的物上涨或者下跌,时间价值都会随着权证到期日渐渐接近而递减,权证到期时如果不具有履约价值,投资者将损失其当初购买权证的价金。

3. 避险性

投资者若已持有或者即将持有现货部位,可以购买权证作为避险工具,比如投资者预测股票价格将要上涨,却又担心预测错误或者为了规避系统性风险,即可以用少量的金额买入一个认沽权证,当股票下跌时,其权证获利的部分可以用来弥补买入股票标的物的机会成本。当股票价格上涨时,其买入股票已经获利,而损失的只是少量的权利金。反之,假如该投资者预测标的物价格将要下降,那么可实行相反的避险操作策略。

4. 权益有限性

权证赋予权证持有人的是一种可选择的权利而不是义务,与权证发行人有义务在持有人行权时根据约定交付标的证券或现金不同,权证持有人完全可以根据市场情况自主选择行权还是不行权,而无需承担任何违约责任。

【例5.2】 假如某银行股票2008年5月5日的价格是7.00元/股,有投资者看好其在未来一年的走势,于是购买一个以某银行为标的的认购权证,约定价格6.80元,期限一年,权证价格是0.5元/份权证。

投资者支付给权证发行人0.5元后,在未来的一年内,不管某银行股价涨到多少,投资者都有权从权证发行人处以6.80元的价格买进一股某银行股。如果届时某投资银行股价为8.50元高于约定价格,投资者执行权力是有利的。投资者只要支付给权证发行者6.80元,就可以得到一股价值8.50元的某银行股(也可以直接进行现金结算:投资者要求行权时,权证发行者直接支付投资者 $8.50 - 6.80 = 1.70$(元),净收益等于这部分收益减去权证价格,即 $1.70 - 0.50 = 1.20$(元))。如果届时某银行股票跌至6.00元,显然用约定价格6.80元购买6.00元的股票是不合算的,投资者可以放弃买进某银行股票的权利,但是就损失了购买权证的成本0.50元。

5. 商品多元性

权证除可以根据其标的物种类的不同而发展出各种类别的权证外,比如股票权证、债券权证、外币权证及指数权证等,还可以根据投资者的不同需求而设计出各式各样类型的权证。

二、权证的分类

(一)认购权证与认沽权证

按行权方向划分,权证分为认购权证与认沽权证,这是权证最基本的两种形态。认购权证是指权证持有人有权利(而非义务)在某段时间内,以预先约定的价格向发行人购买特定数量的标的证券。只有正股价格上涨,才可能给认购权证持有人带来利益。认沽权证是指权证持有人有权利(而非义务)在某段时间内,以预先约定的价格向发行人出售特定数量的标的证券。只有正股价格下跌,才可能给认沽权证持有人带来利益。所以认购权证就是看涨期权,认沽权证就是看跌期权。

以湘火炬A的股改方案为例,大股东潍柴投资向流通股东每10股送3份认沽权证,在改革方案实施日后的第15个月的最后5个交易日内,每持有1份认沽权证的流通股股东有权以每股3.86元的行权价向潍柴投资出售1股股份,但该认沽权证不单独上市交易。

(二)欧式权证、美式权证与百慕大权证

按权利行使期限划分,权证分为欧式权证、美式权证与百慕大权证。美式权证的持有人在权证到期日前的任何交易时间均可行使权利;欧式权证持有人只可以在权证到期日当日行使其权利;百慕大权证综合了美式权证和欧式权证的特点,行权日期是在权证到期日之前的最后几个交易日。比如G穗机场(600004)认沽权证(580998 机场JTP1)规定该权证上市3个月后,在权证到期日之前的任何一个交易时间,都可以随时行权,因此为美式权证。宝钢(600019)权证(580000 宝钢JTB1)只能在到期时的2006年8月30日这一天行权,因此为欧式权证。万科(000002)认沽权证(万科HRP1)在存续期最后5个万科A股股票交易日可行权,因此为百慕大权证。

(三)股本权证与备兑权证

按发行主体划分,分为股本权证与备兑权证。股本权证是由权证标的股票(或债券)的发行人,也就是上市公司自己发行,通常伴随企业股票或公司债发行,是公司借以融资的主要手段。公司认股权证属狭义权证,期限通常比较长,比如3年至5年不等。备兑权证是指由上市公司以外的第三者发行的、持有者能按照特定的价格在未来某个时间或一段时间内购买一定数量的一个或几个上市公司股票的选择权凭证。备兑权证的发行人通常是资信卓著的金融机构,它持有大量的认股对象公司股票,可供投资者到时兑换,亦有雄厚的资金实力作担保,能依据备兑权证条款向投资者兑现。备兑权证发行后,可申请在某个交易所挂牌上市。备兑权证属广义权证,其存续期通常为一年左右。

(四)价内权证、平价权证与价外权证

按行使价格与标的股票市场价格关系划分,权证分为价内权证、平价权证与价外权证。如果权证持有人立即行权能够获得收益,称为价内权证;如果权证持有人立即行权遭受损失,

称为价外权证;如果权证持有人立即行权,行使价格等于标的股票市场价格,称为平价权证。值得注意的是,一份权证在有效期内,可能今天是价内权证,而明天就有可能是平价权证或价外权证。

【例5.3】 宝钢JTB1权证是一份行权价格为4.5元的认购权证,假如目前宝钢股份的市场交易价格为4.0元。如果投资人行权,从该权证发行人手上以4.5元/股购入股票,到市场上以4.0元卖出,就要亏损0.5元/股。也就是说同期股价减去行权价小于零,则该认购权证为价外权证。武钢JTP1权证是一份行权价格为3.13元的认沽权证,假如目前武钢股份的市场交易价格为2.70元。如果投资人行权,从市场上以2.70元/股的价格购入股票,然后以3.13元的行权价格回售给权证发行人,则可以得到0.43元/股的价差收益。该权证就是价内权证。同理,假设武钢JTB1权证是一份行权价格为2.80元的认购权证,武钢股份的交易价格一度维持在2.80元,这时该权证就是平价权证。后来股票价格跌到2.70元,该权证又变为价外权证。如果未来武钢股份的交易价格在期限内涨到2.80元,该权证就是价内权证了。当然,买入价内权证能否赚钱还要考虑买入权证的成本,只有价内的价差超过权证的成本,才可以得到实实在在的收益。

(五)其他权证分类

按标的资产的不同,权证还可以分为个股型认股权证、组合型认股权证以及指数型认股权证。个股型认股权证就是以单一股票为标的资产的权证;组合型认股权证就是以一揽子不同股票为标的的权证;指数型认股权证的标的资产是股票指数。

此外,还可以根据权证发行时是否伴随其他有价证券的发行,分为独立型权证或附属型权证;以标的资产是否需要抵押,又可以分为抵押型权证和非抵押型权证。不同的分类之间也可以相互交叉。

三、权证基本要素的构成

权证的基本要素是指权证在发行、交易和到期行权等各个环节所涉及的一些规则或约定。最基本的权证合约通常包括相关主体、相关资产、附带权利、特别条款四个方面。

(一)相关主体

1. 发行人

股票权证的发行人可以是上市公司,也可以是上市公司以外的其他金融机构。在我国最早出现的宝安认股权证,就是由当时的上市公司深宝安自己发行。目前市场上作为股改对价出现的权证,就是由第三者——上市公司非流通大股东发行。创设制度出现后,13家指定券商也作为第三者参与了发行。

2. 承销机构

在以融资、证券减持或收购为目的的权证发行中,会引入承销商。其性质就如同我国在

3. 做市商

在市场上充当交易对手的机构,一般由证券管理机关指定,并有严格的要求。香港市场做市商的主要责任是提供交易量,调节市场流量以及提供交易价格开价服务。国内目前还没有引入做市商制度,做市商制度与国内的创设制度有很大区别。

4. 权证交易者

指在二级市场参与权证投资的交易者。

(二)相关资产(标的物)

权证的相关资产或称标的物,可以是单一或一揽子股票、某股票指数、货币、商品及期货合约等。目前国内推出的权证都是以股票为标的物。比如宝钢权证(580000 宝钢 JTB1)就是以宝钢股份的股票为标的物,这个股票也被习惯叫做正股。上证50ETF权证就是以一揽子股票为标的物;上证180指数权证就是以指数为标的物。

(三)附带权利

1. 权利方向

权利的方向指的是买入的权利或是卖出的权利。买入的权利赋予你买入相关资产的权利,而卖出的权利则赋予你出售相关资产的权利,方向是正相反的。武钢股份的大股东同时发行了认购和认沽两种权证(580001 武钢 JTB1、580999 武钢 JTP1),他们在权利方向上分别规定了持有者有权在到期时,以2.8元的价格向发行者买入武钢股票,或以3.13元的价格向发行者出售该股票。

2. 有效期

股票权证是一种合约,同任何一种商业合约一样,股票权证都有有效期。比如宝钢权证(580000 宝钢 JTB1)的有效期为一年,从2005年8月30日到2006年8月30日。股票权证到期后,持有认股权证的人有两种选择:要么执行认股权证,要么弃权,具体要视当时的股价水平而定,过期后该权证废止。

3. 行权价

行权价是指在执行权证时买入或卖出标的股票的价格,它不是认股权证的市价,也不是标的股票的市价,而是预先确定好的价格,并反映在合约当中。如宝钢权证(580000 宝钢 JTB1)厘定的行权价为4.5元。

4. 认购比例

认购比例是指一般认股权证可以买或卖几股股票。这个比例变化很大,有的认股权证1份可以买10股股票,也有的则是10份买1股股票。目前国内出现的权证认购比例大部分是1:1。

5. 行权时间

行权时间是指对认股权证执行时间的规定。这个规定不同的权证也是多样的,目前比较多见的有欧式和美式两种。

6. 交割方式

交割方式是指在执行认股权时是实物交割还是现金交割。所谓实物交割就是以标的资产股票进行结算;现金交割就是以实物结算后的差价进行交割。我国股票权证实行的全是实物交割。

(四)特别条款

1. 行权价格或比例的调整

在股票权证存续期,如果碰到其正股出现送股、配股、股份总额出现增减或碰到正股分红除息时,权证的执行价格或执行比例要按约定的公式进行调整。

2. 赎回权

权证的发行人大多制定了赎回条款,即规定在特定情况下发行人有权赎回其发行在外的认股权证。目前国内的创设机制就配备了赎回条款,而且创设和赎回相当随意,机构操纵的空间很大。

四、权证投资的重要性

(一)套期保值和风险管理

根据高风险、高预期收益原则,套期保值的目的是使风险降幅大于预期收益率应有的降幅。风险管理的目标是使风险水平降到可以承受的水平。权证的最大作用,就是可以和投资者手里的标的资产构成避险组合。比如股票投资者担心手里的股票价格下跌,就可以买入该股票的认沽权证来对冲风险。

(二)套利

在考虑交易成本与税收的同时,只要权证现实的价格不符合资产定价公式,就存在无风险套利机会。基于同一标的资产、到期日和执行价格均相同的认购权证和认沽权证之间存在一个平价关系,如果权证的市场价格不服从这个平价关系,就可以通过"卖高买低"进行无风险套利。

(三)投机

权证具有较高的杠杆率,权证投资的成本仅为标的证券的几分之一,且由于权证T+0交易,都放大了投机者的投机能力和投机收益。当然,高收益伴随着高风险,权证投机的损失也被放大,甚至有很大的可能损失全部投资成本。

【知识库】

香港"轮灾"事件

2005年8月18日恒生指数大跌301.49点,大盘的下跌导致认购证纷纷跳水,许多投资者损失惨重。此事件被称为轮灾(权证在香港叫做Warrant)。在此之前,恒生指数在两个月内出现了1 000多点的上涨。许多认为正股股价偏高的投资者,转而进入权证市场进行炒作,而权证市场发行商出于风险对冲的需要,则入场吸纳正股,进一步加剧了正股市场的上涨。8月18日恒生指数开始调整,权证发行商再次抛售正股以平衡风险,致使当日指数大跌300点。但在这一天受灾最重的却是权证,由于权证的杠杆效应,再加上散户争相沽货逃命,迫使多只权证价格大幅下挫,许多权证当日跌幅深达70%,形成了一场所谓的轮灾。很多躲避不及的投资者损失惨重,能全身而退的投资者不多。

(资料来源:中国金融网)

第二节 权证与其他金融衍生品的比较

一、权证与股票的比较

(一)权证与股票的相同点

(1)筹资功能。发行股票是上市公司一种最基本的筹资手段,发行权证也可以使发行人筹措到所需资金。

(2)投资工具。投资者可以通过买卖股票赚取差价,也可以通过投资权证在二级市场上获取收益。

(3)二者相互影响。股票是可以作为权证的标的股票,影响权证的价格,权证是股票的影子,其价格也是股票价格的影子价格,在一定程度上也可影响股票的走势。

(二)权证与股票的不同点

(1)内涵不同。股票是股东出资和享受股东权利的凭证,权证则是有权购买或卖出股票的权利凭证。

(2)持有人身份不同。股票持有人为公司股东,可以行使股东权利,参与股份公司的经营决策;权证持有人一般在其未行权之前并不是股份公司股东,不享有股东权利。

(3)风险程度不同。股票持有人的股票价值减少,投资者要承担股价下跌导致的全部损失,理论上损失无限;权证持有人损失仅限于购买权证所支付的权证价格,从这一角度讲,风险程度相对较低。

(4)期限不同。股票是无期限的,股东只能通过转让实现退出,而不能要求收回投资或退股;而权证是有期限的,超过存续期,则权证作废,无任何价值。

(5)单位投资金额不同。投资者必须按股票发行价格全额支付价款方可获得相应股票;

权证持有人支付的权证价格一般都远低于标的股票价格。

二、股本权证与公司激励股票期权的比较

（一）股本权证与公司激励股票期权的相同点

（1）标的证券相同。狭义的认股权证（股本权证）是以上市公司的股票为标的证券，公司股票期权也是以上市公司的股票为标的证券。

（2）在部分条款方面，权证与股票期权具有一致性。

（二）股本权证与公司激励股票期权的不同点

（1）发行目的不同。激励股票期权多是为激励管理层和员工的目的而设立；权证主要是为大股东支付对价、公司筹集更多资金、配合债券发行、作为投资组合中的风险对冲而存在。

（2）发行对象不同。股票期权针对的对象主要是公司管理层和员工；而股本权证一般会公开发行，且多向原股东或公司债券持有人发放。

（3）可转让性不同。股票期权一般不得转让；权证所含的权利有价格，可单独转让并形成二级交易市场。

三、备兑权证与上市股票期权的比较

（一）备兑权证与上市股票期权的相同点

（1）标的证券。备兑权证可以股票为标的证券，上市股票期权也以股票为标的证券。

（2）行权。备兑权证和上市股票期权都可以采用证券给付方式。

（二）备兑权证与上市股票期权的不同点

（1）发行人不同。备兑权证主要由大股东或者部分金融机构发行，而上市股票期权没有发行机构。

（2）做空机制不同。备兑权证不能做空，但是上市股票期权可以做空。

四、权证与期权的比较

（一）权证与期权的相同点

（1）权利相同。权证和期权都赋予持有人在将来以一定价格认购或出售标的证券的权利。

（2）互补性。期权和权证都属于广义期权，权证是证券化的期权产品，被看做是期权市场的补充。

（二）权证与期权的不同点

（1）定义不同。期权是一种选择权，期权的买方向卖方支付一定数额的期权费（权证称为

权利金)后,就获得了在一定时间内以一定价格(行权价)出售或购买一定数额的标的证券(证券商品、证券或期货合约)的权利。权证是指标的证券发行人或其以外的第三人(以下简称发行人)发行的,约定持有人在规定期间内或特定行权日,有权按约定价格向发行人购买或出售标的证券,或以现金结算方式收取结算差价的有价证券。

(2)标准化程度不同。期权是一种在交易所交易的标准化合约,期权合约的条款是由交易所制定的,可供交易的合约数量则由市场供求决定。权证多是由金融机构(而非交易所)发行,这样发行人可以自由制定权证的条款以满足市场需要,供给量是有一定限制的。

(3)行权价不同。期权标的证券的行权价(交割价格)是由交易所根据特定规则确定期权,在交易过程中,有不同的行权价。权证的行权价则由权证发行人确定,且此价格在存续期间一般不会改变,且一个权证通常仅有一个行权日和一个行权价。

(4)交易保障金不同。期权卖方负有行权义务,故卖方必须缴纳保证金作为行权的保证,保证金以某一交易日的最大损失为限,因此,需每日进行结算,若保证金低于一定程度则需补缴。权证的行权义务由发行人承担,发行人必须具备规定的条件以获得发行权证的资格,且必须持有一定数量的标的股票为行权准备,但不需要缴纳保证金,当然也不需要进行每日结算。

五、权证与可转换公司债券的比较

(一)权证与可转换公司债券的相同点

(1)可转换性。投资者可以自由选择是否将可转换公司债券转成股票。权证投资者可以决定是否行权,从而持有公司股票,然后成为股份公司的股东。

(2)有利于上市公司融资,两种产品均具有增加认购诱因和降低融资成本的优点。

(二)权证与可转换公司债券的不同点

(1)持有人身份不同。可转换公司债券的持有人是公司的债权人。权证持有者既不是公司的债权人,在持有期间也不是股份公司的股东。

(2)权利形式不同。如果权证随公司债券发行,则认购股票权利为"外加权利",权证和公司债可以分离交易;而可转换公司债券的认股权为"内含权利",其必须与公司债一起移转。

六、权证与期货的比较

(一)权证与期货的相同点

(1)杠杆性。期货是用保证金交易,因此具有"以小博大"的杠杆性。权证价格由于与正股的价格具有一定杠杆比例,因此也具有"以小博大"的特性。

(2)套利性。期货可以利用期货和现货的联动性,进行套利操作。而权证也可以进行套利操作。

(3)避险性。期货和权证均具有避险操作特性。

(二)权证与期货的不同点

(1)定义不同。期货是在特定地点买卖未来某一特定时间交收特定价格规定等级现货商品的标准化合约。权证是指标的证券发行人或其以外的第三人(以下简称发行人)发行的,约定持有人在规定期间内或特定行权日,有权按规定价格购买或出沽的证券,或以现金结算方式收取结算差价。

(2)发行人、数量不同。期货没有发行人,在市场上的流动数量也无限制,只要有买方和卖方即可交易;权证必须由具有一定条件的机构(上市公司或金融机构)发行,且发行数量有限,不能无限制发行。

(3)买卖双方的权利义务不同。权证的买方拥有权利,有权选择是否行权,权证的行权义务则是由发行者负担,必须根据买方的请求履行交割义务。期货合约一旦成立,在未冲销之前,买卖双方均有履行合约的义务。

(4)结算不同。期货的买卖双方因负有行权义务,故应缴纳保证金,保证金以某一交易日最大损失为限,因此,需每日进行结算,若保证金低于一定程度需补缴。权证的行权义务由发行者承担,只要有一定数量的标的股票即可,无须缴纳保证金,所以不需进行每日结算。至于权证的买方,交付权证价格后便无任何义务和风险,当然也不需进行每日结算。

由此可见,权证作为一个独立的衍生产品与其他投资产品既有相同点也有不同点。正是这些特质让权证与其他投资品种互相补充,构成了多层次的证券市场体系。

【知识库】

权证起源

在国外,权证起源于1911年美国电灯和能源公司。在1929年以前,权证作为投机性的品种而成为市场操纵的工具。1960年,许多美国公司利用股票权作作为并购的融资手段。由于权证相对廉价,部分权证甚至被当成了促销手段。当时美国的公司在发售债券出现困难时,常常以赠送股票权证加以"利诱",颇有种"买电脑赠保险"的意味。1970年,美国电话电报公司以权证方式融资15亿美元,使得权证伴随标的证券的发行成为最流行的融资模式。欧洲最早的认股权证出现在1970年的英国,而德国自从在1984年发行认股权证之后,一度迅速成为世界上规模最大的权证市场,拥有上万只权证品种。但其地位目前已经让位于香港。截至2004年12月31日,按认股权成交金额计,香港位列全球第一,去年全年成交金额673.573亿美元,遥遥领先第二位的德国552.085亿美元及第三位的意大利211.153亿美元。

(资料来源:百度百科)

第三节 权证交易制度

一、权证交易规则

（一）买卖渠道

权证的买卖与股票相似，投资者可以通过券商提供的诸如电脑终端、网上交易平台、电话委托等申报渠道输入账户、权证代码、价格、数量和买卖方向等信息就可以买卖权证。所需账户就是股票账户，已有股票账户的投资者不用开设新的账户。

（二）权证申报

权证买卖单笔申报数量不超过100万份，申报价格最小变动单位为0.001元人民币。权证买入申报数量为100份的整数倍，即投资者每次申报买入的最小数量为100份，或100的整数倍。权证卖出申报数量没有限制，对于投资者持有的不到100份的权证如99份权证也可以申报卖出。

（三）交易时间

权证交易时间同股票的交易时间一致，即每个交易日集合竞价时间（9:15am～9:25am）和连续竞价时间（9:30am～11:30am，13:00pm～15:00pm）。

（四）交易方式

权证实行T+0交易，即当日买进的权证，当日可以卖出，然后可以再进行买进与卖出循环。与股票的交易——当日买进当日不得卖出不同。

（五）涨跌限制

权证交易实行价格涨跌幅度限制，但与股票涨跌幅采取的10%的比例限制不同，权证涨跌幅是以涨跌幅的价格而不是百分比来限制的，具体计算公式为

权证涨幅价格＝权证前一日收盘价格＋（标的证券当日涨幅价格－标的证券前一日收盘价）×125%×行权比例

权证跌幅价格＝权证前一日收盘价－（标的证券前一日收盘价－标的证券当日跌幅价格）×125%×行权比例

当计算结果小于等于零时，权证跌幅价格为零。

公式应用中，有两点需要特别注意：

(1)"标的证券当日涨幅价格"、"标的证券当日跌幅价格"是指标的证券的当日涨跌幅限制最高、最低价。

(2)在计算价格时，每一步计算结果，需先四舍五入到最小价格单位。

(六) 权证停牌

权证作为证券衍生产品,其价值主要取决于标的证券的价值,由此,权证价格和其标的证券价格存在密切的联动关系。根据交易所规定:标的证券停牌时,权证相应停牌;标的证券复牌时,权证复牌。此外,交易所还规定,交易所可根据市场需要有权单独暂停权证的交易。如2005年11月2日宝钢JTB1权证暴涨,被交易所停牌半小时。

(七) 权证的简称和代码

1. 深圳证券交易所编制权证的简称和代码

深圳证券交易所权证的简称是由六位字符组成的,XYBbKs,其中:XY为标的证券的两位汉字简称;Bb为发行人编码;K为权证类别:C为认购权证,P为认沽权证;s为同一发行人对同一标的证券发行权证的发行批次,取值为[0,9],[A,Z],[a,z]。例如:新钢钒(000629)的攀钢集团因股改而派送的认沽权证简称为"钢钒PGP1"。

权证代码是"03"开头的六位数字,认购权证代码区间为[030000,032999],认沽权证代码区间为[038000,039999],其中认购权证的代码有3 000个,认沽权证的代码有2 000个。

2. 上交所编制权证的简称与代码

上海证券交易所权证简称一般采用8个字位(4个汉字),第1至第4个字位用汉字、拼音或数字表示标的证券,第5至第6个字位用两个大写字母表示发行人,第7个字位用一个字母B或P表示认购或认沽,第8个字位用一个数字或字母表示以标的证券发行的第几只权证,当超过9只时用A到Z表示第10只至第35只。例如,"宝钢JTB1"中,"宝钢"表示该权证的标的证券为宝钢股份,"JT"表示该权证的发行人是宝钢集团,"B"表示该权证是认购权证,"1"表示该权证是以宝钢股份为标的证券的第一只权证。投资者掌握了权证的命名规则,就可以通过简称了解权证的一些基本信息。权证代码以580000开始。

行权简称的8个字位(四个汉字)中,第1个字位用大写字母A或E表示美式权证或欧式权证;第2位用大写字母S或C表示行权时采用证券给付或现金结算方式;第3至第8个字位用6位数字表示权证到期的年月日。例如"ES060830"表示该权证行权方式为欧式,行权结算方式为证券给付,权证的到期期限为2006年8月30日。代码从582000开始。

(八) 权证的交易规则和A股股票有一定的区别,见表5.1。

1. 主要表现

权证与股票的差别

表5.1 权证与股票的差别

差别项目	A股股票	权证
交易交收期	T+1	T+0
最小申报单位	0.01元	0.001元
涨跌幅度限制	10%	标的证券涨跌金额的1.25倍

续表5.1

是否设大宗交易	是	否
结算交收	现金	现金/证券给付

2. 权证的价格涨跌幅限制与股票不同

权证涨跌幅是以涨跌幅的绝对价格来限制的,计算公式为

权证涨(跌)幅价格 = 权证前一日收盘价格 ±（标的证券当日涨幅价格 − 标的证券前一日收盘价）×125% ×行权比例

（九）含权问题

市场对权证的结算采取货银兑付的 R+1 交收模式,投资者在 R 日申报行权所得的标的证券于 R+1 日实际到账,因此权证持有者 T 日行权所得标的证券不含权。中国结算公司将于 R+1 日根据调整后的行权价格及行权比例办理行权交收。在标的证券除权、除息等股权登记日(R 日)当天申报行权所得的证券不含权。

（十）权证的到期日和最后交易日

到期日是指权证持有人可行使认购(或出售)权利的最后日期。期限过后,权证持有人不能行使相关权利,权证的价值也变为零。最后交易日是权证存续期满前 5 个交易日,如到期日为 T 日,则从 T−4 日开始终止交易。该日期过后投资者不能再买卖权证,但仍可以行权。

（十一）开盘价的确定

与股票的开盘价确定原则保持一致,权证上市首日开盘价参考价由保荐机构计算;无保荐机构的由发行人计算,并将计算结果提交交易所。

（十二）除权、除息的处理

标的证券除权的,权证的行权价格和行权比例分别按下列公式进行调整：

新行权价格 = 原行权价格 ×（标的证券除权日参考价/除权前一日标的证券收盘价）

新行权比例 = 原行权比例 ×（除权前一日标的证券收盘价/标的证券除权日参考价）

标的证券除息的,行权比例不变,行权价格按下列公式调整：

新行权价格 = 原行权价格 ×（标的证券除息日参考价/除息前一日标的证券收盘价）

（十三）权证的终止交易

权证存续期满前 5 个交易日,权证终止交易,但可以行权。

二、权证的行权制度

（一）权证行权

1. 行权渠道

权证行权通过交易所交易系统进行,每只权证都会有个唯一的行权申报代码,比如 580000 宝钢 JTB1 的行权代码是 582000。申报代码与权证的交易代码不同,权证持有人行权

的,应委托交易所会员通过交易所会员交易系统申报。权证行权的申报数量为100份的整数倍(深圳证券交易所权证行权以份为单位进行申报),行权申报指令当日有效,当日可以撤销。

2. 行权方式

认购权证行权,就是按行权价买入该行权代码,并有足够数量的行权资金;认沽权证行权时,就是按行权价卖出该行权代码,并要有足够数量的股票。

(二)权证行权的结算价格计算

1. 现金结算

现金结算方式下,权证持有人行权时,按行权价与行权日标的证券结算价格及行权费用的差价收取现金。权证行权的结算价格为行权日前十个交易日的标的证券收盘价的平均数,这在很大程度上避免结算价格被操纵的可能性。

2. 证券给付结算

权证行权采用证券给付方式结算的,认购权证的持有人行权时,应支付根据行权价格及标的证券数量计算的价款,并获得标的证券;认沽权证的持有人行权时,应交付标的证券,并获得根据行权价格及标的证券数量计算的价款。

(三)交易权证与行权费用

上海证券交易所规定:权证的交易佣金、费用等参照在本交易所上市交易的基金标准执行。具体表现为权证交易的佣金不超过交易金额的0.3%,行权时向登记公司按股票过户面值缴纳0.05%的股票过户费,不收取行权佣金。

深圳证券交易所规定:权证的收费标准参照基金的标准执行。具体表现为权证交易的佣金不超过交易金额的0.3%,登记公司免收取权证交易过户费,行权费用为过户证券面值的0.05%;非交易过户手续费为每笔10元。

【知识库】

权证简称与代码

沪市认购——B(buy warrant);深市认购——C(call warrant 认购权证);沪市认沽、深市认沽——P(put warrant 认沽权证)

最后一位,也就是第8个字位用一个数字或字母表示以标的证券发行的第几只权证,当超过9只时用A到Z表示第10只至第35只。

××CWB1 的 CW 是取"company warrant"缩写,是在沪市发行的公司权证(区别股改备兑权证)

五粮液认购权证(五粮YGC1)的发行人是"宜宾国有资产经营有限公司"取"宜、国"的拼音缩写YG

雅戈尔认购权证(雅戈QCB1)的发行人是"宁波青春投资控股有限公司"取"青、春"的拼音缩写QC

华菱管线认沽权证(华菱JTP1)的发行人是"湖南华菱钢铁集团有限责任公司"取"集、团"的拼音缩写JT

万华认沽权证(万华HXP1)的发行人是"烟台万华华信合成革有限公司"取"华、信"的拼音缩写HX

> 招商银行认沽权证(招行 CMP1)的发行人为"招商局轮船股份有限公司(香港)China Merchants Steam Navigation Company,Ltd"取招商局公司的英文缩写 CM。
>
> (资料来源:新浪财经)

第四节 权证的创设与注销

一、权证的创设机制

创设机制是指在权证上市以后,由有资格的券商在结算公司进行履约担保之后,发行和原权证条款完全一致的权证。创设机制的主要目的是增加权证供应量,平抑权证的过度需求带来的权证价格过高。

例如:某券商创设了 5 000 万份武钢认购权证,那么武钢认购权证(武钢 JTB1)就好比进行了一次增发,其流通盘增加了 5 000 万份,而不是设立了一个流通盘为 5 000 万的"武钢 JTB2"。

2005 年 11 月 28 日,上海证券交易所开始推出权证创设机制,创设机制符合国际惯例。在完善、成熟的权证市场,权证主要有两大类:一是上市公司自身作为再融资手段发行的股本权证;二是券商为满足市场需求发行的备兑权证,而备兑权证正是权证市场的主流。

创设机制是运用国际市场权证与期权的各自优势,并结合中国实际情况而进行的一项自主创新,权证创新机制是中国资本市场同国际接轨而迈出的重要一步。依据《关于证券公司创设权证有关事项的通知》中的规定,获得中国证券业协会创新活动试点资格的证券公司可以作为"创设人",在证券市场上进行创设与注销权证。创设人向深交所申请创设权证时,申请创设的权证数量应当同时满足以下两个条件:一是权证首次发行量在 6 亿份以内的,当日可创设的权证数量不超过 3 亿份;权证首次发行量在 6 亿份以上的,当日可创设的权证数量不超过首次发行量的 50%。二是创设在外的权证与同标的证券的同种权证之和乘以行权比例不超过无限售条件标的证券的 100%。

二、创设机制的影响

(一)风险提示

权证创设机制起到了为投资者提示风险的作用,保护了这一部分投资者。创设的人越多,创设的量越大,说明权证价格的溢价越大,越不合理,也提醒投资者要注意权证价格风险。反之亦然。

(二)平衡供求

引入创设机制,正是为了及时平衡权证供求关系,早日体现其真实价值,以免现在的暴涨和未来的暴跌给投资者带来损失。

（三）预期获利

权证价格偏离越大,创设获利的可能性越大,然而不是绝对无风险套利。在与权证炒家的博弈当中,创设机构处于明处,投机者处于暗处,创设机构决策程序相对比较慢,投资者则反应迅速,因此券商并不总是处于有利地位,券商创设也有赔钱的时候。

三、创设权证的程序

根据《关于证券公司创设权证有关事项的通知》规定,创设权证需要经过以下步骤(以创设1 000万份武钢认购权证为例):

(1)券商要在中国结算公司上海分公司开立一个专用账户,并存入1 000万股武钢股票用于履约担保。

(2)券商必须向交易所提出创设申请,并且提供中国结算公司上海分公司出具的其已提供行权履约担保的证明,交易所审核之后会通知中国结算公司上海分公司在该券商权证创设专用账户生成1 000万份武钢认购权证。

(3)生成的1 000万份武钢认购权证当日不能交易,应等到第二天券商才能在二级市场上按照市价出售。

四、券商创设权证的目的

对于券商而言,创设是有成本和收益的。其成本是需要担当用于抵押的股票价格下跌的风险和资金成本;而收益是高价卖出权证获得的资金,利润是两者之差。例如:假定创设权证时武钢股份的价格是 S 元,创设的权证卖出时,认购权证价格是 X 元,认沽权证的价格是 Y 元,年利率是5%。

(1)对于创设认购权证来说,已用5%的利率借入 S 元,从市场上以 S 的价格买入一股武钢股份,质押给中登公司,然后创设一份认购权证,在市场上以 X 的价格出售。

假如一年以后 G 武钢价格 S 高于行权价2.90元,那么冻结的 G 武钢被用于行权,创设人的损益是权证的收入 X 元加上以2.90元卖出 G 武钢的收益 $(X+2.90)$ 元减融资成本 $0.05S$, 总共为 $(X+2.90-1.05S)$ 元;如果到期时 G 武钢价格 S 低于行权价2.90元,那么权证持有人不能行权,创设人的收益是 X 元加 G 武钢的买卖价差,总共为 $(S+X-1.05S)$ 元,当 G 武钢 S 跌破 $(1.05S-X)$ 元时,创设人将要赔钱。

(2)对于创设认沽权证来说,以5%的利率借进3.13元,质押给中登公司,然后创设一份认沽权证,在市场上以 Y 的价格出售。假如一年以后 G 武钢价格 S 高于或者等于行权价3.13元,那么权证持有者不能行权,创设人的收益是 $(Y-0.05\times 3.13)=(Y-0.156\ 5)$ 元;如果 G 武钢价格 S 低于行权价3.13元,那么权证持有人行权,创设人的收益是 $Y-(3.13-S)-3.13\times 0.05=S-(3.29-Y)$ 元,即 G 武钢价格 S 跌至 $(3.29-Y)$ 元之下,创设人将要赔钱。

当然创设权证以后，假如有合适的机会，创设人可以通过购回权证并进行注销的方式来盈利，可能相比持有到期是更好的选择。

五、权证的注销

权证注销是指创设人向上证所申请注销其指定的权证创设账户中全部权证或者部分权证。申请获准以后，履约担保账户中与注销权证数量相等的股票或者现金也相应解除质押，上证所要求同一创设人申请注销权证的数量不得超过他之前所创设的数量。

例如，一家创新试点券商在创出10 000万份武钢权证认购权证之后，卖出以后又从市场上买进8 000万份武钢认购权证，申请注销。获准以后他的履约担保账户中将有8 000万股武钢股票解除质押，武钢认购权证的流通总量将减少8 000万份。

认沽权证的注销方式有如下三种：

(1)创设人通过市场回购权证，直接向登记公司申请注销，拿回履约担保。

(2)权证到期了，在行权期之内，权证持有人向创设人行权并交付对应认沽权证，这一部分行权的权证也由创设人注销。

(3)行权期限截止之后，所有没有行权的权证均是废纸，登记公司统计之后，自动注销这些废纸，所以不需要创设人再去注销，从而自动豁免创设人的履约责任，创设人不需要回购与自己去注销，便能分文不损拿回履约保证金。

【知识库】

创设券商能不能赚钱

我们以2005年武钢股份12月1日的市场实际价格来计算一下。首先是成本，假设券商花2.86元买一股武钢股票同时创设一份武钢认购权证，并在市场上卖出，以当日武钢认购权证收盘价1.27元计，收回资金1.27元。换句话说，券商只投入了(2.86 − 1.27 = 1.59元)就得到了理论价值2.9元的武钢股票一股。行权价的持有者要求行权，于是券商就以1.59元的总投入换回2.9元的总收入，年收益达到1.27/1.59 × 100% = 80%。如果到期后持有人放弃行权又如何？那么期限过后，券商冻结的股票自动解冻，可以拿到市场卖出，这就要看当时武钢股票的市场价格了。如果价格高于成本的2.86元，则年收益仍然可以达到80%或更高。如果低于成本的2.86元，比如只有2.5元，那么券商仍然是赚钱的；投入1.59元，收入2.5元，年收益(2.5 − 1.59)/1.59 = 57%。只有在武钢股票价格跌到1.59元以下，券商才亏损，但是这个可能性有多大？目前武钢股份每股净资产2.51元/股，下跌空间有限。不过，即使到时走势不利，券商还有回旋余地，他可以用回购注销的方式实现跨期对冲，锁定利润。比如武钢股票价格下跌了，跌倒2.9元以下。此时武钢认购权证的价格也会在下跌，因为如果在期限接近时，武钢认购权证仍然在价外，其价格通常会跌得很厉害。现在比如认购权证跌到0.2元，这样券商立即将权证买回，同时注销，拿回冻结的股票在市场卖出，比如价格为2.5元，那么其收益率就是：((2.5 − 2.86) + (1.27 − 0.2))/(1.59 + 0.2) = 40%。注意此时投入资本变成原来的1.59元加上后期用于回购的0.2元。这样虽然收益率下降了，但锁定了利润，回避了价格继续下跌的风险，同时缩短了期限也降低了成本。

> 认沽权证的创设过程和上面类似,不同点是券商不是以股票做一对一的保证支付抵押,而是用现金。按认沽权证行权价格3.13元,则向交易所每冻结3.13元,就允许券商创设一份认沽权证。创设认沽权证比创设认购权证相对优势小一些:第一,武钢认沽权证还在价内;第二,3.13元的创设成本高于认购权证2.9元的成本,而且认沽权证市场交易价格对认购权证价格没有优势。
>
> (资料来源:投资与证券)

第五节 权证价值的构成

一、权证价值的内涵

权证的价值一般由两部分构成,即内在价值与时间价值。内在价值是标的证券的价格与行权价之间的差额,即立刻行权权利的价值。认沽权证的内在价值 = 行权价格 − 标的证券价格。认购权证的内在价值 = 标的证券价格 − 行权价格。

一般情况,权证价值至少等于它的内在价值。内在价值大于零的权证称为实值权证,如果是认购权证,这表示标的证券的价格高于行权价格;如果是认沽权证,则表示标的股价格低于行权价格,如果标的证券的价格等于行权价,就称为平值权证。当标的权证的股价低于行权价,就称为虚值权证。

【例5.4】 宝钢JTB1权证(580000)2008年8月22日的价格(行权比例为1:1):

宝钢股份(600019):4.63元

行权价:4.50元

权证价格:1.263元

该权证的内在价值和时间价值分别是:

内在价值:$0.13 = (4.63 - 4.50) / 1$

时间价值:$1.133 = 1.263 - 0.13$

二、影响权证价值的因素

权证的价值受很多因素影响,其中受标的证券价格、行权价格、标的证券波动率、剩余存续期、红利收益率、无风险收益率等六个因素的影响最为主要。

(一)标的证券价格

从认购权证看,如果标的证券价格上升,认购权证的收益将上升,认购权证的价值将上升;从认沽权证看,如果标的证券价格上升,认沽权证的收益将会下降,认沽权证的价值下降,标的证券价格越高,认沽权证的价值越低。

（二）行权价格

认购权证的行权价格越高,认购权证价值越低;认沽权证的行权价格越高,认沽权证价值越高。

（三）标的证券的历史波动率

波动率表示标的证券价格变化幅度的大小,若标的股票过去曾出现过大幅度价格变化或未来预期会出现大幅价格变动,就会被称为波动率大的证券。假设上证指数的某年波动率是30%,而指数值是1 000点,波动几率为68%。30%×1 000 = ±300点,亦即未来一年上证指数在1 300至700点之间的几率有68%。同时未来一年指数是在400至1 600之间(1 000±(2×1 000×30%))几率亦有95%。所以波动率上升,认沽权证与认购权证的价值均上升,标的证券的波动率越大,认购和认沽权证的价值越高。

（四）剩余存续期

权证的有效期越长,标的股价向权证持有人预测的方向移动的几率就越高,权证就有更多的行权机会。因此,剩余存续期长的权证有较高的价值。到期时间越短,权证的价值越低。

（五）红利收益率

发放红利意味标的股票即将除权,股价随之下降。因此对于认购权证来讲,标的证券的红利越高,红利增幅越高,权证的价值也就越低;反过来说,对于认沽权证来讲,红利越高,红利增幅越高,权证的价值也就越高。

（六）无风险收益率(无风险利率)

一般说来,利率提升很多人不愿意投资其他产业,因为成本过高。投资者就会转而投资股票市场,推动股票价格上扬。所以对于认购权证来讲,利率上升权证价值也会随之上升;对于认沽权证而言,利率上升权证价值就会下降,见表5.2。

表5.2 六项因素与权证价值的变化关系

因　　素	认购权证	认沽权证
标的证券价格	＋	－
行权价格	－	＋
标的证券的波动率	＋	＋
剩余存续期	＋	＋
红利收益率	－	＋
无风险收益率	－	＋

三、权证定价模型

权证是一种期权,因此对于权证的定价,多采用 Black – Scholes 模型。BS 模型适用于欧式权证。

认购权证的价值为

$$C = S \cdot N(d_1) - X \cdot e^{-rt} \cdot N(d_2)$$

认沽权证的价值为

$$P = X \cdot e^{-rt}[1 - N(d_2)] - S[1 - N(d_1)]$$

$$d_1 = \frac{\ln(\frac{S}{X}) + (r + 0.5\sigma^2) \cdot t}{\sigma\sqrt{t}}$$

式中:$d_2 = d_1 - \sigma\sqrt{t}$;$S$ 为计算时标的股票的价格;X 为执行价格;r 为无风险利率;$N(\cdot)$ 为累积正态分布概率;σ 为标的股票价格的波动率;T 为权证的存续期限(以年为单位)。

波动率常用历史波动率来衡量,即使用过去的股价数据计算波动率数值。计算方法为:首先从市场上获得标的证券在固定时间间隔(如每天、每周或每月等)上的价格;其次,对于每个时间段,求出该时段末的股价与该时段初的股价之比的自然对数,即对数收益率;然后,求出这些对数收益率的标准差,得到的即为历史波动率。大多行情统计软件都会揭示证券的历史波动率。

【例 5.5】 假设 A 公司目前股价为 4.60 元,其认购权证的行权价为 4.50 元,存续期为 1 年,股价年波动率为 0.30,无风险利率为 6%,那么

$$d_1 = \frac{\ln(\frac{4.60}{4.50}) + (0.06 + 0.50 \times 0.30^2) \times 1}{0.30 \times \sqrt{1}} = 0.42$$

$$d_2 = 0.42 - 0.30 \times \sqrt{1} = 0.12$$

查累积正态分布表,得 $N(0.42) = 0.6628, N(0.12) = 0.5478$,则

$$C = 4.60 \times 0.6628 - 4.50 \times e^{-0.06 \times 1} \times 0.5478 = 0.72$$

【例 5.6】 假设 B 公司认沽权证标的股票的价格为 4.30 元,权证的行权价为 3.73 元,标的股票的历史波动率为 0.25,存续期为 0.75 年,无风险年利率为 5%,那么

$$d_1 = \frac{\ln(\frac{4.30}{3.73}) + (0.05 + 0.50 \times 0.25^2) \times 0.75}{0.25 \times \sqrt{0.75}} = 0.94$$

$$d_2 = 0.94 - 0.25 \times \sqrt{0.75} = 0.72$$

查累积正态分布表,得 $N(0.94) = 0.8264, N(0.72) = 0.7642$,则

$$P = 3.73 \times e^{-0.05 \times 0.75} \times (1 - 0.7642) - 4.30 \times (1 - 0.8264) = 0.10$$

上述例子表明,只要把相关参数代入 BS 模型就能方便地计算权证的理论价格。通过与市场价格相比较,即能判断出权证是低估或高估。

四、权证投资溢价分析

认购权证认购溢价 = ((认购权证价格/行权比例 + 行权价 − 正股价格)/正股价格) × 100%

【例 5.7】 宝钢 JTB1 行权价为 4.5 元,2008 年 8 月 25 日宝钢 JTB1 的收盘价为 1.83 元,当日其正股宝钢股份(600019)的收盘价为 4.54 元。宝钢 JTB1 的溢价为

$$((1.83+4.5-4.54)/4.54)\times100\%\approx39.43\%$$

也就是说,如果投资者以 2008 年 8 月 25 日收盘价格 1.83 元的价格买入宝钢 JTB1 认购权证,那么宝钢股份的股价至少需上涨 39.4%,宝钢 JTB1 行权才能获利。考虑到宝钢股份的股价上涨 39.43% 几率较小,风险意识比较强的投资者会认为宝钢 JTB1 当前的价格过高,而不会买入。

认沽权证溢价认购 = ((认沽权证价格/行权比例 + 正股价 − 行权价)/正股价) × 100%

【例 5.8】 在香港上市的长江实业认沽权证(4900.HK)2008 年 9 月 8 日价格为 0.051 元,行权比例为 0.1(即 10 份权证对应一份正股),行权价为 73.38 元,权证的到期日为 2008 年 11 月 28 日,正股长江实业的股价为 85.3 元。长江实业认沽权证的溢价为

$$((0.051/0.1+85.3-73.38)/85.3)\times100\%\approx14.57\%$$

也就是说,如果投资者以 0.051 元买入长江实业认沽权证,那么长江实业在到期日前股价至少还需要下跌 14.57%,长江实业认沽权证才能获利。对于该权证,投资者在判断时,除了要考虑溢价外,还需要注意一个事实,那就是长江实业认沽权证现在处于价外,即正股高于认沽权证的价格。

【知识库】

×××权证价值测算

在实际中,认股权证的市场价格很少与其理论价值相同。事实上,在许多情况下,认股权证的市场价格要大于其理论价值。以认股权证为例,市场价格超过其理论价值的部分被称为"认股权证的溢价",其计算公式为

认股权证的溢价 = 认股权证的市场价格 − 理论价值 =
= 认股权证的市场价格 − 认购股票市场价格 + 认股价格

(资料来源:财经在线)

第六节 权证的交易策略

一、套利或对冲策略

(1)投资者带着不同的动机来到权证市场,对冲者希望通过权证交易降低或消除某股票持仓或权证持仓的风险。套利者希望从股票市场与权证市场的价格差异中获取利润。投机者期望在股票的波动率方面获取差价。对冲者和套利者对市场方向不太在意,但是投机者一般在入市前要对市场有明确的判断,因此各个投资都有一些不同的策略。套利机会主要是指

不用任何净投资及不用承担任何风险而获取利润的机会。这种机会会在违背单一价格规律的情况下产生出来,就是在无成本时,相同的产品一定以相同的价格交易。在这种情况下,一种证券的价格将会比另一种相同资产的价格低,因此同时买入低价资产和卖出高价资产就形成了套利机会。投资者可以根据这种机会的特性进行无数次的套利,直到这种机会消失。

【例5.9】 武钢认购权证(580001)最后一天的交易日收盘价是0.497元,正股(600005)收盘价3.35元,而行权价是2.62元,出现了明显的套利机会。

$$0.497 + 2.62 = 3.117(元)$$
$$3.35 - 3.117 = 0.233(元)$$
$$0.233 \div 3 \times 100\% \approx 7.5\%$$

有约7.5%的套利空间。此时立即买入权证,第二个交易日即可行权,以2.62元的价格买入武钢股份,然后在二级市场抛出或者等待更好价位抛出,即可得到7.5%以上的收益。实际上,该股后来持续上扬,一度达到了13元。

(2)权证最重要的用途之一是减少或消除股价波动所造成的风险,即进行对冲。但这种对冲不一定能完全消灭风险。

持有组合时,为防止组合的价值低于某一水平,就要买入股票指数为标的证券的认沽权证。同样地,持有大量单个某种股票的投资者会致力于保障自己。防止股价下跌造成损失,就是要减少持仓,或是买入该股的认沽权证。

【例5.10】 某投资者有100万股票,股价11元,希望在未来三个月不要低于10元,就可买入100万份认沽权证,行权价是10元。假如三个月后股价跌到8元,则权证可获利$(10-8) \times 100万 = 200万$,股票值800万,相加是1 000万。达到回避股票下跌的风险。

二、投机性权证买卖策略

在对市场有一定的判断时,就是进行投机性买卖的基础。投机性权证买卖策略包括:简单的权证买卖策略、以小博大策略、马鞍式组合和勒束式组合。

如果是对股价的波动率的判断投机可用勒束式组合策略,重点不在股价变动的方向,主要是对波动率的变化幅度有所预期。这种策略在大市反复波动时,相对有利,但在窄幅波动或牛皮盘整时,则会有风险。

(一)简单的权证买卖策略

该策略对方向进行判断,所需资金相比股票小,但又提供相同的获利能力。

当判断股价上升时,买入认购权证就可获利。特别是要买正值的Delta的权证,这样风险有限,最大损失是权利金。

【例5.11】 宝钢权证:假如股价是4.60元,这时行权价是4.50元,权证价格是0.90元,买入100份,看好后市。当行权时:最后股价上升到6.50元时,利润是$6.50 - 4.50 \times 100 - 100 \times 0.90 = 110(元)$。最后股价下跌到3.50元时,利润是$-100 \times 0.90 = -90(元)$。

当判断股价下跌时,可买入认沽权证,可以在下跌时获利,而当股价上升时限制自己的损失。

(二) 以小博大策略

投资人之所以愿意选择投资权证,根本原因在于权证所具有的高财务杠杆功能。权证属于杠杆投资的一种,具有较高的杠杆比率。以认购权证为例,一方面,如果投资人对正股的后市走势判断正确,则权证的投资回报率往往会远高于正股的投资回报率;另一方面,当正股的后市行情与投资人的预期相反时,投资人则可选择权证不行权。这时,投资者的最大损失也不过就是买入权证时所支付的权利金,这比直接投资正股的损失要小得多。投资权证的最大损失为所付出的权利金,风险有限;而其获利在理论上却可随着正股的不断上涨而无限增加(对于认沽权证则会随正股下跌而获利)。

【例 5.12】 假设 2005 年 8 月 25 日,KSGF 股票的市价是 5 元。市场上有一只以 KSGF 股票为标的认购权证(以下简称"KSGF 股票认购权证"),价格是 0.38 元,条款如下:

到期日:2006 年 8 月 25 日

种类:欧式认购权证

正股票:KSGF

行权价格:4.60 元

波动率:30%

行权比例:1 份权证换 1 股 A

无风险利率:6%

如果某位投资者看好 A 未来 12 个月的走势,他可以有两种投资选择:

1. 直接投资股票

投资者直接购买 KSGF 股票,每股需付出资金 5 元。

2. 投资 A 认购权证

投资者也可以选择投资一份 KSGF 股票认购权证,只需使用资金 0.38 元,杠杆比例为

$$5 \div (0.38 \times 1) = 14.71$$

假设到 8 月 25 日,A 股价涨至 6.5 元,按照权证的定价公式,此时 A 认购权证的价格大约为 2.23 元。直接投资股票的投资者卖出股票,收益率为 30%;认购权证投资者卖出 A 认购权证,收益率为

$$(2.23 - 0.38) \div 0.38 \times 100\% = 486.84\%$$

假设两种投资都持有到 2006 年 8 月 25 日认购权证合约终止日,投资者判断失误,A 股票跌至 4 元。直接投资 A 股票的投资者每股亏损为

$$5 - 4 = 1(元)$$

实际上,认购权证的投资者的最大损失是权利金 0.38 元。

通过这个例子可明显看到投资权证的巨大的杠杆作用,能让投资者用较少的资金获得巨

大收益,但如判断失误,面临的损失也不容小视。

(三)马鞍式组合和勒束式组合

权证能让投资者对股价的变动的波幅进行买卖,但股票只能进行升跌买卖。马鞍式组合和勒束式组合就是对代表的正股的波动率进行投机时使用的,又称为波动率跨价/期买卖或 Gamma 策略。这两种策略会因股价变动或波动率上升而受益,但会随时间而受损。马鞍式组合就是同时买入相同的标的证券、行权价格及到期日的认购及认沽权证,以期望价格突然的转变及/或波动率的扩大而受惠。勒束式组合就是同时买入相同标的证券、到期日,但不同行权价格的认购及认沽权证,以期望价格突然的转变及/或波动率的扩大而受惠。

1. 马鞍式组合

马鞍式组合就是买入相同行权价及到期日的认购和认沽权证各一张,当标的证券的价格有较大的升跌幅度时,这个组合就能产生利润。特别适合投资者判断市场会有大变动但不知道方向时运用,但在盘整时不合适。随时间消逝,其利润会逐渐下跌。

【例 5.13】 某钢铁股现价是 11 元,但其行权价为 10 元,到期日是六个月后的认购权证和认沽权证的价格分别是 1.10 元和 0.40 元。估计市场在未来会有较大变动,但具体方向不明,可对该股的不稳定性进行投资性买卖,同时买入各 100 份。投资成本为(1.10 元 + 0.40 元) × 100 = 150(元)。

情况一:当股价升到 15 元时,获利:

(15 − 11) + 0 = 4

4 × 100 = 400

400 − 150 = 250

情况二:当股价跌到 10 元时,获利:

0 + 0 = 0

0 × 100 = 0

0 − 150 = − 150

情况三:当股价跌到 8 元时,获利:

0 + (10 − 8) = 2

2 × 100 = 200

200 − 150 = 50

可见最大亏损是 150 元的投资本金。如果股价盘整,则会亏损,最大亏损就是 150 元;当股价大幅上涨时,获利将是无限的。

2. 勒束式组合

勒束式组合就是同时买入相同到期日的认购权证和认沽权证,但是认购权证的行权价比认沽权证的行权价高。该组合就是结合了价外认购权证和相同的到期日的价外认沽权证。根据两张权证行权价的不同,该组合可宽可窄。当股价有比较大的变动时,该组合就能产生利润。但盘整时,这个策略就会亏本。因为是价外权证,因此,该组合比马鞍式组合的投资成本相对较低。

【例 5.14】 某钢铁股现价是 11 元,到期日是六个月后的认购权证和认沽权证的价格分别是 0.60 元和 0.20 元。但其行权价分别为 12 元和 9 元,估计市场在未来会有较大变动,但具体方向不明,对该股的不稳定性进行投资性买卖,同时买入各 100 份。投资成本为

$$(0.60+0.20)\times 100 = 80(元)$$

情况一:当股价升到 15 元时,获利:

$(15-12)+0=3$

$3\times 100 = 300$

$300-80 = 220$

情况二:当股价跌到 12 元时,获利:

$0+0=0$

$0\times 100 = 0$

$0-80 = -80$

情况三:当股价跌到 8 元时,获利:

$0+(9-8)=1$

$1\times 100 = 100$

$100-80 = 20$

可见最大亏损是 -80 元的投资本金。如果股价盘整,则会亏损,最大亏损是 80 元;当股价大幅上涨时,获利将是无限的,但比马勒鞍式低,相对保守。

二者比较:马鞍式较勒束式组合的成本高,但利润高。国内目前还没有出现类似权证可供投资者操作。

三、构造组合策略

作为一种衍生性金融工具,权证源于股票、指数或其他证券等基础金融工具,与股票等基础工具一样可以作为投资人投资理财的工具之一,并纳入其投资组合。投资人可配合对基础金融工具的投资而购进相应的权证,以此提高资金的运用效率并尽最大可能的规避风险。权证的这种功能很明显是一般基础证券所无法有效提供的。由于投资权证只需付出一笔权利金,即可获得将来认购或认沽标的证券的权利,因此投资人用较少的资金调度,即可达到灵活调整其投资组合的目的,从而可保留部分资金用作其他投资,以提高理财效率与绩效。

权证可成为一种有效的避险工具。利用权证与其他金融工具的不同组合,可以产生多种不同的风险收益形态。投资者可以根据自己的风险收益偏好进行选择,比如常见的权证与股票的投资组合,就是利用权证对冲风险功能。假设投资者已持有或即将持有股票头寸,就可以购买认沽权证作为避险工具。投资者预测股票价格即将上涨,却又担心预测错误或者为了

规避系统性风险,即可用少许的金额买进一个认沽权证,当股票价格上涨时,买入股票已经获利,而损失的只是少许的权证金。反之,如投资者预测股票价格即将下跌,则可实行相反的避险操作策略。

【例 5.15】 假设某投资者持有资金 1 000 万元,对 A 股票未来的行情不是很确定,希望能承担的最大亏损是 4%,在此基础上追求高收益,投资期限 12 个月。市场上存在一个一年期限的债券,到期收益率为 3.5%。A 认购权证行权价格 4.60 元,权利金 0.38 元,期限一年,A 股票现价 5 元。根据此投资者的风险承担能力,可以考虑以下两种组合:投资债券 930 万元;投资 A 认购权证的金额为 70 万元,可以得出两种不同的投资结果。

(1)期末结果:A 股票涨至 6.50 元。

投资债券部分的证券价值 = 930 × (1 + 3.5%) = 962.55(万元)。

投资 A 权证部分的证券价值 = 70/0.38 × (6.50 − 4.60) = 349(万元)。

期末总证券 = 962.55 + 349 = 1 311.55(万元)。

收益率 = (1311.55 − 1 000)/1 000 × 100% = 31.16%。

折算年收益率为 31.16%。

(2)期末结果:A 股票跌至 4 元以下。

投资债券部分的证券价值 = 930 × (1 + 3.35%) = 962.55(万元)。

投资 A 权证部分的证券价值 = 70/0.38 × 0 = 0。

期末总证券 = 962.55 + 0 = 962.55(万元)。

最大亏损为

$$(962.55 - 1\,000)/1\,000 \times 100\% = -3.745\%$$

通过这一组合,投资者可实现在控制风险的同时追求最大收益的投资目标。这种组合就是目前保本基金的雏形。

四、构建保本基金策略

目前国际市场上的保本基金,一般会把 80%~90% 的资金放在零息债券上,这主要是为投资者提供本金保证,其余大约 10% 则会投资在期权上以争取潜在利益。由于权证也是期权的一种,所以投资者也可尝试投放适量资金在权证中,其余则放在低风险以至无风险的投资工具上,如定期存款及债券等,为自己做一个保本基金。

【例 5.16】 投资者有 10 万元资金准备投资,投资期限大概为 4 年。要确保 4 年后最少还有这 10 万元,可利用贴现计算法。假设投资者选择的定期存款或债券所提供的收益率为每年 3.5%,利用贴现计算法,投资者需投入约 87 144 元在定期存款或债券上,以确保 4 年后可取保本利共 10 万元;即投资者尚有 12 856 元作其他投资如投资权证。

贴现计算法:

$$A_1 = A_0 \times (1 + R)^N$$

$$目标金额 = 现需投入的资金 \times (1 + 年息率)^{投资年期}$$

式中:A_1 为目标金额;A_0 为现需投入的资金;R 为年息率;N 为年限。

所剩的资金虽是有限,但投资者可争取理想的回报。市场上的权证有长期和短期、价内和价外之分,所以风险承受能力不同的投资者都有机会选择合适的权证。

比如选择投资某权证,条款如下:

权证类别:欧式认购权证

行权期限:1 年

行权价:4.50 元

行权比例:1:1

权证的市价:0.80 元

则 12 856 元就可约买入 16 000 份权证。

当权证在一年后行权,正股的结算价为 5.90 元。

每份权证收益率为:5.90 - (4.50 + 0.80) = 0.60(元)。

投资权证的总收益为:16 000 × 0.60 = 9 600(元)。

假如每年投资权证都取得类似成绩,则四年的权证投资总收率为

$$4 \times 9\ 600 = 38\ 400(元)$$

考虑到投资 10 万元取得的总收益也就是 38 400 元,不仅保住了本金,而且还取得了相当不错的投资成绩,四年的总收益率为:38 400/100 000 × 100% = 38.4%。

五、持有证股两种投资策略

(一)抛股买证策略

是指投资者如果看好正股走势,则可卖出正股,以所得现金全部买入正股权证。

【例 5.17】 假设正股目前价格为 10 元,正股权证行权价格为 12 元(即溢价率为 20%),权证市价(权利金,假设权证行权比例为 1:1)为 1 元(即杠杆比例为 10 倍)。

投资者如果购买一张权证,相当于用 1 元的代价来投资 12 元(行权价格)的正股票,如果今后正股票上涨到 15 元,则其收益率(不考虑交易成本)为:投资权证收益率 = (15 - 12 - 1)/1 = 200%。

若投资者直接投资正股票,则其收益率 = (15 - 10)/10 = 50%。

若正股市价到期等于 12 元,则投资权证收益率为 0,且投资者亏掉权证金,但此时投资正股收益率为 20%;正股价格为 13 元时,投资权证刚好持平,投资正股收益率为 30%;正股价格在 13 元以上但低于 13.33 元,投资权证收益率小于投资正股收益率;正股价格在 13.33 元时,投资权证收益率与投资正股收益率相同。只有正股价格大于 13.33 元时,投资权证收益率才大于投资正股的收益率。在此价格之上,正股市价越高,投资权证的收益率越大,高杠杆作用就越明显。由此亦可见投资权证的优越性。

(二)抛股避险策略

抛股避险策略是指投资者如果对正股走势难以把握,但又想保住目前的获利水平,则可卖出股票,并买进正股的权证。这也是投资者在市况不明情况下为了避免证券损失而又不想失去未来正股上涨收益所必须付出的成本。

六、未持有正股的三种投资策略

(一)高风险策略

高风险策略也称为金额对等策略,即投资者将原本买入正股的金额,改为全部买入正股权证,这是一种风险很高的策略,投资者的损益会随正股价格波动而大幅波动,当然其杠杆也是最大的。因杠杆作用,获利将高达数倍,然一旦走势不如预期,亦会造成很大损失,风险性很高。

【例5.18】 投资人以10 000元去投资某股,他可以选择以10元买进1 000股正股,或以2.5元买进4 000单位权证。见表5.3。

表5.3 高风险策略

状 况	股价涨至12元,权证涨至4元	股价跌至8元,权证跌至1.3元
正股损益	(12-10)×1 000 = 2 000	(8-10)×1 000 = -2 000
权证损益	(4-2.5)×4 000 = 6 000	(1.3-2.5)×4 000 = -4 800

(二)套取现金策略

套取现金策略也称为股数对等策略,即投资者将原本买入正股的数量,改为以买入正股权证的方式买入同样的数量,其余部分则以现金方式持有。如果后市正股票价格大幅下降,投资者自然不会行权,当然投资者将损失购买权证的权利金,不过投资者也获得了以更便宜的价格买入正股票的机会;如果后市正股票价格大幅上升,投资者可获利。此方式损益较正股投资小,风险较低。见表5.4。

表5.4 套取现金策略

状 况	股价涨至12元,权证涨至4元	股价跌至8元,权证跌至1.3元
正股损益	(12-10)×1 000 = 2 000	(8-10)×1 000 = -2 000
权证损益	(4-2.5)×1 000 = 1 500	(1.3-2.5)×1 000 = -1 200

(三)对冲率避险

因对冲率是权证与正股之间的变动关系,所以投资人可以应用对冲率来调整权证投资部位,使权证投资的收益与正股投资差不多。这种投资策略并没有增加或减少其投资风险,风险相当中立。

【例5.19】 假设投资人有10 000元,已知对冲率为0.69,故买进1 000/0.69 = 1 450单位权证,金额为3 625元,所余的6 375元仍可以放入定存赚取利息。见表5.5。

表5.5 对冲率避险

状　况	股价涨至12元,权证涨至4元	股价跌至8元,权证跌至1.3元
正股损益	(12－10)×1 000＝2 000(元)	(8－10)×1 000＝－2 000(元)
权证损益	(4－2.5)×1 450＝2 175(元)	(1.3－2.5)×1 450＝－1 740(元)

【知识库】

芝加哥期权交易所简介

芝加哥期权交易所(Chicago board options exchange,CBOE)成立于1973年4月26日,是由芝加哥期货交易所(Chicago board of trade,CBOT)的会员所组建。在此之前,期权在美国只是少数交易商之间的场外买卖。CBOE建立了期权的交易市场,推出标准化合约,使期权交易产生革命性的变化。芝加哥期权交易所正式成立,标志着期权交易进入了标准化、规范化的全新发展阶段。芝加哥期权交易所先后推出了股票的买权(call options)和卖权(put options)都取得了成功。

(资料来源:百度百科)

本章小结

1. 权证是指由标的证券发行人或其以外的第三人发行的,约定持有人在规定期间内或特定到期内,有权按约定价格向发行人购买或出售标的证券,或以现金结算方式收取结算差价的有价证券。权证具有高杠杆性、时效性、避险性、权益有限性与商品多元化性。

2. 权证分类是多方面的,按行权方向划分,分为认购权证与认沽权证,这是权证最基本的分类形式;按行权期限划分,分为欧式期权、美式期权和百慕大期权;按发行主体划分,分为股本认购权证与备兑权证;按行权价格与标的股票市场价格关系划分,分为价内权证、平价权证与价外权证;按标的资产的不同,分为个股型认股权证、组合型认股权证与指数型认股权证。

3. 权证的基本要素包括相关主体、相关资产、附带权利与特别条款四个方面。投资权证有着特别重要意义,即能够套期保值和强化风险管理、套利与投机。权证是金融衍生工具的一种,但其与股票、期权、期货、可转换债券有着本质区别。

4. 权证创设与注销是权证本身所具备的特性,创设机制是指在权证上市以后,由有资格的券商在结算公司进行履约担保之后,发行和原权证条款完全一致的权证。创设机制的主要目的是增加权证供应量,平抑权证的过度需求带来的权证价格过高。权证注销是指创设人向上证所申请注销其指定的权证创设账户中全部权证或者部分权证。申请获准以后,履约担保账户中与注销权证数量相等的股票或者现金也相应解除质押,上证所要求同一创设人申请注销权证的数量不得超过他之前所创设的数量。

5. 权证的价值一般由两部分构成,即内在价值与时间价值。影响权证价值的因素有证券价格、行权价格、标的证券波动率、剩余存续期、红利收益率、无风险收益率等六个方面。

自 测 题

一、名词解释

权证　认购权证　认沽权证　欧式权证　美式权证　百慕大权证　股本认股权证　备兑权证　价内权证　平价权证　价外权证　权证创设　权证注销

二、简述题

1. 权证的特性。
2. 权证的基本要素。
3. 权证与股票的区别与联系。
4. 权证与期权的区别与联系。
5. 权证与可转债的区别与联系。
6. 期权与期货的区别与联系。
7. 权证创设程序。
8. 影响权证价值的因素。
9. 简述权证交易策略。

三、计算题

1. 宝钢JTB1行权价为5.5元,假如2010年10月20日宝钢JTB1的收盘价为2.45元,当日其正股宝钢股份的收盘价为4.78元。计算宝钢JTB1的溢价率。
2. 假设某公司认沽权证标的股票的价格为4.50元,权证的行权价为3.15元,标的股票的历史波动率为0.20,存续期为0.75年,无风险年利率为6%。计算认沽权证的价值。
3. 假如某投资者持有资金500万元,对A股市场行情走势不能准确确定,但希望止损幅度为4%,在此基础上追求高收益,投资期限为一年。市场上存在一个一年期限的企业债券,到期收益率为3.9%。A认购权证行权价格4.68元,期限一年,A股票现价5.00元。根据此投资者的风险承受能力,可以考虑以下两种组合:投资债券45万元,投资A股认购权证的金额为50万元,会有几种不同的投资结果。

【阅读资料】

长江电力股权改制方案综合分析

一、长江电力股改方案出台纪实

　　同宝钢股份一样,长江电力的股改方案也备受瞩目。通过前后两种方案的出台,不仅反映了市场态度,同时也取决于上市公司管理层为此所付出的艰辛努力。

　　2005年6月22日,长江电力公布了初步沟通稿。主要内容是:

　　(1)流通股股东每10股将直接获得1股的对价。

　　(2)长江电力向全体股东无偿派发认股权证,每10股派2股权证,每股行权价格6元。

(3)三峡总公司准备出资40亿元以维持股价稳定。

(4)三峡总公司承诺,所持股份2007年不出售,2015年持股比例不低于55%。

(5)分红比例提高到65%。本方案出台后,普遍被市场评为"吝啬"的方案。各类投资者早早放出风将投反对票。

面对流通股东的不满意,长江电力的高管人员多次与以基金公司为首的机构投资者进行充分协商,并逐步达成各方满意的最后方案。

2005年7月4日长江电力公布了正式股改方案。这次方案得到了市场的全面好评,并给予管理层在增进与流通股东的沟通诚意上以高度评价。正式方案有对价措施、持股承诺、认股权证等三大部分。首先是四大对价措施:

(1)长江电力以资本公积金每10股转增0.421股,而非流通股股东将获转增股份全部送给流通股股东,则流通股股东每10股获送1股,每10股实得1.421股。

(2)三峡总公司以减征部分三峡基金为代价,置换提高葛洲坝电站销往湖北省外电量的电价,按目前总股本计算,长江电力每股收益将提高0.025元。

(3)以经审计的2005年第一季度财务报告为基础、以目前总股本为基数,长江电力向全体股东每10股派送现金1.74元,共计派现金136 694.44万元,而非流动股股东将所获96 219.22万元现金全部转送流通股股东,则流通股股东每10股获送4.14元,每10股实得5.88元(含税)。

(4)其他非流通股股东按持股量10%送股给流通股股东,流通股股东每10股获送0.2496股。长江电力拟对全体股东每10股派发1.5份,权证为欧式认股权证(即于权证存续期间,权证持有人仅有权在行权日行权),存续期24个月。按本次转增股份后的股本为基数计算,则总额为12.28亿份,行权价格5.5元/股(不考虑转增股份的除权影响)。

此外,大股东三峡总公司承诺自获得上市流通权之日起24个月内,所持长江电力股份不上市交易或转让,在2015年前持股比例不低于55%;其他非流通股股东的承诺则是,自获得上市流通权之日起12个月内,所持长江电力股份不上市交易或转让。

二、长江电力权证估值评价

1. 长江电力权证新方案评价

(1)长江电力权证新方案基本条款。

2005年7月4日,长江电力的认股权证发行计划具体内容包括以下内容:

①发行人:长江电力;

②权证类型:欧式认购权证,即于权证存续期间,权证持有人仅有权在行权日行权;

③存续期:自权证上市之日起18个月;

④发行数量:按公司本次转增股份后的股本为基数,对全体股东每10股派发1.5份;

⑤发行价格:免费;

⑥行权日:权证存续期的最后5个交易日;

⑦行权比例:1:1,即1份认购权证可按行权价向长江电力认购1股股票;
⑧行权价格:5.5元/股。

(2)新方案权证价值分析

方法一:采用 Black-Scholes 模型进行计算。

s	x	r	q	t	δ	value
8.74	5.5	0.0142		0.75	0.35	2.864

模型参数说明(以下同):

S 为当前股票价格;t 为距权证到期日时间;x 为行权价格;δ 为股票收益年波动率;r 为无风险收益率;q 为股息率。

方法二:采用二叉树(Binomial)模型进行计算。

s	x	r	q	t	δ	N	value
8.74	5.5	0.0142		0.75	0.35	1 000	2.962 1
8.74	5.5	0.0142		0.75	0.35	1 000	2.935 0
Average							2.953 5

注:N 为二叉树模型所用步数。

方法三:Monte Carlo Simulation 模型进行计算。

s	x	r	q	t	δ	NMax	value
8.74	5.5	0.0142		0.75	0.35	1 000 000	2.778 0

注:NMax 为 Monte Carlo Simulation 模型所用步数。

综合各种方法得出的结果,该认购权证行权价为5.5元以报告日收盘价8.74为准,取无风险收益率(一年期国债发行利率)为1.42%,股票收益年波动率为0.35,不考虑分红派息因素,则此认购权证对应欧式买权价格约为2.90元。因为行权价格和行权比例随长江电力股份股票除权、除息进行相应调整,所以在估值时无需考虑股息率的影响。

2. 长江电力权证初步方案评价

(1)长江电力权证初步方案基本条款。

2005年6月22日,长江电力公布了股改的初步方案,主要内容是:

①发行人:长江电力;
②权证类型:欧式认购权证,即于权证存续期间,权证持有人仅有权在行权日行权;
③存续期:自权证上市之日起18个月;
④发行数量:按公司本次转增股份后的股本为基数,对全体股东每10股派发2份;
⑤发行价格:免费;
⑥行权日:权证存续期的最后5个交易日;
⑦行权比例:1:1,即1份认购权证可按行权价向长江电力认购1股股票;

⑧行权价格:6元/股。

(2)旧方案认购权证价值分析

方法一:Black – Scholes – Merton 模型

s	x	r	q	t	δ	value
8.74	6	0.014 2		0.75	0.35	2.965 2

方法二:二叉树(Binomial)模型

s	x	r	q	t	δ	N	value
8.74	6	0.014 2	0	1	0.464	1 000	3.087 2
8.74	6	0.014 2	0	1	0.464	1 000	2.926 3
Average							3.051

注:N 为二叉树模型所用步数。

方法三:Monte Carlo Simulation 模型

s	x	r	q	t	δ	NMax	value
8.74	6	0.014 2		0.75	0.35	1 000 000	2.965 2

注:NMax 为 Monte Carlo Simulation 模型所用步数。

综合各种方法得出的结果,该认购权证行权价为 6 元,以报告日收盘价 8.74 为准,取无风险收益率(一年期国债发行利率)为 1.42%,股票收益年波动率为 0.35,不考虑分红派息因素,则此认购权证对应欧式买权价格约为 2.93 元。

(3)新旧方案比较分析:对价和风险收益。

新方案欧式认购权证价格约为 2.90 元,相当于 2.90÷8.74 = 0.33 股,综合该方案所有的对价折算成 8.74 元的股单位,则一共有:

①对价部分折算股份:1.5×0.33 股 = 0.495 股;

②公积金所获折算数:1.421 股;

③获得非流通股东现金折算股数:0.414 元÷8.74 元 = 0.047 股;

④获得非流通股东直接送股数:0.249 6 股。

则表明,新方案送股系数为 0.495 + 1.421 + 0.047 + 0.249 6 = 2.212 6 股。

原方案欧式认购权证价格约为 2.93 元,相当于 2.93÷8.74 = 0.33 股,综合该方案所有的对价折算成 8.74 元的股单位,则一共有:

①对价部分折算股份:2×0.33 股 = 0.66 股;

②获得非流通股东直接送股数 1 股。

则表明,新方案送股系数为 1 + 0.66 = 1.66 股。

因此,比较新旧方案,在对价上,新方案较旧方案更为优惠一些。

同宝钢权证相比,长江电力权证存在其特殊的条款使得两者明显不同,在权证的估值与投资策略上也将会有一定程度的差异。

　　首先，对长江电力的权证方案，特别增加到期以1.8元/权证的向大股东回售方案，明确了权证实际价值。由于本次权证翻案增加了权证的回收条款，权证底线价值得到了明确，流通股股东到行权日至少可以得到每10股2.7元的保底收益。以2005年7月20日长江电力收盘价8.74元计算，权证的增加至少等于每10股获送0.33股。加上原有的对价方案，长江电力确定的对价已达到每10股获送2.262股。

　　其次，每次权证隐含的静态内在价值为1.49元。除权后长江电力的参考价格为6.99元，这离5.5元的行权价高出1.49元，也就是说，每份权证隐含的静态内在价值为1.49元，这明显低于1.8元的回售价。只有当长江电力股价超过7.30元时，权证本身的内在价值才会超过1.8元的回售价。

　　从理论上说，长江电力复牌后无论股价出现多么大的跌幅，长江电力认股权证的价格都不会低于1.8元，按照18个月期限的贴现值（约为1.74元）。同时，由于权证本身除了内在价值外，还有时间价值。可是时间价值又与公司的成长性、股价波动性、投资者面对的无风险利率及剩余天数等有关，因此，长江电力的认购权证定位在1.8元以上几乎没有悬念。

（资料来源：中国证券报）

第六章
Chapter 6

金融互换交易

【学习要求及目标】

本章主要阐述了金融互换的相关机理,通过对金融互换起源及其发展的描述,揭示金融互换的理论基础,并介绍了金融互换的功能及种类。通过对本章的学习使学生深入理解金融互换的基本原理及其功能,掌握金融互换合约的内容,熟悉金融互换的种类。

【引导案例】

16世纪,一位意大利的银行家,想要西班牙币,而西班牙国王急需黄金。在安特卫普城(当时的金融中心之一)他们一拍即合。其成交价格,远低于市场价,双方既互利互惠,又了却心愿。在金融史中,这也许是最原始的互换业务。而作为一种衍生工具,真正被金融业称为一大创新,却是在半个多世纪之后。李嘉图的比较优势学说指出,只要两个国家,生产有相对优势的商品,通过贸易,便能实现"双赢",该理论主要为国际贸易奠基。其实,金融互换业务,也能从这里找到依据。国际金融市场里,信用等级越高,人们对它的信赖度就越高,筹资成本就越低。与英格兰银行相比,中国银行信用等级低,若同在美国发行美元债券,中行则势不如人。不过,中行也有自身优势,若在中国筹集人民币,凭着对中行的了解和信赖,国人肯定首选中行。假设中行需要美元,英格兰银行需要人民币,即可分工合作,由英格兰银行筹集美元,中行筹集人民币,然后交换战果,这就是金融互换的原理。这原理看似简单,却是互换业的生存基础。

第一节 金融互换的产生

一、金融互换产生背景

布雷顿森林体系解体后,多数国家汇率自由浮动。原先,各国货币与美元挂钩,货币间比价易于推算,交易风险低。改为浮动汇率后,市场决定汇率。而市场变幻无穷,汇率也随之波动。汇率代表着一种货币的国际价格,利率则代表国内价,国际价变了,国内价难免需要调整。人们对利率、汇率的走向,如同雾里看花,捉摸不透,这给资产负债管理出了不少难题。能扬长避短、减少风险的互换业,却得以顺势成长,如今已演化出货币、利率、股票、债务、期货、期权互换等多种形式。最早出现的是货币互换,它指两个机构,分别利用自身优势,筹集不同国家的债券,然后相互交换,以减少双方集资成本。货币互换中的经典案例,当属IBM公司和世界银行间的交易。当时IBM公司的资产,多为美元,它想把手头的德国马克和瑞士法郎债券,转换为美元债券,使其资产和负债相对应,以规避汇率风险。而德国马克和瑞士法郎,利率比美元低得多,世界银行想用它降低债务利息。巧的是,它们的市场优势也不同,世界银行发行欧洲美元债券,成本较低;而IBM公司筹集德国马克和瑞士法郎债券,也是拿手好戏。所罗门兄弟公司,利用这一时机,促成世界银行将美元债券,与IBM公司的马克、瑞士法郎互换,结果筹资成本大大降低。IBM公司债券利率从10%降到8.15%,世界银行将债务利率从16%降到10.13%。双方成交后,在债务到期前,互为对方偿付本息,因此,一项互换交易,往往要持续好几年。与货币互换相比,利率互换只换利率,不换货币,手续更为简便。金融界有个不成文的规定,为减免风险,要求资产和负债的利率构成最好一致。然而,很不凑巧,想要浮动利率债券的手头上,往往只有固定利率债券,而有大把浮动利率债券的,却需固定利率债券。成人之美的利率互换,应运而出。固定利率债券和浮动利率债券间,或以不同标准的浮动利率债券间(通用的浮动利率标准,有伦敦银行间拆借利率、美国商业票据公债利率等)相互交换,就是利率互换。为获规模效应,一般利率互换,债券面额至少是500万美元。互换后,既使利率只少了零点几个百分点,也可免去大笔利息。如果说,货币互换和利率互换是大哥,那么,股票、债券、期货、期权互换就是小弟。在约定的时间内,将股票和其他金融资产交换,本息相应易主,乃股票互换。债券互换与股票互换类似。许多发展中国家,因举债数额过大,偿付能力有限,清偿债务变得遥遥无期。无论债权国或债务国,对此都无可奈何,此乃债务危机。20世纪80年代,大众公司用1 700万美元,收购墨西哥2.81亿美元的债券,并将这些债券换成了等值的股票。如此互换,三方都得了实惠,名存实亡的债权,换成了现金,债权方乐意,债务国脱了干系。大众公司用1 700万美元,换得了2.81亿美元的股票,也是只赚不赔。墨西哥用此法,一年内,卸掉了15~18亿美元的债务包袱。

期货互换,是期货合约间的交换。而期权互换,指买入期权者,要求售出期权方,在有效期内,按约定的利率和汇率,进行互换业务。而买入方得支付权利金,若到期时,觉得无利可图,亦可弃权。但卖出方因得了权利金,也不再追索。若交易双方,相互需要对方的资产,便可拍板成交。但如此机缘巧合,并不多见。现实往往是,你需要别人的东西,别人却对你的东西没兴趣。如日本一公司需要英镑,英国某机构想要美元,美国某机构需日元。这就让中介机构找到了发财的路子,即便双方数额不等,要求不一,中介人分解数额,从中撺旋,也能让交易者各得其所。这种由中介搭桥,多方参与的互换方式,就是混合互换(又名鸡尾酒互换),它是随互换业的发展应变而生的。当今,一些大的金融机构,如商业银行、保险公司、养老基金管理部门,主动出击,寻求交易伙伴,既做互换的中介,又做交易方。此外,英国银行家协会

(BBA)、国际互换交易者协会(ISDA)都制订出了标准化互换和约。此举简化了互换程序,提高了交易效率。交易双方只要通过电传,说明时间、利率、本金、账户结算等,就可成交。中介业的繁荣及合约标准化,使互换业飞速发展。1981年,全球互换业务仅3笔,成交额为1亿美元。13年后,互换业务的成交额达5.35万亿美元,增长了5万多倍。规避利率或汇率风险、改变债务结构、高效率地管理资产,是互换业的基本职能。一般而言,每笔互换业务额都很大,参与者资金雄厚,信用度高。而互换业务时间跨度较大,分期履约,并不适合投机。所以,在金融衍生工具中,互换的风险较低。互换并不改变原来的合同关系,也就是说,当事人的资产负债表不变,所得收益也不用纳税,绕开了金融管制。正因互换有如此多的功效,而被称为金融工具中的"集成电路"。

二、金融互换产生的产品基础

现代金融互换是在平行贷款和背对背贷款的基础上发展起来的。

(一)平行贷款

平行贷款是指在不同国家的两个母公司分别在国内向对方公司在本国境内的子公司提供金额相当的本币贷款,并承诺在指定到期日,各自归还所借货币。

平行贷款是为了逃避外汇管制而产生的一种筹资形式。在20世纪70年代初,英国资本外流严重。为了限制资本外流,英国政府实行了一种类似征税的外汇管制办法。根据该办法,英国公司对外投资需要以较高的价格购买外汇,而收回外汇时只有部分外汇可按较高价格出售。一些公司开始于外国公司协商提供贷款以逃避外汇管制,平行贷款由此而生。

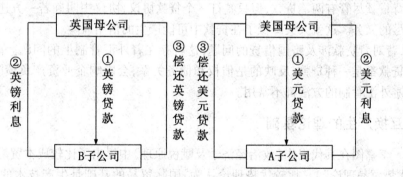

图6.1 平行贷款结构图

从上面的流程图可知,英国母公司A及美国公司B,A公司在美国的子公司A′,B公司在英国的子公司为B′。现在B′子公司需要英镑资金,A′公司需要美元资金,就可以由两家母公司达成一致,由B公司向在美国的A′子公司提供美元贷款,A公司向在英国的B′子公司提供英镑贷款。

平行贷款很好地逃避了外汇管制,但是也包含着信用风险。因为平行贷款涉及两个独立的贷款合约。一方违约不能成为另一方违约的理由。所以为了规避违约风险,另一种与平行贷款相似的贷款形式——背对背贷款应运而生。

(二)背对背贷款

背对背贷款(Back-to-back Loans)就是为了解决平行贷款中的信用风险而诞生的一种产品。它是指两个国家的母公司相互直接贷款,贷款币种不同但币值相等,贷款到期日相同,各自支付利息,到期各自偿还原借款货币。

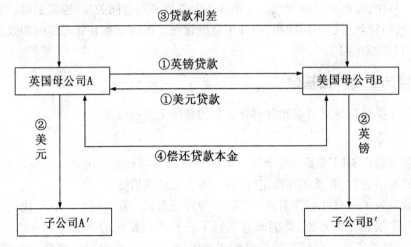

图6.2 背对背贷款结构图

背对背贷款尽管有两笔贷款,但只签订一个贷款协议,协议中明确若一方违约,另一方有权抵消应尽的义务。这就大大降低了在贷款中可能产生的信用风险。

同样,背对背贷款涉及跨国借贷的问题,这就存在着外汇管制上的问题。而且平行贷款与背对背贷款都是一种贷款,反映的是债权和债务关系,会影响企业资产负债的结构。目前这两种规避外汇管制的方法都不常用。

三、金融互换产生的理论基础

大卫·李嘉图在其代表作《政治经济学及赋税原理》中提出了比较成本贸易理论(后人称为"比较优势贸易理论")。比较优势理论认为,国际贸易的基础是生产技术的相对差别(而非绝对差别),以及由此产生的相对成本的差别。每个国家都应根据"两利相权取其重,两弊相权取其轻"的原则,集中生产并出口其具有"比较优势"的产品,进口其具有"比较劣势"的产品。比较优势贸易理论在更普遍的基础上解释了贸易产生的基础和贸易利得,大大发展了绝对优势贸易理论。

李嘉图的比较优势理论不仅适用于国际贸易,而且适用于所有的经济活动。只要存在比较优势,双方就可通过适当的分工和交换使双方共同获利。人类进步史,实际上就是利用比较优势进行分工和交换的历史。

互换是比较优势理论在金融领域最生动的运用。根据比较优势理论,只要满足以下两种条件,就可进行互换:双方对对方的资产或负债均有需求;双方在两种资产或负债上存在比较优势。

对于比较优势理论在互换中的应用,我们可以举例如下:

假设有甲、乙两个公司,甲公司希望筹措浮动利率资金,乙公司需要筹措固定利率资金。这两家公司的信用等级和筹资利率如表6.1所示。

表6.1 甲、乙两公司的信用等级与筹资利率

	甲公司	乙公司	利差
信用等级	AAA	BBB	
固定利率	5%	6%	100个基点
浮动利率	LIBOR+0.25%	LIBOR+0.75%	50个基点
比较优势	固定利率筹资	浮动利率筹资	互换利益50个基点

互换效果分析:

(1)如果双方不互换:乙以固定利率6%,甲以浮动利率LIBOR+0.25%筹资。消耗的总成本为LIBOR+6.25%。

(2)如果二者互换:甲以固定利率5%,乙以浮动利率LIBOR+0.75%筹资然后二者交换。消耗的总成本为LIBOR+5.75%。

(3)互换带来成本0.5%的节省,二者如果商定平均分配,则各得25点,双方都降低了自己的筹资成本。

四、国际金融互换发展的特点与趋势

金融互换从产生之日起,其发展一刻未停,因此其特点也在动态地发展。概括而言,金融互换的特点主要表现在:

(一)品种多样化

最基本的金融互换品种是指货币互换(currency swap)和利率互换(interest rate swap)。在此基础上,金融互换新品种不断出现,较典型的是交叉货币利率互换,从而使互换形成完整的种类,呈现出多样化的特点。

(二)结构标准化

在金融互换发展的初期,一些因素阻碍了其进一步发展。例如:互换中的信用风险难以把握、缺乏普遍接受的交易规则与合约文本等。为此,1985年2月,以活跃在互换市场上的银行、证券公司为中心,众多的互换参与者组建了旨在促进互换业务标准化和业务推广活动的国际互换交易协会(international swap dealer's association,简称ISDA),并在《国际金融法规评论》上发表了该协会会员克里斯托弗·斯托克关于互换业务标准化的著名论文,拟定了标准

文本"利率和货币互换协议"。该协议的宗旨,就是统一交易用语,制订标准的合同格式,统一利息的计算方式。该协议要求交易双方在达成第一笔互换交易前(或之后)签订这样一个"主协议",同时可对各项条款进行讨论、修改和补充。由此在以后每一笔互换交易时,就省去了拟定、讨论文本的大量时间。在"主协议"项下,交易双方的每一笔互换交易仅需要一个信件或电传来确定每笔互换的交易日、生效日、到期日、利率、名义本金额、结算账户等即可成交。到目前为止,世界上大多数银行、投资银行等均已成为该协会的成员,极大地推动了互换交易标准化的进程。该协议的实施,标志着金融互换结构进入标准化阶段,为金融互换交易的深入发展创造了良好的条件,大大提高了交易效率。

(三)功能扩大化

互换交易的基本经济功能有两个:一是在全球金融市场之间进行套利,从而一方面降低筹资者的融资成本或提高投资者的资产收益,另一方面促进全球金融市场的一体化;二是互换交易提高了利率和货币风险的管理效率,即筹资者或投资者在得到借款或进行投资之后,可以通过互换交易改变其现有的负债或资产的利率基础或货币种类,以期从货币或汇率的变动中获利。随着互换交易的发展,其功能也逐步扩大,表现在:

(1)完善了价格发现机制。金融互换所形成的价格反映了所有可获得的信息和不同交易者的预期,使未来的资产价格得以发现。

(2)拓宽了融资渠道。利用金融互换,筹资者可以在各自熟悉的市场上筹措资金,通过互换来达到各自的目的,而不需要到自己不熟悉的市场去寻求筹资机会。

(3)投资银行家可利用互换创造证券。由于大多数互换是在场外交易,可以逃避外汇、利率及税收等方面的管制,同时互换又具有较强的灵活性,使得投资银行家能创造一系列的证券。

(4)获取投机收益。随着互换的不断发展,一些专业交易商开始利用其专业优势,对利率与汇率进行正确预测而运用互换进行投机。一旦遇到市场波幅大,且其判断正确时,收益丰厚。

(四)定价复杂化

互换的价格主要表现为互换时所愿意支付的利率、汇率水平。国际金融市场上,影响互换价格的因素主要有:①互换进行时市场总体利率水平、汇率水平及其波动幅度与变化趋势;②互换本金数量、期限等;③互换双方自身的资金状况与资产负债结构;④互换伙伴的信用状况;⑤互换合约对冲的可能性。由于互换价格的影响因素多,加之在其定价过程中不同的市场对收益的计算方法往往不同,因此其定价过程较为复杂,特别是互换交易的衍生品的定价更为复杂。

(五)参与机构多元化

互换市场参与机构包括最终用户和中介机构。最终用户是指各国政府尤其是发展中国家的政府及其代理机构、世界范围内的银行和跨国公司、储蓄机构和保险公司、国际性代理机构与证券公司等。它们参与互换的基本目的是:获得高收益的资产或低成本融资,实施资产与负债的有效管理,回避正常经济交易中的利率或汇率风险以及进行套利、套汇等。中介机构主要包括美国、英国、日本、德国、加拿大等国的投资银行和商业银行、证券交易中心等。它们参与互换的重要目的是为了从承办的业务中获取手续费收入和从交易机会中得到盈利。互换交易的发展,使得上述两类机构在实践中的交叉越来越多。许多机构积极参与了双方的活动,即同一机构既可能是最终用户也可能是中介机构。特别是为数众多的大商业银行与投资银行以及信誉卓著的跨国公司,它们常常利用自身信誉高、信息广、机构多的优势直接进行互换,从而大大减少了对中介机构的需要。

(六)产品衍生化

金融互换同其他金融工具相结合,可以衍生出许多复杂的互换衍生产品,如与期权结合产生互换期权,互换与期货结合产生互换期货,与股票指数结合产生股票指数互换等。

(七)业务表外化

金融衍生产品的交易不构成有关交易方的资产与负债,属于表外业务。而金融互换是本身就属于金融衍生产品的一个重要部分,其业务当然具有表外化的特点。也就是说,金融互换在时间和融资方面独立于各种借款或投资之外,即具体的借款或投资行为与互换中的利率基础和汇率基础无关。这一特点,决定了可利用金融互换逃避外汇管制、利率管制以及税收限制,不增加负债而获得巨额利润扩充资本,达到提高资本充足率等目的。这一特点也表明,在金融互换本身存在风险的前提下,若在资产负债表中不对金融互换作适当揭露,将不能充分准确地反映经济主体的经营行为及风险状况。

(八)风险管理全程化

金融互换作为一种重要的金融衍生产品,其产生的主要原因是为了规避金融风险。但在发展过程中,金融互换本身也存在许多风险,因此加强风险管理,尽可能地减少风险的数额,防止风险变成实际的损失,贯穿于互换业务的整个过程。

(九)发展非均衡化

作为互换的两个基本形式,货币互换先于利率互换而产生,二者各有自己的优势和特色,但在其发展过程中表现出明显的非均衡性。利率互换的发展速度远远快于货币互换,成为互换市场的主流。其主要原因是国际借贷市场,尤其是欧洲美元市场十分广阔。同时从内在结构上来看,与利率互换相比,由于货币互换牵涉一系列的不同货币本金与利息的互换,货币互换协议的达成往往需要更长的时间来实现,文件制作方面也比较复杂。从新产品上看,两者的发展也表现出非均衡:货币互换由于涉及不同货币本金和一系列不同货币利息的互换,因此在国际金融市场上,其新产品较少,主要有固定利率货币互换、浮动利率货币互换及分期支付货币互换;利率互换的新产品则层出不穷,如零息对浮动利率互换、浮动利率对浮动利率互换、可赎回利率互换、可出售利率互换、可延期利率互换、远期利率互换等。

(十) 监管国际化

由于金融互换是表外业务,而且是场外交易,标准合约又可以协商修改,因而其透明度较低,各国监管机构至今尚未专门针对金融互换的监管提出非常有效的方式。同时一项互换交易往往涉及两个或两个以上国家的不同机构,必然要求互换监管的国际化。如前所述,互换交易的主要风险包括信用风险和市场风险,因此对互换交易监管,其实就是对上述两种风险的监管。起初,监管者将重点放在对信用风险的监管上,而随着交易的逐步发展,监管者发现互换交易对银行的经营活动往往产生很大的影响。于是,它们越来越重视将市场风险作为监管的重点。在互换交易的国际化监管中,国际清算银行和巴塞尔委员会起了重大的作用。如国际清算银行和巴塞尔委员会所颁布的国际资本衡量与资本充足率的核心准则《巴塞尔协议》,目的是在国际范围内建立一个确定银行资本充足率的统一框架,以帮助银行在向客户提供表外业务(包括互换及其衍生产品交易)时抵补其所承担的信用风险。

【知识库】

平行贷款和背对背贷款

平行贷款是两个独立的贷款协议,分别有法律效力,是分别由一母公司贷款给另一国母公司的子公司,这两笔贷款分别由其母公司提供保证,效果相同。平行贷款的期限一般为5~10年,大多采用固定利率方式计息,按期每半年或一年互付利息,到期各偿还借款金额。如果一方违约,另一方仍须依照合同执行,不得自行抵消,为了降低违约风险,另一种与平行贷款非常相似的背对背贷款就产生了。

背对背贷款是处在不同国家的两个企业之间签订的直接贷款协议。尽管有两笔贷款,却只签订一个贷款协议。

平行贷款和背对背贷款的优点:

(1)当企业无法通过正常途径获得资金时,平行贷款或背对背贷款提供了一个可供选择的资金来源。

(2)企业有时可以用低于市场利率的水平相互贷款,从而降低了子公司的借款成本。

(3)有效地消除企业进行海外投资的外汇风险。

(资料来源:MBA智库百科)

第二节 金融互换的相关概念

一、金融互换的相关概念

(一)金融互换的含义

金融互换,是指两个或两个以上的当事人按共同商定的条件,在约定的时间内,交换一定现金流的金融合约。金融互换主要包括利率互换和货币互换(含同时具备利率互换和货币互换特征的交叉货币互换)。典型的金融互换交易合约上通常包括以下几个方面的内容:交易双方、合约名义金额、互换的货币、互换的利率、合约到期日、互换价格、权利义务、价差、中介费用等。

互换交易是继20世纪70年代初出现金融期货后,又一典型的金融市场创新业务。目前,互换交易已经从量向质的方面发展,甚至还形成了互换市场同业交易市场。在这个市场上,互换交易的一方当事人提出一定的互换条件,另一方就能立即以相应的条件承接下来。利用互换交易,就可依据不同时期的不同利率、外汇或资本市场的限制动向筹措到理想的资金,因此,从某个角度来说,互换市场是最佳筹资市场。总之,互换交易的开拓,不但为金融市场增添了新的保值工具,而且也为金融市场的运作开辟了新的境地。

(二)金融互换的主体

1. 政府

政府利用互换市场开展利率风险管理业务,在自己的资产组合中,调整固定与浮动利率债务的比重。大多数有赤字的政府其大部分的债务融资是固定利率,一些国际主权债券是浮动利率票据。欧洲及欧洲以外的许多政府利用互换市场将固定利率债券发行从一种货币互换为另一种货币或者从中获取更便宜的浮动利率资金。

2. 出口信贷机构

出口信贷机构提供价格有竞争力的融资以便扩大该国的出口。出口信贷机构利用互换降低借款成本,使资金来源多样化。通过信用套利过程节省下来的费用,分摊给当地借款人,它们构成出口信贷机构的客户群。一些出口信贷机构特别是来自北欧国家的,一直是活跃在国际债券市场上的借款人。有些成功地创造了融资项目从而能够按优惠利率借款。互换市场使它们能够分散筹资渠道,使借款币种范围更广,再互换回它们所需要的货币。互换也使借款人能管理利率及货币风险。

3. 超国家机构

超国家机构是由一个以上政府共同所有的法人,由于有政府的金融扶持,通常资产负债表良好,有些超国家机构被一些机构投资者认为是资本市场最佳信用者。超国家机构通常代表客户借款,因为它们能够按十分优惠的价格筹集资金,能把节省的费用与客户分摊。

4. 金融机构

使用互换市场的金融机构范围很广,包括存贷协会、房屋建筑协会、保险公司、养老基金、保值基金、中央银行、储蓄银行、商业银行、投资银行与证券公司,商业银行与投资银行是互换市场的活跃分子,它们不仅为自己的账户,同时也代表自己的客户交易。银行利用互换作为交易工具、保值技术与做市工具。

5. 公司

许多大公司是互换市场的活跃分子,它们用互换保值利率风险,并将资产与负债配对,其方式与银行大抵相同。一些公司用互换市场交换它们对利率的看法,并探寻信用套利的机会。

互换市场还有其他参与者,它们包括各种交易协会、经纪人等。

（三）金融互换的优缺点

1. 优点

互换与其他衍生工具相比有着自身的优势：

（1）金融互换交易集外汇市场、证券市场、短期货币市场和长期资本市场业务于一身，既是融资的创新工具，又可运用于金融管理。

（2）互换能满足交易者对非标准化交易的要求，运用面广。

（3）用互换套期保值可以省却对其他金融衍生工具所需头寸的日常管理，使用简便且风险转移较快。

（4）金融互换交易期限灵活，长短随意，最长可达几十年。

2. 缺点

金融互换交易本身也存在许多风险：

（1）为了达成交易，互换合约的一方必须找到愿意与之交易的另一方。如果一方对期限或现金流等有特殊要求，他常常会难以找到交易对手。

（2）由于互换是两个对手之间的合约，因此，如果没有双方的同意，互换合约是不能更改或终止的。

（3）对于期货和在场内交易的期权而言，交易所对交易双方都提供了履约保证，而互换市场则没有人提供这种保证。因此，互换双方都必须关心对方的信用。

（4）由于互换期限通常多达数年之久，对于买卖双方来说，还存在着互换利率的风险。

二、金融互换的功能

自20世纪80年代初期以来，在较短的时间内互换业务已经发展成为具有多种形式的市场。互换业务之所以能迅速发展，原因之一是其独特的功能优势。金融互换的功能主要体现在如下诸方面：

（1）降低筹资成本。如前所述，在货币互换中，借款人可以利用某些有利条件，举借利率较低的货币，而后换成所需的货币；而在利率互换中，客户能够获得低于市场固定利率或浮动利率的贷款。总之，互换交易是基于比较优势而成立的。交易双方最终分配由比较优势而产生的全部利益是互换交易的主要动机。当一家企业或机构在某一市场具有筹资优势，而该市场与该企业或机构的所需不符时，通过互换可以利用具有优势的市场进行筹措而得到在另一个市场上的所需，从而使实际筹资成本下降。

（2）风险的有效规避。当某种货币的币值极不稳定，而该货币又是某交易者想要的货币时，通过货币互换可以用一种货币换得想要的币值相对稳定的货币，同时避免了因币值易变风险而带来的损失。由于交易者们对币值变动预测不同，且有甘愿承担风险的投机者参与，这种为保值、规避风险而进行的互换是能够完成的。在利率互换中，为避免利率上升带来的损失，有浮动利率负债的交易者就与负债数额相同的名义本金的固定利率互换，所收的浮动利率与原负债相抵,而仅支出固定利率,从而避免利率上升的风险。

(3)弥合不同金融工具间的缺口。在整个金融市场中,存在着各种各样的缺口,金融机构依靠日益丰富的金融商品提供中介服务,其目的便是创造一个平滑连续的融资空间,补平缺口和消除金融交易中的不连续性。例如发行形式间存在的差异、市场参与者信用级别的差异、市场准入资格的限制等,正是这些缺口的无处不在,奠定了互换交易发展的基础。从实质上来看,互换就是对不同融资工具的各种特征进行交换。货币互换通过把一种货币负债换为另一种货币负债,弥合了两种货币标值间的缺口;利率互换如将浮动利率负债换为固定利率负债,等于在浮动利率债券市场上筹措资金,而得到固定利率债券市场的效益,使固定债息债券与浮息债券之间的缺口被填平;受到进入某一特定市场限制的机构或信用级别较低的机构可以通过互换,得到与进入受限制或信用级别要求较高的市场的同样机会,从而消除了业务限制和信用级别差异而引起的市场阻隔。可见,互换交易具有明显的对融资工具不同特征的"重新组合"的特征。

(4)使资产负债管理的有效性增加。利率互换在对资产和负债利率暴露头寸进行有效操作中具有比利用货币市场和资本市场进行操作的优势,它可以不经过真实资金运动(利率互换是以名义本金为基础进行的)而对资产负债额及其利率期限结构进行表外重组。

三、金融互换的种类

(一)利率互换

利率互换是指双方同意在未来的一定期限内根据同种货币的同样的名义本金交换现金流,其中一方的现金流根据浮动利率计算出来,而另一方的现金流根据固定利率计算。

(二)货币互换

货币互换是指将一种货币的本金和固定利息与另一货币的等价本金和固定利息进行交换。

(三)商品互换

商品互换是一种特殊类型的金融交易,交易双方为了管理商品价格风险,同意交换与商品价格有关的现金流。它包括固定价格及浮动价格的商品价格互换和商品价格与利率的互换。

(四)其他互换

其他互换包括股票互换、信用互换、远期互换、零息互换、基点互换、互换期权、交叉货币利率互换、增长型互换、减少型互换和滑道型互换、议价互换等。

其中,交叉货币利率互换是利率互换和货币互换的结合,它是指用一种货币的固定利率交换另一种货币的浮动利率。

基点互换:交换的利息支付额以两种不同的浮动利率指数进行核算,如3个月期的美元伦敦银行同业拆放利率对美国商业票据利率的互换交易。

零息互换:指固定利息的多次支付流量被一次性的支付所代替,该一次性支付可在期初或在期末。

远期互换：互换生效日是在未来某一确定时间开始的互换。

互换期权：本质上是期权而不是互换，该期权的标的物为互换。

股票互换：以股票指数产生的红利和资本利得与固定利率或浮动利率交换。

四、金融互换合约的风险

（一）金融互换风险的识别

互换交易是用来管理外汇风险及利率风险的最主要且最有效的手段之一，但是互换交易本身也存在着风险。如何在可能的情况下降低或规避互换风险，这是互换市场参与者共同关心的问题，其第一步应是正确识别金融互换风险。

金融互换风险可以从中介机构和终端用户两个角度加以考虑。从中介机构的角度看，互换交易首先面临的是信用风险。不管中介机构是否持有对应的互换头寸，它都将面临信用风险。互换对方违约的可能性，即互换对方违约概率的大小。互换交易的信用风险和贷款信用风险有所不同，互换交易不能履约带来的影响是双边的，一方未能支付，另一方自动取消支付的义务。因此，一旦一方中途解除合同，另一方对应的问题是在利率、汇率可能已经变化的情况下，如何重新做一笔相同的交易来替换原有合同的成本问题。所以，互换交易的信用风险只涉及替换成本。

如果中介机构是一个造市商，持有不对应的头寸，则该中介机构还要面临市场风险。中介机构在撮合互换交易时，要找到现金流量完全匹配的互换对象是十分困难的。现实中的情况往往是，中介机构承担了不完全匹配现金流的互换，因而自己吸收了对应风险。中介机构必须对自己持有的这些不对应头寸加以管理，避免市场波动带来的损失。一般来说，中介机构面临的市场风险与信用风险之间具有联系。只有当互换合同对中介机构具有正的价值时，交易对方才可能拖欠支付，因而该中介机构才暴露出信用风险。当中介机构持有不对应的互换合同时，该中介机构既有信用风险，又有市场风险。市场变动可能使这部分不对应的合同的价值为负值，因而暴露于市场风险之下。市场风险可以采用抵补合同加以对冲掉，信用风险则不能被对冲掉。

除了信用风险和市场风险之外，互换资产还面临如下一些风险：

（1）利率风险。在进行固定利率对浮动利率互换和货币互换时，交易者面临着严重的利率风险。具体来讲，如果互换银行是固定利率支付方，而从对方那里接收浮动利率，就会面临利率下降的风险；相反，如果互换银行是固定利率的接收方，而向对方支付浮动利率，利率上升则对银行不利。

（2）汇率风险。如果互换银行持有尚未套期保值的货币互换合约，就会面临汇率风险。汇率风险主要与本金和利息支付有关。

（3）违约风险。违约风险是一种复合风险，它一般是指信用风险同市场风险的乘积。

(4)不匹配风险。互换的本金、期限、利率、支付频率或支付时间的不匹配,都会使银行面临不匹配风险,特别是在互换对方违约的情况下,银行面临的不匹配风险更大。

(5)基差风险。对于利率互换,基差是指两种不同的浮动利率指数之间的差额。基差变动给银行带来的风险即为基差风险,其产生的原因有两种:①互换对方要求浮动利率对浮动利率互换,但互换的两边分别盯住不同的指数;②两个相互独立的互换对方都与银行安排了固定利率对浮动利率互换,但浮动利率分别盯住不同的指数。

(6)国家风险。它是指因国家强制的因素而使互换对方违约,从而给互换银行带来经济损失的可能性。只有货币互换才会面临国家风险,而且货币互换对方所属国家的政府进行外汇管制的可能性越大,互换对方不能履约的可能性越大,互换银行面临的国家风险也越大。

(7)利差风险。利差风险是指银行在签订匹配互换协议时与银行签订第一个互换协议时的利差发生变动带来的风险。利差风险不同于利率风险,后者是由于国债利率发生变动所引起的,而不是由于利差变动影响的。

(8)交割风险。交割风险有时也被称为结算风险。它是指互换双方位于不同的国家时,由于时区差,世界各地的资本市场的结算时间不同,从而双方必须在一天的不同时间向对方办理支付时,就会产生这种风险。

总之,信用风险和市场风险是中介机构日常管理的主要风险,而上述一系列与之相关的其他风险也应尽量加以规避。

从终端用户的角度来看,如果另一终端用户发生不履约行为,这个终端用户与中介机构的合同仍然有效。如何弥补和替代未能履约合同是中介机构的事,这个终端用户不必操心。所以,中介机构的作用不仅是搜寻和撮合各个终端用户的互换,而且转移了终端用户的风险。在这个意义上,中介机构的介入对互换市场的发展起到了重要的作用。然而,工商企业在涉足交易时还是应当注意以下要点:(1)可以忽略信用风险,将市场风险作为需要监测和管理的主要风险。(2)谨慎选择中介机构。注意对方的信用评级和当前的财务状况,确认对方当前无任何未决的但可能影响履约的法律诉讼。(3)按照国际互换交易商协会推荐的主协议和交易确认书文本,保证交易的标准化和规范化,避免日后的法律争议。(4)对中介机构的建议方案和价格应由自己的财务专家做出评价和判断,排除对方商业性动机的影响。

(二)金融互换风险的评估

降低或规避金融互换风险的第二步是要做好各类风险大小的具体评估工作。这项工作对于互换资产的风险管理的必要性体现在:首先,银行签订互换协议时,如面临较大风险,就可要求对方提供一定的补偿,这种补偿可采用收取期初安排费的形式,但通常是通过提高利率(如果银行接收固定利率)或调低固定利率(如果银行支付固定利率),而要确定对方需支付的具体补偿额时,就必须对风险加以评估。其次,银行在签订某一互换协议之后,在安排好另一匹配互换抵补风险之前,需要利用期货、期权等工具对互换风险进行暂时的套期保值,而要寻找最优套期保值方法就需要对风险加以测定。再次,银行的内部管理也要求对互换风险进行客观的估计,以便明确规定对某一互换对方或某一组互换对方的风险控制标准。

在互换交易的风险管理上,对互换合同的估值是十分重要的。互换的估值和前面提到的定价有所区别。定价发生在互换签约之前,考虑的是将要交换的两组现金流是否具有相等的现值;为了具有相等的现值,所使用的利率应该是多少。互换的估值发生在互换签约之后,是对已经持有的互换头寸的价值及其变化进行计算,目的是监测可能的盈亏和风险管理。此外,为了对互换合同随时结算,需要将其分解成更简单的合同来进行。如果不计拖欠风险,一个互换可以分解成两个相反头寸的债券组合;也可以分解成为一系列远期的组合。两种方法都可以达到估值的目的。将互换分解为更简单合同的叠加,这使得互换成为一种相当简单的、易于分析的工具。对较为简单和直观的互换,这种方法当然未能显示出优越之处,但对复杂的互换,这种分解方法显然是唯一有效的方法。

(三) 金融互换风险控制

风险识别和评估的目的是为了风险控制。常用的金融互换风险控制方法有以下几种:

1. 合理匹配法

互换风险与证券风险一样,也是由系统风险和非系统风险两部分组成。根据传统的资产组合理论,通过资产的分散化可大大降低非系统风险。因此,金融互换风险中的信用风险、基差风险等非系统性风险,均可通过"不把所有的鸡蛋放在一个篮子中"的互换资产分散化策略来实现,其前提是互换资产的规模足够大。在互换风险控制中,银行作为多个互换的中介人,可以通过将两个互换相匹配的方法,将收入与支付相匹配,从而达到"中和"风险的目的。例如,银行与甲签订了固定利率对浮动利率互换协议,银行对甲支付5%固定利率,甲对银行支付LIBOR浮动利率。为抵补风险,银行就可以寻找到匹配互换对方乙,与其签订另一份互换协议,银行对乙支付LIBOR浮动利率,乙对银行支付5.25%的固定利率,银行与甲、乙互换的综合效应是风险得以抵补,稳赚0.25%的利差收益。当然,此例中隐含着一个假设,即前后两个互换协议的每一条款都完全匹配,这在现实中可以说是极偶然的。如银行与甲互换的名义本金为100万美元,而与乙互换的名义本金为200万美元,亦即两个互换在数量上不匹配,那么100万美元的差额部分就会面临各种风险。对于这部分未被匹配互换冲抵的风险,就需利用期货、期权等其他的套期保值手段加以控制。

2. 套期保值法

当互换银行安排好一个互换之后,在寻找到与其相匹配的互换之前,或者该互换未被完全匹配时,一方面可以利用国债对剩余利率风险套期保值,另外也可以利用利率期货进行套期保值。国债适于对利率风险进行中长期套期保值,例如,银行与A签订一份名义本金为100万美元的互换协议,银行对A支付5.5%的固定利率,A对银行支付LIBOR浮动利率。为规避风险,互换银行会寻找机会利用另一与此相匹配的互换与此互换对冲。在寻找到另一匹配互换对方之前,银行将面临利率下降的风险,为此银行可以通过卖出100万美元的半年期国库券,利用此销售收入买入100万美元的5年期美国政府债券对此互换头寸进行保值;利率期货包括政府中长期债券期货、国库券期货和欧洲美元期货等,利率期货适于对利率风险进行短期套期保值。为简便起见,这里只考虑最基本的固定利率对浮动利率互换的套期保值。在互换银行利用利率期货对利率风险套期保值时,一方面需要利用中长期国债对支付或收入的固定利率套期保值,另一方面还需要利用欧洲美元或国债券期货对支付或收入的浮动利率套期保值。

3. 其他控制法

金融互换风险控制的其他方法也有很多,在此仅以信用风险为例加以说明。信用风险是不可套期保值风险,但因它是非系统风险,故可通过资产的合理组合使该风险大大降低。此外,尚可采取如下的控制措施:

(1)在互换协议中列明"违约事件"条款,规定违约方应对因其违约而给银行造成的损失提供适当的补偿。

(2)可要求对方提供价值与市场风险相当的抵押物,而且互换协议中应明确,如若银行面临的风险加大或者对方的信誉下降,应及时追加抵押物。

(3)可通过逆转现存互换的方法回避信用风险。逆转现存互换有两种基本模式:①签订一个与原互换条款相反的逆向互换,逆向互换可与原互换对方或其他互换对方签订,原互换同逆向互换的支付可相互抵消,从而可降低风险。如果两个互换都是与同一互换对方签订的,那么基于两个互换的相互冲抵特征,签订新的互换类似于取消原有互换。②可以通过简单的购买取消现存互换,就是指银行支付一笔中止费用给对方,要求互换对方取消现存互换。四是互换银行将其承担的责任转移给另外的第三方。从理论上讲,互换转移之后,信用风险也随之转移。但在现实中,这种方法并不是很可行的,因为互换的转移需要互换双方的同意,如果互换对方不能从互换转移中获利,甚至会受到损失,他很可能就不会同意这种互换转移。

互换交易风险的承担者包括:①合同当事者双方。在互换交易中他们要负担原有债务或新的债务,并实际进行债务交换。②中介银行。它在合同当事人双方的资金收付中充当中介角色。③交易筹备者。他的职责在于安排互换交易的整体规则,决定各当事者满意的互换条件,调解各种纠纷等。它本身不是合同当事者,一般由投资银行、商人银行或证券公司担任,收取(一次性)一定的互换安排费用,通常为总额的 $0.125\% \sim 0.375\%$ 。

【知识库】

商品互换

商品互换是指交易双方,一方为一定数量的某种商品,按照每单位的固定价格定期对交易的另一方支付款项;另一方也为特定数量的某种商品按照每单位的浮动价格定期向交易的对方支付款项,这里的浮动价格是以定期观察到的即期价格为基础计算的年平均数。

商品互换是一种特殊类型的金融交易,交易双方为了管理商品价格风险,同意交换与商品价格有关的现金流。它包括固定价格及浮动价格的商品价格互换和商品价格与利率的互换。

(资料来源:百度百科)

第三节 利率互换

一、利率互换的定义及特点

(一)利率互换的定义

利率互换是指交易双方以一定的名义本金为基础,将该本金产生的以一种利率计算的利息收入(支出)流与对方的以另一种利率计算的利息收入(支出)流相交换。交换的只是不同特征的利息,没有实质本金的互换。利率互换可以有多种形式,最常见的利率互换是在固定利率与浮动利率之前进行转换。

这个调换是双方的,如甲方以固定利率换取乙方的浮动利率,乙方则以浮动利率换取甲方的固定汇率,故称互换。互换的目的在于降低资金成本和利率风险。利率互换与货币互换都是于1982年开拓的,是适用于银行信贷和债券筹资的一种资金融通新技术,也是一种新型的避免风险的金融技巧,目前已在国际上被广泛采用。

利率互换之所以会发生,是因为存在着这样的两个前提条件:①存在品质加码差异;②存在相反的筹资意向。

【例6.1】 设互换交易双方一方为C银行,信用等级为AAA,另一方为D跨国公司,信用等级为BBB。C银行可在欧洲债券市场上以较低的固定利率筹措资金,但它现在希望以浮动利率筹资;D公司可在同样市场上以略高的浮动利率筹措资金,但它现在希望用固定利率筹资。于是,双方进入市场,由C银行发行固定利率债券,D公司向银行借入浮动利息贷款,接着双方互换债务。互换后,双方的愿望都得到了实现,并且都降低了筹资成本。

(二)利率互换的特点

(1)利率互换作为金融衍生工具,为表外业务,可以逃避利率管制、税收限制等管制壁垒,有利于资本的流动。

(2)金额大,期限长,投机套利较难。绝大部分利率互换交易的期限在3~10年,由于期限较长,因此,投机套利的机会比较少,另外,利率互换一般属于大宗交易,金额较大。

(3)交易的成本较低,流动性强。利率互换是典型的场外市场交易(OTC)工具,不能在交易所上市交易,可以根据客户的具体要求进行设计产品,无保证金要求,交易不受时间、空间以及报价规则的限制。具体交易事项都由交易双方自主商定,交易手续简单,费用低。因此,成本较低,交易相当灵活。

(4)风险较小。因为利率互换不涉及本金交易,信用风险仅取决于不同利率计算的利息差,而且其中包含了数个计息期,能够有效地避免长期利率风险。

(5)参与者信用较高。互换交易的双方一般信用较高,因为如果信用太低往往找不到合适的互换对手,久而久之,就会被互换市场所淘汰。能够顺利参与交易的大都信用等级比较高。

二、利率互换的分类

(一)息票互换

最常见的利率互换形式是一方对名义本金支付一笔固定利率利息,同时收到对方支付的按浮动利率计算的利息,两笔支付款是同一币种。当然另一方收到的是固定利率利息,支付浮动利率利息,双方不交换本金的现金流量。

【例6.2】 本金1 000万美元,期限5年,固定利率和浮动利率均半年付息一次,计算双方每次应支付的利息。

互换方A应支付52.5万美元的利息给互换方B。

$$1\ 000 \times 10.5\% \times 1/2 = 52.5$$

互换方B应支付47.5万美元的利息给A。

$$1\ 000 \times 9.5\% \times 1/2 = 47.5$$

(二)基础互换

交换的利息支付额以两种不同的浮动利率指数进行核算。

三、利率互换的功能

(一)降低融资成本

出于各种原因,对于同种货币,不同的投资者在不同的金融市场的资信等级不同,因此融资的利率也不同,存在着相对的比较优势。利率互换可以利用这种相对比较优势进行互换套利以降低融资成本。

(二)资产负债管理

利率互换可将固定利率债权(债务)换成浮动利率债权(债务)。

(三)对利率风险保值

对于一种货币来说,无论是固定利率还是浮动利率的持有者,都面临着利率变化的影响。对固定利率的债务人来说,如果利率的走势下降,其债务负担相对较高;对于浮动利率的债务人来说,如果利率的走势上升,则成本会增大。

四、利率互换的报价方式

标准化的互换市场上,固定利率往往以一定年限的国库券收益率加上一个利差作为报价。例如,一个十年期的国库券收益率为6.2%,利差是68个基本点,那么这个十年期利率互换的价格就是6.88%,按市场惯例,如果这是利率互换的卖价,那么按此价格报价人愿意出售一个固定利率为6.88%的标的,而承担浮动利率的风险。如果是买价,就是一个固定收益率6.2%加上63个基本点,即为6.83%,按此价格报价人愿意购买一个固定利率而不愿意承担浮动利率的风险。由于债券的二级市场上有不同年限的国库券买卖,故它的收益率适于充当不同年限的利率互换交易定价参数。国库券的收益率组成利率互换交易价格的最基本组成部分,而利差的大小主要取决于互换市场的供需状况和竞争程度,利率互换交易中的价格利差是支付浮动利率的交易方需要用来抵补风险的一种费用。

五、利率互换风险的内部控制

为了有效开展利率互换业务,企业应建立如下利率互换内部控制制度:

(一)利率互换授权批准制度

利率互换业务管理制度、业务流程及利率互换业务计划须经董事会或企业的最高管理当局批准。董事会或企业的最高管理当局授权总裁根据利率互换业务计划进行具体利率互换业务的批准,具体办法为:利率互换业务主管根据利率互换计划,与利率互换对手草拟利率互换合同,经内部审计部门评估测算,提交测算报告,总裁根据测算报告结论判断决策,总裁批准后,盖章生效执行。如有利率互换合同的变更,也须报经总裁审批。

(二)利率互换不相容职责分工制度

办理利率互换业务的不相容职责应相互分离、制约和监督。互换所涉及的不相容职责包括:

(1)利率互换计划的编制与审批利率互换计划,由利率互换业务主管根据财务计划对资金的需求状况及利率波动情况编制,之后利率互换计划由董事会或企业最高管理当局根据利率互换主管呈报的利率互换业务计划审批。计划的编制与审批属于不兼容职责,应由不同的部门进行处理。

(2)利率互换业务项目的分析论证与执行,由利率互换业务主管根据利率互换业务计划提出利率互换单项方案。具体内容有:利率互换对手、利率互换名义本金、利率互换价格,由企业内部审计部门对单项利率互换项目进行分析论证。主要内容为利率互换对手审核、利率互换定价审核。分析论证报告报总裁审批后,由利率互换业务部门执行。必须明确的是,分析论证与利率互换执行必须由不同部门来操作。

(3)利率互换业务的决策与执行总裁负责单项利率互换业务的审批,利率互换业务部门负责利率互换业务的执行。两者为不相容职责,应分离。

(4)利率互换业务项目的处置审批与执行利率互换项目如需中止,应报总裁审批,总裁批准后,应由利率互换业务部门执行,此亦为不相容职责应分开。

(5)利率互换业务的执行与相关会计记录,承担利率互换业务执行的部门不得进行利率互换业务的会计记录,应由企业的财务部进行利率互换的会计核算。

（三）利率互换资产负债保管追踪制度

对于利率互换得到的资产和互换形成的负债要设置追踪查簿。及时记录换入的本金（名义本金）、利率、汇率、使用、回笼、归还以及对应的换出的本金（名义本金）、利率、汇率、收回、还贷等事项,所有经办人员需签名。严格规定互换所得资产的用途和使用审批手续,严格规定资金回笼渠道和时间,设置时间及金额预警。

（四）与交易对手的定期对账制度

严格规定定期对账的时间,应由内部审计人员会同会计人员、利率互换业务执行人员与利率互换对手定期对账,对账的内容包括:名义本金数量、收入利率、支付利率、应收应付利息金额等,并将对账状况记录于备查簿,如对账不符应及时查明原因,如存在重大差错应寻找原因,并报告董事会。

（五）利率互换会计核算制度

互换产生的资产和负债都要进行完整的会计记录（包括会计账簿和备查簿）,并对其增减变动及应收、应付利息进行相应的会计核算。具体而言,应按每一项利率互换设置对应的换入、换出明细分类账,详细记录其名称、金额、利率、汇率、日期、收入或支付的利息及手续费汇兑损益等。

（六）内部审计

内部审计人员经常评价企业规定的利率互换管理制度及工作流程是否得到贯彻执行:定期（按月）进行利率互换盘点询证;定期（每半年）对利率互换业务会计账目进行审查,并编制工作底稿和内部审计报告。由内部审计部门牵头进行利率的预测,并由内部审计部门对利率互换的定价进行审查,报总裁作为审批利率互换合同的依据。

（七）利率互换定价审核制度

利率互换的定价模型应是利率互换内部控制制度的一个重要的组成部分,企业应选定利率互换定价模型,报经董事会批准。在签订利率互换合同之前。对利率互换的价格用定价模型进行测算,以测算价格作为基本数据,加入调节因子,从而确定利率互换合同的价格,在报总裁审批利率互换合同前,由内部审计部门进行评估和再测算,并将测算资料和结论一并报总裁,以确定是否签订此利率互换合同。

（八）利率互换风险管理制度

利率互换的风险管理制度主要内容为:

(1)明确在企业总部专设机构进行利率互换的操作分支机构不得进行利率互换的操作,分支机构如需进行利率互换交易应委托总部专设机构操作。

(2)强化利率互换定价审核规定由内部审计机构牵头选定利率预测模型,选定利率定性预测专家组,通过模型预测并结合专家组的定性预测,提高利率预测的准确性,再由内部审计部门对互换定价进行审核,并填写审核报告,报总裁作为审批利率互换合同的依据。

(3)对交易对手的信用等级进行评估,规定各等组交易的限额,对交易对手信用等级进行评估。可采用现行银行信用评估办法,各不同等级设置不同的利率互换交易上限,以控制风险。

(4)设置抵押或担保交易对手为一般企业时,要求交易对手企业提供资产作为抵押,防范其违约行为;交易对手为商业银行时,双方相互提供抵押担保,当交易对手信用明显恶化时,要求增加抵押的资产。

(5)缔结对冲交易,抵消市场风险规定一般企业作为交易对手进行利率互换交易时,本企业需缔结对冲利率互换以抵消市场风险。

(6)选择交易双方利息轧差进行结算,以降低风险。

记账时可详尽记录应收、应付利息金额。但利息交割时规定采用利息轧差进行结算以控制交易风险。

建立健全并切实执行利率互换的内部控制制度,是实现利率互换管理的必要保证,是防范利率互换风险的根本措施。目前我国利率互换业务的开展尚处于初创阶段。各商业银行及相关机构尚未建立起完整的利率互换的内部控制体系,随着我国利率互换业务的日益增多,开展利率互换业务的商业银行及相关机构的不断增多,利率互换业务的内部控制制度的建立、健全和完善将是我们必须解决的重要问题。

六、我国发展利率互换的意义

(一)满足投资主体规避风险的要求

随着对外开放程度的加快,利率市场化进程也必将越来越快。国内企业面临市场化,乃至于国际化的竞争和冲击,必须要树立防范金融风险的意识,学会运用利率互换等金融衍生产品对自身的债务资本进行合理运作,防止给企业带来金融损失,同时可提高企业的管理和运作水平。

(二)促使金融市场的国际化,拓宽金融机构的业务范围

多种形式的利率互换业务发展,必然伴随着大量金融衍生工具的推出。在丰富投资主体资产组合的同时,也拓展了金融机构的业务范围,提升了其在国际市场上的竞争力。作为有实力、有头脑的公司、银行,绝不能仅满足于债务保值,而是要能通过积极主动的互换业务等市场运作,拓宽业务范围,增加自身的资本保有量。

(三)深化金融体制改革,加快利率市场化进程

我国的存贷款利率市场化程度还不高,缺乏有效竞争,不利于形成反映人民币供求状况的市场利率。互换业务在我国推广的主要障碍就是没有形成权威性的基础收益率曲线。因

此,加大开展互换业务的力度,有助于推进利率的市场化进程。

(四)有利于发展债券市场,丰富债券市场的品种结构

我国目前的债券市场期限结构和品种结构都不利于开发相关的衍生产品,所以,要重视国债市场在调节供求关系中的重要作用,同时积极发展利率互换等衍生产品市场。

【知识库】

利率互换中常见的利率类型

LIBOR(London interbank offered rate)是指伦敦同业银行拆出利率。银行提供的 LIBOR 利率是银行给其他大银行提供企业资金时所收取的利率,也就是说这一银行统一用此利率将资金存入其他大银行。一些大银行或其他金融机构对许多主要货币都提供 1 个月、3 个月、6 个月以及 1 年的 LIBOR 利率。

LIBOD(London interbank bid rate)是指伦敦同业银行拆入利率。为银行同意其他银行以 LIBOD 将资金存入自己的银行。在任意给定时刻,银行给出的关于 LIBOD 以及 LIBOR 的报价会有一个小的溢差(LIBOR 略高于 LIBOD)。

以上两个利率取决于银行交易行为,并且不断变动以保证资金供需之间的平衡。LIBOR 和 LIBOD 交易市场被称为欧洲货币市场(Eurocurrency market)。这一市场不受任何一家政府的控制。

再回购利率(reporate)是在再回购合约(reop agreement)中,持有证券的投资商统一将证券出售给合约的另一方,并在将来以稍高价格将证券买回。合约中的另一方给该投资商提供了资金贷款,证券卖出与买回的价差即为贷款利率,此利率称为再回购利率。

零息利率(zero rate),N 年的零息利率是指在今天投入的资金在连续保持 N 年后所得的收益率。所有的利息以及本金都在 N 年末支付给投资者,在 N 年满期之前,投资不付任何利息收益。N 年起的零息利率有时也称作 N 年期的即息利率(spot rate),或者 N 年期的零息利率,或者 N 年期的零率(zero)。

远期利率(forward interest rate),是由当前零息利率所蕴含出的将来一定期限的利率。

(资料来源:百度百科)

第四节 货币互换

一、货币互换的定义及特点

(一)货币互换的定义

货币互换是指两笔金额相同、期限相同、计算利率方法相同,但货币不同的债务资金之间的调换,同时也进行不同利息额的货币调换。简单来说,利率互换是相同货币债务间的调换,而货币互换则是不同货币债务间的调换。货币互换双方互换的是货币,它们之间各自的债权债务关系并没有改变。初次互换的汇率以协定的即期汇率计算。

货币互换的目的在于降低筹资成本及防止汇率变动风险造成的损失。货币互换的条件

与利率互换一样，包括存在品质加码差异与相反的筹资意愿，此外，还包括对汇率风险的防范。

【例6.3】 设A公司发行5年期固定利率欧洲美元债券，可筹措较便宜的资金，但是它现时需要的是欧洲马克。如果这时发行了欧洲美元债券，虽然利率较低，但却扩大了风险头寸；如果直接发行欧洲马克债券，势必成本较高。设B公司发行5年期固定利率欧洲马克债券，可筹到较便宜的资金，但它现时却只需欧洲美元，如果发行了欧洲马克债券，也就多了一份以后还本时的风险；如果直接发行欧洲美元债券，成本也较高。由于双方所需金额相等（按汇率折算），于是就通过银行中介做货币互换或直接谈判，达成货币互换协议，5年后作相反的交换。这样，A公司就发行欧洲美元债券，B公司就发行欧洲马克债券，将所得的资金，按协定签订时的现汇率（如 USD1＝DEM1.78）互相卖给对方，结果双方都以较低成本筹措到了所需的资金，也避免了风险。当5年期满，A公司需要欧洲美元偿还本金，B公司也需要马克偿还债务时，再作反方向交换，即A公司向B公司出售马克，B公司向A公司出售等额美元，交易按协定签订时确定的期汇率计算。这样，尽管不同的欧洲货币利率不同，支付的利息额也不相同，但仍可按5年前的不变现汇互售货币。A公司向B公司出售马克，便于后者支付利息，B公司向A公司出售美元，亦便于后者支付利息。

（二）货币互换的特点

（1）可降低筹资成本。

（2）满足双方意愿。

（3）避免汇率风险，这是因为互换通过远期合同，使汇率固定下来。这个互换的特点与利率互换一样，也存在违约或不履行合同的风险，如果是这样，另一方必然因利率、汇率变动而遭受损失。

二、货币互换的分类

货币互换有三种基本类型：

（一）不同（交叉）货币固定利率与固定利率的互换（cross currency fixed to fixed swap）

不同货币固定利率与固定利率的互换是指交易双方达成协议，一方用某种货币固定利率的债权或债务与另一方交换另一种货币固定利率的债权或债务。

【例6.4】 A公司在1988年3月底筹措到50亿日元贷款，期限5年，固定利率5%，预计平均汇率为$1＝145日元。但该公司的项目投产后创汇美元，为防止日元升值，该公司在1990年3月底出现$1＝156日元行情时，通过银行与B公司达成货币互换协议。该协议把50亿日元债务以1:156的汇率互换为美元债务，支付美元固定利率7.4%，半年相互支付一次利息，期满时交换本金。

(二)不同(交叉)货币固定利率与浮动利率互换(cross currency fixed to floating swap)

不同货币固定利率与浮动利率的互换是指交易双方达成协议,一方用某种货币固定利率的债权或债务与另一方交换另一种货币浮动利率的债权或债务。

【例6.5】 设汇率为$1=2SF,A公司取得1 000万瑞士法郎的贷款,期限是5年,每年固定利率6%。A公司由于某种原因希望把固定利率的瑞士法郎债务转换为浮动利率的美元债务。B公司取得500万美元的贷款,期限也是5年,每半年支付浮动利率是LIBOR+0.5%。B公司由于某种原因(也许是预测美联储会加息)希望把浮动利率的美元债务转换为固定利率的瑞士法郎债务。两公司可以达成货币互换协议,A公司用固定利率的瑞士法郎贷款向B公司交换浮动利率的美元贷款。

(三)不同(交叉)货币浮动利率与浮动利率互换(cross currency floating to floating swap)

不同货币浮动利率与浮动利率的互换是指交易双方达成协议,一方用某种货币浮动利率的债权或债务与另一方交换另一种货币浮动利率的债权或债务。

【例6.6】 设汇率$1=2SF,某瑞士公司取得2 500万瑞士法郎贷款,期限是5年,每半年支付LIBOR+0.25%。某美国公司取得1 250万美元贷款,期限是5年,每半年付LIBOR+0.5%的浮动利率。如果瑞士公司希望得到美元贷款而美国公司希望得到瑞士法郎贷款,那么双方可以达成交换等值的货币互换协议,每半年支付对方原来承诺的贷款利率,期满瑞士公司偿还美元本金,美国偿还瑞士法郎本金。

货币交换是交易双方抱着不同的目的和对市场趋势不同的看法而达成的交易。如例6.2中A公司是出于规避汇率风险的目的,并预期后三年中日元将升值而利用货币互换对债务进行保值交易。B公司则是看中日元债务比美元债务的利率低2.4%,并且是在美元上涨的情况下参与交易的。但在日元持续升值时,B公司也一定会采取相反的交易以防范风险。有人会问,对市场趋势看法一致,那不是不可能成交了吗?其实即使看涨或看跌一致,还有对涨跌幅度的看法差异,所以,市场机会总是存在的。

货币互换的关键在于债务币种将要升值时,如汇率达到设计的保值汇率水平,可将该种货币债务互换为将要贬值的币种债务,币种应与债务人创汇的币种一致,才能规避偿还时的汇率变动风险。或者在债务币种贬值时,将其互换为硬通货,以降低筹资成本。如中国银行湖南分行于1997年11月向湖南省邮电局转贷了130多亿韩元的政府贷款,其汇率为$1=907韩元,贷款本金折合1 400万美元,期限20年。在韩国受金融风暴影响而韩元大幅贬值时,中国银行湖南分行认为是将波动频繁的韩元互换为稳定美元的好时机,不仅能避免汇率和利率波动可能带来的风险损失,还能为国家企业赚回一笔。1998年2月中旬,湖南省邮电局正式委托该行就韩元债务开展保值业务。中国银行湖南分行很快在国际金融市场达成$1=1 600韩元的韩元债务调换成美元债务的交易,固定利率为2.7%。这样原折合为1 400万美元的贷款本金下降到只有不到800万美元,减少了将近620万美元,相当于人民币5 000多万元。

三、货币互换的功能

(一)套利

通过货币互换得到直接投资不能得到的所需级别、收益率的资产,或是得到比直接融资的成本较低的资金。

(二)资产、负债管理

与利率互换不同,货币互换主要是对资产和负债的币种进行搭配。

(三)对货币暴露保值

随着经济日益全球化,许多经济活动开始向全世界扩展。公司的资产和负债开始以多种货币计价,货币互换可用来使与这些货币相关的汇率风险最小化,对现存资产或负债的汇率风险保值,锁定收益或成本。

(四)规避外币管制

现有许多国家实行外汇管制,使从这些国家汇回或向这些国家公司内部贷款的成本很高甚至是不可能的。通过互比互换可解决此问题。

四、货币互换的交易机制和报价

(一)使用货币互换涉及三个步骤

(1)识别现存的现金流量。互换交易的宗旨是转换风险,因此首先需要准确界定已存在的风险。

(2)匹配现有头寸。只有明了现有头寸地位,才可能匹配现有头寸。基本上所有保值者都遵循相同的原则,即保值创造与现有头寸相同但方向相反的风险,这就是互换交易中所发生的。现有头寸被另一数量相等但方向相反的头寸相抵消。因而通过配对或保值消除了现有风险。

(3)创造所需的现金流量。保值者要想通过互换交易转换风险,在互换的前两步中先抵消后创造就可以达到目的。与现有头寸配对并创造所需的现金流量是互换交易本身,识别现有头寸不属于互换交易,而是保值过程的一部分。

(二)货币互换交易价格的报价

货币互换报价的一般做法是:在期初本金交换时,通常使用即期汇率,而在期末交换本金时,则使用远期汇率。远期汇率是根据利率平价理论,计算出两种货币的利差,用升水或贴水表示,与即期汇率相加减,得出远期汇率。目前流行的另一种货币互换报价方式是:本金互换采用即期汇率,而不采用远期汇率。货币互换的利息交换则参考交叉货币利率互换报价。

五、货币互换的应用

货币互换是指为降低借款成本或避免远期汇率风险,将一种货币的债务转换成另一种货币的债务的交易。交易双方按照预先约定的汇率和利率,在一定的时期内,按照一定的汇率和利率,将不同币种、不同利率的债务进行互换。在进行货币互换交易时,必须签订货币互换合约。货币互换合约是交易双方之间具有约束力的协议,该协议规定了交易双方在一段时间的期末,按照预定的汇率,交换两种不同货币的本金。在这一时期,双方互相交换利息,利息以双方交出的本金货币来标价和计算。

货币互换的主要目的是:当企业借有外汇债务,如果收入的货币与支出的货币币种不同,将产生汇率风险,为了规避这种汇率风险,企业可以通过货币互换的方式将一种货币的债务转换成为另一种货币的债务。

下面,通过两个案例说明这个问题。

【例6.7】 锁定汇率风险。

某企业从 A 银行贷款一笔日元,金额为 10 亿,期限 5 年,利率为固定利率 6.25%。付息日为每年 6 月 30 日和 12 月 31 日。2003 年 12 月 20 日提款,2008 年 12 月 20 日到期一次性归还本金。企业提款后,将日元换成美元,用于采购生产设备,产品出口后获得美元收入。

1. 风险提示

从以上情况看,企业这笔日元贷款存在汇率风险。企业借的是日元,用的是美元,收到的货款也是美元。而在偿付利息和到期一次性归还本金时,企业都需要将美元换成日元。如果日元升值、美元贬值,那么企业需要用更多的美元来换成日元还款,直接增加了企业的财务成本。

2. 解决方案

企业采取以下货币互换的方式,就可以有效锁定汇率风险。

(1)在提款日(2003 年 12 月 20 日)企业与 B 银行互换本金。企业从 A 银行提取贷款本金,同时支付给 B 银行,B 银行按约定的汇率支付相应的美元。

(2)在付息日(每年 6 月 30 日和 12 月 31 日)企业与 B 银行互换利息。B 银行按日元利率水平向企业支付日元利息,公司将日元利息支付给 A 银行,同时按约定的美元利率水平向 B 银行支付美元利息。

(3)在到期日(2008 年 12 月 20 日)企业与 B 银行再次互换本金。B 银行向企业支付日元本金,企业将日元本金归还给 A 银行,同时按约定的汇率水平向 B 银行支付相应的美元。

从以上可以看出,由于在期初与期末,企业与 B 银行均按约定的同一汇率互换本金,且在贷款期内企业只支付美元利息,而收入的日元利息正好用于归还日元贷款利息,从而使企业避免了汇率波动的风险。

【例6.8】 进行套期保值。

2003年1月15日,A公司以1亿欧元的价格向B公司出售设备。为了促成交易,A公司同意借给B公司8 000万欧元,5年后收回本金,B公司按季支付利息。与此同时,由于业务发展,A公司在C银行有一笔6 000万英镑贷款,需要按季向C银行支付利息。

1. 风险提示

在这一过程中,A公司面临较大的货币风险。A公司担心,在此后的5年中,由于每次必须将从B公司收到的欧元利息换成英镑支付给C银行,汇率必定波动,因此公司永远不能确定每次其收到的欧元利息能换得多少英镑。如果欧元贬值,那么A公司将蒙受巨大的损失。

2. 解决方案

A公司与C银行协商后,决定使用货币互换合约对自己的货币敞口进行套期保值。

(1)A公司与C银行同意在2008年1月15日,用8 000万欧元交换6 000万英镑。A公司支付欧元,收到英镑。固定汇率为0.75英镑/欧元,这一数值是根据银行的买价按照舍入原则得到的最接近的"大数"。

(2)A公司每季度向C银行支付本金为8 000万欧元的利息,固定年利率是4.36%,以欧元标价。

(3)C银行每季度向A公司支付本金为6 000万英镑的利息,固定年利率是5.78%,以英镑标价。

货币互换合约为A公司的货币风险提供了一个完美的对冲。A公司不必将从B公司得到的欧元换成英镑,不用担心欧元贬值带来损失。B公司定期向A公司支付利息,A公司可将这部分利息直接付给C银行。另一方面,C银行向A公司支付本金为6 000万英镑的利息,这正是B公司所获得的贷款现值。事实上,这相当于C银行直接收受了B公司支付的利息。

【知识库】

货币互换与外汇远期的差异

从原理上看,货币互换合约是外汇远期合约的翻版。所有远期合约的精髓,在于它们是具有约束力的协议,其中交易双方承诺在将来的某一时间,将以一种货币标价的本金,交换成由另一货币标价的本金。按照交换开始时所商定的汇率计算的话,两个本金的价值相同。这是货币互换和外汇远期的共同基础,它们之间的区别在于一些细节。

在外汇远期中,将来进行货币交换的汇率要进行调整,以消除可能产生的套利机会,因此远期汇率可以根据利率平价理论计算得出。该理论表明,如果远期汇率中存在错误定价,套利者将买进一个定价错误的远期合约,借入低利率货币,按照即期汇率将其换成高利率货币,再将高利率货币存入银行。这一行动将导致远期汇率发生变动,最终套利机会将消失。

然而,对于货币互换来说,将来的汇率是交易结束时的即期汇率。在货币互换中,通过交易双方承诺在互换合约有效期间相互定期支付利息,使得套利机会消失。通过协商,利息可以每月、每季度、每半年或每年支付一次,支付的频率由交易双方在交易之初就商定好。

> 显然,在收受和支付固定利息的两条现金流中,利率是不同的。互换交易的利率是可以任意的,只要是双方商定的即可。然而如果利率分别是两个不同货币的风险利率,就可以反映出双方真实的成本。这意味着在互换中每种货币所使用的利率,应该和在同一交易中计算远期汇率所使用的利率相同。只有如此,货币互换与外汇远期的价值才相等。
>
> 因此,货币互换不像外汇远期那样,根据利差来调整未来的汇率,而是两个利息分别进行支付。
>
> (资料来源:MBA智库百科)

第五节 股票互换

一、股票互换的定义及特点

(一)股票互换的定义

股票互换是指交易双方签订互换协议,规定在一定期限内甲方周期性地向乙方支付以一定名义本金为基础的与某种股票指数挂钩的回报。而乙方也周期性地向甲方支付基于同等名义本金的固定或浮动利率的回报,或与另一种股票指数挂钩的回报。

股票互换同其他有名义本金的互换合约一样,也是两当事人之间达成的一种协议,协议规定,双方同意在特定的时期内,对一系列的现金支付进行交换。在典型的股票互换中,一方同意在一个固定的期限内,按照一个固定的名义本金,向对方支付相当于某一股票指数的收益的金额。作为交换,他从对方得到按照相同的名义本金计算的另一种资产的收益或利息。股票互换的原理与标准的利率互换极其相似,名义本金是不进行交换的,它只用来计算相互之间需要支付的金额。

股票互换的基本原理是交易的双方通过交换以不同金融资产为基础(至少有一种是股票指数或单一股票)的回报现金流,来实现免除了实际交易成本的资产的转化,即交易者在并不持有某种资产的前提下,以另一种资产的收益从互换对手手中换得该种资产的回报。这也遵循了一般金融互换的原则,即用交易者在一个市场上的金融优势与互换对手在另一个市场上的等价金融优势交换。

(二)股票互换的特点

股票互换作为金融互换的一种特殊形式,具有以下特点:

(1)股票互换交易属于表外交易。它的发生不会引起资产负债表内业务发生变化,却可为交易者带来业务收入或减少风险。互换交易就是一种衍生金融工具的表外业务。

(2)股票互换交易是场外交易,按非标准形式进行(目前有标准化趋势),具有灵活性适应各种交易者的需要。但正是由于互换交易的非标准化方式,它的交易成本较高,谈判比较复杂,同时,违约风险也较大。

(3)股票互换往往与股票指数建立某种联系。与其他类型的互换一样,股票互换也是基于某种金融资产的现金流的交换,但大多数的股票互换会与一个或若干个股票指数挂钩,如它们通常以股票指数回报率加减一定的差价作为支付现金流的基础,这是指进行股票互换的交易双方至少有一方支付基于某种股票指数回报率的现金流,这里的股票指数的回报率被定义为在股票互换的一个支付周期内,股票指数的变动百分比。在实际操作中,往往将股票指数回报率加减一定的差价作为支付现金流的基础,这个差价是交易双方事先预定了的,以基点表示的百分比。当股票指数回报率为正时,投资者支付股票指数回报率加上差价,当股票指数回报率为负时,投资者将收入股票指数回报率的绝对值减去差价。此外,股票互换交易的双方还可以规定股票指数回报率的上下限,如果股票指数的回报率高于上限利率,则交易者支付上限利率;反之,如果股票指数回报率(此时为负)低于下限利率,则交易者收取下限利率。

二、股票互换的分类

股票互换最基本的形式是某一股票指数与相同货币的一个浮动利率的相互支付(图6.3),多数股票互换所选用的浮动利率为伦敦银行间同业拆借利率(LIBOR)。

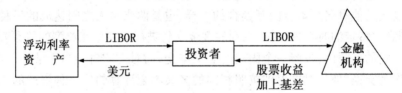

图6.3 一般的股票互换形式

互换作为投资工具的两个基本特点是灵活与方便。互换的最新应用,是把任何已有资产的收益转换为另一种资产的收益,而不会涉及实物交易的成本。互换的相互支付可以用任何一种货币,与股票指数的计价货币无关。例如,一个美国投资者用美元LIBOR现金流量互换相应的德国DAX指数时,其货币支付可以是美元,也可以是德国马克。有时名义本金的数额也是可以调整的。

由此可见,股票互换协议对于投资管理者来说,是一种必不可少的资产配置工具。下面我们列出股票互换的一些基本要素:

期限:3个月~10年。

名义本金:1 000万美元以上。

股票资产支付方:金融机构。

股票资产:某种股票指数、指数篮子和股票篮子等,可以用任何货币标价,可以套期或不套期。

浮动资产支付方:投资者。

浮动资产:按照任何期限、任何货币和任何频率支付的浮动或固定利息,某种固定收益的证券或证券组合,以及其他股票资产。

支付频率:每月,每季,每年,或到期日。

收益基差:根据互换资产、合约期限以及双方的信用等级,在股票资产收益或浮动资产收益上要加上一个附加收益。

三、股票互换的功能

股票互换是股票衍生金融工具进一步发展的产物,也是过去二十年来金融市场上最重要的创新之一。虽然它的流行程度比不上利率互换和货币互换,交易规模也不及股票的其他衍生物如股指期货和股票期权,但它的不可取代的独特功能却是被广大投资者所认可的,主要有以下几个方面:

(一)转化资产的功能

股票互换最基本的功能就是能够转化资产,而且交易者并不需要实际购买该种资产。在大众化的股票互换中,持有固定收入证券的投资者甲与持有股票指数的投资者乙互相交换资产的回报。这样,甲得到了股票组合的收益,而乙得到了固定收入证券的回报,两者同时实现了资产的转化,而且都无须改变原有的资产组合,因此不必付出相关的交易费用。从另一个角度看,股票互换帮助投资者轻易地跨越了股票市场和固定收入债券市场。当股票持有者预期股票价格将下跌时,他通过股票互换可以获得固定收入债券的回报,相当于卖出所持有的股票而买入固定收入证券;当固定收入债券持有人预期股票价格将上涨时,他通过股票互换可以获得股票指数的回报,相当于卖出债券而将资金投资于一定的股票组合。双方都不再受到自己所处的市场位置的限制,而获得另一个市场上的回报,更重要的是,他们都无须真正转换其资产,从而大大降低了交易费用,并免除了卖出资产所引起的资本利得税。同理,交易者通过运用股票互换,还可以将所持的股票组合转化为浮动利率资产,或是另一种股票组合,还可以是某单一股票。

(二)管理风险的功能

股票互换也是一种极其方便的管理风险的工具。在大众化的股票互换中,交易者将股票指数的回报转换为固定利率的回报,实际上规避了股票价格波动的风险,锁定了投资的收益。特别是当投资者估计股票价格在长期内将下滑,又想继续保持原有股票组合的情况下,进行股票指数对固定利率的互换,这样不仅能在每次结算时稳定地获得固定利率的回报,当股票指数的变动幅度为负时,投资者还能获得互换对手所支付的股票指数的亏损额。当然,投资者也将面临一定风险,那就是当股票指数的变动幅度大于固定利率,他将遭受一定的损失。此外,投资者还可以通过股票指数对浮动利率的互换将股票价格波动风险转化为浮动利率风险。持有某支股票的投资者也可以通过股票指数对单一股票的互换将单支股票的风险转化为股票组合的总体风险,从而将非系统风险分散化而不用持有多种股票。

(三)跨国投资的功能

股票互换不仅可以实现股票市场和债券市场之间的跨越,还能够实现本国市场和国外市场的跨越。投资者借助固定或浮动利率对国外股票指数的互换,只需支付与固定或浮动利率挂钩的回报就能获得国外股票组合的收益,相当于以确定的本金投资于国外市场上的股票组合,而投资者不会受到外国市场的任何管制,也避免了购买国外股票的一系列繁琐程序以及交易费用。因此,股票互换受到海外投资者的普遍欢迎。此外,股票互换还可兼具规避货币风险的功能。包含不同货币的股票互换可选择是否规避货币风险,若投资者愿意接受货币风险,那么外国股票指数的回报将基于以外币计价的名义本金;若投资者选择规避货币风险,那么外国股票指数的回报将基于以本币计价的名义本金。

【知识库】

互换交易

互换交易指对相同货币的债务和不同货币的债务通过金融中介进行互换的一种行为。互换交易是继20世纪70年代初出现金融期货后,又一典型的金融市场创新业务。目前互换交易已经从量向质的方面发展,甚至还形成了互换市场同业交易市场。在这个市场上,互换交易的一方当事人提出一定的互换条件,另一方就能立即以相应的条件承接下来。利用互换交易,可依据不同时期的不同利率、外汇或资本市场的限制动向筹措到理想的资金,因此,从某个角度来说,互换市场是最佳筹资市场。互换交易不但为金融市场增添了新的保值工具,也为金融市场的运作开辟了新境地。

(资料来源:百度百科)

第六节　金融互换的定价原理

一、金融互换的定价影响因素

金融互换的定价无论是对互换媒介(主要是互换银行)还是对互换的终端用户(主要是企业)都是至关重要的。对互换银行而言,要求其必须能报出适当价格,唯此才能保证银行利润的最大化、风险的极小化,足以吸引客户的积极参与,并保证其在竞争中保持优势;而对欲参与互换的企业而言,不能只限于读懂报价,他们应该弄清互换银行为何如此报价,报价是否合理,只有这样才能在互换交易达成过程中占据主动,降低互换成本。

金融互换的价格一般由中介机构提供或报价。按照互换交易的惯例,一律用固定利率来表示互换的价格。

互换价格一方面反映了市场的利率水准和对长期利率趋势的预期以及互换的安排费用,

另一方面又体现了互换银行和互换经纪人之间的竞争,以及市场本身对利率资金的需求状况。因此,概况地讲,现实中影响互换价格的因素主要有:

(一)国债价格

一国中长期国债价格的波动同该国货币的互换利率有密切的关系。当中长期国债价格上涨时,该国债的收益率就下降,互换利率由于是在国债收益率的基础上制定的,故互换利率也会随之下降。如果中长期国债价格下跌,该国债的收益率就会趋升,互换利率也会受此影响而上升。因此说,互换利率同中长期国债价格成反比,与国债收益率成正比。

(二)远期价格

影响互换价格的最主要因素是与互换有关的远期价格,如远期利率、远期汇率或者商品的远期价格。这些因素决定了互换的均衡价格。统计结果表明,两年期利率互换的价格与远期利率的差别在过去的一些年里大幅度减少,剩下的 20 个基点主要反映了交易成本和信用风险。这种情况说明,一旦金融套利的机会逐渐消失,远期利率就一定反映了市场对未来利率的预期,即当前的利率期限结构反映了市场对未来的看法。由于任何互换都可以分解成一组远期的叠加,互换定价中的远期价格因素一定反映了市场对未来利率的预期。

(三)交易成本

交易成本表现为无风险互换交易的买卖价差,以及缴纳的其他费用。决定买卖价差的主要因素是对流动性的需求。也就是说,买卖价差不是由造市商决定的,而是与远期利率一样,由市场竞争决定。简言之,买卖价差反映了造市行为的成本。

(四)信用风险

远期价格和交易成本均与互换的具体参与者无关。但信用风险与互换的具体参与者有关,信用风险溢价的大小因不同的交易对象而有所区别,用来补偿他们可能的拖欠。一般来说,在相同的合同金额下,互换的信用风险溢价低于贷款的信用风险溢价。因为,后者不仅可能有利息的拖欠,而且可能有本金的拖欠。另外,信用风险的大小不能仅仅取决于交易对手的信用级别,而且决定于互换交易是用于避险还是用于投机。

(五)供求状况

市场对固定利率资金的供求状况影响着互换价格的升降。市场对固定利率资金需求增加时,互换利率会随之上升;反之,市场对固定利率资金需求减少时,互换利率也会受影响而下降。例如,3 年期互换价格报价比期限相同的国债的收益率高出 60 到 70 个基本点(正常是 50 到 60 个基本点)。即使在这种情况下,固定利率支付者的人数仍然较多,这说明市场对 3 年期的固定利率资金的需求十分旺盛。有时 7 年期的伦敦同业拆放率与固定利率的互换报价比期限相当的美国国库券的收益率高出 40 个基本点(一般是 60 到 70 个基本点),在这种情况下,支付浮动利率的人数仍然较多,这样就造成互换价格的小幅度下降。

(六) 竞争程度

互换市场竞争的剧烈与否也会影响互换价格的波动。交易者或互换银行有时为了获得大批量交易中的高额收益而有意降低互换价格。对于结构复杂、金额较小的互换交易,互换银行也会故意提高互换价格。

二、金融互换的定价原理

金融互换产生的根源在于市场给予两家公司的利率(信誉)差违反了一价定理。

(一)金融互换的操作原理

1. 利率互换的操作原理

【例6.9】 假设有A、B两家公司,都想借入1 000万美元,期限都是5年。其中B想借固定利率,而A想借浮动利率。出于A、B的信用等级不同,在固定、浮动利率市场面临的风险溢价也不同。假设他们面临的借款利率如下表所示:

	固定利率	浮动利率
A	10%	6个月 LIBOR +0.3%
B	11.2%	6个月 LIBOR +1%

互换后,A公司的现金流如下(假设A和B平分由利率互换带来的收益):①支付给外部贷款人年率为10%的利息;②从B得到9.95%的利息;③向B支付LIBOR的利息。这三种现金流的净效果是A支付了LIBOR +0.05%的利息,这比它直接在浮动利率市场上借款的利率LIBOR +0.3%降低了0.25%。

B公司也有三种现金流:①支付给外部贷款人年率为LIBOR +1%的利息;②从A得到LIBOR的利息;③向A支付年率为9.95%的利息。这三种现金流的净效果是B支付了年率为10.95%的利息率,降低融资成本0.25%。

2. 货币互换的操作原理

货币互换的主要原因是双方在各自国家中的金融市场上具有比较优势。

【例6.10】 假定英镑和美元汇率为1英镑=1.500 0美元。A想借入5年期的1 000万英镑借款,B想由入5年期的1 500万美元借款。但由于A的信用等级高于B,两国金融市场对A、B两公司的熟悉状况不同,因此市场向它们提供的固定利率也不同。假设他们面临的借款利率如下表所示:

	美元利率	英镑利率
A	8%	11.6%
B	10%	12%

于是,A以8%的利率借入五年期的1 500万美元借款,B以12.0%利率借入五年期的1 000万英镑借款。然后,双方先进行本金的交换,即A向B支付1 500万美元,B向A支付

1 000万英镑。假定A、B公司商定双方平分互换收益,则A、B公司都将使筹资成本降低0.8%,即双方最终实际筹资成本分别为:A支付10.8%的英镑利率,而B支付9.2%的美元利率。这样,双方就可根据借款成本与实际筹资成本的差异计算各自向对方支付的现金流,进行利息互换。即A向B支付10.8%的英镑借款的利息计108万英镑,B向A支付8.0%的美元借款的利息计120万美元。经过互换后,A的最终实际筹资成本降为10.8%英镑借款利息,而B的最终实际筹资成本变为8.0%美元借款利息加1.2%英镑借款利息。若汇率水平不变的话,B最终实际筹资成本相当于9.2%美元借款利息。若担心未来汇率水平变动,B可以通过购买美元远期或期货来规避汇率风险。

(二)金融互换的定价原理

通过上述对金融互换操作原理的介绍,我们可以看到,金融互换的根源在于市场给予两家公司的利率(信誉)差违反了一价定理。一价定理是国际经济学中的一个重要定理。其基本含义是,在假定世界各国之间不存在贸易壁垒的条件下,同一商品在各国的价格应等于生产国价格加运费。如果我们把A、B公司的信誉差异当做一种特殊商品的话,那么不同的市场应该给这一信誉差异一个相同的定价,即应该有相同的利率差。但是我们看到,在利率互换的例子中,固定利率市场给A、B公司的利率差是1.2%,浮动利率市场给A、B公司的利率差是0.7%,即不同市场对A、B公司的信誉差异给出了不同的定价。同样在货币互换的例子中,美元市场给A、B公司的利率差是2%,英镑市场给A、B公司的利率差是0.4%,不同市场对A、B公司的信誉差异也给出了不同的定价。由此可见,金融互换的根源在于市场给予两家公司的利率(信誉)差违反了一价定理。众所周知,违反了一价定理就必然会带来套利机会。

三、金融互换的本质是跨市场套利

(一)套利

套利(arbitrage)是经济学一个基本概念,常常用在复杂金融工具的估值上,比如布莱克-斯科尔斯(Black-Scholes)期权定价模型和罗斯(Ross)的套利定价理论。它具体的经济学含义是:如果两个产品是相同的,套利的可能性要求两个产品的价值也是一样的,换言之,一件产品只能有一个价格。否则,套利者将会以便宜的价格买入产品并以贵的价格卖出产品,由此获利。大量套利者进行套利交易的结果,会消除不合理的价格关系,进而又会消除套利机会。推而广之,在一个有效的充分流动的资本市场,套利因素将使得不同金融产品的收益/成本趋于一致。可见,套利原理是比一价定理更为普遍的定理,因为一价定理只适用于相同的资产,而套利原理还适用于相关的资产、一项资产决定另一项资产等情况。

(二)金融互换从本质上看属于跨市场套利

具体来讲,套利有五种基本的形式:跨市场套利、时间套利、工具套利、风险套利和税收套利。其中最明显和最直观的套利形式是跨市场套利,它是指在一个市场上低价买进某种商品,而在另一市场上高价卖出同种商品,从而赚取两个市场间差价的交易行为。跨市场套利是最早的套利形式之一,也是大多数经营活动的主要形式。例如,X 股票同时在 A、B 两个证交所上市,但 X 在 A 市场的价格为每股 10 元,而在 B 市场的价格仅为每股 8 元,于是可以通过在 B 市场买入 X 股票,然而转托管到 A 市场,再在 A 市场卖出。这样,扣除手续费和佣金后将获得较丰厚的无风险利润。从上例可以看出,只要两个市场的价差超过套利活动将产生的相关费用,套利活动就有利可图。然而,套利活动买低卖高的结果将使低价市场的价格上升和高价市场的价格回落,直到两个市场的价差小于相关费用,此时两个市场价格处于相对均衡状态,并可用下式表示,即

$$P_i = P_j + \varepsilon$$

式中:P_i 和 P_j 分别表示 i 市场和 j 市场的价格,ε 表示在由相关费用(C)确定的区间内变动的随机数,且 $-C \leq \varepsilon \leq C$。上式其实就是著名的一价定律。经过近二十年的发展,金融互换作为最重要金融衍生工具之一,不仅交易量在各种金融衍生工具中名列前茅,交易技术、规则也已发展得日臻完备。在金融工程学领域,与互换相关的资产定价理论研究同样达到了相当的深度。从金融互换的本质上看,它具有明显的套利功能(这也是它得以存在和发展的主要动因),这一套利功能源自于不同信誉等级的企业在不同的债务市场上(主要指固定利率市场和浮动利率市场)的利率差存在着结构性差异。由于套利就是利用资产定价的错误、价格联系的失常,以及市场缺乏有效性等机会,通过买进价格被低估的商品,同时卖出价格被高估的商品来获取无风险利润的行为,具体到金融互换这种套利行为上来,就是借助于不同市场给予 A、B 公司信誉差的结构性定价差异来套利的,即在出现较低利率差的市场买入较低的利率差,在出现较高利率差的市场卖出较高的利率差,通过这种买卖交易就可以实现跨市场套利。

四、利率互换的定价

(一)银行的贷款利率

贷款利率见下表:

贷款企业信用级别	固定利率	浮动利率
AAA	7%	6% 市场基准利率
BBB	8%	6% +0.25%
CCC	9%	6% +0.5%

AAA7%6%(市场基准利率)两种利率对银行的预期收益相同、对企业的预期融资成本相同

BBB8%6% +0.25%

CCC9%6% +0.5%

(二)借款人、中介机构

H 公司,AAA 级企业,向 B 银行借款 5 000 万。固定贷款利率7%。

L公司,CCC级企业,向B银行借款5 000万。浮动贷款利率6.5%。

中介机构:M投资银行,按贷款金额分别向双方收取各0.1%的费用。

(三) 互换过程

在中介机构的协调下,双方约定:

由L公司承担H公司的1.75%,然后双方交换利息支付义务,即互相为对方支付利息。每次付息由中介公司担保、转交对方,同时中介机构一次性收取0.1%的服务费。

(四) 互换结果(假定市场利率没变)

(1) H公司付浮动利率和中介服务费:7% - 1.75% + 0.1% = 5.25% + 0.1% = 5.35%
(当初如借浮动利率贷款,付6%)

(2) L公司付固定利率和中介服务费:6.5% + 1.75% + 0.1% = 8.25% + 0.1% = 8.35%
(当初如借固定利率贷款,付9%)

双方各取得了比当初贷款条件低0.65%的贷款。

(3) 假如市场利率没变。

银行本来应该得到:

要从L公司收取的利息(浮) = 6.5%

要从H公司收取的利息(固) = 7%

总共13.5%。

现在得到:6.5% + 5.25% + 1.75% = 13.5%。

所以银行的利息收入没少。

(五) 免费蛋糕来源

总的免费蛋糕为1.5%,其中H公司0.65%,L公司0.65%,中介公司0.2%。

是由高信用等级公司出卖信用带来的。

具体计算:1.5% = (9% - 7%) - (6.5% - 6%)。

五、货币互换的定价

货币互换报价的一般做法是:在期初本金交换时,通常使用即期汇率,而在期末交换本金时,则使用远期汇率。远期汇率是根据利率平价理论,计算出两种货币的利差,用升水或贴水表示,与即期汇率相加减,得出远期汇率。目前流行的另一种货币互换报价方式是:本金互换采用即期汇率,而不采用远期汇率。货币互换的利息交换则参考交叉货币利率互换报价。

【知识库】

一价定理

一价定理(the law of one price)即绝对购买力平价理论,它是由货币学派的代表人物米尔顿·弗里德曼(1953)提出的。一价定理认为在没有运输费用和官方贸易壁垒的自由竞争市场上,一件相同商品在不同国家出售,如果以同一种货币计价,其价格应是相等的。即是说,通过汇率折算之后的标价是一致的,若在各国间存在价格差异,则会发生商品国际贸易,直到价差被消除,贸易停止,这时达到商品市场的均衡状态。该定律适用于商品市场,与之相似的适用于资本市场的定律是利息平价理论。

(资料来源:经管百科)

本章小结

1. 现代金融互换是在平行贷款和背对背贷款的基础上发展起来的。金融互换是指两个或两个以上的当事人按共同商定的条件,在约定的时间内,交换一定现金流的金融合约。金融互换主要包括利率互换和货币互换。互换交易是用来管理外汇风险及利率风险的最主要且最有效的手段之一,但是互换交易本身也存在着风险。

2. 利率互换是指交易双方以一定的名义本金为基础,将该本金产生的以一种利率计算的利息收入(支出)流与对方的以另一种利率计算的利息收入(支出)流相交换。最常见的利率互换是在固定利率与浮动利率之前进行转换。利率互换的功能包括降低融资成本、资产负债管理和对利率风险保值。

3. 货币互换是指两笔金额相同、期限相同、计算利率方法相同,但货币不同的债务资金之间的调换,同时也进行不同利息额的货币调换。货币互换的目的在于降低筹资成本及防止汇率变动风险造成的损失。货币互换的条件与利率互换一样,包括存在品质加码差异与相反的筹资意愿,此外,还包括对汇率风险的防范。

4. 股票互换是指交易双方签订互换协议,规定在一定期限内甲方周期性地向乙方支付以一定名义本金为基础的与某种股票指数挂钩的回报。而乙方也周期性地向甲方支付基于同等名义本金的固定或浮动利率的回报,或与另一种股票指数挂钩的回报。股票互换最基本的形式是某一股票指数与相同货币的一个浮动利率的相互支付。

5. 金融互换的定价无论是对互换媒介(主要是互换银行)还是对互换的终端用户(主要是企业)都是至关重要的。金融互换的价格一般由中介机构提供或报价。按照互换交易的惯例,一律用固定利率来表示互换的价格。

自 测 题

一、选择题

1. XYZ 计划 6 个月后发行 10 年期的债券,为了对冲 6 个月后利率上升的风险,公司主管决定

进行一项互换交易,他将选择的互换是( )

　　A. 支付固定利息并收入 LIBOR

　　B. 支付 LIBOR 并收入固定利息

　　C. A 或 B

　　D. 既不是 A,也不是 B

2. 下列哪个头寸与标准利率互换中收入浮动利率的一方有相同的利率风险( )

　　A. 相同期限下浮动利率票据的多头

　　B. 相同期限下固动利率票据的多头

　　C. 相同期限下浮动利率票据的空头

　　D. 同期限下固动利率票据的空头

3. 跨国公司正在考虑发行固定利率债券,但是,如果用利率互换和浮动利率票据,发行者可以达到相同的目的,发行者可以考虑( )

　　A. 发行相同期限的浮动利率票据,同时进入利率互换,支付固定利率并收入浮动利率

　　B. 发行相同期限的浮动利率票据,同时进入利率互换,支付浮动利率并收入固定利率

　　C. 购买相同期限的浮动利率票据,同时进入利率互换,支付固定利率并收入浮动利率

　　D. 购买相同期限的浮动利率票据,同时进入利率互换,支付浮动利率并收入固定利率

4. 贷款的违约与互换的违约主要不同之处是( )

　　A. 互换的名义本金没有风险

　　B. 贷款的现金流取决于利率水平而不是利率差

　　C. 贷款违约只发生在企业处在财务困境的时候,而互换还发生在剩余价值为负的时候

　　D. 以上所有都是

5. 利率互换的信用风险在( )最大

　　A. 互换合约建立时

　　B. 互换合约中期

　　C. 互换合约后期

　　D. 最后一笔现金流交换之前

二、名词解释

金融互换　利率互换　货币互换　股票互换

三、简答题

1. 金融互换的含义、功能。

2. 金融互换合约的风险管理。

3. 利率互换的特点。

4. 利率互换风险的内部控制。

5. 货币互换的功能。

6. 股票互换的特点。
7. 金融互换的定价影响因素。

【阅读资料】

金融互换合同

息差交易导致了一个假象，即欧洲的借贷市场很活跃，流动性很强；同时也掩盖了一个真相，即高负债下的金融衍生品泛滥，后者也许才是欧债危机的实质。

息差交易模式源于全球主要国家基础利率的利差，即借入低息货币买入高息货币，风险偏好强的，还可以继续买入高息国家的资产。全球主要国家中，日元长期实行零利率，美元近几年连续降息，也是接近零利率。这两大货币成为息差交易的发源地。

借钱成本极低，投资却相对收益稳定，必然鼓励"风险投资偏好"。而在全球经济处于高涨或稳步增长的时期，流动性越来越多地涌向虚拟金融市场，相对地掩盖了经济过热和通货膨胀，这使得经济内生的疾病更加严重。2008年以前，随着经济全球化的发展，由自由浮动汇率制所导致的货币全球化流动，使得息差交易大行其道。

由于流动性过剩，储备转为投资，大量过剩资本寻求低风险投资品，于是国债又成为首选。虽然各国国债利率相对较低，但比起零利率的借贷成本仍然有很大利润空间，致使西方很多国家的国债非常紧俏。这种近乎固定的交易模式被长期化后，使一种错觉变得根深蒂固，就是买入主权债券是低风险甚至是无风险的。于是，息差交易有了两大投向：一是不断地推高高风险资产，二是大量购买各国主权债券。发展到现在，息差交易的伴生物就是主权债券泛滥。

欧洲的中央银行一度沉迷于欧元强势，在美国降息时反而加息，这等于默许甚至鼓励息差交易资金流向欧元，大量购买欧元区国家的主权国债。欧洲的绝大多数银行更是推波助澜，它们设计了一系列令人眼花缭乱的衍生金融产品，不仅帮助息差交易者买入欧元区各国的债券，还帮助这些投资者倒卖这些债券，利用这些已经快成垃圾的债券取得流动性，掩盖了欧元区债券的巨大风险。

2008年美国次级债危机爆发之前，息差交易曾经有一次大平仓，当时以日元为代表的息差交易货币出现了暴涨，甚至导致相当多的金融机构巨亏，金融海啸发生。2009年以后，息差交易主要的"携带者"日元，一直徘徊在顶部区域，波动率很低。更多的息差交易货币转投主权债市场，导致西方主要国家的债务状况急剧恶化，尤其是欧债恶化。

近几年，美联储实际上是在有意识地控制债务规模，坚持实行极低的利率，不仅是为了少支付利息，更是为了避免美国国债成为息差交易攻击的主要目标。而欧洲央行恰恰相反，它的政策是鼓励全球投资者购买欧元区国家债券，而没有提示风险。近两年来，各国投资者明显地偏好欧元资产，尤其是新兴市场经济国家。这更使市场认为中长期欧元看涨。

欧元区的金融设计要比美国的金融市场更复杂更易于投机，债券短期融资到处都能获取流动性,泛滥着的金融衍生品在掩盖这种虚拟的流动性。仔细分析,欧洲商业银行的资产负债表与美国商业银行的资产负债表相比有很大的差别,前者包含了被反复买进卖出的各国债券,它导致债券市场已完全虚拟化。

2011年9月以来,欧债危机再也无法掩盖,欧元像2008年7月那样大幅度下跌。很明显,这次息差交易的平仓对象不是息差交易货币,而是欧元以及欧元资产。10月开盘后,欧元再度急跌,很显然,大量银行和金融机构都参与了这次抛售和平仓潮,而且有抢先一步的倾向,即利用中国国庆长假各大金融机构休息的时机抢先平仓。当然,欧元不会一跌到底,因为各国央行都深陷其中,它们会联合起来救助欧元包括欧债危机。同时,欧洲央行的救市措施也会变化,从以挽救欧债为主变为挽救欧元区商业银行为主。但历史证明,息差交易一旦开始平仓,往往很难在短期内平复,它代表了一种市场趋势的终止,或者一种新方向的开始。市场的力量是难以抗拒的,包括各国政府的联合干预都难以抵御。

当然,息差交易模式是不可能终结的,只要各国货币的利率存在较大利差,只要贸易仍然存在极大不平衡,息差交易就一定会再度大行其道。2008年以前,息差交易的攻击对象主要是低息货币,以后转为欧元和欧元资产。下次的攻击对象有可能是美元,也有可能是日元,还有可能是新兴市场经济国家货币,甚至有可能是人民币,当然这是在人民币自由浮动以后。从这个意义上说,人民币的国际化还是必须走稳妥路线。

(资料来源:《财经》)

Chapter 7

金融衍生工具风险管理

【学习要求及目标】

本章重点阐述了金融衍生工具风险产生的原因、风险类型以及风险管理的方法。通过对本章的学习要求学生了解金融衍生工具风险管理的原则、目标；熟悉金融衍生工具风险产生的原因、风险类型；掌握金融衍生工具各种风险的识别、市场风险、信用风险、操作风险的管理方法。

【引导案例】

17世纪中期时，郁金香从土耳其被引入西欧，当时量少价高，被上层阶级视为财富与荣耀的象征，投机商看中其中的商机，开始囤积郁金香球茎，并推动价格上涨。1635年，炒买郁金香的热潮蔓延为全民运动，人们购买郁金香已经不再是为了其内在的价值或作观赏之用，而是期望其价格能无限上涨并因此获利。

1637年2月4日，这一天所发生的事情是整个世界金融史上最大的悬案。这天上午，在阿姆斯特丹以及各地的交易所里，郁金香的买卖如往常一样顺利进行着，商人们伸着脖子叫价，买主们从豪华的马车上走下来，看似与往常并无不同。当各种交易正进行着的时候，天知道究竟是怎么回事，有人开始将自己的郁金香合同倾售一空，这一刻，郁金香泡沫的第一枚骨牌被推倒了。随之而来的是所有人争先恐后的开始抛售自己的郁金香合同，因为谁也不想成为最后一个傻瓜。荷兰郁金香的价格市场瞬间跌到冰点，交易所内传出各种歇斯底里的怪声音，整个阿姆斯特丹沉浸在一种末日般的气氛里，郁金香泡沫宣告破灭。同年4月27日，六个星期内，郁金香价格平均下跌了90%。荷兰政府在哀鸿遍野的情况下终于出面，下令终止所有郁金香合同的买卖。郁金香事件，是人类史上第一次有记载的金融泡沫经济，此事间接导致了作为当时欧洲金融中心——荷兰的衰落。

第一节　金融衍生工具风险管理概述

一、金融衍生工具风险管理的含义

金融衍生工具的风险管理指金融衍生产品交易的有关参与方对交易过程包含的风险进行识别、衡量和控制，从而尽量以最小的成本获得足够安全保障的各种活动和方法。衍生金融工具风险管理的内涵相当广泛。首先，风险管理涉及的主体包括交易方、交易所和有关的监管部门以及其他的有关中介机构等参与金融衍生产品交易的各方。其次，风险管理的关键是选择恰当的风险管理技术和方法并建立完善的风险内部控制机制。第三，风险管理遵循成本和收益的原则，并在一定成本的约束条件下进行。最后，应该考虑到不同衍生工具、不同交易手段隐含风险的差异性，从系统性风险和非系统性风险两个基本类别进行把握，相应有针对性地提出金融衍生产品风险管理的对策和措施。

二、金融衍生工具风险管理的目标

对金融衍生工具进行风险管理，首先就是要确定风险管理的目标所在。一般来说，风险管理的目标主要有四个。

（一）安全性

由于金融衍生工具存在着高风险，所以风险管理的首要目标就是确保交易主体的安全性，减少交易主体出现的倒闭事件。同时如此类事件发生，则应尽可能减轻其对其他市场主体的影响。当然，这并不是说将衍生工具带来的风险完全规避，一个健康完善的衍生工具市场中，合理的风险承担也是其必不可少的组成部分。交易主体通过金融衍生工具市场将风险进行转移和分解，正是衍生工具市场的功能所在。

（二）收益性

安全目标是收益目标的前提，收益目标是安全的归宿。但对不同的市场参与主体，其对收益和安全目标的结合具有差异性。如金融机构等市场的交易方主要倾向于在一定的风险暴露水平下谋求最大收益，而交易所和政府部门以及有关的中介部门对金融衍生产品的风险管理的目的主要在于维护衍生产品市场的稳定，促进金融和经济发展。

（三）公平性

由于金融衍生工具所具有的高风险和高收益特征，一些占有信息优势的中介商和机构投资者往往借助其所拥有的信息优势来侵犯其他投资者的合法收入。因此，有效的风险管理所能够要求的就是加强信息披露的完整性、真实性、正确性，并制定严格有效的市场准入机制和政策，使整个市场处于公平竞争的环境中，这正是风险管理的目标之一。

(四)公开性

公开性是确保金融衍生工具市场高效透明的重要条件之一,因此也是风险管理的重要目标。所谓公开,是指各类与市场有关的信息能够及时准确地加以披露,使各市场主体能够在平等的条件下进行各种交易,从而促进合理价格机制的形成,保证金融衍生工具市场高效健康地发展。

从风险管理的过程来看,衍生金融工具的风险管理包括损失发生前的目标和损失发生后的目标。其中损失发生前的目标,从总体来说是预防发生损失,包括克服畏惧心理、节省管理风险的成本等。损失发生后的目标主要是降低损失发生的程度,使金融机构维持正常的经营和持续发展。由于衍生金融工具的风险在很大程度上属于系统性风险,因此对损失发生后的管理尤为必要。

三、金融衍生工具风险管理的原则

(一)全面风险管理原则

全面风险管理原则要求金融机构对衍生金融工具的风险管理应充分满足全面风险管理的要求,即衍生金融工具风险管理应当渗透到金融机构的各项衍生交易业务过程和各个操作环节,覆盖所有的部门、岗位和人员。它不仅要重视信用风险、市场风险、操作风险、流动风险等传统风险,而且应重视法律风险、声誉风险等更全面的风险因素。

(二)集中管理原则

集中管理原则要求金融机构在进行衍生金融工具风险管理时,应同时设立风险管理委员会和具体的业务风险管理部门。风险管理委员会负责制定宏观风险政策,进行总体风险汇总、监控与报告,并且负责风险管理方法与构架的决策;具体业务风险管理部门则进行具体的风险管理,实施风险管理委员会制定的风险政策与管理程序,应用风险模型测量与监控风险等。

(三)自上而下的垂直管理原则

垂直管理原则要求金融机构董事会和高级管理层应当充分认识到自身对内部控制所承担的责任。董事会应明确建立金融机构对衍生金融工具风险的态度、偏好以及承担和控制风险的责任分配。管理层应将风险管理作为日常管理事项,并在风险管理中发布前后一致的指令和原则,使这些指令和原则在整个金融机构中得到贯彻和执行。同时,垂直管理原则还要求金融机构风险管理组织结构应保证风险管理部门做出的风险管理决策信息,以及管理政策、指标限制、批准意见等及时向下传递给风险管理职能部门前台;前台部门结合其收集的具体风险和交易信息,将这些风险决策信息进一步转化成具体的风险管理信息,即将概念性的决策信息具体化和定量化,然后传达到相应的业务前台,成为前台实际操作的依据。

(四)独立性原则

独立性原则要求风险管理的检查、评价部门应当独立于风险管理的建立和执行部门,并有直接向董事会和高级管理层报告的渠道。它主要表现在金融机构风险管理在组织制度上形成由董事会、风险管理委员会直接领导的,以独立风险管理部门为中心,与各个业务部门紧密联系的职能上独立的风险管理系统。

(五)程序性原则

程序性原则要求金融机构风险管理应当严格遵循事前授权审批、事中执行和事后审计监督三道程序。它有利于为金融机构防范风险提供三道防火墙,进一步加强金融机构在复杂的风险环境中及时、有效、系统管理风险的能力。

(六)审慎原则

参与主体由于实力和经验等禀赋的不同,都有不同的风险承受能力。首先充分考虑损失发生的可能性,其次要合理地估计损失发生的程度,在风险管理过程中应充分考虑到不同衍生工具品种隐含风险的特殊性。最后,考虑到收益和损失的搭配,进行衍生金融工具的风险管理时要根据投资组合的特点和需求在衍生金融工具的使用上实现有效的风险和收益的配置,从而实现组合的目标。

四、金融衍生工具风险管理的方法

(一)完善市场基础建设

加快立法步伐、完善场内交易和场外交易的法律和法规,使金融衍生工具交易有法可依,有效避免法律风险;加强宣传和学习,提高人们的金融衍生工具知识,尤其是企业管理人员和金融监管者对金融衍生工具的认识;加强金融衍生工具有关理论的研究,如金融衍生工具的合理定价、风险管理技术的研究和开发等,培养经营金融衍生工具业务和进行相关风险管理方面的人才;建立和发展各种中介机构,包括信用评级公司、专业化的清算公司、各种经纪公司等;加快商业银行改革、进一步深化企业改革,为金融衍生工具市场的发展创造有利的环境。

(二)金融机构内部自我监督管理

金融机构是进行金融衍生产品交易的投资主体。首先,最高管理层应该明确交易的目的是降低分散风险,扩大盈利能力,提高经营效率和深化金融发展。应建立适当的"从宏观至微观"的控制系统,规定交易种类、交易量和本金限额,慎重选择使用金融衍生产品的类型。其次,要加强内部控制,严格控制交易程序,将操作权、结算权、监督权分开,要有严格的层次分明的业务授权,加大对越权交易的处罚力度。再次,设立专门的风险管理和监管部门,对交易人员的交易进行记录、确认、市值试算、评价、度量和防范在金融衍生产品交易过程中面临的信用风险、市场风险、流动性风险、结算风险、操作风险和法律风险等。该部门应直接对决策层负责,及时汇报有关市场情况和本公司的交易情况。

(三)交易所系统内部监管

交易所是衍生产品交易组织者和市场管理者,它通过制定场内交易规则、监督市场的业务操作,保证交易在公开、公正、竞争的条件下进行,对抵御金融衍生产品风险起至关重要的作用。首先,要完善交易制度,合理制定并及时调整保证金比例,以避免发生连锁性的合同违约风险。根据各机构实际资本大小确定持仓限额,区别套期保值者、投机者、套利者与造市者的不同,鼓励套期保值、适当抑制投机成分,避免内幕交易、操纵市场的事情发生。其次,建立合理而严格的清算制度,广泛实行逐日盯市制度,加强清算、结算和支付系统的管理,协调现货和期货衍生市场、境内和境外市场,增加市场衍生产品的流动性和应变能力。再次,加强财务监督和信息披露,根据衍生产品的特点,改革传统的会计记账方法和原则,制定统一的资料披露规则和程序,以便管理层和用户可以清晰明了地掌握风险暴露情况,制定相应对策。建立合理科学的风险控制系统,降低和防止风险的发生。

(四)国际监管和国际合作

金融衍生产品交易在世界范围内蓬勃开展,交易的超国界性和超政府性,使单一国家和地区对金融衍生产品的管理鞭长莫及,不能有效地对风险进行全面的控制,因此加强对金融衍生产品的国际监管和国际合作,成为国际金融界和各国金融当局的共识。在巴林银行事件之后,国际清算银行已着手对金融衍生产品交易进行全面的调查与监督,加强对银行表外业务资本充足性的监督,在《巴塞尔协议》中补充了关于表外业务中金融衍生产品的市场风险比例,把金融衍生产品潜在风险计算在银行的资本金范围内,增强商业银行防范风险的能力。可以预计,今后对金融衍生产品风险的控制和监管将越来越全面、有效,使金融衍生产品得到健康的发展。

【知识库】

衍生工具的信用评级

衍生工具是指其价值依赖于基本标的资产价格的金融工具,如远期、期货、期权、互换等。20世纪80年代以来,金融市场风起云涌、变幻莫测,市场风险与日俱增。衍生工具因其在金融、投资、套期保值和利率行为中的巨大作用而获得了飞速的发展,尤其充实、拓展了银行的表外业务。然而这些旨在规避市场风险应运而生的衍生工具又蕴藏着新的信用风险。如利率互换和货币互换虽能减少利率风险,但却要承担互换对方的违约风险。如果银行只是作为互换的中间人和担保人介入互换业务,互换中的任何一方违约都将由银行承担。另外,场外市场的期权交易,其违约风险也日益增加。因此,衍生工具信用风险的管理也日益受到各国金融监管当局的重视。

(资料来源:百度百科)

第二节　金融衍生工具的风险成因

一、金融衍生工具的风险

衍生金融产品是自身价值依附于某种原生资产或标的资产价值而派生出来的金融工具,原生金融资产是指货币、股权或者债权凭证(股票和债券)等传统的金融产品和实物商品。由于许多衍生金融产品交易在资产负债表上没有相应的科目,因而也被称为资产负债表外交易。

由于衍生产品是从传统的金融资产派生而来的,拥有与其原生资产相同的经济效应,因此并不产生任何新的风险。而且,衍生金融产品可以在一定程度上排除原生资产的风险。但是,衍生产品交易与一般现货交易的最大不同之处在于:其主要功能不是即时交易而是规避风险或投机,所以其经济业务的发生并不是一个交易时点,而是一个时间跨度,合约签订之时,经济业务只是刚刚开始,随着时间的推移,衍生合约的价格在不断变化,交易者的风险收益也在不断变化,这一过程自然涉及了许多风险,这种风险被定义为"未来收益的不确定程度"。

按不确定性产生的原因,可将风险分为可以量化的风险和不可量化的风险两大类:

1. 可量化风险

可量化风险是指可以通过数量化或者指数化,以数字来把握的管理的风险,主要包括市场风险、信用风险、流动性风险和结算风险。

2. 不可量化风险

不可量化风险是指由于市场环境缺陷、交易程序不当导致的不能数量化的风险。市场条件的不完备和交易手续的不健全等属于这类风险,主要包括会计、税务风险、法律风险和操作风险。

二、金融衍生工具的风险成因

(一)金融衍生工具风险产生的内部因素

金融衍生工具设计的初衷是创造避险工具,以排除经济生产中的某些不确定性,实现风险对冲,来达到风险管理的目的。但是,对于金融衍生工具来讲,其交易本身就蕴含着巨大的风险,这与它自身的一些特点有密切关系。作为传统金融产品的创新,它既有一般金融产品所具有的一般风险,又有其本身所特有的风险。金融衍生工具风险产生的内部因素主要表现在以下几个方面。

1. 价值本身的不稳定性

由于金融衍生工具是依托于现货而出现的,是一种寄生产品,其价值本身由现货价格决定。然而金融衍生工具本身又具有其所特有的金融特性和博弈特征,所以有其自身运行的规律,需要内外部资金不断交换来维持它的稳定。所以金融衍生工具的价格在很大程度上受投资者心理的影响。并且金融衍生工具的价值通常难于计算,这也是它大幅波动的原因之一。

2. 具有财务杠杆作用

金融衍生产品的交易多采用保证金方式,参与者只需动用少量的资金(甚至不用资金调拨)即可进行数额巨大的交易,由于绝大多数交易没有以现货作为基础,所以极易产生信用风险。在交易金额几乎是天文数字的今天,若有某一交易方违约,都可能会引发整个市场的履约风险。此外,保证金"四两拨千斤"的杠杆作用把市场风险成倍地放大,从而微小的基础价格变动也会掀起轩然大波。

3. 信息不对称

在金融衍生品市场中,信息不对称主要体现在投资者的信息不足,信息供给者未能及时提供信息或有意隐瞒信息,这样就会导致交易风险的产生,进而造成个人金融风险和市场流动性风险。更有甚者,金融衍生品市场的信息不对称会造成低效率的金融资源配置。

4. 产品设计的灵活性

金融衍生产品种类繁多,可以根据客户所要求的时间、金额、杠杆比率、价格、风险级别等参数进行设计,让其达到充分保值避险等目的。但是,由此也造成这些金融衍生产品难以在市场上转让,流动性风险极大。另一方面,由于国内的法律及各国法律的协调赶不上金融衍生产品发展的步伐,因此,某些合约及其参与者的法律地位往往不明确,其合法性难以得到保证,而要承受很大的法律风险。

5. 投资机构内部管理薄弱

金融衍生产品只有在一定条件下,才能实现复杂的风险管理和降低交易成本的目标,而这通常不为一般企业的高层领导(甚至一些金融机构的领导)所了解,他们对于金融衍生产品的潜在风险估计不足,难以准确地把握交易时的具体细节,不能对交易的产品种类、期限、杠杆系统以及时机等具体事宜做出明确的规定。由于不了解潜在的巨大风险,往往当金融衍生产品带来的危机就要爆发,决策者还不知道自己的决策已经失误了。

内部控制不严密,对交易员缺乏有效的监督,是造成金融衍生产品灾难的一个重要原因。像巴林银行的覆灭,与其说是因为从事金融衍生产品交易,还不如说是巴林银行的内部风险管理混乱到了极点。

虽然有的决策者对进行金融衍生产品交易做出了明确的规定,但是在交易赚取巨额利润时,并不一定会检查交易过程中是否有越权行为,交易员反而会受到表彰,以致得意忘形,风险意识逐渐淡薄,逐步加大交易金额,调高风险系数,使交易与原来决定运用金融衍生产品的初衷相背离。大量的案例表明,一旦交易员在金融衍生产品交易过程中进行违章越权操作,而机构内部的监管控制措施又不够有力时,往往都可能给从事该项业务的机构造成巨额损失。

(二)金融衍生工具风险产生的外部条件

分析最近兴风作浪的金融衍生产品交易,我们有必要回顾 20 多年来发达国家的金融领域发生的一些变化,只有深入研究这些变化趋势,才能及时调整有关金融政策,加强对金融衍生产品交易的监控。

1. 金融自由化

金融衍生产品是金融自由化的产物。随着市场规模的扩大,市场机制作用的增强,衍生产品得到迅猛的发展。但是,与此同时,它产生的副作用已对金融机构乃至整个金融体系都构成了潜在的威胁:金融衍生产品的不断创新,模糊了各金融机构的界限,加大了金融监管难度;大量新的金融衍生产品的出现,使资产的流动性增强,各种金融工具类别的区分越来越困难,用来测量和监管货币层次的传统手段逐渐失效。

2. 银行业务的表外化

金融衍生产品交易属于银行的表外业务,不仅可以绕过巴塞尔协议对银行最低资本的要求,不必增加资本即可提高银行的赢利性,并且不会影响银行的资产负债表的状况,于是金融衍生产品交易规模日趋扩大,出于赢利目的进行的投机交易越来越多,不但使整个市场的潜在风险增大,而且传统的监管手段也受到前所未有的挑战:传统的财务报表变得不准确,许多与金融衍生产品相关的业务没有得到真实的反映,经营透明度下降。

3. 金融技术的现代化

一方面是现代化的金融技术理论层出不穷,如波浪理论、随机指数、动力指数等,使风险控制得到长足发展;另一方面,电脑设备及信息处理技术的升级换代,使这些金融理论在日常的交易中大显身手。大金融机构通过广揽人才,既有经济、金融、管理人才,还有数学、物理、电脑等多种专业人才,利用现代化交易设备,从事高效益、高风险的金融衍生产品交易,形成新的利润增长点。虽然他们能为交易机构本身提供规避风险的条件,但是,从整个市场来看,风险依然存在,而且随着交易量的剧增,偶发的支付和信用风险,随时都可能导致一场巨大的危机,因此从这一方面看是增大了市场潜在风险。

4. 金融市场的全球化

随着发达国家对国际资本流动限制的取消,各国金融市场的逐步开放,投资者在全球范围内追逐高收益、高流动性,并由此实现投资风险的分散化。通过计算机和卫星网络,全球性的资金调拨和融通在几秒钟之内便可完成,遍布世界各地的金融中心和金融机构紧密地联系在一起,形成了全时区、全方位的一体化的国际金融市场,极大地方便了金融衍生产品的交易。但是,与此同时,也增大了金融监管难度,使各国货币政策部分失效,降低了各国奉行独立货币政策的自主程度。所以,在当前的国际金融环境下,投资者大量参与金融衍生产品的交易,并进行恶性投机是毫不奇怪的。

金融衍生工具基础

> 【知识库】
>
> **金融衍生工具风险的存在形态及其本质**
>
> 金融衍生工具的风险作为一种风险，其本质属性在于风险的属性，其内涵由风险的内涵所赋予。风险的内涵是在一定的时间内由风险因素、风险事故和风险结果递进联系而呈现的可能性。而金融衍生工具风险的内涵在于它是在一定时间内，以相应的风险因素为必要条件，以相应的风险事故为充分条件，有关金融活动主体承受相应风险结果的可能性。
>
> 金融衍生工具的风险是指在金融市场活动中，由于不确定性因素的影响，在一定时间内发生始料未及的变动，致使金融活动的主体其实际收益与预期收益发生背离，从而蒙受资产损失的可能性。它存在于金融市场活动的全过程，由于追求盈利的最大化就决定着这个行为存在着不同程度的风险，且收益的大小和风险的大小是成正比的，即收益的期望值越大，遭受风险损失的可能性也越大，反之则亦然。
>
> 金融衍生工具在金融市场交易过程中，市场风险关注的是合约市值的变动以及对冲策略的合理性，信用风险主要是考察风险的暴露以及关注对方违约的概率，营运风险关注的是主观因素造成的风险，而法律风险关心的是合约是否具有实施的保证。在金融活动中，风险的出现通常是多种风险因素共同作用的结果，最终使得金融衍生产品的交易风险不断升级，致使金融活动主体的损失后果及其惨重。价格是金融市场的核心，因而由价格起着主导作用的市场风险在整个风险体系中具有基础性的重要作用。其他风险则是由这种风险引起的结果。市场风险是产生营业风险的直接原因之一，在很大的程度上，正是因为有了市场风险，才出现了流动性风险和信用风险。一般说来，市场风险越大，交易对手的正常资金流量就越容易受到影响，出现流动性困难和不能进行正常支付的可能性就越大。流动性困难会迫使交易对手变卖资产或者高息借贷，从而进一步影响支付能力使违约的可能性增大，信用风险加剧。流动性出现困难和信用风险的增加，又会引起价格产生大幅度的波动，进而扩大市场风险。
>
> （资料来源：MBA 智库百科）

第三节 金融衍生工具的风险类型

巴塞尔委员会在 1994 年 7 月 26 日与国际证券委员会发表了一份联合报告，将金融衍生产品交易的风险分为五类，即市场风险、信用风险、流动性风险、操作风险和法律风险。其中，市场风险、信用风险、流动性风险都属于外部风险，而操作风险和法律风险为内部风险，是交易者对衍生工具使用不当或管理失控所带来的风险。这主要是依据衍生工具的风险能否由使用者控制来划分的。此外，外部风险还包括结算风险（交割风险）、会计风险、兑换风险、差额风险（互换双方不完全匹配）以及模型风险（衍生工具数学模型有误）。随着衍生金融产品的不断创新，新的风险还将不断产生。

我们也可以从金融机构的业务层次对衍生金融工具的风险进行分类。主要分为三类风险：第一类是业务风险，即出于金融机构营利动机的经营活动所必须承担的风险，包括市场风险和信用风险；第二类是间接风险，即并非出于金融机构营利目的，但又不得不承担的一些附属性的风险,包括流动性风险、操作风险和法律风险;第三类是信誉风险,它是前两类风险恶化的结果,即由于交易机构的行为对其外部市场地位产生的破坏性结果。

这里,我们按照损失发生的原因,仅对巴塞尔委员会界定的五种风险进行介绍。

一、市场风险

市场风险即金融衍生工具价值对金融衍生工具的使用者发生不利影响的风险,也即金融衍生产品的基础工具价格,如利率、汇率、证券价格波动发生逆向变动而带来的损失风险。当金融衍生工具被用做对冲手段时,金融衍生工具的价格变动可以抵消其基础金融工具的逆向价格变动,组合头寸两相抵消而不存在市场风险。

从实际交易看,完全的风险对冲是不大可能的。例如,期权价格的变动与其金融原生工具价格的变动并不完全成比例,二者将导致对冲手段缺口,一旦金融原生工具价格变动过大,缺口问题将会非常严重,并引致风险增大。因此,投资者应不断调整组合头寸,并对整个组合头寸的市场风险进行评估。从银行看,具有金融衍生交易业务的银行均存在因金融原生工具价格波动带来的市场风险,并且这种风险将随着交易期限的延长而增长。一般而言,银行应尽力去避免此类风险,以免遭受可能的损失。

二、信用风险

信用风险即金融衍生工具合约交易的对手违约或无力履行合约义务而带来的风险。具体地说,金融衍生工具的信用风险包括交割前面临的风险和交割时面临的风险。前者是指在合约到期前,由于基础金融工具价格变动或其他原因而使交易对方蒙受较大损失而无力履行合约义务的风险;后者是指在合约到期日交易方履行了合约,但交易对方无力付款的风险。从量上分析,金融衍生产品信用风险等于其敞口头寸乘以交易对方履约的可能性。金融衍生产品的到期日越长,其信用风险越大。例如,在一个期限较长的利率互换合约中,如果市场利率上升,固定利率的支付者将获益;但与此同时,由于期限较长,支付浮动利率而成本增加,其交易对方的信用风险将增大。

三、流动性风险

流动性风险包括两方面的内容:

(1)市场流动风险,指市场深度不够或受到震荡发生故障,即市场业务量不足或无法获得市场价格,此时,金融衍生工具的使用者因不能轧平其头寸而面临无法平仓的风险。

(2)资金流动风险,即金融衍生交易使用者的流动资金不足,合约到期时无法履行支付义务或无法按合约要求追加保证金的风险。

作为新的金融工具,金融衍生工具的流动性风险很大。有的新产品问世时间不长,参与交易者少,市场深度不够,遇到市场剧烈波动时,往往找不到交易对手,这时,其风险是相当大的;另外,金融衍生工具作为用户资金运用的组成部分,与用户的整体经营水平及资产负债密切相关,一旦经营不善或资金来源短缺,不能及时履行合约义务或追加保证金,其风险也是相当高的。

四、操作风险

运作风险即由于技术问题,如计算机失灵、报告及控制系统缺陷以及价格变动反映不及时等引致损失的风险。运作风险在本质上属于管理问题,往往会在无意识状态下引发市场敞口风险和信用风险。在投机性极强的金融衍生工具交易中的欺诈行为即是一种运作风险。一般来说,这种行为有三个特征:①欺诈一方必须是故意的;②必须有欺诈另一方的行为;③受欺诈的一方因被欺诈而遭到损害。其表现形式主要有:越权交易、误导客户、主体不合法、进行私下对冲等。这类风险在金融衍生交易中危险性巨大。

五、法律风险

法律风险即指金融衍生交易合约的内容在法律上有缺陷或不完善而无法履约带来的风险。由于金融衍生产品是新的金融工具,产生纠纷时,有时会出现无法可依和无章可循而面临的风险。据统计,在金融衍生工具交易中,因做业务而发生的亏损,多半是源自于法律缺陷或不完善。由于金融衍生市场是一个新兴市场,所以,市场交易活动的迅速发展与法规滞后的矛盾相当突出。例如,在法律风险中,交易对方申请破产,许多司法裁决往往不能确定净额轧差协议;能否查封金融衍生产品合约的抵押品,在司法实践中也不明确;此外,在金融衍生产品的法律程序里,债权的优先权应如何清楚做出界定也存在难点。因此,法律本身的不完善也将给交易者带来一定的风险。

【知识库】

股指期货与股市

从海外推出股指期货市场的短期表现看,股指期货推出前后市场走势有所改变,除日本和印度外都是先涨后跌。资料显示,标准·普尔500指数在推出前31个交易日内上涨了7.81%;恒生指数由于推出股指期货时处于上升初期,在推出前20个交易日内,指数上涨了15.9%;韩国和中国台湾地区,在股指期货推出前,指数也出现大幅上升。对于股指期货上市以后的影响,多数分析师认为是中性,并不会改变股指的原有走势。从海内外股指期货的实践中可以发现,无论是成熟市场或新兴市场,在股指期货推出后,短期内指数上涨或下跌并无明显定论,长期走势则不受指数期货的影响。股指期货不会对现货市场形成比较大的冲击,股票现货市场不会因此而改变原有的价格决定机制或者导致长期的趋势性变动,股票现货市场的短期波动性可能会有所上升,但以更长期限观察的波动率反而会下降。

(资料来源:投资与证券)

第四节　金融衍生工具的风险识别

一、市场风险的识别

市场风险是由于利率、汇率或者股票价格等市场因素发生变化导致持有头寸的价值发生变动的风险。虽然衍生工具设计的初衷就是要规避上述风险,但由于衍生工具将社会经济中分散的风险全部集中在少数衍生市场上释放,所以风险很大,市场风险是衍生产品交易中最为普遍也是最需注意的风险。衍生金融产品的市场风险的形成有以下几方面的原因:①标的资产的价格变动;②衍生工具本身定价不合理;③套期保值不能完全冲抵现货风险;④高度杠杆性容易加剧市场风险。市场风险包括两部分:一是采用衍生工具保值仍未能完全规避的价格变动风险;二是衍生工具本身就具有的很高的价格变动风险。这种风险一般可以通过数量化来把握和管理。

衍生金融工具市场风险的发生机制基本上由原生金融产品价格波动、投资者有限理性和杠杆机制三个环节构成。在原生金融产品市场波动的情况下,由于原生市场和衍生工具市场通过套期保值机制相联系,其风险具有较大的相关性,从而带来衍生工具市场的波动。由于风险态度的差异和信息不对称,交易方可能对衍生工具价格波动反应过于敏感,并且市场也存在一定程度的羊群效应。在保证金制度的杠杆作用下,衍生工具价格的小幅度波动都会给交易方带来较大的损益,从而产生较大的市场风险。

不同种类的衍生金融工具的市场风险有差异性。对于期货类和互换类金融衍生产品,对于交易双方来说,都存在市场风险,原生金融工具的价格变化会直接影响交易双方的盈亏。期权类衍生工具的市场风险是单方面的,主要由卖方承担。对于远期类产品,由于事先锁定了价格,并且基本上是实物交割,不存在较大的市场风险。由于有些类别的衍生工具产品受现货市场价格的影响是非线形的,在估算其风险暴露和进行风险管理时与线形的衍生工具产品相比更为复杂。对于不同的交易策略,相应的市场风险也有较大差异。对于套期保值交易,由于原生金融产品和衍生产品的风险具有较高的相关性并在一定程度上进行抵消,存在的主要是剩余的基差风险。对于投机策略,由于交易者是为了获得利润承担风险,作为市场风险的偏好者,一旦预测失误将会带来很大的损失,因此是市场风险管理的重点。

二、信用风险的识别

信用风险是衍生工具交易中,合约的对手违约或无力履约的风险。在违约事件中,风险损失是寻找新的合约完成人的成本。可见,信用风险包括两方面的内容:一是对方违约可能性的大小;二是由违约造成的损失多寡。前者取决于交易对手的资信,后者取决于衍生工具所具有的价值高低。金融衍生产品的信用风险与合约期限长短成正比。一般来说,合约的期

限越长,信用风险就越大。同时,对同一期限的合约,其信用风险也随时间的推移而变化。衍生产品的信用风险会以两种形式出现:

(1)结算前信用风险,是指由于交易对手在交易有效期内未能履行合约而引起亏损的风险。风险水平在合约有效期内随时改变,交易者只有在交易对手违反合约时才能知道亏损的程度。

(2)结算信用风险,是指银行在结算日根据合约履行责任后,交易对手却未能依约履行其责任而引致的亏损风险。

此外,交易方式不同,衍生产品的信用风险也大不相同。采取场内交易形式的衍生产品交易的清算是由交易所担保的,因此,除非发生交易所或清算机构破产的特殊情况外一般是没有信用风险的。但是,采取场外交易形式的衍生产品交易,由于伴随着交易对方提供的信用的可信度,因此对信用风险的管理就变得十分重要。

对于不同的衍生工具品种,其信用风险特征也会有差别。对于远期、期货类金融衍生品种,由于合约的双方都有履行合约的义务,随着时间的推移和合约价值的变化,交易双方都存在信用风险,其信用风险是双向的。而对于期权类品种的信用风险,由于只有期权的卖方存在履约的义务,因此信用风险只存在于卖方,具有单向的特点。

在不同场所交易的衍生工具,其信用风险特征不同。在交易所交易的衍生工具品种(如期货、期权),交易方都以交易所的结算部门作为交易对手,由于交易所以及相应的结算部门采取特殊的交易制度和结算制度,大大降低了各交易方的信用风险。对于采取场外交易方式的衍生工具品种(如互换、远期),由于缺乏比较完善的保证金交易制度和集中的清算制度,交易方存在较大的信用风险,由此场外交易的衍生产品对交易方的信用等级要求比较高。上述分析可以看出,衍生金融工具的信用风险主要来源于场外交易。

三、流动性风险的识别

流动性风险是衍生工具合约的持有者无法在市场上找到平仓机会所造成的风险。参与衍生产品交易的机构面对两种流动性风险:一是市场流动性风险,是指交易者由于市场环境的急剧变化等原因未能迅速以足够的数量和合理的价格持有或者解除头寸导致的亏损风险。这可能是由于某些衍生产品的市场流动性不够或者由于突发性事件导致市场发生一边倒行情等原因致使不能按计划进行某种交易。这种风险在场外交易中较为常见,与信用风险的分布相似。二是资金流动性风险,是指交易者由于手头资金不足影响结算或无法补足追加保证金而导致未能以合理价格应付资金需求的风险。这种资金需求来自掉期合约、行使期权权利、追加期货保证金和实行动态保值战略所需的资金。流动性风险的大小取决于合约标准化程度、市场交易规模和市场环境的变化。对于场内交易的标准化合约(如期货、期权)来说,由于标准化程度高、市场规模大,交易者可随时根据市场环境变化决定头寸的抛补,流动性风险较小。但是场外交易的衍生工具中,每一张合约基本上都是度身定造的,所以没有一个可流通转让的市场,很难转售出去,流动性风险很大。当然,随着衍生工具的发展,场外交易的流动性开始有所提高。如近几年来,一些安排互换交易较多的互换中介人也直接参与了交易,成为市场制造者,这使互换的转售成为可能。同时,伴随互换合约的标准化,互换二级市场也已出现,这大大增强了互换的流动性。值得指出的是,资金流动性风险由于与信用风险性质相似,有时被归于信用风险,有时也被单独列为结算风险或交割风险。

四、操作风险的识别

操作风险是由下列因素导致的风险:不合格的计算机交易系统或清算系统、不完善的内部控制、不适用的应急计划以及人为的操作错误、管理失误等,还包括事务性处理程序和分工体系不明确导致的不能正确进行清算或者发生违法事件的风险。从实践看,可分为两种类型:一种是由于运用衍生工具避险的策略失控导致的策略风险,包括在不需要使用衍生工具的场合错误使用衍生工具的决策风险以及衍生产品与被保值标的资产不匹配产生的基差风险;另一种是因为内部控制不当产生的交易员风险。巴林银行破产就是由于内部监控不严,交易员里森乘机违规操作造成的。操作风险本质上属于管理问题,并在无意状态下引发市场风险和信用风险。这些问题的出现会导致交易者损失,安排交易的机构形象受损。

对于第一类型的操作风险,由于属纯粹风险,金融机构可以使用保险产品进行风险转移,因此可能造成的损失比较有限。但对于第二类型的操作风险,由于不符合可保、偶然和可测等保险的有关基本原则,一般不能使用保险产品,只能由金融机构进行内部管理。金融机构操作风险内部管理包括资本准备和内部控制机制建立两个方面。目前对操作风险的资本计算有基本指标法、标准化方法、内部衡量法、损失分布法以及极值理论方法等量化方法,但从总体而言操作风险的定量化方法还很不成熟,在实际的操作风险管理过程中,金融机构还主要是依赖于建立完善的内部控制机制来进行事前防范和事中监管。

五、法律风险的识别

法律风险是合约在法律上无法履行(例如是因为交易对手没有适当权力或未经授权就某类衍生产品达成交易),或合约中规定的权利义务关系缺乏明确的法律依据,以及文件中有法律漏洞所引起的风险。由于衍生工具交易是相对较新的业务,衍生工具的创新速度不断加快,各国的法律条文便难以及时跟上,一些衍生交易的合法性也难以保证,交易双方可能因找不到相应的法律保护而蒙受损失,发生纠纷时,也可能找不到相应的法律加以解决。而且衍生产品的交易需要一个全球性的市场环境,没有法律能够满足金融责任和金融风险方面的全球性需求。同时,由于逃避法规管制也是部分衍生工具的设计动因,所以这些衍生工具可能故意游离于法规监管之外。另外,法规制定者对衍生工具的了解与熟悉程度不够或监管见解不尽相同,也会导致衍生工具的交易无法可依。这就是为什么法律风险和不确定性使交易和资产管理变得极复杂的原因。法律风险现在正备受关注。

上述各种类型的风险中最为主要的风险是市场风险和信用风险。其中市场风险为基础性风险，其他几种风险既是市场风险的结果，又可能进一步加重市场风险。这五种风险实际上常常共同作用，相互影响，使得衍生金融产品交易的风险加倍放大，不断升级。如市场风险可能引起信用风险、流动性风险和操作风险，而操作风险又会使信用风险和市场风险进一步放大，同时，法律风险常常会引起信用风险。

与传统金融业务的风险相似的是，衍生产品业务的风险主要是信用风险和市场风险。但是必须注意的是，衍生产品业务的风险在以下三个方面与传统的金融业务风险存在不同之处：

（1）由于衍生产品交易一般不需要本金的移动，只需支付一定的保证金或者权利金，具有很高的资金杠杆效应，为使用者提供了资金效率和资本效率极高的保值手段和交易手段，但如果忽视风险管理，也容易陷入超出自身承受能力限度或控制能力范围的风险中。

（2）衍生产品交易的形态及其发生损益的形态是多种多样的，而且这种新的交易方式还没有充分地在一般人员中普及，因此，与传统的金融产品相比，很难直观地、形象地把握其风险。

（3）衍生产品交易是表外交易，公司外部的人员和公司股东仅仅根据现行会计制度公开的财务信息很难掌握交易和风险的实际情况，即使是公司内部的人员，只要不是直接参与交易的人员，也同样不易了解具体情况。与传统的金融业务相比，公司内外的监察机制更难发挥作用。从这种意义上说，与传统金融业务相比，风险管理的好坏对衍生产品交易的成败的影响更大。

【知识库】

基差与套期保值效果

基差是某一特定地点某种商品的现货价格与同种商品的某一特定期货合约价格间的价差。基差＝现货价格－期货价格。若不加说明，其中的期货价格应是离现货月份近的期货合约的价格。基差并不完全等同于持仓费用，但基差的变化受制于持仓费用。归根到底，持仓费用反映的是期货价格与现货价格之间基本关系的本质特征，基差是期货价格与现货价格之间实际运行变化的动态指标。虽然期货价格与现货价格的变动方向基本一致，但变动的幅度往往不同。所以，基差并不是一成不变的。随着现货价格和期货价格持续不断的变动，基差时而扩大，时而缩小，最终因现货价格和期货价格的趋同性，基差在期货合约的交割月趋向于零。

基差的变化对套期保值者来说至关重要，因为基差是现货价格与期货价格的变动幅度和变化方向不一致所引起的，所以，只要套期保值者随时观察基差的变化，并选择有利的时机完成交易，就会取得较好的保值效果，甚至获得额外收益。同时，由于基差的变动比期货价格和现货价格相对稳定一些，这就为套期保值交易创造了十分有利的条件。而且，基差的变化主要受制于持仓费用，一般比观察现货价格或期货价格的变化情况要方便得多。所以，熟悉基差的变动对套期保值者来说是大有益处的。

> 套期保值的效果主要是由基差的变化决定的,从理论上说,如果交易者在进行套期保值之初和结束套期保值之时,基差没有发生变化,结果必然是交易者在这两个市场上盈亏相反且数量相等,由此实现规避价格风险的目的。但在实际的交易活动中,基差不可能保持不变,这就会给套期保值交易带来不同的影响。
>
> (资料来源:百度百科)

第五节 金融衍生工具的风险管理

一、金融衍生工具市场风险的管理

衍生金融工具市场风险是由于原生金融产品(如股票、股票指数、利率和汇率)价格的变化,导致衍生金融工具价格或价值变动而带来金融机构损失的可能性。对于不同的交易策略,相应的市场风险也有较大差异。对于套期保值交易,由于原生金融产品和衍生产品的风险具有较高的相关性并在一定程度上进行抵消,存在的主要是剩余的基差风险。对于投机策略,由于交易者是为了获得利润承担风险,作为市场风险的偏好者,一旦预测失误将会带来很大的损失,因此是市场风险管理的重点。

(一)基差风险管理

根据期货交易的套期保值的基本原理,同种商品的期货价格和现货价格应保持基本的相同趋势,即基差风险趋于零。但在实际交易过程中存在衍生产品和现货不同或到期日不一致等因素,基差风险常常不趋于零,基差的大小与正负直接关系套期保值的效果和交易者的市场风险,因此基差风险是套期保值交易市场风险管理的重点。在一般情况下,由于现货市场的价格与期货价格具有较高的正相关性,基差风险要小于单纯的现货市场或期货市场交易的市场风险。

基差风险的影响因素比较复杂,主要有现货的持有成本、期货合约的剩余期限、现货的供求状况以及现货价格和期货价格运动的相关程度。一般持有成本越高,期货合约的剩余期限越长,预期现货和期货价格变化越剧烈,则基差风险越大。

管理基差风险的关键在于选择合适的衍生产品,其中包括两个主要方面:一是选择以现货商品为标的的金融衍生产品;二是当衍生产品标的和现货商品不同时,选择两者间价格变化相关性较高的衍生工具。为了达到最佳的保值效果,应同时确定合适的保值率。对于期货类衍生工具的保值率确定,应该考虑到现货商品的价格波动性、期货合约价格的波动性和两者间波动的相关系数。一般情况下,现货商品的到期日与期货合约的到期日相差越远,其基差风险越大,因此期货合约的交割月份的选择往往是选择迟于现货商品到期月份的第一个期货合约交割月份。

(二)价格预测

投机交易的市场风险是指由于市场的实际价格与预测价格的差异带来的损失的可能性。因此降低市场风险必须从两方面着手:一是提高分析和预测的能力,从而提高预测价格的准确性;二是选择合适的衍生工具品种,同时进行限额管理。

衍生金融工具价格的预测方法主要有基本因素分析法和技术分析法两类。其中基本因素分析法主要是通过分析经济因素和政治因素来预测价格,其中经济因素主要包括宏观经济状况、利率、汇率、通货膨胀、货币政策和财政政策等。技术分析法主要是通过分析以前的价格来预测今后的价格走势,包括图表分析法和数理分析法等。通过对各方面的知识、信息和技术、工具的综合运用以及经验的积累,同时综合基本因素分析法和技术分析法,可以不断提高交易方的价格预测能力,是降低市场风险的重要方面。对于衍生工具交易中涉及的利率风险,常用的利率预测技术有时间序列分析中的 ARMA 模型、协整、ARCH 模型,人工智能中的神经网络、小波网络等。但如果市场是完全有效的,即未来利率运动不能由当前和历史市场信息所预测,或者市场虽非完全有效但决定其因素何止千万,数量工具的预测往往带来误差,而一旦预测失误将造成相应投资策略的完全亏损,所以这种风险管理的预测技术本身也带来很大风险。

(三)缺口和限额管理

1. 市场风险的缺口管理

对于衍生金融工具交易中的利率风险,主要管理技术是利率免疫,即通过分析各类衍生工具资产对利率的不同敏感状况,设计出合理的套期组合来使组合内各资产的风险作用互相抵消,而整个投资组合表现出对利率的不敏感,即消除了不确定性,锁定了未来收益。利率免疫首先要确定市场利率的期限结构,即利率水平与其到期期限间的动态关系,得出该金融产品对利率水平变动的敏感程度,然后综合不同产品不同的敏感性使组合后的投资对利率变动敏感性为零,从而达到免疫、消除利率风险的目的。久期是资产价值对利率一阶变化的敏感性,当利率波动较大时,一阶上的久期概念就与资产价值对利率整体变动的敏感性误差较大,因此需要引入二阶的凸性甚至更高阶的敏感指标。

传统的利率风险管理是基于利率风险度量中缺口分析方法而进行的管理方法,由于缺口分析法分为利率敏感性缺口和基于久期缺口两种,相应的风险管理方法也有两种。

(1)利率敏感性缺口管理。利率敏感性缺口管理分为积极的缺口管理和消极的缺口管理,其中积极的缺口管理是指一些金融机构根据其对自身利率预测结果的自信程度而确定缺口的管理方法。如果银行确信其对未来利率的预测是准确的,将依据其预测结果来确定其利率敏感性缺口是资产敏感型还是负债敏感型。其管理方法见表 7.1。

表7.1 积极的利率敏感性缺口管理

利率预期变化(管理预测)	最佳的利率敏感性缺口状态	积极管理最可取措施
市场利率上升	正缺口	增加利率敏感性资产
		减少利率敏感性负债
市场利率下降	负缺口	减少利率敏感性资产
		增加利率敏感性负债

消极的利率敏感性缺口管理是一种纯防范性的缺口管理策略,其方法是使利率敏感性缺口近似为零,从而尽量降低银行预期的净利息收入变化。其管理见表7.2。

表7.2 消极的利率敏感性缺口管理——最小缺口

正缺口	风险	可能的管理政策
利率敏感性资产＞利率敏感性负债(资产敏感性)	利率下降时发生损失,因为银行净利息收益率下降	1. 听之任之(利率可能升高或稳定) 2. 延长资产期限或缩短负债期限 3. 增加利率敏感性负债或减少利率敏感性资产
负缺口	风险	可能的管理政策
利率敏感性资产＜利率敏感性负债(负债敏感性)	利率上升时发生损失,因为银行净利息收益率下降	1. 听之任之(利率可能降低或稳定) 2. 缩短资产期限或延长负债期限 3. 减少利率敏感性负债或增加利率敏感性资产

(2)利用久期进行套期保值防范利率风险。类似于利率敏感性缺口管理方法,久期缺口管理方法也有积极与消极的管理之分。积极的管理方法及其可能的后果见表7.3。

表7.3 积极的久期管理思想

预期利率变动	管理行动	可能后果
利率上升	减少 D_A,增大 D_L (接近负久期缺口)	净值增加(若管理者的利率预期正确)
利率下降	增大 D_A,减少 D_L (接近负久期缺口)	净值增加(若管理者的利率预期正确)

消极的管理方法是调整银行的资产负债比例,使其久期缺口为零,即满足下式:

金融机构资产(按人民币计值)组合的久期 = 按人民币价值加权的银行负债组合的久期 × $\frac{总负债}{总资产}$

缺口管理的主要缺陷是缺口管理基于敏感性。缺口管理方法中,积极的管理建立在对未来正确的预测的基础之上,如果预测错误,不但不能降低风险,反而扩大风险;消极的风险管理在减小风险的同时,失去了获利的机会。此外,随着时间变化需要重新调整资产负债比例。

2. 市场风险的限额管理方法

金融机构在进行衍生工具交易时,在对市场风险进行评估后应该设定相应的风险限额,从而构成风险限额体系。这是金融机构管理市场风险的主要方法。金融机构首先确定总的限额,然后进行逐层分解,构成不同性质风险和不同层次的风险限额体系。风险限额体系应该与金融机构总的风险管理工作保持一致,并与资金实力相适应,从而使实际承担的风险程度不超过预先确定的风险容忍程度。金融机构的风险容忍程度应由风险管理部、财务部和管理层根据机构的准备金水平、业务发展战略、衍生金融工具及市场的产品特性、收入预算、业务人员的专业技能综合考虑来确定,并要由董事会定期进行审核和批准。常用的风险限额包括:

(1)总头寸限额。该限额是最基本的风险限额方法,通过提供衍生金融产品的业务活动的数据,反映金融衍生交易活动的风险信息,但其主要缺点是难以反映价格敏感性和波动幅度,并对实时风险考虑不够。

(2)止损限额。该限额用于避免在某一头寸达到特定水平时可能造成损失的限制性指标。在具体操作过程中,当该限额逼近时应考虑持有还是变现了结;当该限额达到时须采取行动进行变现或套期保值。典型的止损限额以一天、一周或一个月累计的损失作为标准。尽管止损限额比总头寸限额严格,但在实际操作过程中经常被突破。

(3)缺口限额。该限额是通过控制在一定时期内到期或重新定价的衍生金融产品的数量或金额来控制损失。这种限额对于利率风险管理非常有用。利率缺口可分为积极缺口和消极缺口,其中积极缺口管理是指金融机构根据其对自身利率预测结果的自信程度而确定缺口的管理方法;消极利率缺口是一种纯防范性的缺口,其方法是使利率敏感性缺口近似为零,从而降低金融机构预期的净利息收入变化。

(4)VaR限额。该限额可以有效地反映衍生工具交易给金融机构带来的市场风险。在实际使用过程中,首先计算当期价格,然后使用有关的模型估计可能造成的损失,并根据度量的风险暴露程度确定相应的限额。当逼近或达到限额时使用恰当的风险管理策略如风险回避、风险转移、风险保留等进行管理。风险回避是对其风险暴露的部分进行处理,尽量使其风险暴露接近零。风险转移则是通过衍生产品对其进行套期保值。

(5)期权限额。该限额是指通过建立特定的期权头寸限额以充分控制期权风险的限制性指标,是期权交易中常用的控制指标。

(四)使用衍生产品

由于衍生金融工具交易可以用较低的成本对金融产品的有关风险因素进行剥离、重组,它具有便利和高效的特点。通常可用来进行利率风险管理的衍生金融工具为利率远期、利率期货、利率期权和利率互换等;对股票市场进行风险管理的衍生产品有股指期货、股票期货等;对汇率进行风险管理的衍生产品有外汇远期、期货、期权等。金融机构可以根据风险暴露程度和自身经营特点对衍生工具进行选择。对于期限比较短的市场风险,可以采用远期、期权和期货期权等品种;对于期限长于一年以上的风险暴露,可用上下限、对称共享的上限等进行套期保值等品种。

以衍生工具交易涉及的利率风险管理为例讨论衍生工具的使用问题。

(1) 对于利率远期,由于属于非标准化协议,可以根据利率风险暴露的头寸、暴露的时间来买卖或签订,从而对利率风险暴露进行比较好的管理。利用远期利率可以分为两种情况:第一种情况是市场上可以买卖远期利率协议与投资者的利率风险相关,涉及的期限与某种远期利率协议标准合约正好相吻合,那么远期利率协议可以提供比较理想的保值效果;第二种情形是市场上虽然有远期利率协议买卖,但不能进行理想的避险。对于第二种情况主要有三种选择:①运用最接近的远期利率协议进行套期保值,此时要承担剩余的基差风险,但风险不大;②用远期利率协议进行保值,同时对剩余的基差风险进行管理;③运用场外交易市场上非标准 FM 合约保值,与一些金融机构签订远期协议,此种方法可以对合约作调整,使其与面临的利率风险相适应,从而获得较好的保值效果。

(2) 对于利率期货,目前可用来进行利率风险管理的期货合约有短期利率期货和中长期债券期货。利用期货进行风险管理时涉及期限选择和期货合约数量确定两方面的问题。期限的选择要求期货的期限尽量与被保风险接近,而且风险暴露的期限比期货的期限短。对于暴露的期限较长的风险,进行展期保值,即购买一个近期的期货,期货快到时卖出原来的期货并买入新的期货,从而达到保值的目的。期货合约数量的选择就是套头比的选择问题。

(3) 对于利率期权,可以根据金融机构的风险暴露程度和自身经营特点,对不同的期权进行选择。对于期限比较短的风险,可以采用远期期权和期货期权,对于期限长于一年以上的风险暴露,可用利率的上限、下限、对称、共享的上限等进行套期保值。

(4) 对于利率互换,可以用来管理暴露于未来多期利率的风险。应用利率互换对利率风险管理可分为两种类型,其中一种是与资产相关的互换,另一种是与负债相关的互换。利用互换还可以将浮动利率的资本或债务与固定利率资本或负债之间进行相互转化。

二、金融衍生工具信用风险的管理

衍生金融工具的信用风险是金融衍生产品交易过程中合约的对方出现违约所引起的风险。衍生金融工具的信用风险与金融机构信贷的信用风险存在一定的差别。在金融机构信贷中,只要企业破产或无力清偿金融机构就会出现损失。衍生金融工具的信用风险一般要具备两个基本条件:其一,交易对方因财务危机而违约;其二,在合约的剩余期内违约方的合约价值为负值。衍生金融工具的信用风险和合约期限密切相关。一般而言,期限越长信用风险越大。同时对同一期限的合约随着时间的推移还会发生不断的变化。

衍生金融工具信用风险管理的整个过程主要包括信用风险评估、信用风险控制和信用风险的财务处理等三个阶段。其中风险的识别和评估阶段主要解决风险暴露问题,风险控制阶段的主要任务是根据风险评估的有关结论采取合适的控制和管理办法,一方面消除或减少风险发生的可能性,另一方面控制损失的蔓延和扩大。其中信用风险控制方法主要包括信用限额、准备制度和信用衍生工具以及信用升级和净额结算协议等,分别管理结算风险和结算前风险。风险的财务处理阶段主要是金融机构通过风险基金或处理抵押品来抵补风险发生后造成的损失。

（一）信用限额

信用限额是对衍生工具风险进行事前控制的主要方法之一，其基本思路是针对单一信用风险敞口（特定客户或关联集团、特定行业、国家、区域、授信品种等）设定信用额度，以控制信用风险的集中度。在交易过程中相对于任何一方的头寸暴露水平都应控制在信用限额内，从而控制违约风险。

信用限额的确定是信用限额方法实施的关键之处。金融机构信用额度确定的依据早期是损失经验和主观判断，后来逐步发展到将限额与机构内部信用评级挂钩，获得较高等级的交易对象相应给予较高的授信额度。对金融资产信用等级的分类实际中有多种标准体系，如标准·普尔和穆迪对债券、金融机构甚至一些股票从 AAA/Aaa 到 D 的评级体系；还有我国银行对信贷资产以前完全按逾期时间实行正常加"一逾两呆"的四级分类体系，现在开始与国际接轨使用正常、关注、次级、可疑、损失五级分类体系等。目前一些金融机构开始使用风险价值法（VaR）来确定交易对手的风险暴露，以提高信用限额设定的准确程度。

对于大额敞口的限额设定，巴塞尔委员会推荐对单一客户或一个集团客户的敞口不能超过金融机构监管资本的25%，并且大多数国家监管部门的设定标准与巴塞尔委员会的建议保持一致。对于风险敞口的界定，巴塞尔委员会和世界银行都建议计算敞口时应包括所有债权和交易，并应同时覆盖表内和表外的各种交易。关于集团客户的界定，巴塞尔委员会认为不仅要考虑法律上的联系，还需要考虑财务上的联系。在抵押担保方式的限额设定方面，有些国家允许在拥有合格抵押的情况下，扩大对大额敞口设定的限额比率。

由于客观条件的限制和主观上缺乏谨慎和预见性，信用额度在实际业务操作上也存在一定的局限性，仅仅依靠信用限额并不足以达到约束信用风险的目的。

（二）准备制度

准备制度是金融机构对风险设置多层预防机制的方法，包括资本金比率和准备金制度以及风险基金制度等方面。

在资本金准备方面，巴塞尔委员会对银行的准备金比率进行了规定，主要包括两个指标：第一层次资本/风险调整后的暴露水平，(第一层次资本+第二层次资本)/风险调整的暴露水平，其中第一个指标应大于4%，第二个指标应大于8%。其中第一层次的资本指股东权益，但不包括商誉；第二层次的资本包括次级债务、贷款储备和其他不属于股本的长期资本。风险调整的暴露水平指对全部经风险调整后的表内和表外业务的暴露水平。对于包括衍生金融工具在内的表外业务，一般先计算实际的暴露水平，然后对不同交易品种以名义本金比例的形式确定相应的浮动幅度，最后将两者之和乘以风险因子后再求和得到表外业务的风险调整后的总暴露水平。签订衍生合约时，虽然签订时计算资本金非常重要，但只关注此时的资本准备还不够，还必须计算衍生证券有效期限内期望资本充足率要求的平均值。许多金融机构利用蒙特卡罗模拟方法决定衍生证券的资本充足要求如何随着时间变化而相应调整。由于巴塞尔协议的资本金要求未考虑不同对方的信用等级问题,一些金融机构还开发出比较复杂的内部模型来进行资本的分配。2003年新资本协议征求意见稿认同了金融机构内部评级法。下面以利率互换为例讨论资本金的计算问题见表7.4。

表7.4 风险调整的暴露计算中的有关风险调整数据

剩余到期期限	利率合约	单个货币浮动/浮动互换	汇率合约
小于1年	0	0	1%
大于1年	1%	0	5%

第一步,计算风险调整的暴露,公式为:(当前暴露+附加调整)×对方的风险权重。当前暴露是互换当前价值与0之间的较大值。考虑一个3年期的利率互换,当前值(当前暴露)8 000元,名义本金为1 000 000元。根据表7.4中利率合约的调整因子,附加调整是1 000 000×1%=10 000(元)。如果对方的风险权重是0.5,则风险暴露是(8 000+10 000)×0.5=9 000(元)。

第二步,计算资本金要求。第一层资本(股权)要求9 000×4%=360(元),第一层资本和第二层资本之和必须大于9 000×8%=720(元)。

准备金制度是金融机构在资产份额中保持一定的准备金,包括第一级保证金、第二级保证金和第三级保证金等。第一级保证金由流动性较强的现金和存款构成,第二级和第三级保证金由生息的资产构成。

风险基金主要指对衍生工具的信用风险计提呆账准备金,从而使金融机构可以在不影响正常经营的情况下抵补可能发生的损失。

(三)信用衍生产品

信用衍生产品是参与方签订允许将信用风险进行剥离和转移的契约或协议。其实质是将信用风险与标的金融资产的其他风险分离,并转移给其他机构或个人。信用衍生产品可以用来对冲和分散信用风险。信用衍生产品主要包括信用违约产品、信用价差产品、总收益互换和信用联系型票据等方面。例如,某银行对某高价值客户存在一笔1亿美元的风险敞口,为了减少信用风险又不能出售或拒绝该笔贷款以致损害它与该客户之间的长期业务关系,该银行就可找到另一金融机构使它收取一笔费用之后承担对客户的一部分信用风险。信用衍生产品一方面分散了信用风险,更重要的是使信用风险打包标准化,可以在市场上成为独立的交易品种,这样就增强了金融体系整体抗信用风险的能力。

信用违约产品包括信用违约互换、一篮子信用互换、违约指数合约等。信用违约互换以双方约定的特定债务的信用事件的发生作为支付条件,其构成要素包括交易双方、参照实体、参照债务、支付条件、支付方案、结算条款、保护期限。一篮子信用互换是针对一篮子信用而非单一信用,若篮子中出现任何一笔信用违约,交易对手须向信用保护买方赔偿损失。违约指数合约是基于国家破产指数,若到期日该指数高于合约起始时指数,则合约买方可得到补偿,合同金额等于指数乘以一固定金额。

信用价差产品包括价差期权和价差远期两种。价差期权合约支付取决于标的风险资产与无风险政府债券间价差的变化方向和幅度。信用价差远期的交易双方约定一个远期价差，到期日时，双方根据实际价差和约定价差进行差额结算。总收益互换指交易双方除了交换在互换期间的现金流之外，还要结算基础资产的价值变动差额。若在合约期限内基础资产价值升值，则总收益接受方从付出方处获得价值升水，否则向付出方赔付贬值损失。

信用联系型票据是一种结构化金融技术。信用保护的买方向投资者发行与基础参照资产信用状况相联系的票据，投资者获得与参照资产有关的全部收益并承担全部信用风险，保护买方在将风险转移给投资者后提前收回参照资产占用的资金。若参照资产未发生违约事件，则投资者获得票据本息；若违约事件发生，则投资者只能获得参照资产的残值。

虽然信用衍生产品可以有效地管理信用风险，在20世纪90年代以来发展十分迅速，其交易已从北美扩展到欧洲，在拉美和亚洲也形成了一定规模，但作为金融创新品种，信用衍生产品也面临成长初期的一系列困难，包括：①合约要素的标准化问题。合约要素非标准化可能由于基本术语不统一而导致纷争。②定价问题。信用衍生产品的交易规模仍然不够大，且合约标准化程度低，交易都在场外，致使定价的透明度较差。此外，信用衍生产品的合理定价需以精确的信用风险度量为前提，而信用风险度量方法仍处于发展和修正阶段。③风险管理问题。风险保护购买者面临交易对手和标的资产的联合违约风险。有人因此质疑信用衍生产品的交易究竟是降低风险抑或是放大风险。④监管规范问题。鉴于信用衍生产品产生时间较短，监管者仍在着手制订有关的管理条例。

（四）其他技术

衍生金融工具信用风险管理方法还包括产品信用升级、净额结算协议和保险等方面。

信用升级包括要求提供资产抵押、保证金或担保和信用证以及成立特设载体等。抵押品和保证金等升级手段应该定期调整以反映交易价值的变化，以维持与交易对方的风险暴露一致，这种方式可以消除所有的信用风险。目前约有2/3的交易商接受以现金或证券为抵押品，3/4以上接受第三方担保。资产抵押有两种基本方法，对互换而言有：

（1）较弱的交易对手在互换交易之初提供抵押资产给较强的一方，稍后并增加抵押的资产，以涵盖互换交易的新增价值。

（2）相互提供抵押担保。在互换交易进行之初，双方互相提供抵押的资产，当互换交易的价值有明显变动，或交易一方的信用有明显恶化时，则调整抵押的资产。由于在衍生工具市场中具有AAA等级信用级别的公司处于良好的交易地位，一些没有AAA级别的金融机构往往设立子公司（特设载体）并对其进行担保等信用升级技术，使子公司达到AAA等级，从而降低信用风险，进行衍生工具的交易。

净额结算协议是管理结算风险的重要手段，交易方通过采取双边或多边的净额结算安排，进行抵算后的金额支付，同时使用规范的结算系统进行结算，从而可以大大降低结算阶段的信用风险。大多数互换协议都规定：如果对方在一份协议中违约，则认为在所有合约上违约。在计算风险暴露和资本金时如果银行一个具有正值的互换和一个负值的互换有相同的对手，则两个互换可以进行抵消。考虑一个银行与某一对手进行的所有互换，没有进行净额结算处理时该银行在未来的风险暴露是一系列期权的组合，而进行净额结算处理后则是证券组合的某个期权损益，后者通常比前者小得多。目前金融机构正在发展适用于各种金融衍生品交易的标准化的总抵算协议。

保险可以使衍生工具的交易方在遭遇对方不履约的情况时，得以按当时的交易价格来重置一笔新的交易，但要根据所承担的风险缴纳一定的保险费用。在互换交易中，很多投资银行原本规定互换交易对手必须属于 AAA 的信用等级，但保险可以使上述限制得以回避，使交易的规模和对手增加很多。而且保险的代价远低于 AAA 级银行的交易限制（尤其 AAA 级银行的数量正不断减少），便于交易的进行。

三、金融衍生工具操作风险的管理

衍生金融工具操作风险是由于金融机构内部管理不善、人为原因而带来损失的可能性。操作风险主要分为两个基本类型：第一类型的操作风险指由于自然风险或意外事故如火灾、计算机系统故障、业务人员的日常差错等给金融机构带来的损失的可能性。第二类型的操作风险是指由于经营管理上的漏洞或失误带来的损失的可能性。操作风险虽然存在于任何类型的金融交易，但由于衍生金融工具交易过程的复杂性以及信息披露有限性，金融机构在使用金融衍生工具过程中操作风险往往更为严重，所以对衍生金融工具操作风险的管理尤为重要。

（一）内部控制

1. 内部控制系统的基本要素

金融机构风险内部控制是金融机构的一种自律行为，是金融机构董事会、高级管理层和各级管理人员为完成既定的工作目标和防范风险，对内部组织及其工作人员从事的业务活动进行风险控制、制度管理和相互制约的方法、措施和程序的总称。根据巴塞尔委员会的有关文件规定，有效的金融机构风险内控管理系统主要由内部控制环境、风险识别与评估、控制活动与措施、信息交流与反馈、监督评价与纠正机制等五个相互独立、相互联系又相互制约的要素组成。

内部控制环境是金融机构内部对内部控制系统的实施具有较大影响的环境因素，包括制度和文化环境，主要内容有法人治理结构、经营组织结构、内部制度和相关的外部制度、企业文化等。内部控制环境是内部控制的基础，它直接影响风险识别与评估、控制活动与措施、信息交流与反馈、监督评价与纠正等要素功能的发挥，构建良好的内部控制环境对于风险内控非常重要。

风险识别与评估是金融机构对风险识别和评估的方法、手段和技术的总称。它是金融机构风险内控的第一步，是首先发挥职能的要素，也是金融机构内部控制的前提。金融机构在参与衍生金融工具交易前要由风险评估部门对衍生产品交易过程中的各类风险进行比较全面的识别和评估,在交易过程中运用风险评估模型对风险进行实时监控,并进行压力测试和情景分析,确定金融机构风险暴露的程度。

控制活动与措施是指金融机构在风险识别和控制的基础上进行风险控制的方法程序、手段和风险控制技术,是金融机构风险内控系统具体实施风险内控的过程。在成熟的金融衍生产品交易中,交易方一般还要建立比较完善的危机救援制度。

信息交流与反馈是金融机构对其会计信息和管理信息等诸多信息的收集、处理、存储、传递和反馈的过程。信息的交流与反馈是保证金融机构实施风险内控的媒体或中介。通过改进会计报告制度,可以充分反映衍生产品交易过程的风险因素,同时建立通畅的风险信息传递机制,保证有关的风险信息在金融机构内及时传递和处理,从而为各层次进行风险决策和控制提供依据。

监督评价与纠正机制是定期对内部控制的制度建设和执行情况进行回顾和检讨,并根据有关的法律法规、金融监管规章、金融机构内部组织结构、经营状况以及市场环境的变化进行修订。金融机构应坚持内部审计和风险管理相结合,对衍生产品交易前台和后台进行监督和稽核并进行及时的报告,确保交易策略和风险监管措施得到执行。

2. 内部控制系统的构造

(1)金融机构衍生交易的内部控制机制构建的主要原则。首先,内部控制机制要贯彻全面风险管理的理念。全面风险管理要求对金融机构开展的业务面临的各类风险在事前、事中和事后三个阶段从定性和定量两个方面进行控制,并建立配套机制。内部控制机制构建要体现全面风险管理理念,在风险评估和管理子系统为风险的定性和定量方法提供接口,同时和内部审计、外部审计和有关的金融监管等风险控制的其他方面建立协调机制,从而将内部控制机制构造成全面风险管理的制度平台;其次,内部控制机制必须是一个动态、开放的体系。内部控制机制的动态性是指内部控制机制应该迅速对内部业务操作过程中的风险事件做出反应,开放性是指可以随着金融机构管理水平提高和外部环境因素的变化进行范围的拓宽和功能的提升,为要素的扩展和深化做出安排。

(2)金融机构衍生交易内部控制机制的模式和组织体系。采取集中主导型的具有分级特征的内部控制模式,如图7.1所示。集中主导型的控制模式一方面可以对风险进行汇总和监测,并在总公司层面进行控制;另一方面由于信息系统和稽核系统也一般按集中模式构造,集中主导型的内部控制机制有利于风险管理系统和其他有关系统的协调。

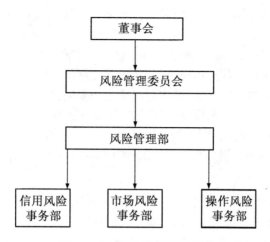

图7.1 分级特征的内部控制模式

设立独立的内部控制组织体系。与集中主导型的内部控制模式相适应,组建直接向监事会或董事会负责的内部控制机构体系,实行垂直领导和报告制度,相应在岗位设置方面设立风险经理。在组建内部控制体系时,应该将业务部门和会计部门以及稽核部门在风险控制方面的职能分离出来由内部控制部门承担,从而保证内部控制部门与衍生工具业务的操作部门相分离。

金融机构衍生交易内部控制体系的一般组织模式为:风险管理部是主管风险与内部控制、授信审批的职能部门和办事机构,主要负责金融机构风险与内控管理体系和管理政策、制度的完整性和有效性,各项风险限额的完整性和合理性,负责组织和督促风险与内控检查的适时性和有效性,负责全行风险与内控状况评价报告的完整性和准确性,负责各类风险的状况判断和评价的准确性和预警防范。

信用风险事务部、市场风险事务部和操作风险事务部分别负责信用风险、市场风险和操作风险的识别、评估和控制,保证各业务风险控制的有效性和合规性,并负责收集、整理各类风险的信息和数据,撰写风险监测报告。

(3)金融机构衍生交易内部控制机制的制度体系。构造以内部控制为目标的业务流程和内部控制的制度体系。从控制方法上看,遵循目标控制和程序控制的思想,将各类控制方法整合为以目标控制和程序控制为主的侧重事前和事中控制的风险控制机制体系。从控制过程来看,首先对所有金融衍生交易的流程进行归类和整理,寻找不同品种的关键风险,提出对应的控制方法和标准,然后制定相应的内部控制制度并且落实到岗位设计和岗位职责当中,由内部控制部门通过对业务部门对应岗责的完成情况进行监督来控制操作风险。由于品种创新和控制重点变化,以内部控制为目标的业务流程和制度体系也是动态的。在风险控制的责任方面,风险经理不仅要对业务和管理活动进行事中的监督和控制,而且还要对其事前和事后的风险管理负责。

建立比较完善的风险评估和管理制度。对于金融机构影响较大的衍生工具风险类别进行专门研究,使用不同的风险衡量和预警机制以及管理办法,提出相应的制度安排并融入内部控制制度体系中。内部控制机制中的风险评估和管理体系应涵盖金融机构经营管理过程中的各类风险,但对各个风险因素的重视程度有所差异。

建立实时的信息传递机制和内部控制自评估制度。在信息机制的构建方面要进行分工,由信息部门负责建立和维护风险信息传递机制,而内部控制部门负责信息的搜集、整理和评价工作。由于会计信息的基础性作用,风险经理可以使用必要的会计资料,以便于将内部会计控制和管理控制结合起来。在内部控制机制的自评估方面,通过内部控制的自评价一方面保证机制运行的有效性,另一方面也为内部审计、外部审计以及金融监管机构提供了评价金融机构内部控制水平的基础,成为内部控制机制与其他风险管理部门进行风险信息交流和风险管理合作的接口。

(二) 资本准备

衍生金融工具操作风险的定量管理主要是资本准备。操作风险的资本计算方法主要有基本指标法(BIA)、标准化方法(SA)、内部衡量法(IMA)、损失分布法(LDA)以及极值理论方法(EVT)。根据巴塞尔协议的有关文件,基本指标法是指以单一的指标作为衡量金融机构整体操作风险的尺度,并以此为基础配置操作风险资本的方法。一般地常采用总收入(即银行净利息收入与净的非利息收入之和)作为指标,每个银行的操作风险监管资本就等于一个固定的百分比(a)乘以各银行的总收入。目前作为临时性估计,a 值被定为30%左右,但这种估计缺乏充足的数据基础。由于基本指标法未考虑到银行自身的需要和特点,更适用于一些业务简单的小银行。在基本指标法的基础上,标准化方法将银行业务活动分为标准业务单位和业务类别,这样标准化方法就能更好地体现特定银行业务的特定风险层面。与基本指标法相同,操作风险监管资本仍由监管者统一确定,因此仍然没有考虑各个银行的特点。由此,巴塞尔委员会也建议大银行或操作风险比较突出的金融机构采取内部衡量法和损失分布法(LDA)以及极值理论方法(EVT)等更高级的风险管理方法。

可以对上述方法进行比较,内部衡量法是损失分布法的离散变量模式,标准化方法则对某一个业务类别中所有的风险集合体予以分析。五种方法对数据的要求以及估计误差的比较,可知 BIA 对数据要求最低,然而其估计误差也最高;LDA 对数据要求最高,其估计误差当然就最低;IMA 和 SA 处于中间地位。

内部衡量法计算资本准备的主要步骤:

(1) 将金融机构业务活动划分为若干业务类别,对于每个业务类别界定出相应损失类型。
(2) 在每一个业务类别和损失类型的组合中,监管者规定一个风险暴露指标(EI)。
(3) 除了风险暴露指标外,对每个业务类别和损失类型的组合,金融机构利用自己的内部数据计算出参数损失概率(PE)和给定事件发生率情况下的损失(LGE)。这样,该业务类别和损失类型组合的预期损失就可以通过 $EI \times PE \times LGE$ 得到。
(4) 监管者针对每一个业务类别和损失类型的组合给出一个系数(r),这样预期损失就通过这个系数转换为风险资本要求:

$$风险资产 = \sum_i \sum_j (r(i,j) \times EI(i,j) \times PE(i,j) \times LGE(i,j))$$

式中:i 为业务类别,j 为风险类型。

由于金融机构自身的数据往往与整个行业的数据有一定出入,为了把行业数据吸收进来,还要采用风险图指数(RPI),运用风险图指数来调整通过金融机构内部测量方法计算出的操作风险资本。当按行业损失分布时 $RPI=1.0$,当存在风险时 $RPI>1.0$,反之 $RPI<1.0$。

金融机构应具备的风险资本公式为

$$资产要求 = \sum_i \sum_j (r(i,j) \times EL(i,j) \times PE(i,j) \times LGE(i,j) \times RPI(i,j))$$

式中:i 为业务类别;j 为风险类别;$r(i,j)$ 为监管当局对不同行业的规定;$EL(i,j)$ 为预期损失;$PE(i,j)$ 为损失事件发生的概率;$LGE(i,j)$ 为损失事件发生时产生的损失值;$RPI(i,j)$ 为风险图指数。

另外,非预期损失 $UL = r \times EL$。

巴塞尔委员会认为业务类别的划分应与标准化方法一致。尽管各个业务类别的损失类型越多,就越能完整地描绘出该业务的风险全貌,但是考虑简单易行,委员会还是将损失类型限定在合理的范围内。风险暴露指标(EI)衡量了业务类别的风险状况。委员会对各个业务类别和损失类型组合规定了标准的风险指标,银行根据自己的内部数据加以计算。

采用内部衡量法计算资本准备应具备的条件:

(1)具有有效的风险控制机制,并且损失数据的精确性以及计算结果的可靠性通过具体操作来检验,金融机构必须将所收集的数据和测算结果应用于金融机构风险报告、经营管理、风险决策和控制等方面。

(2)风险测度的有效性。必须制订恰当的内部损失报告制度,由具有操作风险测度方法、知识丰富的员工以及合适的下层组织系统识别和收集操作风险损失数据,并针对典型的业务范围建立包括若干年数据的操作风险损失数据库,而且要有一个适当程序连续地识别用于建立损失数据库的事件以及对现在和未来的业务活动具有代表性的历史损失事件。

(3)必须制定严格的条件和程序保证内部数据和外部数据进行补充,这些条件和程序包括经常访问、文件记载和修订,并保证外部数据使用与金融机构业务环境具有相关性、精确性和适用性。

(4)必须定期对损失率、风险指数和大小估计等有关参数进行有效性检验。

(5)如果操作环境未能精确地反映在数据汇总和参数估计中,可以采用情景分析和压力试验。管理层应该把事件和判断包含在损失数据分析中,并能清楚地识别一些特殊情形。

(三)保险

由于自然风险或意外事故如火灾、计算机系统故障、业务人员的日常差错等纯粹风险性质的操作风险,金融机构可以使用保险进行管理。大多数适用于操作风险管理的保险合同都是以操作风险的某一部分作为保险标的,并且以特定风险事故为对象的标准化保单。目前有代表性的操作风险保险产品有金融机构一揽子保险(BBB)、错误与遗漏保险(E&O)和经理与高级职员责任险(D&O)。其中金融机构一揽子保险主要承保盗窃、欺诈敲诈、贪污、空头支票、财产,以及伪造、变造货币等外部欺诈、内部计算机犯罪、盗窃、欺诈风险。错误与遗漏保险主要承保无法为客户提供专业服务或在提供服务过程中出现过失的风险。经理与高级职员责任险主要承保金融机构经理与高级职员操纵市场、洗钱、未对敏感问题进行披露、不当利用重要信息等风险。

金融机构在使用保险产品管理操作风险时应考虑保险产品的保障范围,不仅可以购买范围比较广的风险转移产品,而且可以将几种保单集合起来使用以扩大保障范围。同时还应注意保险公司的信用风险。利用保险合同过程中的信用风险可以视为一种风险缓和技术,该风险可以通过实施免赔额时的资本准备金要求进行处理,免赔额的运用可以降低因合同对方风险的存在而造成的资本准备金减少。

随着新的操作风险的出现和人们对操作风险认识的深入,以操作风险为标的的保险产品也在不断创新,操作风险保险承保范围也在逐步扩大,承保人、经纪人与金融机构已经合作开发出新的损失补偿产品如未授权交易保险、电子保险等,新出现的操作风险如商业中断、金融机构商誉、知识产权等也将被纳入到操作风险保险的承保范围。

虽然保险产品作为管理操作风险的重要工具在实际风险管理活动中得到了广泛的运用,但应充分认识到保险产品的局限性,对与保险相联系的剩余风险进行识别和评估,并采取合适的方法和手段进行剩余风险的管理。

【知识库】

限 额 管 理

商业银行实施市场风险管理,应当确保将所承担的市场风险控制在可以承受的合理范围内,使市场风险水平与其风险管理能力和资本实力相匹配,限额管理正是对市场风险进行控制的一项重要手段。银行应当根据所采用的市场风险计量方法设定市场风险限额。市场风险限额可以分配到不同的地区、业务单元和交易员,还可以按资产组合、金融工具和风险类别进行分解。银行负责市场风险管理的部门应当监测对市场风险限额的遵守情况,并及时将超限额情况报告给管理层。常用的市场风险限额包括交易限额、风险限额和止损限额等。

交易限额(limits on net and gross positions)是指对总交易头寸或净交易头寸设定的限额。总头寸限额对特定交易工具的多头头寸或空头头寸给予限制,净头寸限额对多头头寸和空头头寸相抵后的净额加以限制。在实践中,银行通常将这两种交易限额结合使用。

风险限额是指对按照一定的计量方法所计算的市场风险设定的限额,如对内部模型计量的风险价值设定的限额(value-at-risk limits)和对期权性头寸设定的期权性头寸限额(limits on options positions)等。期权性头寸限额是指对反映期权价值的敏感性参数设定的限额,通常包括:对衡量期权价值对基准资产价格变动率的 Delta、衡量 Delta 对基准资产价格变动率的 Gamma、衡量期权价值对市场预期的基准资产价格波动性的敏感度的 Vega、衡量期权临近到期日时价值变化的 Theta 以及衡量期权价值对短期利率变动率的 Rho 设定的限额。

止损限额(stop-loss limits)即允许的最大损失额。通常,当某项头寸的累计损失达到或接近止损限额时,就必须对该头寸进行对冲交易或将其变现。典型的止损限额具有追溯力,即止损限额适用于一日、一周或一个月等一段时间内的累计损失。

(资料来源:中国金融网)

第六节 场外金融衍生工具监管

一、场外金融衍生工具

尽管各种金融衍生工具在不断增加,但通常根据合约的类型、构成合约的基础资产类型,依合约是在交易所还是在柜台市场进行交易分为场内交易和场外交易两类。场外金融衍生工具可以按照其原基础工具的种类分为外汇、利率、股权、信用等四类,可以按照合约形态分为远期、掉期、期权、互换,它们还可以合并产生更为复杂的混合衍生工具。

二、对场外金融衍生工具的监管

场外金融衍生工具市场的不断壮大,其中一个重要的原因是监管环境宽松。1998年美国长期投资管理公司(LTCM)事件发生后,各国对场外衍生工具的监管也进行了更为激烈的讨论。

(一)美国对场外金融衍生工具的监管

根据美国《商品交易法》,由于场外金融衍生工具不是标准的合约而对其进行监管豁免。2000年的《商品期货现代化法》也进一步明确,外汇产品的场外买卖是不受《商品交易法》监管的。1995年美国会计总署发表了一个关于衍生品的报告,批评了大部分衍生品规避监管的事实。他们认为,作为证券公司主要附属机构的场外衍生品交易足够带来系统威胁。因为场外衍生品交易主要是双边交易,一个银行倒闭时,其手中的场外衍生品头寸可以影响其交易对手,从而可能影响整个金融体系。1998年美国长期资本管理公司的情况证明了这种威胁,以致其他大银行只好联手救援。会计总署认为,对主要证券公司和保险公司从事衍生品交易的附属机构的联邦监管很有限或者说根本不存在。监管者们收集的信息不足以进行充分的监管,缺乏资本标准,没有综合的监管审查来保证证券公司和保险公司的附属机构有充分的风险管理措施;在此之后美国加强了对场外衍生工具尤其是对衍生品公司的监管。要求一般衍生品公司在与对手方签订一个合同的同时再与他的发起公司签订一个反向合同。这样衍生品公司(DPC)一般都有下列情况:

(1)DPC一般不会遭受市场风险,因为它拥有对等账目,也就是说市场风险被传给了发起公司。

(2)DPC会面临信用风险,但这一风险被严格控制住了。发起公司带来的信用风险通过发起公司的抵押得以保护。其他对手方风险通过规定最低信用级别得以控制。

(3)因为发起公司保护了DPC免受市场风险危害并代表DPC执行其他一些管理职能,所以要有紧急措施存在,以确保发起公司不能充当上述角色时,对手方不至于遭受损失。因此可以认定一名"临时"经理,或者可以规定DPC的合同自动中止的条款。

(4)DPC和其发起公司必须实行较大程度的"公司分离",以保证两个实体的法律分离。这些"防火墙"是为了在发起公司破产时免受法院将二者合并处理。

(5) DPC 的资本结构可以是静态的,也可以是动态的,对于静态资本结构,有一定的措施保证信用风险总是与可供资本相适应;而对于动态资本结构,需要调整以适应 DPC 面临的风险水平。

(6) 信用评级机构以至少一周为基础监控 DPC 的业务经营。另外,外部审计人员至少每周一次对 DPC 进行审查,保证符合经营指导原则。

(二) 英国对场外金融衍生工具的监管

由于没有单独对于 OTC 市场的监管制度。英国的监管是根据投入资产工具来分类的。期货、差额合约(CFD)包括了期货、期权、掉期等:CFD 是指以买卖价差现金结算的产品,不进行实物交割。英国目前较流行的一种产品 CFD 是指股票 CFD,即类似期货合约的交易,利用保证金账户进行股票交易,而股票并非在证券交易所中有真实买卖,只是客户和经纪公司之间的交易。经纪公司可以向更大的公司进行询价,转移风险。

英国的经纪公司受英国金融服务管理局(FSA)监管,包括期货和证券公司,这些公司都具有双重功能,即交易商(Principal)和经纪商(Broker)。FSA 在 1999 年制定了一个法规,即按 1986 年《金融服务法》第 43 条制定的《现货批发和场外衍生市场规则》对批发和 OTC 金融衍生工具进行监管的规定,但是公司必须清楚说明和董事局或相等的高层管理架构监察的风险管理政策和程序、清楚界定的买卖管理,以及须提供准确、资料充实和及时的报告,适用于货币、利率、金银、债券类,不适用于一般的金融衍生工具。

如果一个公司需要开发一种新的 OTC 产品,该公司须事先和 FSA 沟通,并且能够提出足够的证据表明公司有足够的能力和系统来管理该产品的风险,包括一些模型。一般说,公司只要能够在财务上满足 FSA 的要求,其产品的头寸并不受其他限制。

(三) 香港对场外金融衍生工具的监管

香港证监会对场外金融衍生工具的监管也十分重视,1994 年 8 月发布了由证监会国际组织发出的有关受监管的证券及期货公司在参与金融衍生工具场外交易活动时的核心运作和财务风险管理机制的指引附表,主要有 8 项要点:

1. 风险管理架构。公司必须设有清楚说明和董事局或相等的高层管理架构监察的风险管理政策和程序、清楚界定的买卖管理,以及须提供准确、资料充实和及时的报告。

2. 独立的市场风险管理。公司必须设有独立的市场风险管理机构,以监察限制风险政策是否得到执行,以及检讨和审批定价模式及估值系统(包括按市价计算盈亏的机制)。

3. 独立的信用风险管理。公司必须设有独立的信用风险管理机构,以监察信用限额,以及检查杠杆比率、集中持仓量及削减风险的安排。

4. 内部专业技能及资源。公司应就风险管理控制的各个层面投入足够的资源,包括办公室后勤系统、会计及监督制度,以及确保员工有足够的培训。

5. 削减风险技巧。公司应在适当情况下使用削减风险的技巧,例如,使用同意协议书、净额计算安排、要求交易须备有抵押品及由第三者提供信用保证,例如信用证和担保函。公司也应考虑削减风险技巧以应付操作风险,包括制订应急计划。

6. 估值及风险承担。公司应利用或接纳的定价方法,按市价计算盈亏及识别集中持仓量的情况,以便每日准确地评估风险。对于其可能承担的信用及市场风险,公司也应使用适当的方法计算。如果净额计算安排是接纳和可执行的话,公司所承受的风险可以合并计算。

7. 信息系统。公司的会计、风险管理及资讯系统应在适当情况下确保有充分和及时的文件记录、处理、确认和批核,进行交易对账及审核前台和后台部门使用的估值系统。按照公司在世界各地的业务运作,以公司整体为基础来评估风险,向管理层提供准确和及时的报告,以及由管理层向外界的有关当局做出申报。此外,公司也应进行独立的内部和由外界机构进行的系统检讨,以核查有关系统是否按照其设计而运作。

8. 流动资金比率、资金安排和财务表现。公司需持续地监督其财务表现,包括损益、资金需求及来源,以及现金流动情况。

【知识库】

场外衍生品市场的业务种类

场外衍生品市场具有品种类丰富、可定制化高、结构灵活等优点,因此受到企业喜爱。国际清算银行(BIS)统计数据显示,场外衍生品的规模占到了全球衍生品市场的90%左右,远远高于场内衍生品市场规模。可以预见,场外衍生品市场在我国有非常大的发展潜力。截至2015年6月,全球场外衍生品市场的名义本金总额为553万亿美元,场外衍生品总市场价值为15.5万亿美元。以场外衍生品业务种类来观察,在场外衍生品种类中,始终以利率类及外汇类分居前两位。利率类及外汇类除了企业有套期保值的需求外,金融机构也存在着投机交易的需求。利率类场外衍生品的名义金额为435万亿美元,占比为79%。在利率类场外衍生品工具中,互换的比重最大,名义金额达到了320万亿美元。外汇类衍生品在全球场外衍生品市场的占比为第二,总名义金额为75万亿美元,其中与美元相关的占比达到86%。

信用违约互换类衍生品的市场规模自2007年开始一直在降低,总名义金额为15万亿美元,总市值为4 530亿美元,总净值为1 200亿美元。2007年金融危机之后,各国对场外衍生品市场的监管力度加强,中央清算机构(CCP)在场外衍生品市场中所占的比重越来越高,在信用违约互换市场的比重从2010年的不到10%增加到了2015年6月的31%。

国内投资人最为熟悉的股票类场外衍生品仅排名第四位,截至2015年6月总名义金额为7.5万亿美元,总市值为6 000亿美元。其中,欧洲股票相关的场外衍生品规模从2007年金融危机开始呈下跌走势。美国股票相关的场外衍生品市场稳步上涨,从2010年底的1.6万亿美元增加到了2015年6月的3.2万亿美元。

商品类的场外衍生品从2007至2009年金融危机以来,市场规模出现了较为明显的下滑,目前仍在低谷徘徊,2008年6月时的总名义金额峰值为13万亿美元,到了2009年底,则跌到了3万亿美元。截至2015年6月,商品类的场外衍生品总名义金额为不到2万亿美元。总市值也从2008年峰值的2.2万亿美元下跌到了2015年6月的2 000亿美元。

资料来源:新浪财经

第七节 金融衍生工具的国际监管

金融衍生工具是金融创新的产物,从某一方面来说也是规避监管的产物。随着金融衍生工具在国际金融市场中的作用越来越大,而且在多次金融风暴或金融危机中都有金融衍生工具的影子,对国际金融体系的安全造成了极大的威胁。因此对金融衍生工具的国际监管合作也日益受到重视。可以说每一次危机都促进了国际监管合作的发展。目前对世界金融衍生工具市场调查研究,并发布各类指导性文件的国际组织主要有巴塞尔委员会、国际清算银行、证监会国际组织、三十集团等。

一、国际组织关于金融衍生工具的监管

巴塞尔委员会和证监会国际组织等十分重视对金融衍生工具的监管问题,他们发布了大量关于金融衍生工具监管方面的文件。这些文件从不具备,也从未试图具备任何法律效力。不过这些文件制定了广泛的监管标准和指导原则,提供了最佳的监管方法,期望各国采取措施,根据本国的情况,通过具体的立法及其他安排予以实施。他们鼓励各国采取共同的标准和办法,但不强求各国在监管技术上完全一致。

二、次贷危机后金融衍生工具的监管

美国次贷危机逐渐演变为全球金融危机,究其原因,是由于美国监管当局放松管制,特别是对金融衍生工具的监管不缜密,以致国内信贷过度膨胀扩张,引起了房市的泡沫经济,最终并触发金融市场内的大量坏账和流动性危机。自危机发生以来,各国际组织开始洞察危机根源,相继提出相关监管改革的指导方针与政策意见。在金融衍生工具方面也提出了新的监管方法。

G20在2009年9月的匹兹堡峰会中提出了完善场外衍生品市场的三个重要举措,金融稳定理事会及其成员负责就执行情况展开评估。2008年11月,美国总统金融市场工作组(PWG)在金融稳定论坛建议的基础上提出了"场外衍生品市场的政策目标":一是提升信用违约互换市场的透明度与诚信;二是强化场外衍生品的风险管理;三是加强场外衍生品市场的基础设施;四是监管机构的持续合作。在纽约联储的领导下,监管部门和金融行业在危机后加快了完善场外衍生品市场基础设施的进程。2009年9月成立了"场外衍生品监管者论坛",该论坛为场外衍生品市场中央对手方和交易登记机构的监管提供了国际合作框架。2007年12月,运作管理工作组(OMG)成立,作为一个高层次策略性的工作组其任务是调查与实施各类衍生产品从前台到后台所有交易流程的基础性变革。2009年,依据国际互换与衍生品协会(ISDA)发布的行业治理模型,OMG更名为运作指导委员会(OSC),其成员有14家最大的衍生品交易商、9家作为买方客户的大型投资基金,以及ISDA等3家行业协会组织。

综合来看,场外衍生品市场的改革措施主要有五方面的内容。

(一)广泛运用共同对手方清算

共同对手方是指在结算过程中,同时作为所有买方和卖方的交收对手并保证交收顺利完成的主体,一般由结算机构充当。如果买卖中的一方不能按约定条件履约交收,结算机构也要依照结算规则向守约方先行垫付其应收的证券或资金。共同对手方清算的广泛运用使其在金融体系中的系统重要性日益突出,场外衍生工具的集中清算相对于交易所市场和现货产品也更为复杂,因此共同对手方的风险管理与监管显得非常重要。2010年5月,国际清算银行支付结算系统委员会和国际证监会组织技术委员会专门针对场外衍生品市场的共同对手方清算发布了相关监管建议适用指引的征求意见稿,提出了共同对手方在资本、风险管理、保证金与操作管理上的标准,有关内容将成为未来各国实施监管的重要参考。

(二)提高市场透明度

市场基础设施是重要的信息来源,交易登记机构是其中对交易进行集中登记的电子数据库,建立和使用交易登记机构成为提升交易透明度的重要手段,也为场外衍生品交易的结算和清算提供了支持。交易登记机构属于较新出现的市场基础设施,CPSS和IOSCO在2010年5月发布征求意见稿,指出了场外衍生品市场中的交易登记机构在设计、运作和监管中需要考虑的因素。当前提升市场透明度的工作还存在一定的困难,交易数据报告要求在某些国家面临法律障碍,公开信息披露也需要考虑保密要求和对市场流动性的负面影响。

(三)全面推进标准化

场外衍生品市场的标准化包括合约标准化、处理流程标准化和法律标准化。ISDA的标准化文件为场外衍生品合约提供了可靠和普遍适用的法律基础。在监管机构的指导和ISDA的支持下,金融行业为推进标准化做了大量工作,如发布了新的关于股票衍生品的确认主协议,启动了信用衍生品的拍卖结算机制,实现了监管部门提出的电子化确认目标。提升标准化的下一步工作集中于标的资产定义,确认模板,交易后和产品周期事件的市场惯例等方面,其最终目标在于实现交易的直接处理。

(四)完善双边交易的抵押安排

美国国际集团的许多交易对手正是由于没有要求足够抵押,在其出现问题后面临蒙受巨额损失的风险。ISDA主协议及其信用支持文件所确立的抵押安排在法律上为场外衍生品的双边交易提供了一套稳健的风险管理机制,ISDA及其成员根据监管部门的要求从2008年10月开始着手改革抵押品的管理办法,主要工作集中于核对投资组合、发布完善抵押管理的路线图和建立新的抵押品争议解决机制三方面。扩大抵押的使用已成为长期趋势。

(五)实施更为严格的监管资本要求

巴塞尔银行监管委员会已着手对《巴塞尔协议Ⅱ》新资本框架进行修订。巴塞尔委员会风险管理和建模工作组正在研究解决与交易对手信用风险相关的问题,对场外交易提出更为严格的资本要求,扩大双边清算与集中清算的资本要求差异以促进共同对手方的使用。巴塞尔委员会交易账户工作组也在对交易活动中的市场风险开始进行评估,衍生品合约的流动性和价格透明度将成为市场风险计量的考虑因素。详细内容参见《巴塞尔协议 III》。

三、《巴塞尔协议 III》

巴塞尔委员会是国际清算银行的正式机构,负责制定银行及其他金融机构的风险管理规则和监管标准。巴塞尔委员会本身不具有监管权力,其发布的标准和协议在法律上并没有强制效力。但由于巴塞尔委员会中的监管组织——中央银行主管和监管首脑小组,是由各成员国的中央银行主管和非央行监管首脑组成,所以各国通常会采取立法或制定监管规则的方式实施巴塞尔委员会制定的银行业风险管理协议。因此,巴塞尔协议成为全球最重要、应用最广泛的金融监管和风险管理标准。针对本轮波及经济层面的全球金融危机,巴塞尔委员会不断推出新的风险管理准则和计量方法,并于 2010 年 9 月形成了《巴塞尔协议 III》,成为全球金融改革的核心。《巴塞尔协议 III》明显提高了银行及其他金融机构的最低资本要求,覆盖了更全面的金融风险。

《巴塞尔协议 III》旨在从银行个体和金融系统两方面加强全球金融风险监管。在单个银行实体(微观审慎)层面,意图提高银行及其他金融机构在市场波动时期的恢复能力,使银行能够更好地抵挡经济、金融风险的压力;在整个金融体系(宏观审慎)层面,力求减少具有潜在系统性风险的银行对整个金融业的影响,以对全球长期金融稳定和经济增长起到支持作用。

(一)《巴塞尔协议 III》在微观审慎方面的要求

微观审慎即单个银行或其他金融机构对风险的管理。在《巴塞尔协议 III》中,微观审慎方面的措施主要包括:增强资本质量、提高最低资本要求、引入非风险杠杆率和提出最低流动性标准。

1. 资本质量。在危机前,很多银行依赖存款等零售业资金进行证券或非流动性资产的融资。错误的激励机制加上不当的管理,使支撑银行风险暴露的资本质量缺乏透明性。此次《巴塞尔协议 III》着力强调能够实质性消化损失的资本在银行资本充足率中的占比,尤其是普通股的占比。首先,对普通股做了更为严格的定义,要求银行在 2014 年到 2018 年间,逐步剔除累计超过 15% 的用于金融机构、房屋抵押服务权利和递延税项资产的投资资金在普通股中的数额。其次,对非核心一级资本和二级资本做了更加严格的限定,要求银行自 2013 年起 10 年内扣清不合规资本。

2. 最低资本要求。《巴塞尔协议 III》对国际银行业最大的影响是显著提高最低资本要求,尤其是增加了一级资本中普通股的最低要求。具体为:普通股在银行风险加权资产中的最低占比由原来的 2% 提升到 4.5%,一级资本的最低占比由原来的 4% 提升到 6%(但总资本最低要求仍保持原来的 8% 不变)。《巴塞尔协议 III》的最低资本要求将从 2013 年起逐年递增,到 2015 年,银行须满足关于普通股和一级资本的最低要求。其目的是使银行实质性增强资本质量,能够更有效地消化损失。

3. 风险杠杆率。在原巴塞尔框架的基础上,《巴塞尔协议 III》引入了两个新的要求:杠杆率和流动性标准。非风险杠杆率暂定最低要求是 3%。2013 年至 2016 年为非风险杠杆率的测试期,银行需从2015年起披露其非风险杠杆率;此项要求将在2018年加入到巴塞尔协议的第一支柱中。非风险杠杆率是最低资本要求的辅助工具。首先,引入非风险杠杆率的目的是防止银行过度投机。在金融危机中,很多达到和超过最低一级资本要求的银行未能在危机中幸存。这是因为在计算一级资本占比中,未考虑表外资产。而有问题的银行交易了大量的表外产品,尤其是复杂的衍生产品,使银行在健康的资本充足率背后早已危机重重。非风险杠杆率涵盖表外资产,通过其最低比率要求可有效降低银行的杠杆倍数。其次,非风险杠杆率可回避模型风险。对于应用VAR模型计算资本充足率的银行,不可避免地带有由VAR模型和定价模型引起的模型风险,而非风险杠杆率的计算不涉及这类模型,因此无模型风险。此外,非风险杠杆率的测算可为巴塞尔委员会及各国监管部门提供银行杠杆率与经济周期的变化关系、杠杆率与基于风险的各项要求的内在关联关系。

4. 最低流动性标准。流动性枯竭是金融危机的特点之一。为最大限度地保证银行在各种可能的压力情景下有足够的优质资金维持其流动性,巴塞尔委员会在2009年12月《流动性风险计算方法、标准和监控的国际框架－征求意见稿》中,提出了两个流动性计量指标,即流动性覆盖比率和净稳定资金比率。

流动性覆盖比率(LCR)为高流动性资产储备与未来30日资金净流出量的比率,反映短期内银行持有的高流动性资产应对资金流失的能力。巴塞尔委员会尚未确定LCR的最低要求,但会从2011年开始在过渡期内测算观察,并在2015年确定LCR的最低标准要求。此外,为保障银行资产和业务的长期运营和发展,巴塞尔委员会同时引入净稳定融资比率(NSFR)。NSFR为可供使用的稳定资金与业务所需的稳定资金的比率,反映银行中长期的资金稳定程度。

(二)《巴赛尔协议Ⅲ》在宏观审慎方面的要求

宏观审慎即对系统性风险的管理,包括对金融业各组成部分关联关系的研究和对产生系统性风险的银行及其他金融机构的管控等。《巴塞尔协议Ⅲ》关于宏观审慎的措施主要是引入资本留存缓冲和逆周期资本缓冲。

1. 资本留存缓冲。巴塞尔委员会认为,解决系统性风险的根本方法是在市场繁荣时期保留一部分资本作为压力时期的资本缓冲。因此监管理事会确定引入"资本存留缓冲",仅供银行在压力时期使用;其全部由普通股构成,最低标准为2.5%。这意味着银行在满足普通股4.5%、一级资本6%、一级和二级资本8%最低要求的基础上,还要再预留2.5%的普通股作为资本留存缓冲,普通股在最低资本要求和资本留存缓冲的要求下总计需达到7%的最低标准。资本留存缓冲将自2016年起逐步实行,到2019年1月1日银行需达到2.5%资本留存缓冲的最低标准。

2. 逆周期资本缓冲。2008年次贷危机表明,信用风险的过度增长将会引致系统性风险。因此,巴塞尔委员会在2010年7月提出"逆周期资本缓冲",作为资本留存缓冲的延伸。逆周期资本缓冲将由普通股或其他高质量的资本构成,仅在信用过度增长而对系统性风险造成影响时使用。各国监管机构将根据自身情况确定不同时期的逆周期资本缓冲,其范围在0～

2.5%。如在正常市场情况下,逆周期资本缓冲设为2.5%;而当监管当局认为市场处于信用过度增长时期,可将逆周期资本缓冲从2.5%向下调整,在严重时期可调为0,以使逆周期资本缓冲能够全部用来缓解银行在危机时期的压力。逆周期资本缓冲的目的是在信用泛滥时期保护银行业免受系统性风险的威胁。设立这两类缓冲的目的是提高整个银行业在危机中的恢复能力,并在一定程度上弱化周期性带来的影响。

四、金融危机后西方金融监管的新趋势对我国的启示

(一)加强金融立法,完善金融监管法律体系

依法监管是监管有效性的前提和保障。严格的金融立法是银监会行使金融监管职能的法律保证,是金融监管的法律基础和必要依据,不能用行政的随意性代替法律,要使金融监管法律能支持未来金融监管的需要。

我国现行的金融监管体系主要由《中国人民银行法》《商业银行法》两部基本法律和国务院制定的金融监管行政法规以及国务院各部委、中央银行制定的部门规章,包括"规定""办法""通知"等文件形式。这些法律法规之间有诸多重叠、不协调甚至直接抵触的地方,银行业务管理规章之间的内容重叠更为严重,还有部分法规和规章因未及时修订已经明显过时,有的内容甚至与现行的法律相矛盾。

另一方面从世界范围来看,我国在努力构建金融分业监管体制的同时,世界各国已经从分业监管体制转向混业监管体制。在经济市场化和金融自由化的背景下,我国传统的金融分业经营方式在悄悄地向混业经营方式转变,外资金融机构大量地涌入我国,又加快了金融经营方式转轨的速度,因此改革和完善我国金融监管法律体系具有重要意义。

(二)完善监管主体制度

监管当局由银监会、证监会、保监会"三驾马车"组成,由于现代金融业的迅猛发展,各金融领域的边界越来越模糊,根本不可能做到泾渭分明,一些业务难免会出现监管交叉和监管真空。现行"分业经营、分行监管"的监管体制虽然在一定时期发挥了巨大的作用,在全球化的今天此种模式也存在相应的局限性,既不利于金融创新、不利于金融业的全面发展,也与国际上混业经营、混业监管的趋势不相适应,如保险基金进入证券市场时,保监会对流入证券市场的资金风险就无法监管。

2004年6月,虽然银监会、保监会、证监会签署了《在金融监管方面分工合作的备忘录》,明确三家机构要在工作中相互协调配合,避免监管真空和监管重复。但备忘录并不能解决三家地位平等机构之间可能产生的工作推诿和相互扯皮的问题。随着国际混业趋势的发展,如何使国内金融业与国际趋势接轨,成为必须面对的问题。为了稳定和发展我国金融业,可以考虑借鉴英国和日本的做法,成立一家具有统一监管功能的国家金融管理局(以下简称金管局)。银监会、保监会、证监会仍保持相对独立的分业监管职能,在行政上统一接受金管局领导。金管局的职责对外代表国家监管部门,与中国人民银行、财政部之间建立协调机制,处理信息共享和监管职责交叉事宜。对内组织三会协调处理混业经营引起的跨行业监管中的分

工合作问题,提高监管效率。

(三)建立健全我国金融监管自律机制

相对西方发达国家比较先进的监管方式而言,我国金融监管方式还处于初级阶段,主要使用行政命令式的监管、合规性监管和标准化监管。行政命令式的监管不利于发挥市场的活力,也容易滋生腐败;合规性监管是一种事后监管,经常会遇到想要"亡羊补牢"却发现为时已晚;标准化方法最大的优点在于它侧重于对风险的事前防范,通过评估金融机构的经营风险,及时和有针对性地提出监管措施,但该方法实际上是一种静态的风险监管,对当今瞬息万变的金融市场缺乏有效的风险预警能力。

我国应加大对非银行金融机构的监管,扩充监管的内容和范围,借鉴国外经验,设立对最高权力机构负责的内审机构,确立统一的审核标准,保证内审机构的独立性和权威性,以确保最高管理者关注实践中发现的任何问题,建立健全我国金融监管自律机制。

【知识库】

巴塞尔银行监管委员会

巴塞尔银行监管委员会(Basel Committee on Banking Supervision)简称巴塞尔委员会,巴塞尔银行监管委员会原称银行法规与监管事务委员会,是由美国、英国、法国、德国、意大利、日本、荷兰、加拿大、比利时、瑞典10大工业国的中央银行于1974年底共同成立的,作为国际清算银行的一个正式机构,以各国中央银行官员和银行监管当局为代表,总部在瑞士的巴塞尔。每年定期集会4次,并拥有近30个技术机构,执行每年集会所订目标或计划。

巴塞尔委员会本身不具有法定跨国监管的权力,所作结论或监管标准与指导原则在法律上也没有强制效力,仅供参考。但因该委员会成员来自世界主要发达国家,影响大,一般仍预期各国将会采取立法规定或其它措施,并结合各国实际情况,逐步实施其所订监管标准与指导原则,或实务处理相关建议事项。在"国外银行业务无法避免监管"与"适当监管"原则下,消除世界各国监管范围差异是巴塞尔委员会运作追求的目标。

巴塞尔委员会制订了一些协议、监管标准与指导原则,如《关于统一国际银行资本衡量和资本标准的协议》、《有效银行监管核心原则》等。这些协议、监管标准与指导原则统称为巴塞尔协议。这些协议的实质是为了完善与补充单个国家对商业银行监管体制的不足,减轻银行倒闭的风险与代价,是对国际商业银行联合监管的最主要形式。这些文件的制定与推广,对稳定国际金融秩序起到了积极作用。

资料来源:百度百科

本章小结

1. 金融衍生工具的风险概括为信用风险、市场风险、流动性风险、操作风险和法律风险五大类。金融衍生工具的风险产生的原因既有潜在的原因又有外在的原因;既有宏观层面的原因又有微观层面的原因。

2. 衍生金融工具的风险管理指金融衍生产品交易的有关参与方对交易过程包含的风险进行识别、衡量和控制,从而尽量以最小的成本获得足够安全保障的各种活动和方法。衍生金融工具风险管理包括完善市场基础建设、金融机构内部自我监督管理、交易所系统内部监管和国际监管和国际合作。风险管理的关键是选择恰当的风险管理技术和方法并建立完善的风险内部控制机制。风险管理遵循成本和收益的原则并在一定成本的约束条件下进行。

3. 衍生金融工具的信用风险是指金融衍生产品交易过程中合约的对方出现违约所引起的风险。衍生工具的信用风险一般要具备两个基本条件：其一，交易对方因财务危机而违约；其二，在合约的剩余期内违约方的合约价值为负值。衍生金融工具信用风险管理的整个过程主要包括信用风险评估、信用风险控制和信用风险的财务处理等三个阶段。

4. 衍生金融工具市场风险是指由于原生金融产品价格的变化，导致衍生金融工具价格或价值变动而带来金融机构损失的可能性。市场风险是衍生金融工具交易中最为普遍的风险，隐含于各个金融衍生产品类别中。不同种类的衍生金融工具的市场风险有差异性。由于有些类别的衍生产品受现货市场价格的影响是非线性的，在估算其风险暴露和进行风险管理时与线形的衍生产品相比更为复杂。

5. 衍生金融工具操作风险是指由于金融机构内部管理不善、人为原因而带来损失的可能性。操作风险主要分为两个基本类型：第一类型的操作风险指由于自然风险或意外事故如火灾、计算机系统故障、业务人员的日常差错等给金融机构带来的损失的可能性；第二类型的操作风险是指由于经营管理上的漏洞或失误带来的损失的可能性。操作风险虽然存在于任何类型的金融交易，但由于衍生金融工具交易过程的复杂性以及信息披露有限性，金融机构在使用衍生金融工具的过程中操作风险往往更为严重。目前对操作风险的资本计算有基本指标法、标准化方法、内部衡量法、损失分布法以及极值理论方法等量化方法，但从总体而言操作风险的定量化方法还很不成熟，在实际的操作风险管理过程中，金融机构还主要是依赖于建立完善的内部控制机制来进行事前防范和事中监管。

自 测 题

一、选择题
1. 金融衍生工具风险管理的目标包括( )
   A. 风险性   B. 收益性   C. 公平性   D. 公开性
2. 从银行看，具有金融衍生交易业务的银行均存在因金融原生工具价格波动带来的市场风险，这种风险将随着交易期限的延长而( )
   A. 增长   B. 减少   C. 不变   D. 增长或减少
3. 流动性风险包括哪两方面的内容( )
   A. 市场流动风险   B. 资金流动风险   C. 公司流动风险   D. 货币流动风险
4. 衍生产品的信用风险包括( )
   A. 结算前信用风险   B. 结算时信用风险   C. 结算后信用风险   D. 市场波动风险
5. 金融衍生产品的交易多采用( )
   A. 现金交易   B. 保证金交易   C. 实物交易   D. 现货交易

6. 通常按客户要求设计的金融衍生产品( )
   A. 易于在市场转让　　B. 难以在市场转让　　C. 流动性风险大　　D. 流动性风险小
7. ( )是衍生品交易的组织者和市场管理者。
   A. 金融机构　　　　　B. 交易所　　　　　　C. 中央银行　　　　D. 国际监管机构
8. 操作风险的表现形式主要有( )
   A. 越权交易　　　　　B. 误导客户　　　　　C. 主体不合法　　　D. 进行私下对冲

二、名词解释

信用风险　　市场风险　　操作风险　　法律风险　　流动性风险　　基差风险管理
缺口管理　　限额管理　　信用限额　　信用衍生产品

三、简述题

1. 金融衍生工具的风险有哪些？
2. 金融衍生工具风险产生的原因是什么？
3. 金融衍生工具风险应如何防范？
4. 衍生金融工具风险管理的基本原则有哪些？
5. 举例说明信用衍生产品在衍生金融工具信用风险管理中的应用。
6. 衍生金融工具的市场风险管理有哪些基本方法？
7. 试述衍生金融工具操作风险的定性管理技术。

【阅读资料】

银行业金融衍生工具的风险管理

金融衍生品交易可以使套期保值者以极小的代价，占用较少的资金实现有效的风险管理。金融衍生品在促进金融业发展的同时，又伴随着巨大的风险。促进金融衍生工具在我国的发展既是我国金融制度和国际金融制度对接的需要，也是我国企业和金融机构参与国际竞争、规避监管制度、防范金融风险的必然要求。对于我国银行，运用金融衍生工具对自身资产进行保值增值，规避风险，拓宽业务，满足客户多样化的金融需求，创造新的利润增长点，与国际金融市场接轨，都具有重要的意义。

一、金融衍生工具在我国银行业的运用发展

在国外银行的收入结构中，以衍生品交易为主的中间业务收入占了一半以上。20世纪90年代以来，美国有些商业银行利用金融衍生工具进行交易所获得的利润已占到银行全部利润总额的一半以上。英国商业银行介入金融衍生工具交易的深度比美国还高。而我国的银行还主要是靠传统的信贷业务赚取利差收入，因此中国的银行应该顺应趋势，发展金融衍生工具业务。

（一）商业银行大力发展金融衍生工具的必要性

第一，可以寻求新的利润增长点。国内商业银行传统产品越走越窄，同业竞争加剧，存贷利差不断缩小，其中的金融衍生品业务相对于银行传统业务来说，利润较高，因此应该重视这项新业务的开展，以此作为新的利润增长点。我国商业银行应进行战略调整，从主营存贷业务转向中间业务,而衍生工具就是其中重要的一项。第二,这是商业银行规避风险的需求。随着利率逐步市场化和人民币汇率形成机制改革,银行将面临更大的利率和汇率不确定性,银行风险增加。利用金融衍生工具,银行可以减少不确定性,规避风险。因此随着利率市场化改革的向前推进,商业银行的金融衍生品交易与管理将显得更加重要。

(二)金融衍生工具的运用现状

我国的金融市场不成熟,金融衍生产品发展缓慢,1997年以来,人民币远期结售汇业务在中国银行试点,通过这项业务,企业可以方便地在境内运用远期外汇交易、货币掉期、期权产品,锁定远期结售汇汇率、防范汇率风险。只不过成交量规模不大。2004年银监会发布《金融机构衍生产品交易业务管理暂行办法》,对内外资银行金融衍生品业务资格的批准就此开闸。2004年8月正式批准瑞士信贷第一波士顿在中国开展衍生品业务的资格。

基于我国入世和金融市场进一步开放,外资银行在金融衍生产品方面的优势不断凸现,面对外资银行的激烈竞争,我国商业银行金融衍生品业务正处于一个快速发展的阶段。除了国有四大商业银行被相继批准进行金融衍生工具交易之外,民生银行于2004年5月12日获得银监会正式批准开办衍生产品交易业务,成为首家开办该项业务的股份制商业银行。

二、我国银行业金融衍生工具风险管理现状与问题

金融衍生工具市场在为商业银行提供机遇的同时,也带来了新的挑战。我国商业银行对衍生工具交易的相关风险都有一定的认识,并有相应的应对措施。国内各商业银行不惜花巨资购买风险管理系统。但是也存在一些问题。

(一)相关的法律法规不健全、不完善

2004年2月4日,中国银监会颁布《金融机构衍生产品交易业务管理暂行办法》并于3月1日正式施行。它为我国的金融衍生产品的规范发展铺平了道路。在风险管理方面,《暂行办法》规定金融机构应根据本机构自身的情况确定能否从事衍生产品交易及所从事的衍生产品交易品种和规模,建立相适应的风险管理制度、内部控制制度和业务处理系统,决定与本机构业务相适应的测算衍生产品交易风险敞口的指标和方法,运用适当的风险评估方法或模型。2005年8月26日,中国银行业监督管理委员会通过了《外资银行衍生产品业务风险监管指引》,给银行业衍生产品交易业务的日常监管提供一个规范性框架,既鼓励业务创新,又符合审慎经营要求,使之将风险控制在合理范围。

虽然有上述法规,我国衍生交易行为的相关法律法规仍然不健全和不完善,对一些市场行为的处理缺乏法律依据。如何规制金融衍生产品交易中的违规行为,也是一个亟待解决的问题。在缺乏法律规范的情况下,金融衍生产品容易滋生投机和混乱,法律风险依然很高。

(二)衍生工具风险管理体系与制度尚有欠缺

第一,国内商业银行尚未建立完善的风险管理体系。我国银行尚未建立起良好的风险内控文化,业务部门在开展衍生产品交易时还不能自觉地规避风险,往往认为风险管理是中台、后台的职责,在观念上往往把风险管理与业务发展对立起来。第二,金融衍生工具风险度量技术仍在发展中。我国的利率还未实现市场化,银行面临的主要风险仍然是信用风险,对VAR技术还未产生强烈的市场需求。第三,金融衍生工具会计披露存在缺陷。中国的商业银行目前从事的金融衍生工具交易品种很少,对金融衍生产品的交易情况的信息披露基本不涉及,与金融衍生产品相关的业务没有得到真实的反映,使投资者不能对市场价格形成理性预期,不利于金融衍生产品市场的健康发展。

(三)我国在分业监管的体制下,金融衍生品尚没有明确的监管机构

造成目前衍生品监管格局的主要原因还是我国金融业分业经营下的分业监管制度。由于我国金融机构实行分业经营,由此对金融市场采取分业监管的模式。这种分业监管制度虽然适应我国当前金融市场的发展程度,但也割裂了金融衍生交易市场的统一性,并导致了监管方面的困难。

三、银行业金融衍生工具的风险管理措施

(一)从内部管理我国银行金融衍生工具

第一,建立完善内部风险管理制度,形成银行良好的风险管理文化。第二,建立完善的风险管理结构。要建立有效的公司治理结构。银行依法设立董事会和监事会,并设立独立董事,构建以股东大会—董事会—监事会—经理层之间的权力划分和权力制衡的有效体系。由风险管理委员会来总揽银行的风险控制,并下设风险管理部门,负责对全部分支机构进行风险监控和管理,制订统一的风险管理制度和流程。第三,设立风险控制制度。在办理衍生工具交易前,首先应评估它的风险和收益,并制订相应的经营策略。管理层应定期评估本业务的经营状况,检查其是否符合既定的经营方针,其所承担的风险是否在可承受能力范围之内。第四,建立完善的风险管理信息系统。第五,要加强我国会计制度的建设,提高金融市场信息披露的透明度。

(二)从外部管理我国银行金融衍生工具风险

第一,要发展我国金融衍生工具市场,只有衍生工具市场发展了,规模扩大、流动性增强,才有利于金融衍生工具的交易和流通,有效地进行风险管理,规避风险。第二,加强对银行金融衍生工具交易监管。金融监管当局应当充分吸收国外多年来开展和管理衍生工具交易的经验教训,认真分析并结合中国国情和市场实际,对金融衍生工具风险防患于未然,减少不必要的损失。第三,构建外部风险管理体系。风险管理制度体系是所有衍生品市场管理者和参与者共同构建的。建立金融衍生工具市场监管体系应包括:机构内部监管、行业和交易所监管、政府监管和国际合作监管。

(资料来源:中国金融网)

第八章

Chapter 8

金融衍生工具在中国金融市场中的发展

【学习要求及目标】

本章系统地论述了金融远期、金融期货、金融期权、金融互换等金融衍生工具在中国金融市场中的发展,使学生对我国的金融衍生工具市场有一个较全面的认识。通过本章学习要求学生了解不同的金融衍生工具在中国金融市场中的发展现状、存在的问题及未来发展趋势。

【引导案例】

2005年5月16日,中国人民银行发布《全国银行间债券市场债券远期交易管理规定》,6月15日,工商银行和兴业银行做成首笔银行间市场债券远期交易。这是我国银行间市场首只真正的衍生产品,也标志着我国金融衍生品市场恢复发展的开始。同年8月,中国人民银行发布了《关于扩大外汇指定银行对客户远期结售汇和开办人民币与外币掉期业务有关问题的通知》,建立银行间人民币远期市场,并正式引入人民币远期询价交易,初步形成有代表性的国内人民币远期汇率。债券远期交易和远期外汇的推出,标志着场外金融衍生品市场的大幕拉开。此后,人民币结构性理财产品(2005年8月)、人民币利率互换(2006年1月)、人民币外汇掉期(2006年4月)陆续推出。2005年,我国证券市场的首只统一指数-沪深300指数发布,次年4月,沪深300指数被定为首个股指期货标的。2006年9月8日,国内以金融期货交易为目标的中国金融期货交易所在上海挂牌成立。2006年10月30日,股指期货仿真交易启动,2010年1月8日,国务院原则上同意推出股指期货和开展融资融券试点,2010年4月,正式推出股指期货交易。2013年8月6日,上海证券交易所通知券商将正式组织开展个股期权全真模拟交易。2013年9月6日,国债期货正式在中国金融期货交易所上市交易。2013年9月,郑州商品交易所开展白糖期货期权全真模拟交易。2015年又推出10年期国债期货交易,并开启上证50ETF期权交易,为经济转型升级提供方向性和波动性风险管理工具。

第一节　金融远期交易

一、外汇远期

人民币远期结售汇业务是指中国境内机构根据需要与外汇指定银行协商签订远期结售汇合同，约定将来办理结汇或售汇的外汇币种、金额、汇率和期限，到期按合同办理结汇或售汇的业务。

（一）远期结售汇业务发展历程

远期结售汇业务在我国的发展始于1997年。1997年1月，国家外汇管理局发布了《中国人民银行远期结售汇业务暂行管理办法》，这是首个针对远期结售汇业务的规范性文件，为远期结售汇业务的开展提供了必要的监管依据。1997年4月1日中国人民银行允许中国银行首家试点办理远期结售汇业务，当时仅有美元一个币种，最长期限为4个月。随后，在2003年4月和2004年10月远期结售汇业务分别经历了两次扩大试点，有4家国有商业银行和3家股份制商业银行获准开办此项业务。

在之后的推广阶段，为进一步完善人民币汇率形成机制，满足企业规避汇率风险的市场需求，中国人民银行和国家外汇管理局分别下发了一系列规范性文件。2005年8月，中国人民银行下发了《关于扩大外汇指定银行对客户远期结售汇业务和开办人民币与外币掉期业务有关问题的通知》，主要内容为扩大办理人民币对外币远期业务银行主体；实行备案制的市场准入方式，加强银行的内控和自律管理；放开交易期限限制，由银行自行确定远期结售汇业务的期限结构、合约展期次数和汇率。2005年10月，中国人民银行颁布《关于进一步改善银行间外汇市场交易汇价和外汇指定银行挂牌汇价管理的通知》，允许银行可在规定价差幅度内自行调整当日美元挂牌价格，即银行对客户美元挂牌价由原来的一日一价调整为一日多价，并取消银行对客户的非美元货币挂牌汇价的价差幅度限制，以增强汇率定价机制的灵活性。2005年12月，国家外汇管理局下发《关于调整银行结售汇综合头寸管理的通知》，自2006年7月1日开始，对外汇指定银行（以下简称"银行"）的结售汇综合头寸按照权责发生制原则进行管理，允许银行对客户结售汇业务、自身结售汇业务和银行间外汇市场市场交易在资金实际收付日计入结售汇综合头寸，也就是说，远期结售汇签约时即可到即期市场平盘。这些举措进一步打破了远期结售汇业务的准入限制和交易限制，赋予银行更强的自主性和灵活性。

（二）远期结售汇业务发展现状

截至2009年末，全国共有271家中外资银行获准即期结售汇业务经营资格。其中，67家银行获准对客户远期结售汇业务经营资格，48家银行获准对客户人民币与外币掉期业务经营资格。除外资银行、全国性大型商业银行之外，上海银行、厦门国际银行、深圳市商业银行、北京银行、宁波银行等中小商业银行也已开办远期结售汇业务。

截至目前，中国银行远期结售汇报价币种包括美元、欧元、港币、日元、瑞士法郎、加元、澳大利亚元和英镑八种,期限涵盖1周、20天、1个月、2个月、3个月、4个月、5个月、6个月、7个月、8个月、9个月、10个月、11个月和12个月。另外有择期的交易方式,即不固定具体的交割日,在限定的时间内的任一工作日都可以交割。

由于我国外汇衍生品市场还处于发展的初级阶段,远期结售汇交易虽历经数年发展,但我国境内人民币远期的成交金额在2003年时仍不足90亿美元,仅为贸易总额的1.06%；2004、2005年不足贸易总额的1.3%,而国际上相应的比例则高达150%。再如2005年8月15日中国外汇交易中心正式推出银行间远期外汇交易品种,当天中国工商银行和中国建设银行只成交了2笔美元/人民币远期交易,期限分别为1个月和1年,当天再无其他银行达成交易。发展近一年后也仍没有大的起色,2006年前两季度成交金额分别相当于4.3亿美元和9亿美元,而境外NDF2005年交易金额已高达2 500亿美元。

远期结售汇与即期结售汇相比业务量占比很小。以最早开展远期结售汇交易且交易量最大的中国银行为例,2000年、2001年和2002年远期结售汇交易额分别为115亿美元、86亿美元和43亿美元,而对应年份的即期结售汇交易额分别为1 315亿美元、1 521亿美元和1 918亿美元,远期结售汇交易量不足即期结售汇交易量的十分之一。

(三)远期结售汇业务发展的制约因素

中国人民银行和国家外汇管理局下发的一系列规范性及指引性文件为远期结售汇业务的开展提供了必要的监管支持,打破了各种制度限制,但该项业务的发展仍较为缓慢,值得思考。经过分析和总结,发现制约远期结售汇业务发展的因素有以下几个方面。

1. 市场环境:利率平价理论缺乏成立的基础

众所周知,远期汇率的形成取决于利率平价关系,即远期汇率和即期汇率之间的汇率差额必须等于两种货币之间的利息差额。该理论的重要前提在于:资本自由流动、利率市场化、不考虑交易成本。远期结售汇市场的定价兼顾了利率平价与市场预期两方面的因素。具体来讲,人民币远期结售汇的汇价计算方法是:首先根据抛补利率平价理论,有远期汇率 = 即期汇率 + (本币拆借利率 - 外币拆借利率) × 期限。

在计算上,外币拆借利率一般使用伦敦同业拆借利率(LIBOR),本币利率则采用银行间同业拆借利率。其次综合人民币离岸市场的远期汇率,取一个折中的值作为国内的远期结售汇价格。但在目前的市场条件下,由于我国利率市场化程度不高,合理的人民币货币市场利率尚未形成,人民币同业拆借利率的代表性不足,这样形成的远期结售汇价格和即期结售汇价格之间存在一定的偏离。在当前的人民币汇率形成机制下,远期结售汇汇价如果违背利率平价关系,就很有可能造成市场预期与管理者调控目标相冲突,从而产生无风险套利机会。

2. 参与主体:企业参与积极性不高

远期结售汇业务自办至目前已有13年时间,但参与企业仍较少,特别是在欠发达地区更是备受冷落。分析其原因主要有以下几点:第一,长期以来由于人民币汇率保持相对稳定态势,汇率给企业成本和收益核算带来的不确定性较小,大部分企业根本没有汇率风险意识,致使相当多企业对汇率风险认识不足,从而使得作为锁定成本、保值避险的远期结售汇业务现阶段尚未引起更多企业的关注。第二，在具有规避汇率风险需求的企业中，有的企业由于从未办理过远期结售汇业务，企业财务人员金融外汇知识匮乏，对办理远期结售汇业务的有关规定、业务流程、风险程度等缺乏必要的认识和了解。由于新的汇率形成机制使汇率变动趋于复杂化，使得企业难以准确预测未来人民币汇率走势，因此企业均采取谨慎态度，对远期结售汇业务保持观望。第三，由于许多银行对远期结售汇业务未引起足够重视，宣传营销的积极性不高，使得远期结售汇业务在客户群体中的认知度和影响力有限。此外，由于远期结售汇业务专业性和操作性较强，目前各银行由于缺乏专业人才和业务经验，无法及时向客户提供有价值、有说服力的参考信息，给该项业务的拓展带来了一定的影响。

3. 银行报价：缺乏吸引力

首先，合理的远期价格形成有赖于完善的、市场化的即期市场，由于当前国内即期结售汇市场仍受到管制，并未完全放开，因此远期结售汇价格也无法反映真实的市场预期；其次，目前远期结售汇价格完全由银行自主决定，出于对自身风险、收益的综合考量，在远期结售汇定价上尽量将买卖差价拉大，制订较低的买入价格、偏高的卖出价格；再次，受到政策调整或市场变化的影响，可能出现市场上多余的外汇头寸减少，没有足够多的头寸用于拆出的情况。此外，银行的信贷业务也会占用大量外汇资金。在外汇资金有限的情况下，制订远期结售汇价格时，银行除了考虑利率平价理论之外，还要考虑到资金成本的增加。由于上述原因，远期结售汇的价格或者过于保守，或者严重偏离市场预期，对于企业主体没有足够的吸引力。

（四）开展远期结售汇业务的建议

受到各种制约因素的影响，远期结售汇的发展现状并不尽如人意，但随着人民币利率市场化进程的加快和商业银行国际业务量的进一步扩大，该项业务将迎来更大的发展。本文在远期结售汇业务开办方面提出以下建议。

1. 业务营销建议

第一，增强营销效率，更好地满足客户需求。应通过加大投入、加强培养提高营销人员素质，增强远期结售汇业务营销的针对性和有效性，不断提升企业对远期结售汇业务的认知度和认同度，推动此项业务的开展。同时，在推介远期结售汇业务时应充分揭示汇率风险，以尊重企业意愿为原则，为企业提供良好的服务。不能引导和鼓励企业进行外汇投机，更不能向企业宣传"稳赚不赔"的错误信号。第二，完善远期定价管理制度。合理的远期汇率定价首先考虑的是银行本外币资源和自身汇率风险的应对能力，其次是外汇市场发展的深度和广度的关系。这要求既要提高在远期结售汇系统中的定价能力，同时也要增强在同业中的竞争意识。银行外汇产品的价格对企业而言就是其要支付的成本，因此，只有银行的定价小于汇率的波幅，企业才会积极选择外汇衍生工具规避汇率波动风险，外汇衍生产品才会有生命力。

2. 风险管理建议

在风险管理方面：首先，坚持"实需原则"是办理远期结售汇业务始终遵守的准则。如果市场参与者在结算日之前还不能提供进出口贸易或其他保值背景的证明文件，那么已经缔结的合同将是无效的，银行有权终止合同，参与者必须自己承担由此产生的后果。对于到期出现违约的企业可采取的措施是:如果企业因为违约出现亏损由企业自己承担;如果企业因为违约有账面盈利,银行将扣留这笔盈利。企业不能从违约中获利,从而有效地杜绝蓄意违约。其次,可以要求办理远期结售汇的境内机构提供履约保证金。通常,保证金比例至少为名义金额的3%。客户所做的远期外汇的买卖如同在交易所进行期货合约交易,会产生浮动收益或浮动亏损。可以规定一旦浮动亏损达到客户存入保证金的50%时,即时通知客户追加保证金,客户应及时进行补足。如果客户不能及时追加或拒绝追加保证金,银行将视情况予以强制平仓。

在市场风险管理方面:合理利用结售汇综合头寸来进行风险的管理。由于结售汇综合头寸管理将银行持有的因人民币与外币间交易而形成的外汇头寸全部纳入到管理范围中,银行可以自主调节即期与远期、代客与自营结售汇头寸在总头寸中所占的比例,使其适应自身业务发展的需要,从而增加持有外汇敞口的灵活性。当市场价格不利时,银行有足够的空间选择不进行强制平盘,而是将敞口通过综合头寸保留下来,等市场价格有利时再进行平盘,以降低因强制平盘而遭受损失的风险。

二、利率远期

我国于2007年11月1日正式推出远期利率协议业务。首批交易在中信银行、汇丰银行(中国)和摩根大通(中国)有限公司三家公司之间进行。其中,中信银行和汇丰银行完成了国内首笔人民币远期利率协议交易。汇丰银行与中信银行达成的首笔远期利率协议名义本金为2亿元人民币,参考利率为3个月SHIBOR,标的为三个月后的三个月期利率,即计息期从2008年2月份到5月份。其中,汇丰银行支付浮动利率即3个月SHIBOR,而中信银行支付合同利率4.25%。此外,当天汇丰银行还和摩根大通达成了一个月后的三月期远期利率协议交易,本金也为2亿元,参考利率为3个月SHIBOR,协议利率为4.2%。目前,参加人民币利率互换的交易者共有33家国内外金融机构。远期利率协议自开办以来全部采用3个月SHIBOR作为定价基准。至2008年底,我国人民币远期利率协议共成交118.6亿元。其中合约类型主要以3M&6M、6M&9M和1M&4M为主,三者的交易量占总量的81.2%,合约的远期期限多集中在3个月、6个月和1个月。长期的合约交易量十分少。远期期限最长不超过12个月。

三、债券远期

中国金融衍生品市场上交易的利率类衍生品主要包括债券远期和人民币利率互换交易。

债券远期交易目前只面向银行间债券市场投资者,其他投资者还无法参与交易。由于银行间债券市场占我国债券市场90%以上的现货份额,市场交易技术稳定可靠、交易平台运行平稳,自2005年中国人民银行推出债券远期交易以来,我国银行间金融衍生产品发展迅速,为下一步设计推出国债期货等衍生产品积累了经验,奠定了坚实的市场基础。经过几年不断改革和建设,我国利率市场化改革取得了重大进展。2005年3月17日,我国又进一步放开金融机构同业存款利率,标志着我国的利率已基本由市场供求决定。2006年10月,人民银行又在银行间市场推出SHIBOR,旨在构建中国货币市场基准利率,将利率市场化进程又向前推进一步。

【知识库】

NDF

NDF 是指无本金交割远期外汇(non-delivery forward)。它是一种远期外汇交易的模式,是一种衍生金融工具,用于对那些实行外汇管制国家和地区的货币进行离岸交易。在交易时,交易双方确定交易的名义金额、远期汇价、到期日。在到期日前两天,确定该货币的即期汇价,在到期日,交易双方根据确定的即期汇价和交易伊始时的远期汇价的差额计算出损益,由亏损方以可兑换货币如美元交付给收益方。

NDF 市场起源于 20 世纪 90 年代,它为中国、印度、越南等新兴市场国家的货币提供了套期保值功能,几乎所有的 NDF 合约都以美元结算。人民币、越南盾、韩元、印度卢比、菲律宾比索等亚洲新兴市场国家货币都存在 NDF 市场,与这些国家存在贸易往来或设有分支机构的公司可以通过 NDF 交易进行套期保值,以此规避汇率风险。NDF 市场的另一功能是可用于分析这些国家汇率的未来走势的预期,由于人民币目前还不可自由兑换,了解 NDF 市场的基本知识对关注人民币汇率走势很有益处。

(资料来源:百度百科)

第二节 金融期货交易

一、外汇期货

(一)外汇期货的产生和发展

1992 年 6 月 1 日,我国开始试办外汇期货交易。上海外汇调剂中心成为我国第一个外汇期货交易市场。交易的外汇品种有美元(美元额度比照美元现汇)、英镑、德国马克、日元和港元。周一、二、四、五下午 2:30 至 3:30 进行交易。具体的交易规则参照了国外的做法,并结合我国的特点,设计了外汇标准合约,见表 8.1。

表 8.1 外汇(美元)期货合约

项 目	规 格
交易单位	2 500 美元
最小变动价位	0.000 1 美元(每张合约 25 美元)
每日价格最大波动	开市 1 分钟内限价 150 点,15 分钟后无限价
合约月份	3、6、9、12 月和现货月份
交易时间	见交易所通知
最后交易日	合约到期月份的第 22 日
交割日期	交割月份的第 23 日
交割地点	BEC 指定银行
交易管理手续	每张合约 75 元人民币
初始保证金	每张合约值的 5.5%

由于当时的汇率实际上是双轨汇率，外汇期货价格形成难以直接反映对汇率变动的预期，加上外汇现货交易有许多严格的附加条件，买卖难以自由、及时地进行，因而缺乏对外汇期货交易的需求，市场交易十分清淡。经过半年的运转，到1992年底上海外汇期货市场共交易标准合约10 813份，交易金额21 626万美元。与此形成鲜明对比的是，上海每天外汇现货交易额高达3 000多万美元。与此同时，全国各地涌现出大量的外汇期货经纪公司，交易额也很大。尽管1993年6月9日，中国人民银行批准颁布了《外汇期货业务管理试行办法》(1996年3月27日中国人民银行和国家外汇管理局宣布该办法失效)，力求使外汇期货正规化，但这一交易仍需求不足。由于各种原因的制约，我国的外汇期货试点了一年多就受到了比较严格的管制，基本上禁止外汇投机交易。

1993年7月，国家外汇管理局发出通知，要求各地已设立的外汇期货交易机构必须停止办理外汇期货交易，并限期进行登记和资格审查；办理外汇(期货)交易仅限于广州、深圳的金融机构进行试点。通知还规定，金融机构办理外汇期货交易，以企业进出口贸易支付和外汇保值为目的，不得引导企业和个人进行外汇投机交易。企业和个人的外汇交易必须是现汇交易，严禁以人民币资金的抵押办理外汇交易，严禁买空卖空的投机行为。实际上，由于严格的管制办法，我国外汇期货的试点处于停顿状态。

(二)外汇期货存在的主要问题

我国的外汇期货交易目前未能发展起来，主要是存在以下几个方面的问题：

(1)我国外汇仍处于较为严格的管制体制之下。

(2)对期货市场上的投机者认识不统一，不允许投机行为存在。

(3)中国金融机构和企业尚不能真正完全自负盈亏，通过外汇期货市场规避风险的要求并不迫切，市场上缺少规避外汇汇率变动风险的需求主体。

(4)各种法律法规不健全，管理经验不足，相应的专门人才缺乏。

(三)建设外汇期货市场的政策建议

外汇期货市场的建设，宏观上要有利于对外贸易中使用人民币结算，推动人民币成为亚洲中心货币，微观上要为国内外贸企业提供规避汇率风险的工具。结合我国目前外汇政策和贸易结构的现实，建议在建设外汇期货市场过程中采取"日欧贸易以对方本币替代美元，周边贸易中以人民币替代美元"的策略。

1. 继续保持外汇管制和汇率管制措施

在我国外汇期货市场发展的初期，目前的外汇管制和汇率管制措施是有利的。由于美国2001年以来长期实行的廉价美元政策，国际美元游资泛滥。外汇管制可以防止外汇期货市场受到国际游资的冲击，而汇率管制则可以通过适度调整人民币与美元的波动幅度，引导国内企业使用欧元、日元等货币进行国际结算。考虑到目前我国对外贸易结算中，美元占有绝对地位，对美元汇率的调整应当是小幅、有序地波动，而不应是单向地升值或贬值。

2. 以人民币对日元、欧元外汇期货品种起步

芝加哥商业交易所2006年8月推出人民币对美元期货的同时，推出了人民币对欧元、日元的期货合约。通过复制芝加哥商业交易所已存在的这两种合约推出人民币对欧元、日元期货合约,运用美国开发的金融工具来减少美元在贸易结算中的使用,可以让我们掌握舆论和道义上的主动权。

我国与欧盟、日本的贸易额占我国对外贸易总额的比例接近30%,如不使用美元进行结算,因欧元、日元对人民币汇率波动较大,国内企业存在强烈的规避汇率风险的要求,客观上为外汇交易市场的存在创造了条件。同时,由于日本、欧盟均有较强的意愿提升日元、欧元的国际货币地位,而日本、欧盟企业使用本币结算可以完全规避汇率风险,使用对方本币进行结算容易为对方接受,具有较强的可操作性。

3. 有选择地推出人民币对周边国家货币的期货品种

在外汇期货市场的建设过程中,对日本、欧盟的贸易采用对方本币结算的同时,要逐步推动对亚洲周边中小国家贸易结算中使用人民币。这一方面取决于我国企业贸易中的议价能力和人民币的货币地位,一方面需要为对方企业使用人民币提供汇率风险管理工具,使他们在用人民币进行结算时可以规避汇率风险。

我国已与马来西亚、印度尼西亚、白俄罗斯、韩国签订了总额为3 800亿元人民币的货币互换协议,而我国参加的东盟10+3清迈倡议货币掉期安排已于2010年3月24日正式生效,这些都为我国推出面向人民币与这些国家货币的外汇期货市场创造了条件。由于我国外汇储备已将近3万亿美元,在适当时机以适当方式对周边中小国家所持人民币自由兑换成美元做出保证,可以充分利用所拥有的美元资产来提升人民币的信誉。

4. 慎重推出人民币对美元的外汇期货品种

对于目前对外贸易中使用的首要货币美元,则不宜在中短期内推出外汇期货品种。这主要出于以下考虑:一是目前应保持人民币对美元汇率的相对稳定,而推出人民币对美元外汇期货可能造成或加强人民币升值的市场预期;二是人民币对美元外汇期货可为美元结算规避汇率风险,不利于减少美元结算比重;三是只有在美元失去亚洲区域中心货币地位,人民币拟完全与美元脱钩时才适合推出人民币对美元外汇期货。

二、国债期货

(一)国债期货的产生和发展

1992年12月28日,国债期货由上海证券交易所首次推出。期货合约共有12个合约,即1991年3年期(91(3))、1992年3年期(92(3))、1992年5年期(92(5))三个国债现券按3、6、9、12月交割的12个合约,仅对机构投资者开放。考虑到期货交易的高风险和交易技术的复杂性,当时上海证券交易所选择了实力较强、信誉较好的60多家券商从事国债期货自营买卖。但由于国债票面利率固定,加之参与交易的券商数量较少,导致国债期货推出初期交投清淡,试行交易的两周内,仅成交19手,此后至1993年10月,基本上无成交量。1993年7月10日,情况发生了历史性的变化,财政部于当日颁布了《关于调整国库券发行条件的公告》,公告称,在通货膨胀居高不下的背景下,政府决定将参照中国人民银行公布的保值贴补率给予一部分国债品种保值贴补。该公告一颁布,立即使得国债的实际收益率出现了不确定性,国债期货市场的炒作空间顿时打开。1993年10月25日,上海证券交易所重新设计了国债期货合约的品种,制订了交易的新规则,将国债期货合约的面值由原来的每口20万元改为每口2万元,并开始向个人投资者开放。此后国债期货市场渐有起色,成交量逐月增加,具体情况见表8.2。

表8.2 国债期货成交量表(单位:万口)

时间	1993.11	1993.12	1994.1	1994.2	1994.3	1994.4	1994.5	1994.6	1994.7
成交量	3	8	10	3	12.7	52	93	281.7	438

从1994年上半年开始。国债期货市场迅速发展,市场规模急剧扩大,国债期货在1994年全年共成交19 053.8亿元,是同期国债现货市场445亿成交额的40多倍。

在上海国债期货市场迅速发展的同时,全国其他城市纷纷开办国债期货市场业务。1993年12月15日,北京商品交易所开始创办国债期货,共推出1992年3年期、1992年5年期、1993年3年期和1992年5年期四个国债期货品种。到1995年2月底,全国开办国债期货交易的场所共达14家:上海、深圳两个证券交易所,武汉、天津两个证券交易中心,北京、广州、海口、成都、深圳、沈阳、重庆、大连、长春和郑州等10家商品交易所,市场分布于全国各地。国债期货交易量在这一时期再次成倍增长,截至1995年5月17日国债期货停市时止,各主要市场国债期货持仓量依次为:上海71万口,深圳68万口,武汉20万口,基本上形成上海、深圳、武汉三分天下之局面。

然而,在国债期货市场飞速发展的同时,一系列违规事件也随之而来。自1994年下半年起,国债期货市场风波迭起,从"312、314"、"317"到"327"等事件无不惊天动地,而其中影响最大的是"327"风波。1995年2月23日,作为期货空方的万国证券公司为了弥补其在"327"品种(现货于1995年6月交收)上的巨额亏损,蓄意违规开仓,在当日收盘前抛出上千万口空单,企图打压国债期货价格,从而获得有利于自己的结算价。在1995年2月23日下午16点22分13秒,上海证券交易所的电脑显示屏上出现了10 569 172口的卖盘,在短短的8分钟内将"327"国债期货价格从151.30元打压到147.50元,导致该国债期货品种的多方瞬间爆仓,从而引起了国债期货市场的极度混乱和失控。据统计,当日上海证券交易所国债期货共成交8 579亿元,其中8成的交易额属于上海万国证券公司抛空的"327"品种。

上海证券交易所很快确定这一事件为交易所会员公司蓄意违规。2月23日晚,上海证券交易所召集参与"327"事件最后10分钟交易及持仓量在5万口以上的券商商讨对策,并于会后果断地做出5点决定,主要为:取消2月23日最后8分钟进行的所有交易;确定2月23日的收盘价为23日下午16点22分13秒的价格151.30元;停市进行协议平仓等。5点决定一实行,万国证券公司因其10多亿人民币的亏损而倒闭。

在"327"事件爆发的第二天,中国证监会、财政部匆忙颁布了《国债期货交易管理暂行办法》,各交易所也先后出台了一系列风险控制及监管的举措。然而,正当有关部门深入调查、反思"327"事件,重新检讨中国国债期货的得失时,1995年5月12日,"327"事件的违规者之一辽宁国发股份有限公司在"319"品种上再次蓄意违规。1995年5月18日,中国证监会发出

《关于暂停全国范围内国债期货交易试点的紧急通知》。至此,开市仅 2 年零 6 个月的国债期货在一系列的恶性违规事件的打击下,无奈地画上了句号。

(二)国债期货存在的主要问题

1. 从国债期货市场的外部看的主要问题

从国债期货市场的外部看,国债期货的产生与发展有其特殊的背景。

(1)国债期货市场的产生与发展的原始动力不足。作为固定利率债券之一,国债的价格与市场利率是成反向关系的。当市场利率上升时,国债的持有者承担利率风险,从而遭受损失,而国债期货正是为规避这种利率风险而产生的。在西方发达国家的成熟市场中,这种为规避风险的套期保值需求是推动国债期货产生与健康发展的原动力。

然而在中国,利率尚未实现市场化,尽管目前一些改革措施正在试行,但在 20 世纪 90 年代初中期,利率可以被视为是确定的。如此一来,国债现货投资者也就不必承担利率风险,自然也就没有在国债期货市场中进行套期保值的现实需求。

事实上,国债期货市场在中国的产生是一个自上而下的过程。分析中国国债期货市场产生的动力,我们发现:为了国债现货能更好地发行是国债期货市场产生的初衷。中国于 1981 年恢复发行国债,但发行的国债一直不允许流通,直到 1988 年开始国债流通转让的试点为止。到 20 世纪 90 年代初,在股票二级市场建立后,借助于股票交易系统来买卖国债,国债二级市场才开始形成,但国债二级市场的交易一直不太活跃,这种局面导致国债一级市场的发行屡屡陷入困境,并曾一度重复行政摊派的国债强行分配方式,从而使国家财政借助国债融资的手段得不到发挥。在这种背景下,国债期货交易作为活跃国债二级市场,带动一级市场的一项金融创新业务而产生,但这种需求并不是一种源于市场的套期保值的需求,不是一种自下而上的自发的需求。这种不是建立在套期保值现实需求基础上的国债期货,从它诞生之日起便埋下隐患。

(2)建立在不发达现货市场的国债期货基础不稳固。从西方发达国家的经验来看,国债期货的产生都有一个发达的国债现货市场为依托,发达的国债现货市场是指至少应具有市场化的发行方式、先进的交易技术、活跃的二级市场、多样化的国债品种及完善的监管机制等条件的市场。而我国国债期货产生时,我国的国债现货市场的发展时间却只有短短的几年,远远称不上是发达的市场。

从国债的发行规模上看,我国从 1981 年到 1995 年的 15 年间累计发行国债 4 509.33 亿元,发行量虽逐年增加,但在国债期货交易推出以前增速一直很慢,其中最高年份 1992 年的发行量为 460 亿元,也仅占到当年财政收入的 10.5%。

从国债现货的持有结构上看,我国国债发行也主要针对城乡居民个人,虽然在 1994 年、1995 年机构投资者也大量购买国债,但国债期货合约中的标的资产 92、93 国债现货大部分都由个人投资者持有。在投资渠道狭小的情况下,个人投资者普遍把国债现货当做一种变相的长期储蓄存款,很少有进入国债二级市场进行交易的兴趣。因此,国债现货市场的主要部分游离于市场之外,从而大大削弱了国债期货市场的现货基础,同时也为投机和操纵国债期货市场提供了机会。

从国债现货的市场结构上看，现货市场处于一种分割的状况，当时国债现货集中交易市场有上海证券交易所、深圳证券交易所、北京商品交易所、郑州商品交易所及武汉证券交易中心等。各交易市场之间不联网，各自为战，没有形成全国统一的国债市场。分割的市场进一步减少了国债现货的规模，现货价格非常容易被人为操纵，现货价格波动剧烈。

2. 从国债期货市场的内部看的主要问题

从国债期货市场的内部看，市场的分割性和制度上的缺陷是国债期货市场存在的主要问题。

(1) 分割的国债期货市场。与国债现货市场一样，我国的国债期货市场是一个分割的市场。国债期货市场的交易包括在证券交易所、证券结算中心、证券交易报价系统、商品期货交易所等场所的交易，而以证券交易所的交易为主。继上海证券交易所率先开办国债期货交易以后，1993年12月北京商品交易所紧随其后。与此同时，上海证券交易所与一些中心城市的证券交易中心联网，开展上海证券交易所的国债期货合约交易。截至1994年底，上海证券交易所已与十几家证券中心联网。1994年下半年，武汉证券交易中心、天津证券交易中心也相继利用自己的网络系统推出了国债期货交易。继北京商品交易所之后，郑州、海南、沈阳、广东、四川等地的商品期货交易所也相继开展了国债期货业务，甚至有些并不具备开展国债交易所需条件（如缺乏国债现货市场基础、技术支撑不足、信息不畅通等）的交易场所也开办了此项业务，导致交易不活跃，未起到应有的作用。以国债周转率（当年国债交易额/当年年末国债余额）衡量，1993年以前不足1倍，到1994年虽然扩大到了10倍，但与美国、日本等33～36倍的周转率对比，则相差甚远。此外，市场在随意扩张的过程中，也形成了规则不一、相互分割的现象。各交易场所在交易制度、合约设计、交收制度等方面各有特色（1995年2月以前各主要国债期货交易场所的合约设计见表8.3），这与世界上大部分国家的国债期货市场很不相同。例如在美国，短期国库券的期货（期权）交易集中在CME（芝加哥商业交易所）的IMM（国际货币市场）进行交易，中长期国债的期货（期权）交易在CBOT开展，市场集中，交易制度标准化，有利于政府监管。

表8.3　1995年2月以前各主要国债期货交易场所的合约设计

	上海证券交易所	深圳证券交易所	北京商品交易所	武汉证券交易所	广东联合期货交易所
合约面值/元	20 000	10 000	10 000	20 000	100 000
品种设置	单一品种	按对应现券设置	按对应现券设置	单一品种	按对应现券设置
缴款方式	混合交收	券币选择交收	对应实物券单一交收	混合交收	券币选择交收
交款月份	3、6、9、12月	3、6、9、12月	3、6、9、12月	3、6、9、12月	3、6、9、12月
涨跌停板	无	±0.6、±0.9	±2	上一交易日收盘价±2%	±10月
每口保证金	合约面值的2.5%	合约面值的1.5%	成交金额的1.5%	持仓合约总金额的1%	成交金额的1%

(2) 国债期货合约的设置和交割制度的缺陷。中国的国债期货合约经历了一个按每种现券分别设置合约到按单一的某券种设置合约的过程。这两种方式都是以国债现券市场上流通的确定现券为合约设置的基础券，存在基础券到期后重新设置合约的问题，期货合约的存

续不具有稳定性。这与国外以一虚拟券作为基础券种的设置方法不同。

与合约设置相应,在交收规则上也经历了从单一交收到混合交收的演变。所谓单一交收,指期货合约以现货市场上某券种为基础设置,合约到期后空方必须以该券种进行交割。这种交收方式由于存在合约对应现券流通规模过于狭小,无法满足交收需要的问题,1994年11月以后,上海证券交易所改单一交收为混合交收,即设立以92(5)为基础券种,以3、6、9、12月为交收月份的"单一品种";同时,从1994年12月的交收开始,对各期货品种实行任一年份、期限的国债的混合交收办法。计算时,以对应国债为基础券种,按各券种的市场价格(最后5个交易日的加权平均价)进行折算。上海证券交易所实行的混合交收制度,尽管向国际标准靠拢了一步,但仍与之存在相当差距。在美国,中长期国债期货合约只按期限设置且票面利率统一为虚拟的8%,这样的基础券种可能在现券市场上根本找不到,然而它却包含了多种可交割的现券,所以不存在可交割券数量狭小而产生的瓶颈制约问题。

除此之外,有些交易场所还实行券币选择交收、现金交收(已被1995年3月1日《国债期货交易管理暂行办法》否定)。尽管这两种方式可以摆脱国债现货市场规模对期货交易的束缚,但却无助于促进现货市场发展和发现价格,只能助长投机行为。

(三)恢复国债期货市场的必要性

(1)国债期货交易可以有效地管理利率风险,为我国国民经济体系提供利率风险防范机制和工具。随着市场化改革和放松金融管制的要求,20世纪90年代中期以来中央银行加快了推动利率市场化的步伐,利率风险呈现出逐步扩大的趋势,市场主体对于利率风险管理及其工具的需求越来越强烈,而国债期货正是利率风险管理的有效工具。

(2)国债期货交易能提升国债市场功能,促进国债市场发展,完善我国金融市场体系。首先,国债期货交易能显著地提高国债市场的流动性和透明度。流动性不足是困扰国债市场的深层次原因之一,严重制约了国债市场功能的发挥。其次,国债期货交易有助于培育机构投资者和保护中小投资者利益。这是因为:①培育机构投资者需要丰富的投资品种和相应的风险管理机制作为市场依据,恢复国债期货交易可以为机构投资者增加新的投资品种,提供有效的风险管理工具,降低机构投资者的交易成本,有利于组合投资,提高资金使用效率。②恢复国债期货交易有利于减少市场操纵行为,形成比较公平的市场环境,真正体现"公平、公开、公正"的市场原则。

(3)开展国债期货交易能为我国利率市场化的最终实现创造条件。国债期货交易要以利率市场化作为前提条件,但另一方面利率市场化又需要国债回购、期货和期权市场作为配套的市场机制。由于国债利率是利率市场化的排头兵,更需要国债期货市场的起步和发展作为呼应。

(4)恢复和发展国债期货交易是完善期货市场,发展金融衍生产品市场和参与国际金融竞争的现实需要。发展金融衍生产品有助于完善我国金融市场体系,提高国际竞争力,而恢复国债期货交易可以作为我国发展金融衍生产品市场的切入点。由于20世纪90年代初国债期货交易试点积累了开展国债期货交易的经验和教训,也培养了一批专业人才,另外国债期货与其他金融衍生品种相比风险较小,因此,可以把恢复和发展国债期货交易作为发展金融衍生产品市场的切入点。

（四）恢复国债期货市场的可行性

我国现有环境相对于20世纪90年代中期暂停国债期货交易试点时已经有了显著变化，无论是在利率市场化还是在现货市场方面都取得了较大发展，也为当前恢复和发展国债期货交易准备了条件。

（1）利率市场化取得阶段性进展，为国债期货的恢复提供了现实依据。国债期货是利率期货的主要品种之一，利率的市场化和资金的流动性是国债期货产生的重要条件。随着我国市场体制的逐步完善，我国对利率的管制已越来越松，利率市场化必将成为必然趋势。如我国银行同业拆借利率已经放开，商业银行的贷款规模控制已经取消，国债回购市场交易规模不断扩大，回购利率成为市场化程度较高的利率形式。1996年中央银行公开市场业务启动，2000年实现外币利率的市场化，其后又推出了利率市场化的三年步骤。这表明我国为适应新的形势和经济发展需要，开始朝利率市场化的方向大步迈进。由此可见，利率市场化和国债期货的推出是相互作用，利率市场化为国债期货的恢复提供了必要条件，国债期货的恢复又为利率市场化提供了配套的保障机制。

（2）快速发展的现货市场为恢复和发展国债期货市场提供了坚实的基础。首先，在国债的发行规模上，1997～2001年的国债发行量分别为2 449.39亿元、3 808.67亿元、4 014.5亿元、4 880亿元和5 004亿元。自1998年以来无记名式国债的发行完全停止，凭证式国债的发行比例相对下降，而可上市流通的记账式国债的发行比例则大幅上升，市场流动性大幅提高。其次，国债期限结构更加完善。据有关数据显示我国1985～1993年，是清一色的2到5年期中期债券，1994年开始出现了近20%的1年期和少于1年期的债券，同时也有小部分超过6年期的债券，不过没有出现10年以上的长期债券，1997年发行的国债中10年期债券约占5.5%，而2002年以来国债包括了1、2、3、7、10、15和目前期限最长的30年期国债，在长短期限配搭上较以前分布更为"均匀"，使我国国债市场的收益率曲线更为完整，也为国债期货提供了依据。

（3）商品期货交易的开展为我国推出金融衍生产品特别是恢复国债期货提供了宝贵的经验。国债期货作为金融期货的一种与商品期货交易具有很多共同点，如其价格载体都是现货，其交易机制都是依赖于投资者对未来现货市场价格的预期等，因而在恢复国债期货的过程中可以借鉴商品期货交易一些成功的经验，并有目的地避免一些在商品期货交易中发生而且有可能在国债期货交易中发生的。同样商品期货交易市场的规范和发展在交易场所、交易规则设计、交易监管等方面为国债期货交易市场的重新建立提供了许多可供借鉴的经验。

三、股指期货

（一）股指期货的产生和发展

在我国股票现货市场产生2年零4个月之后，我国的股票指数期货交易诞生了。1993年3月10日，海南证券交易中心首次推出了我国股票指数期货交易合约——深圳A股指数及深圳

综合指数期货合约。合约标的物均有 3、6、9、12 月份交割的合约,共计 8 个品种。合约内容为:

(1)合约单位:深证指数乘以 500 元。假设某日深证指数为 250,那么合约金额为 125 000 元(500×250)(元)。

(2)最小变动单位为 0.1 点,即 50 元(500×0.1)。

(3)每日指数最大波动幅度为 10 点,即 5 000 元(500×10)。

(4)交割月份为 3、6、9、12 月。

(5)交割方式为现金结算。

(6)最后交易日为交割月倒数第二个营业日。

(7)交易手续费为每份合约 200 元。

(8)初始保证金为每份合约 15 000 元。

由海南证券交易中心推出的深指期货采用标准的国际期货交易规则,操作上可以双向下单,既可先做买单,也可做卖单,平仓时由证券公司按成交价与投资者结算,期指每变化一个点位,投资者的盈亏值是 500 元。

经过几个月的运作,海南证券交易中心深指期货交易表现出如下特点:①A 股指数期货交易无人涉足;②综合指数期货交易集中在当月,在临近月末时,次月的交易量才逐渐增加;③4 月份开始仅 292 手,5 月份上升到 851 手,6 月份为 1 200 手,交易呈活跃趋势。但由于投资者对这一投资方式认识不足,再加上中国股市发展的不稳定性,管理与运作不规范,1993 年 9 月,深圳平安保险公司福田证券部刚开通海南深指期货交易两天,就出现了大户联手操作,打压指数的投机行为。到 1993 年 9 月底,为维护股市的健康发展,股指期货交易被中止。

(二)沪深 300 股指期货

2006 年 9 月 8 日,中国金融期货交易所正式挂牌成立,而作为中国金融期货的"开山之作",沪深 300 指数期货合约的设计工作也已经完成。2010 年 4 月 8 日,经过国务院证监会的同意,中国金融期货交易所正式推出股指期货。股指期货的推出,适应我国经济和资本市场发展的需要,完善了金融期货等衍生产品市场,成为提升我国资本市场服务国民经济全局能力的内在要求。推出股指期货是我国资本市场改革发展和发育创新的必然结果。

(三)我国股指期货存在的问题

我国股指期货存在如下四个制度性缺陷:

1. **严重做空**

本指望它改变过去的单边市场,即减少和避免单边上涨。但是,由于做空机制没有一定的限制,结果使得这种做空机制在某些情况(如利空)下会严重打压股票现货市场,尤其是做空沪深 300 标的物,可以产生羊群效应,使广大股民随着股指大幅下挫斩仓割肉,这样让境内外机构乘机抄底,渔翁得利。

2. **违规交易**

股指期货交易与股票市场的交易密切相关,这使得股指期货交易中的违规行为常常涉及股票市场,其影响面较广,手法也更为复杂。如果这种现象不及时制止,那么会出现严重的不公平交易。因此,为了维护现货市场和股指期货市场的公平交易,国外股指期货市场采取了多项措施,对两个市场之间的市场操纵行为进行防范。这些措施包括:

(1)加强市场监察及早发现可能扭曲市场价格的各种交易行为和交易状况,并针对这些交易行为或交易状况采取各种措施,确保市场各种功能的实现。

(2)加强股票市场和股指期货市场跨市场之间的信息共享和协调管理,另外还有规范结算制度等。我国的股指期货却未能做好这两点,出现违规行为在所难免。

3. 严重不公

主要指目前的交易制度。目前我国上海证券交易所和深圳证券交易所对股票和基金交易一律实行"T+1"的交易方式。即当日买进的,要到下一个交易日才能卖出。而我国的股指期货则实行 T+0 交易制度。其结果是,机构和股指期货投资者就会利用这一制度漏洞,针对股票市场的标的物严重做空,而在股票市场的投资者眼睁睁地看着别人疯狂打压,无法出货而出现严重亏损。我国股指期货推出不到 20 天,大家已经领教了这种不公平。

4. 严重投机

股指期货交易包括投机和套期保值,其中后者是主要的交易方式。但是,由于存在前面三个问题,导致目前我国股指期货的投机行为非常严重,有些股指期货投资者利用杠杆作用,一天内可以用少量的投入赚几十万元。目前还没有发现谁在做套期保值。因为国内外的投资者利用各种利空消息大肆做空,获得了大量好处,至少在中国还没有出现过失误,谁还愿意去做套期保值呢?

【知识库】

上海银行间同业拆放利率

上海银行间同业拆放利率(Shanghai interbank offered rate,简称 SHIBOR),以位于上海的全国银行间同业拆借中心为技术平台计算、发布并命名,是由信用等级较高的银行组成报价团自主报出的人民币同业拆出利率计算确定的算术平均利率,是单利、无担保、批发性利率。目前,对社会公布的 SHIBOR 品种包括隔夜、1 周、2 周、1 个月、3 个月、6 个月、9 个月及 1 年。

SHIBOR 报价银行团现由 16 家商业银行组成。报价银行是公开市场一级交易商或外汇市场做市商,在中国货币市场上人民币交易相对活跃、信息披露比较充分的银行。中国人民银行成立 SHIBOR 工作小组,依据《上海银行间同业拆放利率(SHIBOR)实施准则》确定和调整报价银行团成员、监督和管理 SHIBOR 运行、规范报价行与指定发布人行为。

全国银行间同业拆借中心受权 SHIBOR 的报价计算和信息发布。每个交易日根据各报价行的报价,剔除最高、最低各 2 家报价,对其余报价进行算术平均计算后,得出每一期限品种的 SHIBOR,并于 11:30 对外发布。

(资料来源:MBA 智库百科)

第三节 金融期权交易

一、外汇期权

(一)外汇期权宝的产生和发展

外汇期权宝业务,真实名称为外汇保本投资存款,在我国内地是由中国银行深圳市分行在借鉴我国香港宝生银行外汇"两得存款"和"保本存款"经验的基础上设计开办的。外汇期权宝是指在保证外汇存款人本金安全的前提下,由存款所在银行代为进行外汇期权投资,力图获取比存款利息更高的收益的外汇存款。具体而言,是指客户(个人或公司)在中国银行深圳市分行存入一笔外汇定期存款,并签订协议,委托该行利用该笔存款定期与活期利息之间的差额在国际外汇市场上买入某种期限认购或认沽某种外币的期权,以求赚取这段时间内该种外币汇率波动产生的价差。它是金融工程理论在中国商业银行业务创新中运用的典范。

1. 外汇期权宝产生的历史背景

(1) 1995~1997年的3年时间里,深圳地区对存款的争夺异常激烈。较之不少银行及其他金融机构变相提高利率的做法,中国银行深圳市分行合法、合规的吸存措施缺乏竞争力(各行外汇存款利率普遍比该行高出0.5个百分点),存款局面相当被动,造成该行外汇存款有减无增。

(2) 国内外汇投资渠道少,由于人民币不能自由兑换,而且存在贬值预期,人们普遍愿意持有外汇,虽然美元、港币的存款利率较人民币低,国内除办理存款、进行个人实盘外汇买卖外,并没有其他可供选择的外汇投资渠道。另外,个人实盘外汇买卖具有一定的风险,而且客户对国际外汇市场的认识有限,加上信息来源不畅,很多客户不愿或不敢参与该项业务。

(3) 深圳外汇资金实力雄厚。由于深圳靠近香港的特殊地理位置,港币在深圳的流通量很大,而且,深圳三资企业众多,外汇存量大。截至1996年6月,深圳市全市个人外汇储蓄存款余额为13.18亿美元。

由于国内外汇持有者有保证本金安全及规避外汇风险的现实需求,中国银行深圳市分行又需要利用新的金融工具增强在存款大战中的竞争力,利用合法合规的渠道争夺外汇存款。因此,外汇期权宝便应运而生。

2. 外汇期权宝业务的效益评价

(1) 外汇期权宝丰富了中国银行深圳市分行的银行理财品种,增强了私人理财的竞争力,开辟了新的中间业务收入来源,促进了外汇存款的增长。开办当年,仅6个月就吸存800万美元外汇存款。1998年外汇期权宝存款达到了该行金融外汇存款余额的1%。

(2) 对外汇期权宝业务的客户而言,在国际外汇市场波动幅度大的情况下,只要操作得当,就有机会得到远高于定期利息的回报。即使操作失误,损失也仅是期权费,还可以得到活期外汇存款利息。

（3）外汇期权宝是中国银行深圳市分行针对外汇存款利率低的情况将存款业务和外汇期权结合起来后的创新存款业务品种，它进一步树立了深圳中国银行深圳市分行勇于进行金融创新的形象，有力地推动了深圳地区的金融创新，拓宽了客户外汇投资渠道，取得了良好的经济效益和社会效益。

（二）外汇期权宝存在的主要问题

外汇期权宝业务的推出，是金融工程在我国的金融产品创新中迈出的试点性一步。然而，也正因为是试点性的一步，决定了外汇期权宝业务不可能短期内在我国大规模地开展起来。同时，在外汇期权宝业务中，银行将许多外汇储户的储蓄利息中的一部分聚集起来，到国际外汇期权市场去购买外汇期权，使得广大外汇储户的主观能动性难以发挥，而只能被动地等待银行操作的结果。

二、利率期权

利率期权是一种与利率变化挂钩的期权，到期时以现金或者与利率相关的合约（如利率期货、利率远期或者政府债券）进行结算。目前香港离岸金融市场中以人民币计价的利率、汇率期权产品等已有序开展交易。我国目前还没有利率期权交易，但正在研究推出人民币利率期权交易，积极培育基于人民币汇率的金融衍生产品，并逐步拓展以亚洲日元、亚洲欧元、亚洲美元和国际债券、银行贷款等为基础的金融衍生工具。

三、股票期权

权证是一种以标的证券为基础的金融衍生品，权证的发行和上市，既增加了资本市场股权融资的种类，又拓宽了企业的融资渠道。权证市场的健康发展对中国发展金融衍生品市场与完善证券市场结构有着非常重要的意义。2005年5月，我国上市公司股权分置改革启动，权证作为支付流通股股东对价的一种市场化工具，被再次引入中国内地证券市场。由于融资便利、对冲风险而备受广大投资者的青睐。但由于市场供需失衡、交易机制缺损、投资者行为非理性和市场监管不力等方面的原因，当前我国权证市场发展中依然存在着一些不容忽视的问题。

（一）认股权证的产生和发展

认股权证，即股票认购授权证，是指通常与债券或优先股一起发行的，持有者有权在有效期内以规定的价格购买一定数量的普通股的合约。该合约规定的价格一般比合约发行时的股票的市场价格要高，且合约的有效期比较长，为若干年甚至是无限期。

从认股权证的含义中我们可以看出，认股权证相当于一欧式看涨期权，认股权证的持有者有权在缴款日以合约规定的价格购买一定数量的股票，但当股票的市场价格低于合约规定的价格时,持有者不负有必须买进的义务。因此,投资于认股权证,从理论上讲,收益可以很大,但风险有限,投资者的最大损失仅限于购买认股权证的费用(对应于购买期权的期权费)。认股权证交易市场是在中国特殊的经济环境下由配股权交易演变而来的。由于我国上市公司大都是经股份制改造而来的,因此,形成了我国上市公司特有的股权结构。上市公司的股票分为两大部分:一部分为社会公众股。该部分股票向全社会公开发行,是可流通的部分。另一部分为国有股和法人股。该部分股票由国家或国家委托法人持有,是不可流通的部分。相应地,在上市公司采取配股的方式进行红利分配时,同时向社会公众股股东和国有股、法人股股东配售,但由于配售过程中原有股东需向上市公司追加投资,因此,占股份比例较大的国有股、法人股股东通常放弃配股权。

  1994年9月初,在深圳证券交易所上市的许多公司陆续推出配股方案。大多数方案中,国有股、法人股股东表示愿意放弃配股权并转让给个人。当时国家政策中没有关于国有股、法人股不能转配,以及不许转配部分上市的明文规定,深圳有关方面基于这一现实,出于摸索国有股、法人股流通转让经验的尝试,准备安排转配部分同时上市。由于涉及"扩容"这一敏感问题,中国证监会于10月底否定了上述方案实施的可能性,同时考虑到某些上市公司已经披露配股方案对市场造成的影响,特别批准深交所的6只权证(即厦海发、闽闽东、湘中意、吉轻工、桂柳工、武凤凰A)转配部分继续交易。12月前后,经深交所批准,这6只权证分离为A1权证(公众股配股部分)和A2权证(国有股、法人股配股部分,或称A2转权),其中A1权证交易在规定时间摘牌,A2权证交易拟延期至1995年底(1995年底以后又再次延期至1996年6月)。就这样,中国市场上的长期权证——A2权证以一种出人意料的方式产生了。

  事实上,关于这种"配股权证"可以分为四类:

  ①一般意义上的短期配股权(rights);②短期定向转配股权证的配股不能上市;③直接上市转配股权证,指国有股、法人股股东持有配股权证直接上市交易以获取转让收入,一般交易时间短,配股部分不能上市,如沪市的福州东百A2转权及深市的连大冷A2权、闽福发A2权等;④长期定向转配权证,与②的含义相似,只不过交易时间长,它包括在深市交易的厦海发、闽闽东等6只A2权证。因此所谓真正意义上的权证市场也只包含了这6只A2权证的交易。

  在性质上,A2权证与一般意义上的认股权证不同。首先,A2权证从配股权转化而来,不是在发行时就作为一种单独证券存在。其次,A2权证没有明确的有效期,行使时间不定。1996年初,A2权证交易期再获延长半年,这种不断变化有效期的权证恐怕唯中国独有。再有,A2权证所确定的配股价与A1配股权相同,无法体现长期权证与短期配股权的差异。这就无怪乎在中国市场上人们普遍不加区分地把A1配股权和A2权证统称为配股权证。

  1994年10月28日,证监会发出通知,国有股、法人股股东转让的股份、配股权仍不得上市流通,此后4个交易日深市的6只权证中除去中意A权外其余均跌去40%以上。但到11月4日,吉轻工、厦海发、闽闽发、武凤凰等表示将延长其转配部分权证交易时间,之后又是连续3个交易日内,权证价格迅速上扬,涨幅低者70%,高者更达100%。至12月,A1配股权和

A2 权证分离运作之后,转配权证已形成激动人心的市场热点。权证价位的大起大落使素有投机之称的上海股市自叹不如,上海投资者也急红了眼。

12 月 26 日,沪市推出江苏悦达配股及 A2 转权交易,急不可待的股民马上投入资金进行疯狂炒作。权证上市前,悦达股价在一周内就已上涨 100%,待权证上市,投机性炒作达到登峰造极的地步,A2 权证价位居然超过股价的 32%,远远高出理论上限。在江苏悦达的示范效应下,望春花的配股预案也由于其"权证概念"而被股民恶炒一番。市场把 A2 权证作为重大利多消息对待,以致以后各上市公司的配股预案都要强调一句"争取以权证交易方式进行",以取悦投资者。

在这场权证闹剧中,一些负面问题也暴露出来,管理层方面开始采取一些弥补措施。深圳证券交易所对 23 日上市的闽福发 A2 权,规定交易期限与 A1 相同,而且除权后即缴款认购,不再单独继续挂牌,并宣布以后上市权证交易方式照此办理。上交所此次推出的江苏悦达转权及以后的 A2 权证已同证监会特批的深市 6 只 A2 权证有了根本不同:前者的交易期限一般都在 1 个月之内,已不是严格意义上的权证。但由于其与 6 只长期权证都是代表国有股、法人股放弃配股权转给个人股东的权利,所以市场将之笼统地作为 A2 权证交易。

但短期的 A2 权证很快就暴露出本质。至 1995 年 1 月下旬,某些短期 A2 权证在临近摘牌日时价格一跌再跌。例如在深圳上市的连大冷 A2 权和物资 A2 权,曾一度出现 0.01 元的卖盘,权证持有者为之损失惨重。曾在沪市红火一时的悦达转权和福州东百转权也避免不了到期日价格跌落的局面。但实际上,与权证价格超出股价不同,即使 0.01 元的权证价格还在其理论下限之内,而且使用 A2 权证认购的国有股与法人股暂不上市流通,流通性极低,因此短期 A2 权证的这种结局也合理地反映了历史的原因。

尽管如此,此后中国股市由 A2 长期权证和 A2 短期转权所激起的投资热潮仍旧连续不断,其价格忽涨忽落,幅度之大、速度之快,常令投资者为之瞠目。权证的行情,也频繁带领含配股题材股票上涨,进而带动整个大市的反弹或回落。

为何权证能如此影响大市?主要有以下几个方面的原因:

(1)由 A2 转权作为权证的本质属性决定。权证的高杠杆收益率以及相对股票的低廉成本,吸引了众多投机者的关注。特别当市场流传股票可能成为收购对象时,其权证立刻就会受到大力追捧,因为一方面收购者可能通过在市场上吸纳权证等待配股来获得一定比例的股份,他们的行为将推高权证价位;另一方面具有收购题材的股票价格上涨时,权证理论价格也相应增加,使权证极富投资价值。

(2)由于股市低迷,以权证所配股票上市后可能面临极为不利的市场环境,出现贴权,所以配股可能无人认购;国有股、法人股转配部分由于国家规定 1995 年内暂不上市,加重了承销商和上市公司资金运用方面的困难,发布转配的上市公司将有很大一部分资金不到位,原先许诺的庞大的运用配股资金发展计划,可能就此搁浅。这种形势使上市公司及承销商联合一些机构坐庄,挖掘新的炒作题材来弥补损失;同时,若维持 A1、A2 权证在较高价位,也可迫使最后接棒者不得不缴款认购。

(3)一部分A2权证在上市前直接由国有股、法人股股东持有(如闽福发和福州东百),上市后其价格就极有可能受到操纵,价格起伏更加剧烈,再加上若有承销商包销配股部分,则必被大力追炒。而一旦有机构坐庄的蛛丝马迹,中小股民就蜂拥而上,市场马上人气聚集,殊不知庄家可能早已逢高派发,而普通投资者还蒙在鼓中。

(4)6只长期权证由于属"遗留问题",在市场上有物以稀为贵的优势。投资者相信,长期权证还有整整1年的炒作时间,况且到了1995年底,还存在这6只A2转权延期交易的可能性。事实上,6只A2权证后来确实得以延长交易至1996年6月,这期间权证价格的反复跌宕必然创造无数的营利机会。

总之,A2权证尽管流通量有限、规模狭义、种类单一,却以其价格上激烈的起伏和丰富的题材成为股市的热点。1996年6月以后,6只A2权证停止交易,真正意义的长期权证市场已不复存在。权证交易何时复出,又成为当时人们感兴趣的话题。

(二)股权分置改革中的权证

由于设立初期存在的意识形态障碍等历史原因,我国证券市场被认为的分裂为流通股和暂不流通的国家股、法人股。事实上形成了两个不同的市场,"同股不同权、不同价"和国有股"一股独大"的局面。已有的分析表明,股权分置既是上市公司"融资饥渴症"产生的制度基础,又是资金使用效率低下、业绩不断下滑、关联交易盛行、内幕交易频频的重要原因,已严重制约我国证券市场的健康发展。

解决股权分置的主要障碍是如何在非流通股和流通股股东之间进行利益再分配。从利益再分配的角度,可以把当前解决股权分置的各种方案分为两类:一类方案类似于直接切"蛋糕","蛋糕"的大小是给定的,为了切多切少,双方针锋相对,各不相让,如送股、缩股、回购等方案。另一类方案则可以避免直接地切"蛋糕",从而有利于缓和双方的僵持,如权证方案。

利用权证来解决股权分置问题,大体有以下三种思路:

(1)向流通股东赠送认购权证。非流通股股东以非流通股为标的,向流通股股东免费发送相应数量的认购权证,到期时采用股票结算的方式。流通股东可以转让权证或行权获得收益,而非流通股则逐步获得流通权。认购权证的价值即为非流通股股东支付的对价。

认购权证的行权价格,可根据标的股票的具体情况来确定。流通股股东行权得到的股票可立即流通。非流通股股东获得流通权的股票数量及流通的期限限制有两种确定方式:一是只有流通股股东行权获得的非流通股才能够流通;二是在赠送一定数量的认购权证后,相应数量的非流通股(比如,全部非流通股)获得流通权,并在一定的期限及条件下不能流通(比如12个月内或股价低于一定水平)。如在宝钢方案1中,宝钢集团向流通股股东每持有10股流通股支付2.2股宝钢股份股票及1份认购权证;宝钢集团公司同时承诺,其持有宝钢股份股票至少在12个月内不上市交易或者转让,24个月内不上市交易。

(2)向流通股东赠送认沽权证。非流通股东免费向每位流通股股东发送相应数量的认沽权证,权证行使时,按行权价与当时股价的差额结算现金,或按差价与当时股价之比折算成股份送给流通股股东。权证上市后,相应数量的非流通股获得流通权。如在新钢钒方案中,攀钢有限公司向流通股股东每10股无偿派发2张存续期18个月、行权价4.62元的欧式认沽权证。对价完成后,每10股流通股实际获得5股股份和两张认沽权证。对价完成后,非流通股份将获得上市流通权。

(3)向流通股股东赠送认购权证与认沽权证的组合,即蝶式权证。非流通股股东以自己所持有的部分股票设质发行认购权证,并通过交纳履约保证金设质发行认沽权证。然后按一定比例,将认购权证及认售权证一并无偿赠送给流通股股东,同时相应数量的非流通股获得流通权。该方案约定权证持有人可以在权证有效期内按认购权证的行使价格购买原非流通股股东持有的股票;权证持有人也可以在权证有效期内按认售权证的行使价格将其所持有的股票出售给非流通股股东。权证持有人可以在市场上交易权证,也可以行权。非流通股股东向流通股股东支付的对价,等于认购权证及认售权证的价值之和。如在武钢方案中,公司唯一非流通股股东武钢集团向流通股股东每10股支付2.3股武钢股份加上1.5份认沽权证。其中每份认沽权证可用3元的价格,向武钢集团出售1股股份。同时,公司拟向全体股东发行美式认购权证,全体股东每持有10股股份将获得1.5份认购权证,每份认购权证可用2.9元的价格认购公司1股新发的股份。若认购权证计划获准实施,在认购权证存续期的最后5个交易日,认购权证持有者有权将所持有权证以0.2元/份的价格回售给武钢集团。

权证在股权分置改革中具有以下意义:

(1)权证方案能体现"对价论"的精神,有利于协调非流通股股东和流通股股东的利益。"对价论"的核心思想是非流通股股东应该对非流通股未来流通所导致的流通股股东的损失支付对价,它明确了非流通股股东对流通股股东的补偿范围和程度,相对于"补偿论"是一种理论创新。不管是认沽权证还是认购权证,都是依靠未来股价的变动作为支付的依据,这就清楚地表明非流通股流通期间所造成的流通股股东的损失由非流通股股东来支付。这种面向未来的支付方法有利于协调非流通股股东和流通股股东的利益。

(2)权证方案能缓解一部分上市公司送股、派现压力,增加非流通股股东支付对价的动力,较好地把当前利益与长远利益结合在一起。随着股权分置改革的不断深入,部分上市公司股改出现了两种矛盾:一方面,很多大公司以及业绩差公司的大股东因为各种原因,难以做到以大比例送股和派现来支付对价;另一方面,非流通股股东中分散的法人股股东与大股东之间以及流通股股东中持股成本差异较大的股东之间在决策送配比例方面都存在分歧,对价方案及表决结果很难预测。通过权证方案,引入公众投资者参与权证交易,由市场来参与方案的评判,提高市场的参与度,可以形成良好的"动力机制"。

(3)权证方案为参与各方提供了一种合理、有效转移风险的机制。权证是上市交易的,其价格随着市场情况的变化及投资人的判断而波动。在这一过程中,权证持有人的即期风险或收益通过权证换手可以分散到不同人手中。所以,通过权证方案可以在流动股股东、非流通股东、公众投资者等相关参与者之间建立一种利益均衡的风险转移机制,实现多方共赢。

(三)中国权证市场发展中存在的问题

1. 权证市场规模小,价格易受操纵

我国内地权证市场发展还处于起步阶段,权证发行和挂牌交易数量过少,仅有几十只品种可供交易,与拥有上千种权证产品的香港等成熟权证市场相比,我国内地权证市场规模还很小,供需失衡的状况,使得发行和交易数量十分有限的权证受大量投机资金追捧,导致市场极易产生过度投机行为。并且由于在现阶段缺乏合理的定价机制,价格极易受到操控,有可能大幅度偏离合理价格区间。权证是具有杠杠作用的金融衍生品,其价格依赖于标的证券的价格高低,因此某些机构大户就有可能通过操纵正股价格来操控权证价格,如拉高或压低正股价格使权证的内在价值增大,从而抬高权证价格,从权证市场上获利,弥补操纵正股价格的成本,从中牟取暴利。

2. 资者风险意识淡薄,盲目投机

权证作为一种金融衍生品,与传统的股票债券等基础证券有着本质上的区别,它的设计非常复杂,涉及很多专业性知识,而且权证在我国证券市场发展时间较短,所以投资者对权证往往缺乏认识或认识有限,没有明确的概念,从而造成很多投资者将权证作为股票持有,风险意识非常薄弱。作为一种初级金融衍生品,权证的期权性质和杠杆效应使其交易价格波动性较大,具有很强的投机性和投资风险。普通投资者不熟悉权证的内在价值,致力于"跟风"、"跟庄",大部分权证价格偏离价值,市场投机炒作气氛浓厚,市场交易换手率偏高,经常造成很大损失。

3. 权证发行交易制度不完善

首先是权证发行人的资格确定问题,从成熟权证市场来看,对权证市场的管理一般是通过对发行人设立较高的发行门槛来实现的,而上海证券交易所权证管理暂行办法与深圳证券交易所权证管理暂行办法中只对认股权证的标的股票做出具体规定,却没有对备兑权证的发行人资格做出规定。其次,目前我国的权证创设制度也并不合理,更多地考虑了券商的利益,而忽略了普通投资者的利益。同时,权证交易缺乏相关的专门法规,与权证相关的规范性文件主要集中在交易所规则的层面上,在法律层面还没有法律法规直接或间接地对权证的发行、上市和监管进行规定,从而使权证的设计发行交易中存在很多问题。

4. 权证市场监管不力

首先,以证券交易所和证券业协会为主导的自律监管组织存在一些问题,比如,证券交易所独立性较差,证券业协会运作权利不足。其次,当前我国权证市场信息披露制度不完善。再者,许多中介机构没有对上市公司财务报告真实性、合法性负责,致使财务报告出现虚假信息。部分资产评估机构对上市公司资产评估不准确。

(四)发展中国权证市场的对策建议

1. 扩大权证市场规模,稳定权证市场价格

权证是基于特定标的证券的一种金融衍生品,权证产品的开发依赖于基础证券市场的发展规模。随着我国股权分置改革的完成,一大批蓝筹股的上市与回归,我国已有一大批股票符合作为权证的标的股票的条件,在这样的条件下,管理层应适当降低权证产品的进入门槛,适度放松对权证发行数量的要求,增加权证的供给,扩大权证市场规模,平衡市场供求,稳定权证市场价格。同时在现有股本权证的基础上,适时推出备兑权证或股票期权。以期在不远的将来,以在国内领先且具有风险控制能力的创新类券商等合格机构为主体,以发行备兑权证为依托,开拓一个具备杠杆性投资、套期保值和适度投机功能的健康稳定的权证市场。

2. 完善权证发行交易制度体系

完善的权证发行交易制度体系是维护并促进权证市场健康发展的基石,因此,针对我国内地权证发行交易制度中的问题,可以采取界定备兑权证发行人资格、设立做市商制度、完善权证创设制度等措施。

3. 加强权证市场监管力度和处罚力度

不断完善权证市场监管制度,加大对权证市场的监管力度和对违法、违规者的处罚力度。当务之急,应当结合《证券法》加快金融衍生品的立法,对权证的设计、发行与交易做出进一步明确的规定。依靠细致的立法和严格的执法,加强对上市公司的日常监管,大力完善证券经营机构、会计师事务所、律师事务所、资产评估机构等中介机构的规范化建设。另外,要健全市场监督机制,充分发挥自律组织的监管作用,建立政府监管与行业自律相结合的监管体系。同时,在监管中,要加强事前监管和事中监管,进一步规范信息披露制度,增强权证发行人的透明度和权证的可理解性,逐步建立全面有效的市场监管体系,为权证市场的健康发展提供保障。

【知识库】

我国权证市场的发展将经历三个发展阶段

随着2011年8月11日收盘四川长虹权证(长虹CWB1,580027)的交易结束,中国A股市场暂时告别权证时代。

四川长虹发布公告称,截至8月18日收市时止,共计5.65亿份"长虹CWB1"认股权证成功行权,这意味着四川长虹由此成功融资29.5亿元。

2009年7月31日,四川长虹发行了30亿元可分离交易可转债,附送了5.73亿份"长虹CWB1"认股权证,并于当年8月19日正式上市交易。从2011年6月2日开始,四川长虹便不断发布认股权证行权提示公告,称"长虹CWB1"认股权证的行权期为2011年8月12日至2011年8月18日之间的五个交易日,行权价格为2.79元/股,行权比例为1:1.87。

截至8月18日收市时止,共计5.65亿份"长虹CWB1"认股权证成功行权,行权率高达98.7%,剩余未行权的770.44万份"长虹CWB1"认股权证将予以注销。"长虹CWB1"认股权证行权后,持有人的新增股份已全部在中国证券登记结算有限责任公司上海分公司办理股份登记手续。

(资料来源:证券时报)

第四节 金融互换交易

一、货币互换

2009年4月2日,中国人民银行和阿根廷中央银行签署双边货币互换协议。该协议互换规模为700亿元人民币/380亿阿根廷比索。协议实施有效期3年,经双方同意可以展期。这是迄今中国和拉丁美洲国家历史上最大规模的金融交易。

(一)央行货币互换概况

国际金融危机爆发以来,中国央行(中国人民银行)积极参与了应对危机的国际和区域合作,与周边国家和地区签署了多个双边本币互换协议,提升了共同应对金融危机的信心和能力。截至目前,中国央行先后与韩国央行、香港金管局、马来西亚央行、俄罗斯央行、印度尼西亚央行、阿根廷中央银行及货币当局签署了总计6 500亿元人民币的6份双边本币互换协议,包括:2008年12月12日与韩国央行签署的1 800亿元框架协议;2009年1月20日与香港金管局签署的2 000亿元正式协议;2月8日与马来西亚央行签署的800亿元正式协议;3月11日与白俄罗斯央行签署的200亿元正式协议;3月23日与印度尼西亚央行签署的1 000亿元正式协议;4月2日与阿根廷中央银行签署的700亿元正式协议。目前,中国央行还在与其他有类似需求的央行就签署双边货币互换协议进行磋商。

与其同时,全球其他央行也都将货币互换作为应对金融危机的措施之一。2009年4月6日,美联储、欧洲央行、英国央行、日本央行和瑞士央行等西方五大央行宣布总额接近3 000亿美元的货币互换协议,以改善金融市场的信贷状况。在当天发布的联合声明中西方五大央行表示,通过这项货币互换协议,美联储将得以向美国金融机构提供外币流动资金。如果需求增加,几大央行将通过这一新货币互换协议向美联储提供相应的欧元、日元、英镑和瑞士法郎。美联储随后表示,新达成的货币互换协议将允许美联储通过支出美元,从英国央行购买300亿英镑的储备,从欧洲央行购买800亿欧元的储备,从日本央行购买10万亿日元的储备,从瑞士央行购买400亿瑞士法郎的储备。最终,互换协议涉及总金额约为870亿美元。

(二)货币互换的意义和作用

货币互换(又称货币掉期),通常是指市场中持有不同币种的两个交易主体按事先约定在期初交换等值货币,在期末再换回各自本金并相互支付相应利息的市场交易行为。双方的事先约定就是货币互换协议。货币互换最早起源于20世纪70年代,起初主要是在商业机构之间进行,目的在于相互利用比较优势,降低各自融资成本,锁定各自汇率风险。

近年来,各国央行开始将货币互换用于区域金融合作、实施货币政策和金融稳定的需要。正在持续蔓延的金融危机引发的流动性紧张,已经给以外向型经济为主导的亚洲国家和有关地区的贸易体系带来了巨大困难。因此,加强地区金融合作成为维持金融市场稳定、防范金融危机的有效途径。在货币互换协议中,双方通常承诺一定的互换额度。一旦启动货币互换,两国将可通过本币互换,相互提供短期流动性支持,从而为本国商业银行在对方分支机构提供融资便利,并可促进双边贸易发展。金融危机导致持有大量美元的一些国家经济受到拖累,而为了缓解对美元的依赖,不少国家减少所持美元,使用其他货币进行国际支付与结算,而坚挺的人民币对它们来说是一种不错的选择。预计后期仍会有不少国家,尤其是中国的周边国家与地区会与中国央行签订货币互换协议。

（三）中国央行货币互换的特点

我国近期签署的货币互换协议顺序为"先周边,后拉美",先是韩国和马来西亚,因为它们是中国在亚洲的主要贸易伙伴,在金融危机中受到较严重的冲击,国际支付能力下降,之后逐渐扩大到拉丁美洲及其他地区。

这些互换协议的作用也有所差别,与阿根廷的互换,人民币主要是在贸易中充当支付结算的角色;白俄罗斯则将人民币作为储备货币;与韩国的互换,主要作用是方便韩国在华企业进行融资;与香港互换,是由于香港是人民币第二大集散中心,中央又准备在香港发债,货币互换主要是为满足资金供给;与马来西亚和印度尼西亚互换,是用于双方的商业贸易结算。

在中国央行与有关央行/货币当局签署的系列本币互换协议中,还体现了对货币互换的一些创新,如将互换的有效期延长到3年,并支持互换资金用于贸易融资等。在金融危机的形势下,这些创新可推动双边贸易及直接投资,并促进经济增长。其运作机制是,央行通过互换将得到的对方货币注入本国金融体系,使得本国商业机构可以借到对方货币,用于支付从对方的进口商品。这样,在双边贸易中,出口企业可收到本币计值的货款,可以有效规避汇率风险,降低汇兑费用。在当前全球经贸增长乏力、外汇市场波动加剧、贸易融资萎缩的情况下,这种货币互换的内容创新可以发挥重要的作用。

（四）货币互换与出口企业的发展

总地来看,中国人民银行运用货币互换手段是为了应对短期流动性问题,更有效地应对金融危机,维护金融体系稳定。中国与急需资金的国家签订一系列的货币互换协议,最大受益方是面临困境的中国出口企业。金融危机令亚洲各国出口大幅缩水,中国央行此时与一些贸易往来紧密的周边国家签署货币互换协议,可以让这些国家用人民币购买中国产品,消减美元汇价波动的风险,并刺激区域内双边贸易的复苏。

因全球美元流动性吃紧,中国的一些贸易伙伴陷入贸易结算的困境,利用人民币互换稳定多边贸易是对抗金融危机的一种方式,对地区贸易结算带来了较大的便利,当然也会同时刺激中国的出口。

（五）货币互换与人民币的国际化

货币互换协议不但为周边经济体提供了支持,也有助于巩固人民币的国际地位,加快其成为地区甚至全球主要货币的进程。受货币互换协议的鼓励,在中国和与中国签订货币互换协议的国家之间,以人民币作为贸易结算货币将会越来越普遍,这是人民币国际化进程中的重要一步。

多项货币互换协议的签署表明中国的贸易伙伴认可了人民币的地位和稳定性,接受了人民币作为各方认可的结算货币甚至储备货币,从而给人民币走向国际化带来了良好的机遇。但同时必须看到,人民币的国际化之路,是国际贸易的客观需要所致,远非一朝一夕之功,其实现速度要取决于若干基础设施建设的速度,包括建设一个多元化交易的人民币现货市场、实行资本账户完全自由可兑换、建设境内人民币外汇衍生品交易市场等。

2006年2月9日,中国人民银行发布《中国人民银行关于开展人民币利率互换交易试点有关事宜的通知》,这标志着我国利率互换市场的正式形成。利率互换作为资本市场的核心工具之一,不仅为资本市场提供了融资、投资和风险管理工具,而且通过把资本市场工具和货币市场利率挂钩,对完善货币政策传导机制、提高货币政策传导效率和宏观调控能力也具有重要意义。

二、利率互换

(一)我国利率互换市场发展现状

自我国利率互换市场形成以来,其在交易量、交易品种、参与机构以及市场流动性等方面都得到了稳步发展。

(1)从交易量来看,其增长速度非常快。根据外汇交易中心统计数据:2007年利率互换名义本金交易总量达到2 168.4亿,是2006年全年交易总量的6.52倍。

(2)从交易品种上来看,以FR007为基准的产品处于主导地位,以SHIBOR(主要是3M SHTBOR)为基准的产品比重逐渐提高,以存款利率为基准的利率互换交易量和占比下降。2007年,基于FR007、一年定存和SHIBOR的利率交易量分别占总量的79.05%、7.78%和13.16%。

(3)从参与机构上来看,中资机构的参与意识和参与度有显著提高。在市场形成初期,外资银行比较活跃,中资机构只有少数银行开展了这项业务。时至今日,人民币利率互换业务获得了广泛重视,备案机构中的大多数中资银行和保险公司都已开展业务,还有很多未获得资格的机构如证券公司和城市商业银行也在积极争取获取此项资格。

(4)从交易期限上来看,基于FR007的产品在从3个月到10年的关键期限都有成交,基于一年定存和SHIBOR的产品成交期限比较少。总地来说,主要交易期限集中在5年(包括5年)以下。

(5)从流动性上来看,其现状有所改善,但总体上来说发展并不理想。流动性通常用紧密性、弹性和深度三个指标来表示。紧密性指bid-ask价差;弹性指发生波动的市场价格随机恢复到均衡状态的速度(收敛速度);深度指不会影响现行市场价格的最大交易量,或者说能改变市场价格的最小交易量。从目前的报价情况来看,基于FR007的产品bid-ask价差有所缩小,从原来的10bp以上缩小到现在的5bp左右,其他产品bid-ask价差仍在20bp左右;现在市场深度和市场弹性都比较差。在市场出现剧烈波动时,市场就会几乎失去流动性。

(二)我国利率互换市场存在的问题和原因分析

1. 产品的风险管理功能不足

自1982年成交世界上第一笔利率互换交易以来,利率互换市场蓬勃发展。截至2006

年,全球利率互换名义本金交易额达到22.978万亿美元,占所有利率衍生品交易总量的78.70%(数据来源于国际清算银行)。利率互换之所以能够迅速得到市场的认可,主要原因在于它是利率风险管理的重要手段之一。

从目前我国利率互换市场发展来看,产品的风险管理功能不足是其发展的主要瓶颈之一,而利率风险管理功能弱化的主要原因又在于基准利率的缺失。

我国现行的是"双轨制"的利率体系,即受管制的间接融资利率和市场化的直接融资利率。间接融资利率就是指存贷款利率;直接融资利率则包括货币市场利率(如拆借利率、回购利率、贴现利率和短期融资券利率等)和资本市场利率(如国债、金融债、企业债和资产支持债券等)。为了满足多种利率的风险管理需求,我国首先推出了以FR007和一年定存利率为浮动端参考利率的互换产品,之后又推出了基于SHIBOR利率的互换产品。然而,目前这些产品还都不能有效地管理利率风险。

基于一年定期存款的产品,其优点是与人民币贷款的相关性比较高,而且也有不少市场上基于一年定存的浮息债,适用于企业进行债务管理以及银行资产负债管理;其缺点是管制利率不随市场变化而变化。特别是在目前紧缩货币政策背景下,市场单边需求严重,交投不活跃。另外,从利率市场化的目标来看,存贷款利率会逐渐放开,一年定存产品也会随之逐渐淡出市场。

7天回购利率是市场化程度比较高的货币市场利率,被国内很多机构作为交易的成本,再加上人民币远期外汇市场进行投机或套利的需求,所以基于FR007的互换产品是目前交易最活跃的产品。但是,由于7天回购利率是短期资金利率,只反映了货币市场的资金供求情况,与金融机构和企业资产负债的相关性并不高,起不到套期保值的作用。

应该说SHIBOR利率的推出,对构建我国货币市场基准利率具有重要的意义。目前拆借利率、银行票据利率、部分浮息金融债已经与SHIBOR利率进行挂钩,SHIBOR利率已经成为"基准利率"的雏形。然而,从实际运行情况来看,还存在以下问题:

(1)同业拆借市场发展滞后。主要表现为:利率体系不完整,主要集中在1天和7天两个品种;市场规模小,市场成员偏向回购融资;利率传导机制不畅通,1天和7天利率与利率体系内部的其他利率缺乏稳定的相关性。

(2)SHIBOR利率的基准作用有待进一步推广。SHIBOR利率与存贷款、金融机构债融资成本、企业融资成本的相关性还有待提高。

2. 市场准入与风险控制

利率互换作为一种OTC产品,交易对手信用风险是交易中面临的重要风险之一。利率互换市场的繁荣和健康发展应在一个完善的风险控制体系下,引入各类市场参与者。

(1)市场参与者。从国外市场来看,利率互换市场的主要参与者包括商业银行、保险公司、证券公司、其他金融机构,以及企业客户和政府机构等。其中,有些大型银行在其中扮演着举足轻重的作用,他们既是市场的做市商(market maker),又是产品的最终用户(end user)。这些银行往往是一些信用级别较高(一般在AA以上),具有广泛客户基础,处于市场领先地位的银行。根据国际清算银行统计:截至2006年底的22.978万亿美元交易中,做市商成交量是9.548万亿,占市场总量的41.55%,其他金融机构和企业客户的成交量分别占45.18%和13.27%。

从国内市场来看,目前参与者主要包括政策性银行、四大国有银行、部分股份制银行和外资银行、部分保险公司以及一些商业银行的存贷款企业客户,大部分证券公司、城市商业银行和农村信用社等其他金融机构没有获得该项业务的资格。

(2) 风险控制体系。从国外市场来看,已经具有比较完整的风险控制体系有:

①ISDA协议。在国际市场上,金融机构之间开展衍生产品交易都以ISDA协议为基础。

②做市商制度。由于充当做市商的银行级别往往都比较高,最终用户之间的交易通过做市商来维系。在提高市场流动性的同时,也降低了信用风险。

③保证金、保证券制度。即对信用级别比较低的交易对手以及企业客户收取一定的保证金或保证券。

④成立统一清算中心。

⑤有效的外部监管。巴塞尔协议中对衍生品运用中的风险管理都有明确规定。

⑥健全的内部风险控制制度。

从国内市场来看,风险控制体系还比较薄弱。首先,缺乏一个统一的主协议,交易存在法律障碍;其次,未建立做市商制度;再次,对利率互换的风险管理和监管方面存在空白。

3. 定价问题

从国外研究文献来看,利率互换的定价理论大致经历了三个阶段:早期的无风险定价理论、单方违约风险定价理论和双向违约风险定价理论。无风险定价理论的定价思路,是把利率互换看成一只固定债券和一只浮动债券的组合;利率互换定价就是确定浮动债券的价格,主要采取零息票定价法。该价格包含了对一定期限里浮动端参考利率和贴现利率走势的预期。风险定价理论则是在无风险定价理论的基础上加入了单方违约和双向违约的风险因素,对互换进行定价。

1994年以来对互换的实证研究形成了一种新的理论——互换价差(swap spread)理论,这也成为金融互换方面专家所推崇的定价方法之一。所谓的互换价差一般是指互换的利率减去无风险国债的收益率,美元互换通常就是以同期限的美国国债上加点的形式来报价。国外研究表明,互换价格大概可以用下面公式表示:

互换价格 = 同期限国债收益率 + 交易对手信用风险补偿 + 浮动端参考利率的信用风险补偿 + 利率风险补偿(包括基础利率风险和收益率曲线风险) + 流动性风险补偿

其中,由于国外市场利率做市商总体信用水平的提高、每日清算以及保证金保证券制度的实行,交易对手信用风险利差已经非常小。另外,随着市场的逐步发展,国外的互换市场已经具有高度的流动性,流动性风险也得到很大化解。

从目前国内利率互换市场来看,产品定价上还存在以下问题:

(1) 资本市场基准利率的缺失导致利率互换定价没有基石。国债二级市场流动性不足,而且有免税因素的影响,所以国内利率互换研究者更倾向于将互换收益率与金融债收益率进行比较。此外,从金融债收益率曲线来看,由于央票的流动性比较好,所以 0～3 年的金融债收益率更具有对比性;而 3 年以上的金融债收益率的参考性相对较弱一点。

(2)流动性问题。由于供需不平衡、定价不准等问题,导致市场流动性严重不足。从目前来看,需求主要集中于短端,这导致中长端要求的风险补偿增大,互换价差加大,可成交性降低。

(3)参考利率问题。质押式回购利率可视为无风险利率,但交易多集中于 1 天、7 天两个期限,短期利率受市场影响比较大,未来走势较难估计。SHIBOR 利率是信用拆借利率,包括了一定的信用利差,但由于拆借市场不发达,SHIBOR 利率目前只能算是一个半市场化的利率,对其未来走势也难以判断。一年定存利率目前是管制利率,更难以定价。由于目前利率远期、远期利率协议等其他利率衍生产品,导致利率发现功能不足,增加定价难度。

(三)完善我国利率互换市场的政策建议

1. 继续稳步推进 SHIBOR 利率体系的建设

(1)进一步深化同业拆借市场,完善 SHIBOR 利率形成机制。一方面,在完善公司治理结构、内控制度和信息披露制度及加强外部监管的基础上,逐步放宽对非银行金融机构的交易限额和期限管理,以促进资金供给和需求主体多元化,把 SHIBOR 利率培育成一个高度市场化的货币市场基准利率;另一方面,提高 SHIBOR 利率的成交性。

(2)进一步提高 SHIBOR 利率与金融市场利率的相关性。目前,转贴现利率、部分浮息金融债已经与 SHIBOR 利率进行挂钩,但从市场所占比例和市场影响力来看,仍非常小。下一步首先应多鼓励政策性银行和商业银行多发行基于以 SHIBOR 为基准利率的浮动利率债券。在此基础上,推动短期融资券、公司债以及企业债利率与 SHIBOR 利率进行挂钩。

(3)深化利率市场化改革,逐步放开存贷款利率。从国际经验来看,存贷款利率一般都以货币市场基准利率加点的方式表示,央行通过调控货币市场基准利率来间接影响存贷款利率。作为一种利率风险管理工具,利率互换业务的发展为利率市场化做好了准备;而反过来,利率互换市场的发展和壮大也与利率市场化进程息息相关。在 SHIBOR 利率充分发挥货币市场基准利率作用,以及基于 SHIBOR 利率体系的人民币利率互换市场足够成熟之后,应推动存贷款利率与 SHIBOR 利率进行挂钩。

2. 发挥商业银行在人民币利率互换市场中的作用

(1)深化商业银行改革,完善资金利率定价机制,提高资产负债管理水平。一方面,要提高商业银行的资金定价能力,转变资金运营理念,从而提高全行资金运用效率;另一方面,要转变商业银行资产负债管理观念,实现全面资产负债管理。在传统的资产负债管理技术上,多采用利率互换这一表外业务来解决资产负债的久期错配问题。

(2)在深挖商业银行本身对利率互换的需求的同时,更要发挥商业银行在利率互换市场的中枢作用。一方面,要充分发挥少数商业银行的做市商作用,提高市场的流动性和活跃度;另一方面,要依托商业银行的营销网络和客户资源,提高企业客户以及小型金融机构对利率互换产品的认识,从而增加对利率互换产品的需求。

3. 在完善市场基础建设和风险控制体系的基础上,加快创新步伐

(1)应尽快解决目前利率互换业务所面临的法律障碍和会计问题。在国际市场上,金融机构之间的衍生产品交易业务开展之前都要签署 ISDA 协议,以对基本的权利、义务做出约定,避免交易过程中产生纠纷从而加大交易成本。为了人民币利率互换业务的顺利开展,市场急需一种统一的法律文本来解决交易时的法律障碍。另外,我国会计制度仍不完善,缺乏衍生产品会计准则,这直接影响到商业银行和企业机构的衍生产品业务的开展、发展和监督。

(2)要完善企业的内部风险控制和外部监管。一方面,要完善商业银行的内部风险控制制度,这包括:综合性的风险管理方法;详细的限制结构,管理所承受风险的指导原则和其他参数;监督、控制、报告风险所需的强大管理信息系统。另一方面,要加强外部监管。利率互换在提供利率风险管理职能的同时,也创造出了额外的风险敞口和系统性风险,监管者应完善利率互换等其他衍生品的风险管理原则和方法,并依此加强对商业银行的监管。

(3)适时推动产品创新。一方面,要研究利率远期、期货、期权以及远期利率协议等其他利率衍生品的可行性,进而增强利率发现机制和利率风险管理手段;另一方面,要加强利率互换本身的创新,比如可适时推出息差互换、可赎回互换等创新产品,丰富利率互换产品,满足市场多样性需求。

三、可转债

可转换公司债券是一种期权类衍生金融工具,简称可转债。它指其持有人可以在规定时间内,按规定的转换价格将其转换为发债公司普通股票的一种有价证券。它具有债权凭证和股权凭证的双重性质,是一种债券和股票期权的复合体。对投资者而言,可以以有限的风险博取无限的收益。

(一)可转债在我国的产生与发展

1992 年,深圳宝安集团发行首只 A 股可转债,标志着我国可转债的诞生,1993 年中纺机、深南玻被正式批准到境外发行可转债,从而与 B 股一道首开中外资本市场连接先河。迄今我国可转债发展经历了试点(1992～2001 年)、核准制后重新起步(2001～2002 年)和跨越式增长(2003 年至今)三个发展阶段,分析可转债的演变历程可以发现,中国可转债的繁荣与政策规范密切相关。2001 年 4 月 28 日中国证监会《上市公司发行可转换公司债券实施办法》的颁布,以及随后《关于做好上市公司可转换公司债券发行工作的通知》的落实,标志着中国可转债市场的发展重新步入正轨,政策的松绑使可转债发行开始迅速升温,并成为国内资本市场最主要的再融资工具之一。

作为普通债券与看涨期权的结合,可转债具有股票、债券、期权的三重属性。从投资者角度看,买入可转债意味着买入一个看涨期权,潜在收益是股票价格上涨触发转股所带来的超额收益,很可能高于投资普通债券所带来的传统票息收益和价差收益,对于想规避风险但又不想错失股票价格上涨收益的投资者来说,其风险收益特征是极具吸引力的。对于中国上市公司而言,最大的机遇莫过于突破配股和增发条件的种种限制获得一条新的再融资途径,可转债融资成本低、融资规模大的特性决定了它在中国具有很大的发展空间。随着 2009 年以

来的流动性扩张和政策支持,可转债市场在 A 股大幅上涨带动下也出现了大幅上涨,持有人转股套利行为造成可转债市场存量明显下降,供不应求的市场格局更推动可转债价格上涨。2009 年至 2010 年 5 月,在 A 股市场发行的 7 只可转债都吸引了较大规模的认购资金;2010 年 5 月 31 日中国银行正式启动的 400 亿元 A 股可转债发行成为中国资本市场最大规模的可转债发行,也是最大规模的再融资。中行可转债的发行将有效扩大可转债的市场容量,优化市场结构,增强市场的交易活跃程度,对资本市场未来发展影响深远。

(二)中国可转债市场面临的主要问题

可转债的核心是在债务和资本之间建一座债券转换为股票的桥梁,虽然我国可转债市场发展已形成良好态势,但其存在的问题仍比较明显,制约了可转债市场的发展。

1. 可转债发行缺乏私募形式,阻碍了市场空间扩大

目前,中国可转债的发行都只能通过公募的形式进行。从公司董事会和股东大会讨论通过,到承销商等中介机构发债前期准备,最后由监管部门审核批准,可转债的发行为时至少需要一年,一方面机会成本太高,另一方面也可能影响到企业报批时设计的一些可转债条款的有效性。最重要的是,由于本身融资条件苛刻,只有公募而无私募的融资方式使大多数非上市公司尤其是高成长的企业不符合市场准入标准,这不利于可转债市场的发展。国外普遍实行公募、私募并行的方式,发行方可根据具体情况自行选择,无疑对公司资本运作和国民经济成长更具有积极作用。

2. 发行条件有利于传统行业企业,不利于新经济成长

国外经验证明,公司发行可转债主要有两个动机:一是低利率筹资,二是推迟股权溢价。这决定了可转债尤其适用于一些规模较小,但有着不断增长的融资需求,且因风险相对较大而致其信贷规模受到限制的成长性公司。所以,在欧洲可转债市场上表现活跃的公司,主要来自电信、科技、医药、生物科技、金融、传媒、互联网等发展迅猛的新兴行业。但我国的规定是,中国企业可转换债券的发行原则上以上市公司为主,并且要求发行企业最近三年连续赢利,三年净资产利润率平均达到 10%,所以国内发行可转债的企业大多为钢铁、机械、汽车、基建等传统行业,广大的中小企业、高成长的科技企业、非上市公司基本无缘可转债的发行。这种只鼓励优秀企业发可转债而对于非上市或非高赢利企业严格限制的政策,其实不利于可转债市场的长远发展和交易规模的扩大,更不利于经济持续成长和经济结构的调整。由此可见,我国可转债市场行业分布仍有待多元化。

3. 国内做空机制不够完善,阻碍了机构投资者套利

可转债既有债性,又有股性,转换期权使得市场存在"高估"股票预期发行价格进而获得"溢价"的可能性。因此投资者的收益既有比较固定的利息,更可能来自于动态交易中与股票价差的套利收益,并且套利风险相对较低。对国内市场而言,虽然在 2010 年 3 月推出融资融券业务,做空机制应运而生,但与之配套的政策体系不够完善,一定程度上削弱了可转债对投资者特别是机构投资者的吸引力。

【知识库】

我国股指期货市场的构成

我国股指期货市场的组成包括投资者、期货公司、中金所、监管机构、自律组织以及相关服务机构等。

(1)投资者。投资者是股指期货市场的主体,不仅是我国股指期货市场赖以生存的基础,也是股指期货市场所服务的对象。 (2)期货公司。期货公司是指依法设立的,接受投资者委托,按照投资者的指令,为投资者进行期货交易并收取交易手续费的中介组织。其交易结果由投资者承担。

(3)中金所。中金所是经国务院同意,中国证监会批准,由上海期货交易所、郑州商品交易所、大连商品交易所、上海证券交易所和深圳证券交易所共同发起设立的股份制交易所。我国股指期货是在中金所挂牌交易的。

(4)监管机构。期货市场是受政府监管的。例如美国的期货市场受商品期货交易委员会(CFTC)监管。我国国内期货市场的监管机构是中国证监会,股指期货也不例外。

(5)自律组织。作为行业自律组织,如中国期货业协会,对于行业自律和从业人员管理发挥了积极作用。

(6)相关服务机构。股指期货交易还涉及其他一些服务机构,例如为保证投资者的资金安全,国家还成立了中国期货保证金监控中心。此外,还有保证金存管银行、信息服务商等相关服务组织。

(资料来源:中国金融期货交易所网站)

本章小结

1.人民币远期结售汇业务,是指中国境内机构根据需要与外汇指定银行协商签订远期结售汇合同,约定将来办理结汇或售汇的外汇币种、金额、汇率和期限,到期按合同办理结汇或售汇的业务。人民币远期结售汇业务自试点以来,交投并不活跃,市场规模很小;我国于2007年11月1日正式推出远期利率协议业务,首批交易在中信银行、汇丰银行(中国)和摩根大通(中国)有限公司三家公司之间进行;债券远期交易目前只面向银行间债券市场投资者,其他投资者还无法参与交易。

2.1992年6月1日,我国开始试办外汇期货交易。上海外汇调剂中心成为我国第一个外汇期货交易市场;国债期货交易在中国的产生始于1992年12月20日,由上海证券交易所首次推出。从1994年上半年开始,国债期货市场迅速发展,市场规模急剧扩大。然而,在国债期货市场飞速发展的同时,一系列违规事件也随之而来。1995年5月18日,中国证监会发出《关于暂停全国范围内国债期货交易试点的紧急通知》。至此,开市仅2年零6个月的国债期货交易在一系列的恶性违规事件的打击下,被迫关闭;1993年3月10日,海南证券交易中心首次推出了我国股票指数期货交易合约——深圳A股指数及深圳综合指数期货合约。2010年4月8日,经过国务院证监会的同意,中金所正式推出股指期货,股指期货的推出是我国资本市场改革发展和发育创新的必然结果。

3.外汇期权宝是指在保证外汇存款人本金安全的前提下,由存款所在银行代为进行外汇期权投资,力图获取比存款利息更高收益的外汇存款;认股权证交易市场是在中国特殊的经济环境下由配股权交易演变而来的,2005年5月我国上市公司股权分置改革启动,权证作为支付流通股股东对价的一种市场化工具发挥了重大的作用。

4. 货币互换协议不但为周边经济体提供了支持，也有助于巩固人民币的国际地位，加快其成为地区甚至全球主要货币的进程。受货币互换协议的鼓励，在中国和与中国签订货币互换协议的国家之间，以人民币作为贸易结算货币将会越来越普遍，这是人民币国际化进程中的重要一步；自我国利率互换市场形成以来，其在交易量、交易品种、参与机构以及市场流动性等方面都得到了稳步发展；自20世纪20年代以来，我国企业逐渐开始尝试运用可转换债券来拓展资金来源渠道，解决资金短缺的问题。

自 测 题

一、名词解释
人民币远期结售汇业务　外汇期权宝　认股权证

二、简述题
1. 远期结售汇业务发展的制约因素有哪些？
2. 恢复我国国债期货市场的必要性和可行性。
3. 我国股指期货存在哪些问题？
4. 中国权证市场发展中存在的问题。
5. 完善我国利率互换市场的政策建议。
6. 中国可转债市场面临的主要问题。

【阅读资料】

我国的金融衍生产品市场

我国金融衍生产品市场起步较晚，近些年来，随着我国利率市场化和汇率形成机制改革进程的不断深入，利率风险和汇率风险日益显现。同时金融机构和企业面临的竞争日益加剧，完善金融市场体系，发展金融衍生产品市场，是我国金融业的必然选择。

一、我国金融衍生产品市场发展现状
（一）我国金融衍生产品市场发展状况

以20世纪90年代初少数机构开展地下期货交易为起点，我国金融衍生产品市场先后出现了外汇期货、国债期货、指数期货及配股权证等交易品种。1992~1995年间，上海和海南的交易所曾推出过国债和股指期货；2004年推出的买断式回购，2005年推出的银行间债券远期交易、人民币远期产品、人民币互换和远期结算的机构安排等，意味着中国衍生品市场已小荷初露。此后，伴随着股权分置改革而创立的各式权证使衍生品开始进入普通投资者的视野，权证市场成为仅次于香港的全球第二大市场。2006年9月8日，中国金融期货交易所在上海挂牌成立，拉开了我国金融衍生品市场发展的大幕。黄金期货于2008年1月9日在上海期货交易所的鸣锣上市，使得期货市场品种体系进一步健全，除石油外，国外成熟市场主要的大宗商品期货品种基本上都在我国上市交易。2010年4月8日，经过国务院证监会的同意，中金所正式推出股指期货，股指期货的推出是我国资本市场改革发展和发育创新的必然结果。

(二)我国金融衍生产品市场存在的主要问题

尽管我国金融衍生品市场发展较快,但目前仍处于起步阶段,存在许多问题。

1. 市场规范化建设不足

一般而言,各金融衍生市场的具体管理制度依各自情况而定,但就其总的原则章程来讲,又是一致的、规范的。这种规范化便于交易,并能够促进衍生产品的进一步发展。我国金融衍生产品的发展不仅没有做到规范起步,而且其监督管理也处于混乱的状态。首先表现在多头管理上,证监会、中国人民银行、国家发改委、财政部、地方政府以及沪深证券交易所都享有一定的管理权。导致政出多门,市场政策缺乏稳定性,交易所之间不平等竞争,管理混乱。其次,交易制度、交易程序不规范。

2. 现货市场规模不匹配

由于衍生产品的派生性,任何衍生产品市场的发展,都要有成熟完善的现货市场作保证。没有合理的现货市场规模,就不会有合理的市场价格。市场容量越小,就越易造成价格的人为控制。表现在国债期货市场上就是多方利用现券流通不足的"瓶颈效应",在期市上做多的同时,凭借其资金优势,拉升现券价格加以配合,使空方卖空的保证金不断追加并流入自己的户头,造成"多逼空"的市场格局,"314风波"、"327风波"、"319风波"的原因都是在"多逼空"的市场环境下,空方不得已而巨额抛售合约打压价格造成的。

3. 产品设计不尽合理

金融衍生产品的基本功能是转移风险。然而实践表明,多个品种的运用中风险并未有效转移反而扩大了。这是由于金融衍生品"双刃剑"自身特点决定的,而导致我们实践应用中风险扩大的导火索即是不尽合理的产品设计。举例说明:

(1) 国债期货。此产品的设计功能之一就是规避利率风险,但由于我国利率的非市场化,国债到期价格是固定的,这使国债现货的买卖并无风险可避。在这种情况下,推出的国债期货就变成了一种投机手段,国债期货市场变成了各大券商赌博的场所。

(2) 股票权证。股票权证市场是我国最大的金融衍生产品市场。它推出的目的,主要是为了满足股权分置改革中非流通股股东降低对价等当期综合成本需要而设计的,带有较浓的行政和福利色彩。该产品并不具备规避市场系统性风险的对冲作用和价格发现功能,自上市以来就被作为搏傻游戏工具。

4. 缺少真正市场均衡价格

在我国金融市场上,大多数金融价格还不是完全的市场均衡价格,相差于均衡价格之间的价差,即是游资和投机者的争夺之战,这将加大风险范围,削弱其规避风险、发现价格的功能。国家对外汇管制仍然较严,人民币资本项目下自由兑换和利率市场化都还未实现。1996年全国银行间统一拆借利率CHIBOR已经出现,但还远未像英国LIBOR利率那样具有权威性指导作用,还称不上是真正的市场均衡利率。另外,国家对银行存贷款利率、国债发行利率还实行管制,真正的市场利率也还不能形成。

5. 信息披露制度不健全

金融衍生产品的价格与利率、汇率、股票价格等基础性金融衍生产品价格有密切的关系。

我国是一个对金融价格管制较严的国家,金融产品价格市场化程度不高,国家政策对金融产品价格变化影响很大,并且与重大信息的披露和财政金融政策的公布有密切关系。在市场经济比较成熟的国家,重大的信息披露及有关政策的公布均有严格的程序,泄密者和传播谣言者将会受到严惩,以保证交易公平、公正、公开。我国证券法规将发行人澄清谣传的义务仅限于澄清"公共传播媒介"中出现的谣传,这显然过于狭窄;对"重要问题"的标准界定不清,概念外延很大。另外信息披露频率过低。

二、我国金融衍生产品发展对策建议

(一)我国发展金融衍生品市场基本原则和模式选择

对于发展我国金融衍生产品市场的指导思想,从宏观上讲,应坚持以市场主导、行政助力的基本原则。金融衍生产品的推进次序处于微观层面,要与我国经济和金融市场改革的进程相适应、相协调。同时金融衍生产品市场的发展,需要市场基础、投资者结构、法律法规的完善等多方面的协调,谨防风险反向作用。从微观上看,需坚持控制风险优先,投机获利次之的原则。

我国金融衍生品市场发展的模式选择应从强制性演进开始,形成强制性演进模式到诱致性演进模式的良性循环和互动。美国和英国采取的诱致性演进模式经验表明,在先发国家的金融衍生品市场上,金融创新者由于满足了市场规模庞大的避险需求而得到垄断利润,因此可以弥补创新的成本,金融衍生品市场发展很快。但是由于金融衍生品的公共产品特性,诱致性演进到了一定的阶段之后也许无法确保市场形成足够的创新。而对于后发国家而言,韩国和新加坡采取的强制性演进模式的经验表明,在先发国家已经取得成功经验的情况下,采用强制性演进模式也许是一个更好的选择,这样可以使后发国家能够以更快的速度发展。

(二)我国发展金融衍生市场具体措施

1. 稳步推进我国金融衍生市场的国际化

金融衍生市场本质上是国际化的竞争性市场。一国衍生市场的对外开放通过两种方式实现:一是允许外国资本参与本国衍生产品交易;二是允许本国企业直接进入国际衍生市场,或通过经纪公司代理国外业务。

从我国未来的衍生市场的发展来看,实现国际化的目标,需要经过两个发展阶段:一是以开拓国内金融衍生市场为中心的国内经营阶段。这是起步阶段,应重点发展合乎社会需要的衍生产品,完善交易规则和监管体系,培育衍生市场的交易主体。二是金融衍生市场的国际化阶段。在这个阶段上,应当放开对企业和金融机构参与国际衍生市场的限制,同时允许外国资本在规定条件下参与中国衍生市场。

2. 科学安排发展金融衍生产品交易顺序

金融衍生产品种类繁多,不同的衍生产品所需要的发展基础和条件不尽相同,也不可能同时具备和成熟。因此,发展金融衍生产品交易应科学地安排顺序,时机成熟的先行推出,时机尚不成熟的则积极创造条件,既要积极又要稳妥。

首先,优先发展场内交易,适度利用场外交易。场外交易的优势在于更能够适应大型投资机构的需要。与场外市场相比,交易所在资信程度、风险控制、市场组织、制度设计、交易结算等方面有更大的优势,交易所交易的标准化衍生产品透明性更好,流动性更强、成本低,既有利于参与者防范和规避风险,也有利于市场监管。因此,优先发展交易所主导的标准化金融衍生产品符合国内金融市场的实际。与此同时,可以允许更多的金融机构和企业适度地开展场外交易。

其次,金融期货的发展先于期权和互换。从期货市场的发展顺序来看,期权是在期货之后发展而来。从某种程度上讲,期权是期货的高级形式,其目的是为期货交易提供一种保值工具。我国应该在总结商品期货运作多年经验的基础上,首先推出金融期货产品,再确定时机逐步推出金融期权、互换等衍生产品,最终形成较为完备的金融衍生产品市场体系。

再次,在金融衍生产品发展方面,应以国债期货和股指期货为突破口。我国国债和股票规模都相当大,当前股票市场即使完全规范,其价格波动仍然不可避免,推出股指期货不仅有市场需求,也可减少价格的不合理、非理性波动。我国国债品种多、期限长、数量大,只要利率波动,避险需求就强烈。另外,国债期货也有利于发现远期利率,促进长期投资。

3. 鼓励金融衍生产品创新和交易所制度创新

金融衍生品市场本身就是一个不断创新的市场,创新是其生命力所在,是其不断发展壮大的前提。新产品创新能提供新机会,提供新的交易手段,产生新的盈利模式,因而能促进交易量的持续增长。而交易所的制度创新,则可以通过引进资金和技术,走低成本扩张的道路,在短时间内迅速提升交易所的竞争力。

完善金融衍生品市场的基础设施建设。国内金融市场的技术水平与发达国家仍有较大差距,交易系统的电子化、网络化程度较低,应该积蓄力量强化对远程异地交易的技术服务,大力推广电子化、网络化交易模式,为衍生产品市场的稳步发展提供技术创新支持,条件成熟时,要探索与国外交易所联网交易。

4. 建立健全金融衍生市场立法和监管体系

作为二次虚拟的金融衍生工具,处于金融风险体系的"倒金字塔"的顶层,从系统结构的角度来看,其结构的脆弱性明显,这要求对金融衍生工具市场建立全面的立法和监管体系。

在立法体系建设方面,一要尽快制定统一的《金融衍生品交易法》和《金融衍生品交易所法》,以保证金融监管框架的稳定性、持续性和一致性;二要针对不同种类的金融衍生产品分别制定相应的法律法规,强化各类规范的协调性和可操作性。

在监管体系建设方面,由于金融业出现了从分业经营向混业经营发展的趋势,我国原来的分业监管体制也必须过渡到集中监管体制上来。借鉴欧美的监管经验,首先,要建立一个统一监管机构,对银行业务、证券业务、保险业务、衍生品交易实行集中监管,提高监管效率。其次,要建立行业自律的监管体系,重视金融衍生品市场的非官方监管和行业自律。另外,有效的金融衍生市场监管需要国际间的通力合作。

5. 培养和引进专家型人才,发展中坚力量

金融衍生产品的交易具有较高的技术性和复杂性,与传统的银行业务有本质的区别,需要专家型人才从事衍生产品交易和风险管理。金融衍生产品的风险管理人才需要对衍生产品的风险进行识别、度量和控制,因此同样需要具有高素质和复合型的知识结构。

21世纪发展之最终竞争力是人才的竞争,金融市场发展之关键也是专业人才。坚持自主培养与引进来相结合,培养一支熟悉国际市场运行规则,了解我国金融市场发展特点,具有理论知识又有实践丰富经验的专业人才队伍,为我国金融衍生品市场的可持续发展提供坚实的人才基础和广泛的智力支持。

(资料来源:证券市场周刊)

参考文献

[1] 张元萍. 金融衍生工具教程[M]. 北京:首都经济贸易大学出版社,2007.
[2] 陈信华. 金融衍生工具[M]. 上海:上海财经大学出版社,2009.
[3] 彭红枫. 衍生金融工具实验教程[M]. 武汉:武汉大学出版社,2008.
[4] 秀平. 金融衍生品基础知识[M]. 北京:中国物价出版社,2001.
[5] 叶永刚. 衍生金融工具概论[M]. 武汉:武汉大学出版社,2000.
[6] 郑振龙. 金融工程[M]. 北京:高等教育出版社,2003.
[7] 冉华. 衍生品市场对经济增长的作用[M]. 北京:中国金融出版社,2006.
[8] 约翰·赫尔. 期权、期货和其他衍生产品[M]. 张陶伟,译. 北京:华夏出版社,2000.
[9] 田国强. 现代经济学与金融学前沿发展[M]. 北京:商务印书馆,2002.
[10] 周立. 金融工程与风险管理[M]. 北京:中国金融出版社,2001.
[11] 斯科特·梅森,等. 金融工程案例[M]. 胡维熊,译. 大连:东北财经大学出版社,2003.
[12] 周洛华. 金融工程学[M]. 上海:上海财经大学出版社,2004.
[13] 朱利安·沃姆斯利. 新金融工具[M]. 北京:中国人民大学出版社,2003.
[14] 宋清华,李志辉. 金融风险管理[M]. 北京:中国金融出版社,2003.
[15] 陈工孟,吴文峰,朱云. 金融工程[M]. 北京:清华大学出版社,2003.
[16] 李一智. 期货与期权教程[M]. 北京:清华大学出版社,2003.
[17] 黄海沧. 期货交易精要及案例[M]. 杭州:浙江大学出版社,2005.
[18] 陈洪辉. 利率期货投资[M]. 广州:暨南大学出版社,2004.
[19] 叶永刚. 衍生金融工具[M]. 北京:中国金融出版社,2004.
[20] 郑振龙. 衍生产品[M]. 武汉:武汉大学出版社,2005.
[21] 乔其兴. 期货交易策略[M]. 北京:中国地震出版社,2010.
[22] 张亦春. 金融市场学[M]. 3版. 北京:高等教育出版社,2009.
[23] 曹廷贵. 衍生金融工具[M]. 成都:西南财经大学出版社,2011.
[24] 汪昌云. 金融衍生工具[M]. 北京:中国人民大学出版社,2009.
[25] 布罗斯. 金融衍生工具[M]. 厦门:东南大学出版社,2010.
[26] 菲尔·亨特. 金融衍生工具理论与实践[M]. 成都:西南财经大学出版社,2007.
[27] 邝瑜骏. 金融衍生产品——衍生金融工具理论与应用[M]. 北京:清华大学出版社,2007.
[28] 门明. 金融衍生工具原理与应用[M]. 北京:对外经济与贸易大学出版社,2008.
[29] 王晋忠. 衍生金融工具[M]. 成都:西南财经大学出版社,2011.
[30] 赵胜民. 衍生金融工具定价[M]. 北京:中国财政经济大学出版社,2008.